현대한국무역론

이 재 기 저

청목출판사

머리말

1990년대 초 구소련을 중심으로 한 사회주의 진영이 몰락한 이후 세계정세는 주지하는 바와 같이 미국이 주도하는 단극체제(unipolar system)로 재편되었다. 그 이후 세계는 미국이 주도하는 단극체제가 공고해질수록 이에 대한 반작용도 강화되고 있다. 이러한 세계정세의 전개양상에 따라서 세계화(globalization)의 방향과 강도도 상이해진다. 향후 세계정세가 미국이 주도하는 단극체제를 지속할 것인지, 아니면 유럽, 일본, 중국, 러시아가 미국의 단극체제를 견제하면서 다극체제(multipolar system)로 이행될 것인지의 여부가 지극히 불투명하다고 할 수 있다.

1995년 세계무역기구(WTO)가 출범하면서 국가간 경쟁은 더욱 더 치열해지고 있다. 냉전 종식에 따른 세계 각국의 경제우선주의 강화, 정보통신 및 교통수단의 급속한 발달에 따른 기업들의 세계화로 인해 경제적 국경(economic border)의 의미는 상실(喪失)되고 세계경제가 단일시장으로 통합되는 추세가 가속화되고 있다.

이러한 세계화(globalization)의 진전과 함께 이러한 추세와는 반대로 EU, NAFTA, APEC, ASEAN, MERCOSUR 등 거대 지역공동체의 형성과 같은 지역주의(regionalism)의 확산도 활발히 전개되고 있다. 이러한 지역경제통합은 궁극적으로는 세계무역의 자유화(global trade liberalization)에 기여한다는 긍정적인 측면도 있지만 역외국가들에 대한 차별조치가 강화될 경우 배타적인 경제블록화를 가속시켜 세계무역의 자유화를 저해할 수 있다는 점에서 우려도 낳고 있다.

한국경제의 괄목할 만한 성장에는 수출의 역할이 절대적이었다. 수출의 경제성장에 대한 기여율은 1960년대에는 9%에 불과했으나, 1990년대에는 76%에 이르렀고 2000년대에는 98%로 경제성장의 절대적인 역할을 수행하고 있다.

수출이 경제성장에 기여하게 되는 이유는 수출품을 생산하는 과정에서 해당상품을 생산하는 산업뿐만 아니라 관련산업의 일자리를 창출해 내고 소득을 발생시키기 때문이다. 2004년에 수출 2,538억 달러가 창출해 낸 일자리는 모두 420만개로 전체 취업자의 약 20%에 해당한다. 예를 들면, 자동차 수출은 엔진-철강-철광석 산업 등으로 지속적으로 일자리를 증대시키게 된다(산업연관효과).

한국의 무역규모는 2005년 기준 5,000억 달러를 초과하였다. 수출은 고유가 등 어려움에도 불구하고 품질향상으로 인해 2005년 12% 이상 증가하여 내수부진 속에서 우리경제의 성장을 주도하고 있다. 수입도 고유가의 영향으로 크게 증가하였으나 무역수지(통관기준) 흑자는 2005년에도 이미 200억 달러를 초과하였다.

세계에서 무역 5,000억 달러를 달성한 국가는 미국, 일본 등 총 11개국이고 중국을 제외한 10개국 모두 국민소득이 25,000달러를 초과하고 있으며 이 중 7개국은 30,000달러 이상 국가들이다. 이 같은 사실은 일국의 무역규모가 일정규모, 예를 들면 5,000억 달러를 달성하기 위해서는 해당 국가의 기술 수준이나 전반적 경쟁력(competitiveness)이 상당한 수준에 이르러야 가능하다는 것을 시사한다. 한국은 1인당 국민소득이 아직 10,000달러대(2004년 14,162달러)를 기록하고 있으나 충분히 20,000달러 이상의 선진통상국가로 도약할 수 있는 기반을 구축하고 있다고 평가할 수 있다.

최근 우리의 수출경쟁력(export competitiveness)이 크게 제고된 것은 사실이나 아직도 미국, 일본, 독일 등 전통적인 선진국은 물론 아일랜드, 스위스와 같은 강소국에 뒤지고 있는 실정이다. 또한, 세계 주요 시장에서 중국, ASEAN과의 경쟁도 격화되고 있다. 수출 5,000억 달러, 무역 1조 달러를 달성하기 위해 향후 3~4년 간이 매우 중요한 기간으로 부품소재 산업의 육성 등 수출산업 고도화, 전자무역 및 무역인력 양성, 자유무역협정(FTA) 확대, 그리고 상품 및 서비스 수출의 결합을 통한 복합무역의 구현이 반드시 필요한 상황이다.

본서는 기본적으로 한국무역에 관심이 있는 학부학생들에게 도움이 되고자 국내외 무역환경의 변화 및 제(諸) 이슈, 그리고 한국무역의 과제에 대해 살펴보고 있다. 본서는 저자를 비롯한 여러 학자들의 시각과 논리, 그리고 관련참고문헌과 자료를 될 수 있는 대로 다양하게 소개하려고 시도하였다. 경우에 따라서는 논리적인 비약도 있으리라 생각된다. 본서가 가지고 있는 내용상의 미흡함에 대해서는 넓은 아량으로 이해해 주기 바란다. 선배 제현과 독자 여러분의 아낌없는 질타와 조언을 기대해 보며 오류로 지적되는 부분이 있으면 차후에 이를 수정할 계획이다.

그 동안 본서가 나오기까지 여러 동료 교수님들의 성원과 도움이 있었으며 이에 깊은 감사의 말씀을 드리는 바이다. 또한, 원고정리에 많은 수고를 아끼지 않았던

본교 사회과학대학에 재학하고 있는 문기범 군과 유대석 군에게 각별히 고마운 마음을 전한다.

출판계의 어려운 사정에도 불구하고 본서의 출판을 흔쾌히 허락해 주신 청목출판사의 유성렬 사장님과 편집에 여러모로 수고해 주신 편집부 여러분에게 진심으로 감사의 말씀을 드린다. 본서의 집필기간 동안 가정에 소홀했음에도 불구하고 항상 사랑과 격려를 보내주고 편안한 안식처를 제공해 준 사랑하는 아내 경심과 군 복무에 열중하고 있는 소중한 아들 형진에게 무한한 감사의 마음을 전한다.

2007년 2월 5일
안서동 연구실에서
이 재 기

차 례

머리말/3

제1편 한국경제의 동향과 전망

제 1 장 한국경제의 동향 —— 21

제 1 절 경 기 …… 21

1. 산업생산/21
2. 출하/24
3. 재고/24
4. 생산 · 재고 순환/25
5. 서비스 생산/26
6. 경기종합지수/28
7. 기업경기/29

제 2 절 소 비 …… 31

1. 민간소비/31
2. 소비관련지표/32
3. 소비심리/35

제 3 절 설비투자 …… 37

1. 설비투자/37
2. 설비투자 관련지표/37
3. 설비투자 선행지표/39

제 4 절 건설투자 …… 41

1. 건설투자/41
2. 건설투자 관련지표/41

제 5 절 수출입 및 국제수지 …… 43

1. 수출입/43
2. 교역조건/48
3. 국제수지/50

제 6 절 노동시장 …… 55

1. 고용/55
2. 임금 및 근로시간/60

제 7 절 물가 …… 61

1. 소비자물가/61
2. 수입물가/63
3. 생산자물가/64

제 8 절 금융 및 외환시장 …… 65

1. 금리/65 2. 주가/66
3. 환율/68

제 2 장 한국경제의 전망 — 69

제 1 절 대외여건에 대한 주요 전제 ······ 69
1. 세계경제/69 2. 미국경제/69
3. 유로경제/70 4. 일본경제/70
5. 중국경제/70 6. 유가/71
7. 실질실효환율/71

제 2 절 한국경제 전망 ······ 71
1. 경제성장 및 총수요/71 2. 경상수지/73
3. 물가/74 4. 전망의 불확실성/74

제 3 장 북핵사태에 따른 경제적 영향 분석 — 76

제 1 절 안보 위협이나 테러 충격의 경제 펀더멘털에 대한 영향 ······ 76
제 2 절 최악의 상황이 현실화될 경우의 경제적 파급효과 ······ 80
제 3 절 UN 안전보장이사회의 대북 제재 결의안 ······ 81
제 4 절 북핵사태가 북한경제에 미치는 영향 ······ 83
제 5 절 대북지원과 관련한 한국 및 중국의 역할 ······ 84
제 6 절 시사점 ······ 86

제2편 한국무역의 현황과 전망

제 4 장 한국무역의 현황 — 91

제 1 절 개관 ······ 91
제 2 절 한국무역의 현황 ······ 94
1. 한국의 무역규모/94
2. 무역 5,000억 달러 달성의 경제적 의미/95
3. 한국무역의 성장과정/96
4. 한국무역의 위치/97

5. 10대 수출상품/99
6. 한국의 세계 일류 상품/101
7. 10대 수출시장/102
8. 상품별 수출 및 수입상대국 수/103
9. 10대 수입상품/104
10. 10대 수입시장/106
11. 한국의 무역흑자상품 및 무역적자상품/107
12. 무역업체 수/108

제 5 장 한국무역의 전망 — 110

제 1 절 21세기 세계무역환경의 변화 ……110
제 2 절 세계경제의 3대 리스크 ……112
제 3 절 한국무역의 전망 ……112
1. 무역 1조 달러의 달성/112
2. 주요 국가의 무역 1조 달러 달성 과정/113
3. 무역 1조 달러 달성을 위한 과제/114

제3편 글로벌 무역의 주요 이슈

제 6 장 BRICs의 부상 — 123

제 1 절 BRICs의 의의 ……123
제 2 절 BRICs 성장전망 ……125
1. 전망의 주요 내용/125
2. BRICs 성장의 조건/127
3. 국가별 성장 전망/128
제 3 절 BRICs에 대한 한국의 교역과 투자 ……131
1. 수출입/131
2. 해외직접투자 규모/132

제 7 장 EU 확대에 따른 산업구조의 재편 — 134

제 1 절 생산기지의 이전배경과 현황 ……135
1. 이전배경/135
2. 이전 현황/138

제 2 절 중 · 동부 유럽국가로의 투자 확대 ······ 141
제 3 절 유럽 산업구조의 변화 ······ 144

제 8 장 WTO에 대한 평가와 과제 및 개선방안 —— 147

제 1 절 특혜무역협정의 급증에 따른 무차별원칙의 제고 필요성 ······ 148
제 2 절 분쟁해결시스템의 평가와 개선 ······ 151
1. 패소국에 대한 규정집행절차/151
2. 금전적 보상의 활용/152
3. 무역구제조치의 엄격한 기준 적용/152
4. 분쟁해결절차의 공개/152
제 3 절 투명성 제고와 시민사회와의 관계 정립 ······ 153
제 4 절 의사결정방식의 평가와 개선방향 ······ 155
제 5 절 사무총장과 사무국의 역할 제고 ······ 157
제 6 절 시사점 ······ 159

제 9 장 BRICs 경제의 분석 —— 161

제 1 절 국가신용등급의 의미와 결정요인 ······ 162
1. 국가신용등급의 의미/162　　2. 국가신용등급의 결정요인/163
제 2 절 BRICs의 국가신용등급 분석 및 경제진단 ······ 165
1. 국가신용등급과 등급별 거시경제지표의 평균 산출/165
2. 설명 가능한 거시경제변수의 추출/166
3. BRICs 국가신용등급 분석 및 경제진단/168

제10장 한 · 중 · 일 FTA —— 175

제 1 절 제조업 ······ 176
1. 산업별 분석/177　　2. 대응전략/181
제 2 절 농업 ······ 182
1. 농업부문에 대한 영향/183　　2. 거시경제에 대한 영향/184
3. 시사점/184　　4. 대응전략/185
제 3 절 서비스산업 ······ 189

제4편 국내무역의 주요 이슈

제11장 시장개방과 고용창출 — 199

제 1 절 시장개방의 고용효과에 대한 제(諸) 이론 ……199

1. 신고전학파/200
2. 구조학파/200
3. Hoekman and Winters(2005)/200
4. Kee and Hoon(2005)/201

제 2 절 시장개방과 고용 간의 관계 ……201

1. 실증 분석모형/201 2. 실증분석결과/203

제 3 절 시사점 ……205

제12장 수출고도화에 대한 진단 — 207

제 1 절 수출구조 변화 ……208

제 2 절 교역재 생산성 산출 ……209

제 3 절 수출생산성 분석 ……211

제 4 절 수출생산성과 경제성장의 관계 ……212

제 5 절 수출구조 변화의 필요성 ……213

제 6 절 시사점 ……214

제13장 대중 직접투자 및 수출 분석 — 216

제 1 절 대중(對中) 직접투자 및 수출의 특징 ……217

1. 대중 직접투자/217 2. 대중 수출/221

제 2 절 기존 문헌 연구 ……224

1. 이론적 연구/225 2. 실증연구/227

제 3 절 실증분석 ……227

제 4 절 실증분석 결과 ……230

제 5 절 시사점 ······231

제14장 차이나 리스크 분석 — 233

제 1 절 차이나 경제리스크 ······234

제 2 절 차이나 경영리스크 ······238

1. 비용상승 리스크/238
2. 정책변화 리스크/239
3. 시장경쟁 리스크/240
4. 법률 및 관리통제 리스크/240

제 3 절 차이나 리스크 실태조사 ······242

1. 일반현황/242
2. 현지경영여건/242
3. 수익성/243
4. 판매 · 조달 애로요인과 대응방안/244
5. 대응방안/245
6. 향후 투자환경 악화요인/245
7. 현지 자금조달 현황/246
8. 중국진출의 성과 및 기술격차 현황/247
9. 중국진출지역 투자여건 전망 및 지역이전 이유/247
10. 경영성과 만족도/248

제 4 절 시사점 ······248

1. 거시환경변화에 대한 이해와 사전대응/250
2. 인력과 원자재의 현지화/250
3. 관리역량 강화/250
4. 합작과 전략적 제휴의 활용/251
5. 사업구조 개편과 입지변경/251
6. 내수시장 진출/251
7. 준법경영과 지역사회 기여활동 강화/252

제15장 FTA의 확산 — 253

제 1 절 FTA 확산에 따른 경영환경의 변화 ······254

1. 다자협상 지연에 따른 지역주의 가속화/254
2. 한국의 FTA 추진 동향/255
3. 기체결국(4개국)/256
4. 체결 추진국/257

제 2 절 FTA 확산이 기업경영에 미치는 영향 ……257
1. 기업에 영향을 미치는 FTA 협정의 주요 내용/257
2. FTA 효과/264
3. 해외 사례/266

제 3 절 FTA를 활용한 기업경쟁력 제고 방안 ……267
1. 수출 현황/267
2. FTA에 따른 시장환경의 변화/268
3. 시장환경의 변화에 따른 기업성과 제고 전략/271

제16장 한미 FTA의 산업별 영향 분석 —— 278

제 1 절 자동차 ……278
1. 교역현황/278
2. 경쟁력 현황/279
3. 관세 · 비관세장벽/280
4. 한미 FTA 영향/280
5. 업계 입장/282

제 2 절 전 자 ……282
1. 교역현황/282
2. 경쟁력 현황/284
3. 관세 현황/284
4. 비관세장벽 현황/285
5. FTA 체결시 영향/286
6. 업계 입장/286

제 3 절 기계 ……287
1. 교역현황/287
2. 경쟁력 비교/288
3. 관세 · 비관세장벽/289
4. 한미 FTA 영향/290
5. 대응방안/291

제 4 절 철강 ……292
1. 교역 현황/292
2. 경쟁력 비교/292
3. 관세 · 비관세장벽 현황/293
4. 한미 FTA 영향/293
5. 대응과제/294

제 5 절 섬 유 ……295
1. 교역현황/295
2. 경쟁력 비교/295
3. 관세현황/297
4. 한미 FTA 영향/297
5. 업계 입장/298
6. 협상과제/298

제 6 절 석유화학 ……300
1. 교역현황/300
2. 경쟁력 비교/300

3. 관세 및 비관세장벽/301 4. 한미 FTA 영향/302
5. 대응과제/303

제 7 절 정밀화학 ····· 304
1. 교역현황/304 2. 경쟁력 비교/305
3. 관세현황/305 4. 한미 FTA 영향/306
5. 대응과제/307

제 8 절 신발 ····· 308
1. 교역현황/308 2. 경쟁력 비교/308
3. 대응과제/309

제 9 절 중전기기 ····· 310
1. 교역현황/310 2. 경쟁력 비교/310
3. 관세 및 비관세장벽 현황/311 4. 한미 FTA 영향/312
5. 업계 입장/312 6. 대응과제/313

제17장 국내기업의 BRICs 진출 분석 ― 314

제 1 절 개 관 ····· 314
제 2 절 진출방식 변화와 진출 애로요인 ····· 316
1. BRICs 진출 현황 및 계획/316 2. 진출동기 및 진출 장애요인/318
제 3 절 시사점 ····· 321

제18장 3대 주력 수출시장 분석 ― 326

제 1 절 3대 주력 수출시장 현황 ····· 326
1. 일본/326 2. 중국/327
3. 미국/329

제 2 절 3대 주력시장 수출부진 및 무역수지 감소 요인 ····· 330
1. 글로벌 무역환경의 변화/330 2. 각국의 시장환경 변화/331
3. 우리 수출산업의 구조변화/331 4. 국제기업의 선택/332

제 3 절 3대 주력시장과 관련한 현안 및 대책 ····· 332
1. 일본/333 2. 중국/334
3. 미국/334

제5편 한국경제 및 무역의 과제

제19장 한국경제의 진단 — 337

제 1 절 대외환경의 변화 ……337

1. 세계화의 진전/337
2. 지식정보 기반경제로의 전환/338
3. 중국경제의 부상/339

제 2 절 한국경제의 문제점 ……340

1. 성장잠재력의 저하/340
2. 경제양극화의 심화/344

제20장 인적자본의 육성 — 346

제 1 절 비전의 제시 ……347

제 2 절 현황과 평가 ……348

1. 국가경쟁력 강화를 위한 고등교육의 경쟁력 강화정책/349
2. 직업교육체제 혁신 방안 추진/353

제 3 절 전략 제안 ……355

1. 대학교육의 노동시장 수요 대응력 및 질적 수준 제고/355
2. 선순환적 평생교육체제의 정립/357
3. 교육시장 대외개방을 통한 교육 서비스 경쟁력 강화/359
4. 교육지배구조의 개선/359

제 4 절 실행계획 ……360

1. 정부와 시장의 역할분담/360
2. 중점 추진과제(2006년)/360
3. 중장기 추진과제/361

제21장 차세대 성장동력의 확보 — 362

제 1 절 개 관 ……362

1. 신기술산업/363
2. 부품소재산업/364
3. 서비스산업/364

제 2 절 비전의 제시 ……364

1. 제조업 발전방향/364
2. 서비스업 발전방향/366

3. 10년 후 한국산업의 발전 비전/367

제 3 절 현황과 평가 ……371

1. 신기술산업/371　2. 부품 · 소재산업/373
3. 지식서비스산업/375

제 4 절 전략 ……376

1. 차세대 정부 R&D 사업의 전략성 강화/376
2. 부품 · 소재산업의 차세대 성장동력화 강화/378
3. 지식서비스산업의 전략적 육성/381

제 5 절 실행계획 ……382

1. 정부와 시장의 역할 분담/382　2. 중점 추진과제(2006년)/384
3. 중장기 추진과제/386

제22장 글로벌 경쟁력의 강화 —— 389

제 1 절 비전의 제시 ……390

1. 혁신형 중소기업 육성/392　2. 대 · 중소기업간 상생협력/394
3. 창업 촉진을 위한 규제완화/395

제 2 절 현황과 평가 ……395

1. 과도한 혁신형 중소기업 육성 목표 설정/396
2. 혁신형 중소기업 육성정책 추진 미흡/396
3. 대 · 중소기업 상생협력대책의 이행력 확보 문제/397
4. 창업 촉진적 규제개혁 미흡/398

제 3 절 전략 ……399

1. 중소기업 R&D 지원사업 강화/400
2. 중소기업 금융(자금조달) 인프라 구축 · 정비/403
3. 중소기업의 글로벌 네트워킹 지원 강화/405
4. 대 · 중소기업 상생협력의 이행력 제고/406
5. 중소기업 관련 규제 및 제도 개선/407

제 4 절 실행계획 ……410

1. 정부와 시장의 역할분담/410　2. 중점 추진과제(2006년)/411

제23장 대외개방의 적극적 활용 —— 413

제 1 절 개방의 필요성 ……413

1. 높은 대외의존도/413 2. 개방이 불가피한 대외적 환경/414
3. 개방의 부작용 최소화를 위한 정책대응 필요/415

제 2 절 비전의 제시 ……416
1. 개방의 새로운 패러다임/416 2. 대외개방의 지향점/417

제 3 절 대외개방 현황과 평가 ……420
1. 대외개방 현황/420 2. 현 개방정책의 방향/422
3. 추진상의 문제점/425

제 4 절 전략 ……428
1. 선진통상국가 비전의 구현/428 2. FTA 및 DDA 정책 방향/429
3. 산업발전전략/430 4. 개방관련 범국민적 공감대 형성/436
5. 정부부처간 이해조정기능 강화/437

제 5 절 실행계획 ……438
1. 정부와 민간의 역할분담/438 2. 중점 추진과제(2006년)/439

제24장 물류허브의 구축 —— 441

제 1 절 대외환경의 변화 ……441
1. 동북아 물류허브전략을 국가발전전략의 일환으로 추진/441
2. 동북아물류허브 달성 가능성에 대한 의문 제기/442
3. 추진방향 및 전략에 대한 재점검 필요/443

제 2 절 비전의 제시 ……443
1. 부가가치 물류서비스 제공 거점 육성/443
2. 배후물류단지 개발, 전문기업 및 인력 양성/444

제 3 절 추진 현황과 평가 ……445
1. 주요 추진 현황/445 2. 물류허브정책에 대한 평가/446

제 4 절 전략 ……449
1. 동북아물류허브전략의 개념 확립/449
2. 비즈니스모델 개발과 공·항만 배후단지의 활성화/450
3. 물류산업의 선진화 및 경제자유구역 활성화/453
4. 동북아 국가간 협력과제의 추진/455
5. 강력한 추진체계의 확립/456

제 5 절 실행계획 ……457
1. 정부와 민간의 역할 분담/457 2. 중점추진과제(2006년)/458

3. 중장기 추진과제/458

◆ 부 록

Ⅰ. 경제활동별 국내총생산(A) (2000년 불변가격)/461
Ⅱ. 경제활동별 국내총생산(B) (2000년 불변가격)/462
Ⅲ. 국내총생산에 대한 지출(A) (2000년 불변가격)/463
Ⅳ. 국내총생산에 대한 지출(B) (2000년 불변가격)/464
Ⅴ. 국제수지(A)/465
Ⅵ. 국제수지(B)/466
Ⅶ. 주요 지역별 수출입/467
Ⅷ. 미국의 주요 경제지표/468
Ⅸ. 일본의 주요 경제지표/469
Ⅹ. 유로지역의 주요 경제지표/470
XI. 중국의 주요 경제지표/471

◆찾아보기 ······473

제1편

한국경제의 동향과 전망

제 1 장　한국경제의 동향
제 2 장　한국경제의 전망
제 3 장　북핵사태에 따른 경제적 영향 분석

제1장

한국경제의 동향

제1절 경 기

1. 산업생산

1.1 산업생산은 2006년 7~8월 중 전년동기 대비 7.4% 증가하여 전분기에 비해 증가세가 둔화되었으며 계절조정 생산지수도 전분기에 이어 감소세를 기록하였음[1)]

① 산업생산(원지수 전년동기 대비, %) : (2006. 1분기) 12.0 → (2분기) 10.9 → (7~8월) 7.4

② 산업생산(계절조정 전분기 대비, %) : (2006. 1분기) 3.1 → (2분기) -0.4 → (7~8월) -0.9

---

1) 생산증가세가 2006년 7~8월 중 대폭 둔화된 것은 7월 중 산업생산이 자동차부문 파업 및 집중호우 등으로 부진한 데 크게 기인하였으며 8월 중 산업생산은 2분기(10.9%) 대비 소폭 하락한 10.6%까지 반등하였다(한국개발연구원 KDI경제전망, 제23권 제3호, 2006. 3/4. pp. 3~60 요약・재구성).

1.2 부문별로는 반도체 부문의 생산이 20%대의 높은 증가세를 유지하였으나 IT 부문의 생산이 월드컵 특수가 종료되면서 감소로 반전되었으며 자동차 부문도 파업 영향으로 큰 폭의 감소를 기록하면서 생산의 증가세 둔화를 주도하였음

① 반도체(전년동기 대비, %) : (2006. 1분기) 39.8 → (2분기) 42.0 → (7~8월) 34.0

② IT(전년동기 대비, %) : (2006. 1분기) 7.1 → (2분기) 4.2 → (7~8월) -1.4

③ 자동차(전년동기 대비, %) : (2006. 1분기) 15.4 → (2분기) 8.3 → (7~8월) -13.4

④ 반도체 · IT · 자동차 제외(전년동기 대비, %) : (2006. 1분기) 3.9 → (2분기) 2.9 → (7~8월) 2.6

1.3 제조업 평균가동률은 2006년 7~8월 중 전분기(80.5%)에 비해 1.7%포인트 하락한 78.8%를 기록하였음

〈표 1-1〉 산업활동 동향

(단위 : 전년동기 대비 증가율, %)

	비중	2005			2006				
		연간	3분기	4분기	1분기	2분기	7~8월	7월	8월
산 업 생 산 지 수	10,000	6.3 (-)	7.1 (3.2)	10.3 (5.5)	12.0 (3.1)	10.9 (-0.4)	7.4 (-0.9)	4.3 (-4.0)	10.6 (3.7)
반도체·IT산업 제외	8,188	1.9	1.8	3.1	5.5	3.7	0.6	-3.8	5.3
자동차 제외	9,084	6.0	7.6	10.5	11.8	11.3	9.4	7.8	10.9
경 공 업	2,391	-2.8	-1.1	-1.0	3.3	0.1	-1.7	-3.8	0.4
중 공 업	6,972	8.4	9.4	13.1	14.7	14.0	9.6	6.3	13.0
반 도 체	932	24.8	28.6	41.9	39.8	42.0	34.0	37.4	30.7
I T 산 업[2)]	880	5.3	7.3	7.0	7.1	4.2	-1.4	-5.6	2.8
자 동 차	916	8.4	2.6	8.9	15.4	8.3	-13.4	-29.1	7.1
출 하 지 수	10,000	5.6 (-)	6.4 (3.0)	8.6 (4.2)	9.1 (2.0)	8.4 (-0.2)	5.0 (-0.4)	1.3 (-4.0)	8.6 (4.7)
내 수	6,567	2.3	4.2	5.5	6.7	4.7	-1.8	-6.3	2.9
수 출	3,433	10.3	9.5	12.9	12.4	13.7	14.2	11.9	16.6
재 고 지 수[3)]		2.4 (-)	5.8 (-0.1)	2.4 (-0.1)	3.7 (4.2)	7.2 (3.1)	7.3 (-1.4)	6.9 (0.7)	7.3 (-2.1)
재 고 율[4)]		-	-	-	-	-	-	100.5	94.3
제조업 평균가동률		79.8	79.9	80.2	82.0	80.5	78.8	76.8	80.7

주 : 1) ( )안은 계절조정 전월(전기) 대비임
2) IT산업은 사무계산 및 회계용기계, 통신기기 및 방송장비, 방송수신기 및 기타 영상·음향기기제조업을 포함하며 반도체부문은 제외
3) 재고는 연말, 분기말 기준임
4) 제조업재고율 = (계절조정재고지수/계절조정출하지수)×100

자료 : 통계청, 산업활동동향, 각호

2. 출하

2.1 2006년 7~8월 중 생산자제품출하는 5.0% 증가하여 전분기(8.4%)에 비해 증가세가 둔화되었으며 계절조정 출하지수도 전분기에 이어 감소를 기록하였음

① 생산자제품출하(전년동기 대비, %) : (2006. 1분기) 9.1 → (2분기) 8.4 → (7~8월) 5.0

② 생산자제품출하(계절조정 전분기 대비, %) : (2006. 1분기) 2.0 → (2분기) -0.2 → (7~8월) -0.4

2.2 수출출하는 견실한 증가세를 유지하였으나 내수출하가 자동차부문의 파업 및 집중호우 영향으로 -1.8%의 감소를 기록하였음

① 수출출하(전년동기 대비, %) : (2006. 1분기) 12.4 → (2분기) 13.8 → (7~8월) 14.2

② 내수출하(전년동기 대비, %) : (2006. 1분기) 6.7 → (2분기) 4.7 → (7~8월) -1.8

3. 재고

3.1 2006년 8월 중 생산자제품재고는 전년동기 대비 7.3% 증가하여 전분기(7.2%)와 비슷한 수준을 유지하였으며 계절조정 재고지수는 -1.4%의 감소를 기록하였음

① 생산자제품재고(전년동기 대비, %) : (2006. 1분기) 3.7 → (2분기) 7.2 → (7~8월) 7.3

② 생산자제품재고(계절조정 전분기 대비, %) : (2006. 1분기) 4.2 → (2분기) 3.1 → (7~8월) -1.4

3.2 부문별로는 반도체 부문의 재고증가세가 전분기에 비해 다소 둔화된 반면에 여타 부문은 IT와 자동차를 중심으로 재고증가세가 전분기에 비해 확대되었음

① 반도체(전년동기 대비, %) : (2006. 1분기) 47.7 → (2분기) 47.9 → (7~8월) 39.9
② IT(전년동기 대비, %) : (2006. 1분기) 28.7 → (2분기) 8.6 → (7~8월) 12.7
③ 자동차(전년동기 대비, %) : (2006. 1분기) -6.2 → (2분기) 5.8 → (7~8월) 18.5
④ 반도체·IT·자동차 제외(전년동기 대비, %) : (2006. 1분기) 2.9 → (2분기) 0.1 → (7~8월) 1.1

3.3 2006년 8월 중 제조업부문 재고율(계절조정재고지수/계절조정출하지수)은 7월에 비해 출하지수가 상승한 반면에 재고지수가 하락하면서 94.3%로 하락하였음

① 제조업재고지수(계절조정) : (6월) 135.5 → (7월) 136.3 → (8월) 133.6
② 제조업출하지수(계절조정) : (6월) 141.3 → (7월) 135.6 → (8월) 141.7

4. 생산·재고 순환

최근의 생산·재고 순환은 생산증가세가 둔화된 반면에 재고증가세는 전분기와 비슷한 수준을 유지하였다.

5. 서비스 생산

5.1 2006년 7~8월 중 서비스업활동지수는 전년동기 대비 3.2% 증가하여 전분기에 비해 증가세가 소폭 둔화되었으며 계절조정지수도 전분기 대비 소폭 하락하였음

① 서비스활동지수(전년동기 대비, %) : (2006. 1분기) 6.1 → (2분기) 5.3 → (7~8월) 3.2
② 서비스활동지수(계절조정 전분기 대비, %) : (2006. 1분기) 1.3 → (2분기) 0.7 → (7~8월) -0.3

5.2 도·소매업, 숙박 및 음식점업은 일시적 요인의 영향으로 다소 부진한 모습을 보였음

(1) 도·소매업

도·소매업은 도매업 및 소매업이 전분기에 비해 다소 부진한 가운데 자동차판매 및 차량연료소매업이 자동차부문 파업 등의 영향으로 큰 폭의 감소(-5.6%)를 기록하였다.

(2) 숙박 및 음식점업

숙박 및 음식점업은 2006년 7월 중 집중호우 여파로 숙박업 매출이 -0.7%의 감소를 기록하면서 1.2% 증가에 그쳐 전분기(2.4%)에 비해 증가세가 둔화되었다.

5.3 운수업, 통신업, 금융 및 보험업, 부동산 및 임대업, 사업서비스업은 전분기에 비해 증가세가 둔화되었으며 오락·문화·운동관련 서비스업은 감소로 전환되었음

(1) 운수업 및 통신업

운수업 및 통신업은 각각 5.2%, 2.5% 증가하여 전분기(6.3%, 2.9%)에 비해 증가

세가 소폭 둔화되었으나 비교적 견실한 증가세를 유지하였다.

(2) 금융 및 보험업

금융 및 보험업은 금융관련서비스업의 부진(-21.3%) 및 전년동기 높았던 기저효과 등으로 4.0% 증가하여 전분기에 비해 증가세가 상당폭 둔화되었다.

(3) 부동산 및 임대업

부동산 및 임대업은 5.7% 증가하여 부동산관련 서비스업 및 기계장비 및 소비용품 임대업을 중심으로 전분기(8.4%)에 비해 증가세가 다소 둔화되었다.

(4) 사업서비스업

사업서비스업도 컴퓨터운영 관련업의 호조에도 불구하고 연구 및 개발업, 선문·과학·기술서비스업의 증가세 둔화로 5.4% 증가에 그쳤다.

(5) 오락·문화·운동관련 서비스업

오락·문화·운동관련 서비스업은 영화, 방송 및 공연산업의 증가세 둔화 및 기타 오락·문화·운동관련 서비스업의 감소폭 확대로 -2.7%의 감소로 전환되었다.

5.4 교육서비스업, 보건 및 사회복지사업은 전분기와 비슷한 수준의 증가세를 유지하였음

〈표 1-2〉 서비스활동 동향

(단위 : 전년동기 대비 증가율, %)

	비중	2005			2006				
		연간	3분기	4분기	1분기	2분기	7~8월	7월	8월
서비스업활동지수	1000.0	3.6 -	5.4 (1.7)	5.8 (1.6)	6.1 (1.3)	5.3 (0.7)	3.2 (-0.3)	1.9 (-1.6)	4.5 (2.7)
도·소매업	276.0	1.9	3.2	3.4	3.3	3.8	1.9	0.4	3.5
숙박 및 음식점업	76.8	0.3	-0.1	3.0	3.9	2.4	1.2	0.2	2.1
운수업	88.2	4.2	4.7	5.4	6.4	6.3	5.2	3.9	6.6
통신업	58.0	4.1	2.7	4.7	2.3	2.9	2.5	2.2	2.7
금융 및 보험업	176.0	7.3	13.6	13.9	13.2	9.1	4.0	2.3	5.6
부동산 및 임대업	53.8	8.5	10.0	9.2	10.5	8.4	5.7	4.4	7.0
사업서비스업	84.6	2.8	2.7	4.7	5.8	6.2	5.4	5.0	5.9
교육서비스업	85.6	0.7	3.1	-0.2	1.3	2.2	2.5	0.9	4.0
보건 및 사회복지	39.5	7.3	9.1	9.4	11.2	8.1	8.2	9.2	7.1
오락, 문화 및 운동	35.1	3.0	4.8	4.4	4.9	2.9	-2.7	-5.5	0.1
기타	26.6	1.9	2.7	3.3	4.7	4.1	3.4	2.2	4.5

주 : ( )안은 계절조정 전월(전기) 대비임
자료 : 통계청, 서비스업활동동향, 각호

6. 경기종합지수

6.1 동행지수 순환변동치는 전월의 부진에 대한 반등으로 산업생산지수, 서비스업활동지수 등이 크게 증가함에 따라 전월에 비해 0.1포인트 상승한 것으로 나타났음

동행지수 순환변동치 : (2006년 6월) 99.8 → (7월) 99.0 → (8월) 99.1

6.2 선행지수 전월동월비는 재고순환지표, 종합주가지수, 장단기금리차 등이 감소하여 전월보다 0.4%포인트 하락한 3.9%를 기록하였음

선행지수 전년동월비의 전월차(%포인트) : (2006년 6월) -0.5 → (7월) -0.5 → (8월) -0.4

〈표 1-3〉 경기종합지수 동향

(2000=100)

	2006							
	1월	2월	3월	4월	5월	6월	7월	8월
동행지수 순환변동치	100.8	100.5	100.5	100.0	99.9	99.8	99.0	99.1
전월차(포인트)	0.7	-0.3	0.0	-0.5	-0.1	-0.1	-0.8	0.1
선행지수 전년동월비(%)	7.5	7.1	6.6	5.8	5.3	4.8	4.3	3.9
전월차(%포인트)	0.7	-0.4	-0.5	-0.8	-0.5	-0.5	-0.5	-0.4

자료 : 통계청, 산업활동동향, 각호

7. 기업경기

7.1 2006년 9월 중 한국은행 제조업업황 BSI는 전월 대비 12포인트 상승하면서 기업들의 체감경기의 개선을 반영하였음

① 특히, 전월 중 상대적으로 부진했던 내수기업의 업황 BSI의 상승폭이 두드러지며 항목별로는 매출, 가동률, 채산성, 원자재 구입가격 등이 호전되었음

② 2006년 10월 전망 BSI도 전월(84)에 비해 상승한 90을 기록하였음

〈표 1-4〉 기업경기실사지수(한국은행)

	2006								
	2월	3월	4월	5월	6월	7월	8월	9월	10월
제 조 업	81 (92)	91 (95)	87 (97)	83 (94)	83 (86)	77 (84)	72 (79)	84 (84)	- (90)
수출기업	88 (100)	92 (98)	86 (99)	83 (95)	84 (88)	79 (88)	83 (85)	89 (96)	- (97)
내수기업	78 (88)	90 (93)	88 (96)	83 (93)	82 (85)	75 (82)	66 (76)	81 (78)	- (86)
대 기 업	88 (98)	93 (97)	87 (101)	84 (94)	89 (89)	79 (88)	77 (82)	90 (92)	- (96)
중소기업	78 (89)	89 (93)	88 (94)	82 (94)	79 (85)	75 (81)	69 (78)	80 (80)	- (87)
비제조업	83 (89)	82 (93)	87 (93)	84 (95)	82 (87)	76 (81)	73 (77)	80 (79)	- (84)

주 : 1) ( )안은 전망 BSI (Business Survey Index)
2) 조사 기간 : 2006. 9. 15 ~ 9. 22
자료 : 한국은행, 2006년 9월 기업경기조사 결과

7.2 2006년 9월 중 전국경제인연합회 BSI(계절조정)는 96.8을 기록하면서 전월에 비해 상승하였음

2006년 10월 전망치(계절조정)는 전월에 비해 소폭 하락한 100.1을 기록하였다.

〈표 1-5〉 기업경기실사지수(전국경제인연합회)

		2006								
		2월	3월	4월	5월	6월	7월	8월	9월	10월
종 합 경 기	원지수	90.5 (102.4)	111.5 (118.9)	99.8 (112.7)	94.1 (110.7)	94.2 (98.6)	79.1 (94.2)	85.9 (93.4)	99.4 (107.7)	- (103.5)
	계 절 조 정	94.7 (108.5)	97.9 (103.3)	91.9 (102.5)	93.9 (98.8)	97.2 (100.6)	86.1 (103.0)	93.4 (104.1)	96.8 (103.6)	- (100.1)
내 수	원지수	93.2 (100.2)	122.2 (127.0)	108.7 (117.2)	108.0 (117.4)	103.2 (107.2)	85.5 (95.6)	89.5 (95.4)	104.7 (119.2)	- (109.0)
수출[2)]	원지수	94.8 (98.0)	108.9 (112.3)	100.0 (106.7)	95.1 (102.0)	99.2 (99.8)	94.8 (102.2)	100.6 (100.0)	103.3 (107.3)	- (105.9)

주 : 1) ( )안은 전망BSI(Business Survey Index)
2) 수출BSI는 제조업
3) 조사기간 : 2006. 9. 20 ~ 9. 26
자료 : 전국경제인연합회

제2절 소 비

1. 민간소비

1.1 계절조정 전기 대비 증가율은 0.9%를 기록하였음

1.2 소비재는 전분기보다 상승폭이 확대된 전년동기 대비 5.4% 증가한 것으로 나타났음

내구재(durable goods)와 준내구재 소비는 전분기보다 소폭 둔화한 전년동기 대비 8.5%, 9.6%를 기록한 반면에 비내구재(nondurable goods)의 경우는 전분기보다 확대된 전년동기 대비 3.5%의 증가율을 기록하였다.

1.3 서비스소비는 전년동기 대비 2.9% 증가하여 전분기보다 증가세가 둔화되었음

1.4 해외소비는 전분기보다 감소한 전년동기 대비 19.6%의 증가율을 기록하였음

〈표 1-6〉 민간소비

(단위 : 전년동기 대비 증가율, %)

	비중[1)]	2003	2004	2005			2006	
		연간	연간	연간P	3분기	4분기	1분기P	2분기P
민간소비	100.0	-1.2	-0.5	3.2	4.0	4.2	4.8	4.4
(계절조정[2)])		-	-		(1.0)	(1.1)	(1.3)	(0.9)
소비재[3)]	40.7	-5.2	-2.0	2.4	3.1	5.1	4.4	5.4
내구재	7.6	-13.2	-5.3	6.1	7.9	11.5	9.4	8.5
준내구재	6.3	-6.1	-1.9	2.8	3.9	7.2	10.9	9.6
비내구재	26.8	-2.3	-1.0	1.2	1.7	2.6	1.5	3.5
서비스	55.5	1.6	0.1	2.3	2.7	3.2	3.8	2.9
해외소비[4)]	1.8	9.3 [0.1]	31.1 [0.4]	50.8 [0.9]	51.3 [1.2]	18.2 [0.4]	35.2 [0.8]	19.6 [0.5]
가계에 봉사하는 비영리단체	2.0	1.9	-1.0	2.8	4.4	1.6	2.4	4.2
정부소비		3.8	3.0	4.0	5.1	4.8	5.3	5.2

주 : 1) 비중은 2004년 연간 기준임

2) 전기 대비임

3) 소비재는 민간소비 중 가계의 내구재, 준내구재 및 비내구재에 대한 소비의 합계임

4) [ ]안은 해외소비의 민간소비 기여분이며 순해외소비(거주자의 해외소비-비거주자의 국내소비)의 전년동기 대비 증가율에 전년동기의 해외소비 비중(민간소비 대비)을 곱한 값임

자료 : 한국은행

2. 소비관련지표

2006년 7~8월 중 소비관련지표들은 8월의 증가에도 불구하고 7월의 감소로 인해 전분기에 비해 증가세가 둔화된 모습을 보였다.

2.1 소비자판매액지수

(1) 2006년 7~8월 중 소비재판매액지수는 전분기보다 증가세가 둔화된 전년동기 대비 1.0%의 증가율을 기록하였음

① 7~8월 중 내구재 판매는 8월의 호조(10.6%)에도 불구하고 7월의 부진(-1.9%)으로 인해 전년동기 대비 4.1%에 그쳤음

② 7~8월 중 준내구재는 전년동기 대비 1.8%의 증가율을 기록하였음

③ 7~8월 중 비내구재의 경우는 전년동기 대비 1.0% 감소하여 2004년 2분기 이후부터 지속되던 증가세가 감소로 반전되었음

2.2 서비스업 활동지수

(1) 2006년 7~8월 중 서비스업 활동지수도 전년동기 대비 3.2% 증가하여 전분기에 비해 증가세가 둔화된 것으로 나타났음

〈표 1-7〉 소비재 및 서비스에 대한 민간소비 동향

(단위 : 전년동기 대비 증가율, %)

	비중[1]	2004	2005				2006				
		연간	연간	2분기	3분기	4분기	1분기	2분기[P]	7~8월[P]	7월[P]	8월[P]
소비재판매액지수	1000	-0.8	3.9	3.4	4.4	6.8	5.0	5.5	1.0	-1.3	3.4
(계절조정[2])		-	-	(1.9)	(2.1)	(2.2)	(-1.3)	(2.3)	-	(-5.7)	(5.5)
내 구 재	254.3	-4.0	5.9	6.3	6.5	7.5	10.8	8.9	4.1	-1.9	10.6
준내구재	240.3	3.9	7.9	7.2	9.6	11.7	7.4	6.8	1.8	1.8	1.8
비내구재	505.4	-1.4	1.3	0.3	1.3	3.8	1.2	3.0	-1.0	-2.4	0.3
서비스업활동지수		0.6	3.6	2.4	5.4	5.8	6.1	5.3	3.2	1.9	4.5
(계절조정[2])		-	-	(1.3)	(1.7)	(1.6)	(1.3)	(0.7)	-	(-1.6)	(2.7)

주 : 1) 비중은 2000년 연간 기준임
2) 전월(기)비임
자료 : 한국은행, 통계청

2.3 내수용 소비재출하지수

(1) 2006년 7~8월 중 내수용 소비재출하지수는 모든 부문에서 전분기에 비해 증가폭이 감소하여 전년동기 대비 0.3%의 증가율을 기록하였음

① 7~8월 중 내구소비재 출하는 전년동기 대비 1.7% 증가하여 증가폭이 크게

둔화된 모습을 보였는데 이는 7월의 감소(-5.0%)에 기인한 것으로 판단됨

② 7~8월 중 비내구소비재 출하는 전년동기 대비 0.7%의 증가율을 기록하였음

③ 7~8월 중 소비재 수입은 전년동기 대비 16.4% 증가하였음

〈표 1-8〉 소비재출하 및 소비재수입

(단위 : 전년동기 대비 증가율, %)

	2004	2005				2006				
	연간	연간P	2분기	3분기	4분기	1분기	2분기P	7~8월P	7월P	8월P
내수용소비재출하	-1.4	2.1	0.4	5.1	7.3	6.5	5.2	0.3	-2.2	2.7
내 구 소 비 재	-4.7	5.8	2.5	11.9	17.4	14.7	12.5	1.7	-5.0	8.8
비 내 구 소 비 재	-1.1	0.6	0.0	2.9	3.7	3.7	2.4	0.7	0.2	1.2
소비재수입(명목)	10.5	13.3	12.6	16.2	15.2	19.2	21.5	16.4	17.4	15.6

자료 : 통계청, 산업자원부

2.4 도소매판매액지수

(1) 2006년 7~8월 중 도소매판매액지수 역시 증가세가 둔화된 전년동기 대비 2.1%의 증가율을 시현하였음

① 7~8월 중 도매와 소매 부문이 각각 전년동기 대비 2.7%, 4.5%의 증가율을 기록하여 전분기보다 증가폭이 둔화된 것으로 나타났음

② 7~8월 중 자동차·연료판매 부문은 7월의 부진(-13.8%)으로 인해 전년동기 대비 -6.3%의 감소를 기록하였음

〈표 1-9〉 도소매판매액지수

(단위 : 전년동기 대비 증가율, %)

	비중[1)]	2004	2005				2006				
		연간	연간[P]	2분기	3분기	4분기	1분기	2분기[P]	7~8월[P]	7월[P]	8월[P]
도소매판매	100	-0.6	2.6	3.0	4.1	4.5	3.6	4.1	2.1	0.4	3.8
(계절조정[2)])		-	-	(1.6)	(1.0)	(0.9)	(0.0)	(2.4)	-	(-3.7)	(3.2)
도 매	54.8	0.2	1.8	2.8	4.0	2.5	2.6	3.7	2.7	2.0	3.5
소 매	32.4	-0.7	3.6	3.4	3.3	6.1	3.5	5.2	4.5	3.5	5.6
자동차 · 연료	12.9	-3.1	3.8	2.5	6.0	9.0	9.0	3.3	-6.3	-13.8	0.9

주 : 1) 비중은 2000년 연간 기준임
　　2) 전월(기)비임
자료 : 통계청

3. 소비심리

3.1 2006년 9월 중 소비자평가지수 및 소비자기대지수 모두 전월보다 상승하여 각각 78.9, 94.8을 기록하였음

① 모든 소득계층에서 소비자기대지수가 전월보다 상승하였음

② 연령별 소비자기대지수는 20대를 제외한 나머지 연령대에서 전월보다 상승하였으며 20대는 소폭 하락하였으나 여전히 기준치 100을 상회한 것으로 나타났음

〈표 1-10〉 소비자심리 변화추이

	2005			2006								
	4분기			1분기			2분기			3분기		
	10월	11월	12월	1월	2월	3월	4월	5월	6월	7월	8월	9월
소비자평가지수[1]	83.4	84.9	85.3	88.4	89.0	90.1	87.2	83.0	81.9	78.7	77.8	78.9
소비자기대지수[2]	100.0	101.5	103.0	104.5	103.8	103.4	100.6	98.0	97.4	94.3	93.7	94.8
(경기)[2]	97.2	98.9	101.7	103.8	103.7	103.2	96.4	90.4	89.6	84.4	83.2	83.7
소비자심리지수[3]		107			109			101			96	
(소비지출계획[4])		110			113			106			106	

주 : 1) 6개월 전과 비교하여 현재의 경기, 생활형편 등에 대한 소비자들의 평가를 나타냄
2) 현재와 비교하여 6개월 후의 경기, 생활형편, 소비지출 등에 대한 소비자의 기대를 나타냄
3) 소비자동향조사시 집계하는 17개 개별변수 중 소비자심리를 종합적으로 판단하는데 유용한 중요지수(6개)를 선택, 이를 합성한 종합지수(CSI : Cosumer Survey Index)
4) 향후 6개월 동안의 소비지출 전망

자료 : 통계청, 2006년 9월 소비자전망조사 결과
한국은행, 2006년 3분기 소비자동향조사결과

〈표 1-11〉 소득계층 및 연령대별 소비자기대지수

		2005			2006								
		10월	11월	12월	1월	2월	3월	4월	5월	6월	7월	8월	9월
소득계층	100만원 미만	93.0	95.9	94.9	97.0	96.5	92.8	95.1	90.5	89.5	84.9	84.6	87.6
	100~400만원	100.8	102.2	103.6	104.7	103.9	104.9	100.7	98.3	97.9	95.1	94.5	95.7
	400만원 이상	107.4	106.4	110.9	111.6	111.3	106.9	106.5	103.3	102.8	98.7	97.9	98.3
연령	20대	106.5	109.6	110.1	110.4	111.1	106.4	109.0	109.6	110.4	105.8	104.9	103.6
	30~40대	101.5	102.8	104.6	106.1	105.4	105.9	102.6	99.6	99.2	96.1	95.5	97.2
	50대 이상	97.0	98.0	99.2	101.3	100.8	99.2	96.7	94.4	93.1	89.7	89.5	90.5

자료 : 통계청

제3절 설비투자

1. 설비투자

1.1 2006년 2분기 중 설비투자는 전년동기 대비 7.4% 증가하여 전분기에 이어 높은 증가세를 지속하였으며 설비투자 계절조정 전기 대비 증가율은 2.5%를 기록하였음

① 설비투자(전년동기 대비, %) : (2005. 3분기) 4.3 → (4분기) 10.2 → (2006. 1분기) 6.9 → (2분기) 7.4

② 설비투자(계절조정 전기 대비, %) : (2005. 3분기) 0.8 → (4분기) 4.2 → (2006. 1분기) -0.4 → (2분기) 2.5

1.2 기계류의 경우 전기전자기기 및 정밀기기 등에 대한 투자가 크게 증가하여 9.7%의 증가율을 기록하였음

1.3 운수장비는 2006년 2분기 중 3.6% 감소하여 전년동기에 대한 반등효과로 높은 증가율을 보였던 1분기(25.7%)에 비해 큰 폭으로 하락하였음

2. 설비투자 관련지표

2.1 2006년 7~8월 중 설비투자추계는 전년동기 대비 7.9%를 기록하여 전분기(4.2%)에 비해 증가세가 확대되었음

특수산업용기계, 컴퓨터 및 기타운수장비 등에 대한 투자가 증가한 것으로 나타

났다.

2.2 기계류내수출하는 전년동기 대비 1.0% 증가하여 전분기의 4.0% 증가에서 증가세가 소폭 둔화된 모습을 보였음

2006년 8월 중 기계장비, 통신기기 및 전기기계 등의 출하가 증가하여 전년동월 대비 8.0%의 높은 증가율을 기록하였으며 계절조정 전월 대비 증가율도 7.7% 증가한 것으로 나타났다.

2.3 내수용자본재수입액은 전년동기 대비 15.3%를 기록하여 1분기(11.2%)와 2분기(14.6%)에 이어 완만한 증가세를 지속하였음

2.4 2006년 7~8월 중 기계류수입액은 10.5% 증가하여 전분기(13.3%)보다 증가세가 소폭 둔화되었음

운수장비는 7월의 9.3% 감소에서 8월 중 38.7% 증가로 전환되었으나 기계류는 8월 중 전년동월 대비 9.7% 증가로 전월(11.0%)에 비해 증가세가 다소 둔화된 모습을 보였다.

〈표 1-12〉 설비투자동향

(단위 : 전년동기 대비 증가율, %포인트)

	비중[1]	2005				2006				
		1분기	2분기	3분기	4분기	1분기	2분기	7월	8월	7~8월
설비투자[2]	1.00	2.9	2.7	4.3	10.2	6.9	7.4	-	-	-
(계절조정)	-	(2.3)	(2.4)	(0.8)	(4.2)	(-0.4)	(2.5)	-	-	-
기계류	0.83	7.1	6.0	4.7	9.3	3.2	9.7	-	-	-
운수장비	0.17	-14.4	-10.5	2.4	15.1	25.7	-3.6	-	-	-
설비투자추계	-	3.9	1.4	1.1	7.0	4.3	4.2	4.1	11.7	7.9
기계류내수출하	-	-0.3	-1.1	2.4	1.8	4.9	4.0	-6.1	8.0	1.0
(계절조정)	-	(1.5)	(-1.9)	(2.8)	(-0.8)	(4.5)	(-1.5)	(-3.2)	(7.7)	(2.3)
내수용자본재수입액	-	16.9	12.8	15.4	17.1	11.2	14.6	12.2	18.4	15.3
기계류수입액	1.00	10.0	7.9	12.5	12.5	12.2	13.3	9.6	11.5	10.5
기계류	0.94	10.0	8.6	11.7	11.4	9.4	13.4	11.0	9.7	10.3
운수장비	0.06	8.8	-3.0	26.5	30.3	75.5	13.5	-9.3	38.7	14.7
설비투자압력[3]	-	-0.4	0.9	4.5	5.9	8.4	7.9	1.2	7.6	4.4
국내기계수주	1.00	-6.9	-12.2	14.0	17.5	11.2	20.8	-2.7	6.5	1.9
(기종별) 기계류	0.75	4.5	-12.1	10.2	4.7	4.9	15.3	-0.8	14.5	6.9
운수장비	0.25	-37.6	-12.8	26.4	60.5	39.8	38.3	-8.7	-13.3	-11.0
(수요자별) 공공수요	0.10	7.8	-51.3	38.9	17.1	-57.9	43.3	-68.2	-64.8	-66.5
민간수요	0.90	-8.4	-7.1	11.7	17.6	19.9	19.3	5.9	15.5	10.7
제조업	0.42	-10.3	-6.5	2.7	1.4	30.2	26.6	11.0	34.6	22.8
비제조업	0.48	-6.6	-7.6	20.3	35.2	10.5	12.0	1.6	1.0	1.3

주 : 1) 비중은 2005년 연간 기준이며 (계절조정)은 전기 대비 증가율임
2) 설비투자압력(%포인트) = 제조업생산지수 증가율(%) - 제조업생산능력지수 증가율(%)

자료 : 한국은행, 관세청, 통계청

3. 설비투자 선행지표

3.1 2006년 7~8월 중 설비투자 선행지표인 국내기계수주는 전년동기 대비 1.9% 증가하여 전분기(20.8%)에 비해 증가세가 둔화된 모습을 보였음

① 공공부문은 전력업(터빈) 및 공공운수업(전기기관차) 등의 발주가 감소하였고 민간부문은 기타운송장비(선박용엔진), 석유화학(열교환기) 및 도소매업(소형버스) 등의 발주가 증가한 것으로 나타났음

② 기종별로는 기계류가 원동기 및 발전기, 전기측정제어기기 등의 약진으로 8월중 전년동월 대비 14.5% 증가하였으나 운수장비는 7월(-8.7%)에 이어 13.3% 감소를 기록하였음

3.2 2006년 9월 중 설비투자 BSI는 전월과 동일한 수준인 98을 나타내었음

내수기업은 전월보다 2포인트 높은 수준을 기록하였으나 수출기업은 3포인트 하락한 것으로 나타났으며 2006년 10월 전망 BSI는 전월과 동일한 98을 기록하였다.

〈표 1-13〉 설비투자실행 BSI 동향

(2000=100)

	2005	2006									
	12월	1월	2월	3월	4월	5월	6월	7월	8월	9월	10월
설비투자실행 BSI	98 (99)	99 (100)	99 (100)	100 (100)	99 (101)	100 (101)	98 (98)	98 (98)	98 (98)	98 (98)	- (98)
대 기 업	95 (98)	98 (99)	98 (101)	97 (100)	97 (98)	96 (100)	95 (96)	96 (98)	96 (97)	97 (98)	- (98)
중소기업	99 (99)	100 (101)	99 (100)	102 (100)	101 (102)	102 (101)	99 (100)	100 (99)	99 (98)	98 (98)	- (98)
중화학공업	98 (100)	101 (101)	99 (101)	100 (100)	100 (101)	101 (102)	98 (99)	99 (99)	99 (98)	98 (99)	- (99)
경 공 업	96 (95)	95 (98)	97 (97)	98 (99)	97 (100)	97 (97)	97 (96)	95 (97)	94 (96)	97 (94)	- (98)
수출기업	97 (96)	98 (101)	97 (100)	99 (100)	97 (100)	98 (99)	94 (98)	96 (95)	98 (96)	95 (99)	- (97)
내수기업	98 (99)	100 (100)	100 (100)	101 (100)	100 (101)	101 (101)	100 (99)	99 (101)	98 (99)	100 (98)	- (99)

주 : ( )안은 전망 BSI
자료 : 한국은행

제4절 건설투자

1. 건설투자

1.1 계절조정 건설투자는 3.9% 감소를 기록하여 전분기(0.6%)에 비해 크게 부진한 모습을 보였음

① 건설투자(계절조정 전분기 대비, %) : (2005. 4분기) 0.0 → (2006. 1분기) 0.6 → (2분기) -3.9

1.2 건물건설투자는 주거용과 상업용 건물건설이 크게 부진하여 5.9% 감소하였으며 토목건설투자는 도로, 하천사방, 상하수도 등에 대한 투자부진으로 1.2% 감소하였음

① 건물건설투자(전년동기 대비, %) : (2005. 4분기) 1.3 → (2006. 1분기) 2.0 → (2분기) -5.9

② 토목건실투자(진닌동기 대비, %) . (2005. 4분기) 0.4 → (2006. 1분기) -0.3 → (2분기) -1.2

1.3 2006년 2분기 중 건설투자 디플레이터(deflator)는 2.8% 증가하여 전분기에 비해 소폭 상승한 것으로 나타났음

2. 건설투자 관련지표

2.1 2006년 7~8월 중 건설기성액은 민간부문의 증가세 둔화(1.0%)로 전년동기 대비 1.1% 증가에 그쳤음

① 건설기성액(전년동기 대비, %) : (2006. 1분기) 5.8 → (2분기) 1.4 → (7~8월) 1.1

2.2 2006년 7~8월 중 건설투자의 선행지표인 국내건설수주는 민간부문의 회복세에 기인하여 증가로 반전되면서 전년동기 대비 10.6% 증가한 것으로 나타났음

① 국내건설수주(전년동기 대비, %) : (2006. 1분기) -9.7 → (2분기) -14.1 → (7~8월) 10.6

2.3 2006년 7~8월 중 건축허가면적은 상업용을 중심으로 전년동기 대비 85.4% 증가하여 전분기(7.9%)에 비해 큰 폭의 증가세를 기록하였음

① 건축허가면적(전년동기 대비, %) : (2006. 1분기) 13.0 → (2분기) 7.9 → (7~8월) 85.4

'기반시설부담금제도' 시행(2006년 7월 12일) 이후 8월 중 건축허가면적은 전월에 비해 큰 폭으로 감소하였다.

〈표 1-14〉 건설투자 동향

(단위 : 전년동기 대비 증가율, %)

	비중[1]	2005				2006				
		연간	2분기	3분기	4분기	1분기	2분기	7~8월	7월	8월
건설투자	1.00	0.4	1.6	0.3	0.9	1.2	-3.9	-	-	-
(계절조정)	-	-	(1.8)	(-0.8)	(0.0)	(0.6)	(-3.9)	-	-	-
건물건설	0.59	-1.0	0.6	-0.5	1.3	2.0	-5.9	-	-	-
토목건설	0.41	2.4	3.1	1.5	0.4	-0.3	-1.2	-	-	-
디플레이터	-	3.2	3.4	2.6	1.8	1.5	2.8	-	-	-
건설기성액[2]	1.00	5.7	9.6	3.8	6.9	5.8	1.4	1.1	-0.7	2.8
공공부문	0.31	-1.0	3.1	-6.6	0.4	-10.0	-4.1	4.1	-0.2	8.5
민간부문	0.66	8.7	13.0	8.5	9.2	12.6	3.8	1.0	0.1	1.9
국내건설수주	1.00	9.5	38.5	15.8	-17.9	-9.7	-14.1	10.6	7.3	14.9
공공부문	0.26	1.6	73.7	0.0	-26.3	-11.3	-28.3	-14.8	-11.2	-18.7
민간부문	0.70	16.2	30.9	29.1	-5.8	-6.0	-5.6	12.4	11.5	13.7
건축허가면적	1.00	-5.1	-1.0	-11.0	-8.2	13.0	7.9	85.4	161.9	7.5
주 거 용	0.45	0.4	8.6	-4.7	-14.0	19.5	-10.9	57.0	129.1	-3.9
상 업 용	0.21	-24.5	-29.1	-25.7	-8.2	-0.9	24.2	132.3	222.6	23.6
공 업 용	0.12	-7.9	16.3	-21.5	-5.5	30.4	6.2	82.8	150.5	-7.2

주 : 1) 비중은 2005년 연간 기준임

2) 건설기성액과 국내건설수주의 증가율은 명목 수치를 기준으로 작성함

자료 : 통계청, 한국은행, 건설교통부

제 5 절 수출입 및 국제수지

1. 수출입

1.1 수 출

(1) 2006년 9월 중 수출은 전년동월 대비 22.1% 증가한 299억 3,000만 달러를 기록하였으며 일평균 수출액으로는 전월 대비 9.0% 증가하였음

파업타결에 따른 자동차 수출확대와 반도체 가격인상 등의 영향으로 전월에 비해 증가세가 확대되었다.

(2) 이에 따라 2006년 3분기 중 수출은 17.1%를 기록하며 견실한 증가세를 지속하는 모습을 보였음

1.2 품목별 수출

(1) 반도체는 DRAM 가격상승 등으로 증가세를 지속했으며 무선통신기기는 대중국 및 대중남미 수출이 확대되며 증가세로 반전되었음

IT관련품목(반도체, 무선통신기기, 컴퓨터) 수출액 증가율(전년동기 대비, %) : (2006. 1분기) 5.5 → (2분기) 3.2 → (3분기) 6.1

(2) 자동차는 노사분규 타결에 따른 9월 중 수출물량 확대로 증가세를 유지했으며 일반기계는 주요 수출품목인 광학기기 수출이 감소세를 기록하며 전기에 비해 증가세가 둔화되는 모습을 보였음

광학기기 수출증가율(전년동기 대비, %) : (2006. 1분기) 30.5 → (2분기) -34.0 → (7월) -25.4 → (8월) -20.3 → (9월 1~20일) -52.6

(3) 철강제품은 대미국, 대EU를 중심으로 증가세가 전기에 비해 확대되었으며 석유제품은 대중국, 대일본 등을 중심으로 호조세를 지속하였음

〈표 1-15〉 품목별 수출 동향(통관기준)

(단위 : 전년동기 대비 증가율, %)

	비중[1)]	2005			2006					
		연간	3분기	4분기	1분기	2분기	3분기[2)]	7월	8월	9월[2)]
수 출	100.0	12.0	15.4	11.4	10.6	16.9	17.1	11.4	17.6	22.1
(반도체제외)	89.5	(11.9)	(15.2)	(11.7)	(10.2)	(16.9)	(17.0)	11.4	17.4	(21.9)
중화학제품	89.6	15.2	18.2	13.4	11.6	18.6	-	12.8	19.1	-
반 도 체	10.5	13.1	16.6	9.0	13.9	16.3	18.0	11.3	19.3	23.6
무선통신기기	9.7	4.9	1.9	1.9	1.4	-1.9	1.8	-2.9	5.8	2.3
컴 퓨 터	5.0	-17.6	-8.7	-6.3	-4.0	-15.4	-11.9	-14.8	-17.1	-4.2
자 동 차	10.4	11.0	-1.6	1.2	10.5	7.8	15.8	-30.5	-0.2	97.0
일 반 기 계	7.8	31.6	42.5	35.0	19.2	11.2	5.2	4.2	10.2	1.3
석 유 화 학	7.3	22.3	13.6	3.4	0.8	16.1	32.6	28.8	32.6	36.0
철 강 제 품	5.9	24.9	22.4	8.6	-3.4	15.1	23.4	12.6	18.7	38.6
석 유 제 품	5.4	50.6	77.1	44.5	35.2	54.0	51.0	62.9	63.6	29.7
선 박	6.2	13.2	25.3	14.0	-1.5	47.9	12.2	58.8	11.0	-21.4
경공업제품	8.9	-1.3	-2.2	-4.8	-0.7	-2.2	-	-2.4	2.1	-

주 : 1) 전체수출에서 차지하는 품목별 비중(2005년 기준)
2) 2006년 9월 중 총수출은 기간 중 전체기준이며, 품목별 수출은 산업자원부 추정치
자료 : 산업자원부, 2006년 9월 중 상품 수출입 동향

1.3 지역별 수출

(1) 중국

대중국 수출은 석유제품, 석유화학, 무선통신기기 등을 중심으로 견실한 증가세를 지속하는 모습을 보였다.

대중국 석유제품 수출액 증가율(전년동기 대비, %) :	(2006. 2분기) 82.0 → (7월) 129.0 → (8월) 175.6 → (9월 1~20일) 127.3

(2) 미국 · 일본

대미국 수출은 철강제품, 석유제품 등의 호조로 증가세를 지속했으며, 대일본 수출은 석유제품, 반도체 등을 중심으로 전기에 비해 증가세가 확대되었다.

(3) EU · 중남미

대EU 수출은 반도체, 철강제품 등을 중심으로 증가세를 지속했으며, 대중남미 수출은 무선통신기기 등을 중심으로 호조세를 지속하였다.

〈표 1-16〉 지역별 수출 동향(통관기준)

(단위 : 전년동기 대비 증가율, %)

	비중[1]	2005			2006						
		연간	3분기	4분기	1분기	2분기	3분기[2]	7월	8월	9월	
										전체	1~20일
수 출	100.0	12.0	15.4	11.4	10.6	16.9	17.1	11.4	17.6	22.1	25.8
중 국	21.8	24.4	27.9	22.6	12.6	11.2	13.6	5.7	15.3	-	23.2
E U	15.4	15.4	18.9	11.8	7.4	16.0	12.1	-4.7	16.9	-	34.5
미 국	14.5	-3.5	-6.0	-3.8	0.0	10.8	10.5	9.9	9.3	-	13.8
ASEAN	9.6	14.2	25.0	8.0	10.3	14.1	18.7	12.8	20.8	-	25.0
일 본	8.4	10.7	14.0	7.3	11.6	9.1	15.8	9.6	18.3	-	22.1
홍 콩	5.5	-14.3	-3.7	20.2	28.3	25.3	25.0	16.8	28.4	-	33.0
중남미	5.3	29.6	46.2	18.0	39.1	38.1	41.9	71.3	19.8	-	47.2
중 동	4.3	11.2	3.1	14.7	16.4	19.8	18.4	17.2	13.0	-	31.1

주 : 1) 전체수출에서 차지하는 지역별 비중(2005년 기준)
2) 3분기 중 총수출은 분기전체 기준이며, 국가별수출은 7월~9월 20일까지의 수치임
자료 : 산업자원부, 2006년 9월 중 상품 수출입 동향

1.4 수 입

(1) 2006년 9월 중 수입은 전년동월 대비 22.8% 증가한 279억 달러를 기록하였으며 일평균 수입액으로는 전월 대비 3.1% 증가하였음

(2) 이에 따라 2006년 3분기 중 수입은 21.4%의 증가율을 기록하였음

수입액 증가율(전년동기 대비, %) : (2006. 1분기) 19.2 → (2분기) 19.9 →(3분기) 21.4

(3) 2006년 7월~9월 20일 중 원자재 수입은 원유, LNG 등을 중심으로 증가세를 지속하였음

원유 수입은 도입단가의 상승(2005. 3분기 : 56.4달러/배럴 → 2006. 3분기 : 67.5달러/배럴)과 도입물량 확대(2005. 3분기 : 205.7백만 배럴 → 2006. 8월 : 229.7백만 배럴)로 증가세를 지속하는 양상을 보였다.

(4) 자본재는 반도체제조용장비 등을 중심으로 전기에 증가세가 확대되었으며 소비재는 승용차 등을 중심으로 증가세를 지속하는 모습을 보였음

반도체제조용장비 수입액 증가율(전년동기 대비, %) : (2006. 2분기) 15.5 → (7월) 35.4 → (8월) 148.8 → (9월 1~20일) 176.5

〈표 1-17〉 수입동향(통관기준)

(단위 : 전년동기 대비 증가율, %)

	비중[1]	2005			2006					9월	
		연간	3분기	4분기	1분기	2분기	3분기[2]	7월	8월	전체	1~20일
수 입	100.0	16.4	21.1	14.6	19.2	19.9	21.4	18.4	23.0	22.8	27.4
원자재	54.5	20.9	28.4	15.6	23.9	23.8	27.6	24.4	31.9	-	25.9
자본재	34.7	11.7	13.4	12.9	11.9	11.7	15.6	9.6	13.8	-	28.8
소비재	10.1	13.3	16.2	15.2	19.3	21.6	21.8	17.4	15.6	-	38.9

주 : 1) 전체수입에서 차지하는 비중(2005년 기준)
2) 3분기 중 총수입은 기간전체 기준이며, 성질별 수입은 7월~9월 20일까지의 수치임
자료 : 산업자원부, 2006년 9월 중 상품 수출입 동향

〈표 1-18〉 원유수입동향

	2005			2006					
	연간	3분기	4분기	1분기	2분기	3분기	7월	8월	9월
도입단가(달러/배럴)	50.5	56.4	54.7	57.5	63.8	67.5	68.0	70.5	64.0
도입물량(백만배럴)	843.0	205.7	225.4	224.9	219.8	229.7	72.3	78.7	78.7
수 입 액 (억 달 러)	426.1	116.1	123.3	129.4	140.3	155.0	49.1	55.5	50.4
(전년동기대비증가율,%)	(42.4)	(56.6)	(31.0)	(44.8)	(44.2)	(33.5)	(37.9)	(43.8)	(20.4)

자료 : 산업자원부, 2006년 9월 중 상품 수출입 동향

1.5 무역수지

2006년 3분기 중 무역수지(통관기준)는 전기(51억 7,000만 달러)에 비해 감소한 28억 5,000만 달러를 기록하였다.

〈표 1-19〉 무역수지(통관기준)동향

(단위 : 억 달러, %)

	2004	2005			2006					
	연간	연간	3분기	4분기	1분기	2분기	3분기	7월	8월	9월
무역수지	293.8	231.8	48.7	61.2	17.5	51.7	28.5	4.2	4.0	20.3
수 출	2,538.4	2,844.2	711.0	768.1	738.9	814.7	832.6	258.7	274.6	299.3
(증감률)	(31.0)	(12.0)	(15.4)	(11.4)	(10.6)	(16.9)	(17.1)	(11.4)	(17.6)	(22.1)
수 입	2,244.6	2,612.4	662.3	706.9	722.6	763.7	804.2	254.6	270.5	279.0
(증감률)	(25.5)	(16.4)	(12.1)	(14.6)	(19.2)	(19.9)	(21.4)	(18.4)	(23.0)	(22.8)

자료 : 산업자원부, 2006년 9월 중 상품 수출입 동향

2. 교역조건

원유를 중심으로 수입단가가 상승함에 따라 2006년 7월 중 교역조건은 하락세를 지속하는 모습을 보였다.

2.1 수출단가

수출단가는 승용자동차는 하락했으나 석유제품, 반도체 등이 상승함에 따라 전월과 비슷한 수준인 93.2를 기록하였다.

2.2 수입단가

수입단가는 원유 등 원자재 및 자본재, 소비재 모두 상승함에 따라 전월에 비해 3.3포인트 상승한 130.2를 기록하였다.

2.3 교역조건

2006년 7월 중 교역조건은 전기(73.2)에 비해 1.6포인트 하락한 71.6을 기록하였다.

〈표 1-20〉 수출입 단가 및 교역조건 동향

(2000=100)

	2005				2006				
	연간	2분기	3분기	4분기	1분기	2분기	5월	6월	7월
수출단가	92.7 (1.3)	92.2 (0.5)	92.9 (1.1)	92.9 (0.5)	91.5 (-1.2)	91.2 (-1.1)	91.6 (-0.3)	93.0 (1.6)	93.2 (1.9)
석유제품	195.2 (35.9)	188.1 (41.4)	213.3 (39.7)	207.0 (27.3)	222.1 (35.6)	249.6 (32.7)	250.8 (38.2)	253.1 (29.0)	256.6 (27.9)
중화학공업품	86.4 (-1.4)	86.1 (-2.7)	85.5 (-2.4)	86.0 (-1.6)	84.1 (-3.9)	82.2 (-4.4)	82.6 (-3.7)	83.8 (-1.5)	83.8 (-0.9)
반 도 체	24.0 (-23.6)	24.4 (-25.8)	23.5 (-29.4)	22.9 (-23.7)	18.9 (-24.1)	18.3 (-25.0)	18.1 (-27.6)	17.9 (-21.5)	18.9 (-20.3)
승용자동차	119.6 (0.4)	118.4 (0.3)	118.1 (0.2)	120.6 (-0.5)	122.6 (1.3)	125.7 (6.2)	127.0 (8.1)	126.4 (7.2)	124.4 (5.0)
경공업품	103.5 (6.8)	104.7 (9.1)	102.9 (6.3)	103.8 (4.4)	105.8 (2.9)	110.2 (5.3)	112.2 (6.2)	109.6 (5.6)	110.0 (6.1)
수입단가	117.3 (9.3)	116.9 (10.1)	119.7 (9.3)	118.8 (6.2)	121.9 (7.0)	125.8 (7.6)	127.0 (8.9)	127.0 (8.1)	130.2 (9.8)
원 자 재	151.5 (22.1)	149.6 (23.5)	158.7 (22.7)	159.1 (18.4)	164.4 (18.4)	174.2 (16.4)	176.4 (17.8)	176.4 (17.6)	182.2 (17.8)
원 유	180.0 (39.5)	175.7 (42.0)	199.1 (45.3)	195.2 (39.2)	210.7 (41.2)	231.9 (32.0)	236.2 (35.0)	236.6 (33.5)	240.4 (26.3)
자 본 재	73.6 (-8.5)	74.4 (-8.6)	72.2 (-9.9)	70.5 (-10.0)	69.9 (-10.6)	69.6 (-6.5)	69.5 (-5.8)	69.9 (-7.2)	71.0 (-3.7)
소 비 재	109.8 (0.5)	109.4 (-0.7)	110.7 (0.0)	107.8 (-0.6)	111.9 (0.4)	108.9 (-0.5)	108.9 (1.3)	109.1 (-1.0)	113.6 (1.4)
교역조건	79.0 (-7.4)	78.9 (-8.6)	77.6 (-7.5)	78.2 (-5.3)	75.1 (-7.6)	72.4 (-8.2)	72.0 (-8.6)	73.2 (-6.0)	71.6 (-7.3)

주 : 1) ( )안은 전년동기 대비 증가율(%)
2) 교역조건 = (수출단가/수입단가)×100

자료 : 한국은행, 2006년 중 무역수지 및 교역조건 동향

3. 국제수지

3.1 경상수지

2006년 8월 중 경상수지는 상품수지 흑자규모 축소 및 해외여행경비 증가에 따른 서비스수지 적자규모의 확대로 적자를 기록하였다.

(1) 상품수지

상품수지는 반도체, 석유제품 등을 중심으로 수출이 확대되었으나 원유 등 원자재를 중심으로 수입도 확대됨에 따라 흑자규모가 전월에 비해 5,000만 달러 축소된 15억 7,000만 달러를 기록하였다.

(2) 서비스수지

서비스수지는 해외여행경비 지급증가로 여행수지가 13억 8,000만 달러 적자를 기록하는 등 적자규모가 전월(17억 4,000만 달러)보다 3억 5,000만 달러 확대되었다.

내국인 출국자수(단위 : 천명) : (2006년 5월) 906 → (6월) 916 → (7월) 1,099 → (8월) 1,140

(3) 소득수지

소득수지는 대외이자 수입의 증가로 흑자규모가 전월(4,000만 달러)에 비해 2억 7,000만 달러 확대된 3억 1,000만 달러를 기록하였다.

(4) 경상수지

2006년 8월 중 경상수지는 5억 1,000만 달러 적자를 기록하였다.

〈표 1-21〉 경상수지 동향

(단위 : 억 달러, 전년동기 대비 증가율, %)

	2004	2005					2006			
	연간	연간	1분기	2분기	3분기	4분기	1분기	2분기P	7월	8월P
경상수지	281.7	165.6	58.8	26.0	26.5	54.3	-11.2	6.9	-3.9	-5.1
상품수지	375.7	334.7	91.6	86.4	75.8	80.9	52.2	74.1	16.2	15.7
수 출(%)	2,577.1 (30.6)	2,890.0 (12.1)	680.5 (12.7)	706.3 (9.5)	723.6 (14.4)	779.6 (12.2)	758.0 (11.4)	821.3 (16.3)	265.6 (10.0)	282.6 (22.5)
수 입(%)	2,201.4 (25.6)	2,555.2 (16.1)	588.9 (13.6)	619.9 (13.8)	647.8 (21.0)	698.6 (15.8)	705.8 (19.8)	747.1 (20.5)	249.4 (18.9)	266.8 (24.2)
서비스수지	-80.5	-130.9	-30.1	-32.4	-43.6	-24.9	-50.0	-38.8	-17.4	-20.9
소득수지	10.8	-13.2	2.4	-20.9	0.3	5.0	-4.8	-16.5	0.4	3.1
경상이전수지	-24.3	-25.0	-5.2	-7.1	-6.0	-6.7	-8.6	-11.9	-3.1	-3.1

주 : P는 잠정추정치

자료 : 한국은행, 2006년 8월 중 국제수지 동향(잠정)

3.2 자본수지

2006년 7~8월 중 자본수지는 예금은행의 해외단기차입 증가 등에 기인하여 29억 6,000만 달러의 흑자를 기록하였다.

(1) 직접투자수지

직접투자수지는 국내기업의 해외현지법인에 대한 출자가 확대되면서 7억 7,000만 달러의 적자를 기록하였다.

(2) 증권투자수지

증권투자수지는 내국인의 해외채권투자 증가 및 외국인의 주식투자자금 회수 등에 기인하여 81억 2,000만 달러의 적자를 시현하였다.

① 내국인 해외증권투자수지(억 달러) : (2006. 6월) -16.5 → (7월) -21.9 → (8월) -16.0

② 외국인 국내증권투자수지(억 달러) : (2006. 6월) -14.7 → (7월) -14.8 → (8월) -28.5

(3) 기타투자수지

기타투자수지는 예금은행 등의 해외단기차입과 수출 선수금 수입이 증가하면서 123억 달러의 흑자를 기록하였다.

(4) 자본수지

2006년 1~8월 중 자본수지는 131억 7,000만 달러의 흑자를 기록하였다(전년동기 : 44억 2,000만 달러 흑자).

〈표 1-22〉 자본수지동향

(단위 : 억 달러)

	2004	2005			2006					
	연간	연간	3분기	4분기	1분기	2분기	7~8월P	6월	7월	8월P
자본수지	76.0	4.9	-9.1	-32.9	65.2	36.8	29.6	-16.9	17.3	12.3
직접투자	45.9	0.3	-4.1	-0.7	-13.1	7.8	-7.7	0.7	-1.1	-6.6
(내국인)	-46.6	-43.1	-11.2	-9.9	-14.4	-14.5	-13.9	-3.7	-3.8	-10.1
(외국인)	92.5	43.4	7.2	9.2	1.3	22.3	6.2	4.4	2.7	3.5
증권투자	86.2	-13.2	1.8	22.1	14.4	-141.8	-81.2	-31.2	-36.7	-44.5
(주 식)	58.5	-3.6	6.9	3.7	20.8	-115.1	-48.0	-21.0	-18.0	-30.0
(채 권)	27.7	-9.6	-5.1	18.4	-6.5	-26.7	-33.2	-10.2	-18.7	-14.5
기타투자	-38.6	41.0	-0.4	-49.4	70.8	178.9	123.0	16.3	57.9	65.1
(대출·차입)	-33.2	4.6	-13.6	-70.7	91.4	188.8	84.0	7.8	37.4	46.6
(무역신용)	71.0	63.2	22.2	16.6	4.0	26.8	23.0	15.7	14.7	8.3
(예금·기타)	-76.4	-26.8	-8.9	4.7	-24.5	-36.7	16.0	-7.2	5.7	10.3
기타자본수지	-17.5	-23.1	-6.5	-4.9	-6.9	-8.0	-4.5	-2.7	-2.8	-1.7

주 : P는 잠정추정치

자료 : 한국은행, 2006년 8월 중 국제수지 동향(잠정)

3.3 외채

총대외채무(2006년 2분기말 기준)는 2,293억 달러로 2006년 1분기말 대비 261억 달러 증가하였으나 외화유동성지표들은 안정적 수준을 유지하였다.

(1) 2006년 2분기 중 총대외채무의 증가는 민간부문의 외채 증가에 주로 기인하였음

① 일반정부 및 통화당국 외채는 재정차관 순상환(2억 달러)에도 불구하고 비거주자의 국채투자(9억 달러) 증가 등의 영향으로 2분기 중 4억 달러 증가하였음

② 민간부문 외채는 2분기 중 257억 달러 증가했는데 이는 은행부문의 외화차입금(182억 달러)과 외화증권 발행(27억 달러)이 크게 증가한 가운데 기타부문의 수출선수금(23억 달러)과 비은행금융회사의 원화예수금(5억 달러) 등이 증가한 데 기인하였음

(2) 만기구조로는 장기외채가 2006년 2분기 중 60억 달러 증가하였고 단기외채는 201억 달러 증가하였음

이에 따라 외환보유고(foreign exchange reserves) 대비 단기외채 비중은 전년도말 대비 7.9%포인트 증가하였고 유동외채 비율도 7.6%포인트 증가하였으나 여전히 안정적인 수준을 유지하고 있다.

〈표 1-23〉 외채관련 지표

(단위 : 기말기준, %)

	2004	2005. 1분기	2005. 2분기	2005. 3분기	2005. 4분기	2006. 1분기	2006. 2분기P
단기외채/외환보유고1)	28.3	33.3	33.7	32.9	31.3	34.2	42.1
유동외채/외환보유고2)	38.6	43.5	44.1	42.7	41.8	44.4	52.0
총외채/외환보유고	86.5	87.7	89.6	91.2	90.3	93.5	102.2

주 : 1) 안정수준(60% 미만), 경계수준(60~100%), 위험수준(100% 초과)
2) 안정수준(100% 미만), 경계수준(100~200%), 위험수준(200% 초과)
유동외채 = 단기외채 + 상환기일이 1년 미만인 장기외채
3) P는 잠정치(preliminary)
자료 : 재정경제부, 2006년 2분기말 현재 총대외채무·대외채권 현황(잠정)
한국은행, 2006. 6월말 외환보유고

3.4 대외채권

총대외채권(2006년 2분기말 기준)은 2006년 1분기말 대비 141억 달러 증가한

3,362억 달러를 기록했으며 이에 따라 대외순채권은 1,069억 달러를 기록하였다.

(1) 외환보유고는 2006년 2분기말 기준 2,244억 달러로 전분기말 대비 71억 달러 증가하였으며 총대외채권에서 차지하는 비중은 67.5%에서 66.7%로 감소하였음

〈표 1-24〉 외채 및 대외채권 추이

(단위 : 억 달러, %, 말 기준)

	총 대외채무					총 대외채권				
	2003	2004	2005	2006		2003	2004	2005	2006	
				1분기	2분기P				1분기	2분기P
계	1,575	1,722	1,900	2,031	2,293	2,292	2,842	3,087	3,220	3,362
일반정부	116 (7.3)	104 (6.0)	85 (4.5)	90 (4.4)	97 (4.2)	13 (0.5)	58 (2.0)	136 (4.4)	165 (5.1)	173 (5.1)
통화당국	53 (3.4)	59 (3.5)	73 (3.8)	73 (3.6)	71 (3.1)	1,575 (68.7) 〈1,554〉	2,016 (70.9) 〈1,991〉	2,134 (69.1) 〈2,104〉	2,205 (68.5) 〈2,173〉	2,275 (67.7) 〈2,244〉
은행부문	677 (43.0)	745 (43.2)	842 (44.3)	925 (45.5)	1,146 (50.0)	431 (18.8)	508 (17.9)	520 (16.9)	516 (16.0)	558 (16.6)
기타부문	729 (46.3)	814 (47.3)	900 (47.4)	943 (46.4)	979 (42.7)	273 (11.9)	260 (9.1)	297 (9.6)	334 (10.4)	355 (10.6)
장 기	1,067 (67.8)	1,159 (67.3)	1,242 (65.4)	1,287 (63.3)	1,347 (58.7)	- -	- -	- -	- -	- -
단 기	508 (32.2)	563 (32.7)	658 (34.6)	744 (36.7)	946 (41.3)	- -	- -	- -	- -	- -
순 채 권						717	1,120	1,187	1,189	1,069

주 : 1) 〈 〉안은 외환보유고

2) ( )안은 총대외채무 및 총대외채권에 대한 구성비

3) P는 잠정치(preliminary)

자료 : 재경부, 2006년 2분기말 현재 총대외채무·대외채권 현황(잠정)

제 6 절 노동시장

1. 고용

1.1 취업 및 실업

2006년 7~8월 중 취업자수 전년동기 대비 증가율과 실업률은 전분기와 비슷한 수준을 유지하였다.

(1) 취업자수 증가율

2006년 7~8월 중 취업자수 전년동기 대비 증가율은 전분기보다 소폭(0.1%포인트) 상승하였다.

취업자수 증가율(전년동기 대비, %)	:	(2005. 1분기) 0.6 → (2분기) 1.7 → (3분기) 1.7 → (4분기) 1.3 → (2006. 1분기) 1.5 → (2분기) 1.2 → (7~8월) 1.3

(2) 계정조정기준 고용률

계절조정기준 고용률은 전분기와 동일한 59.7%를 기록하였다.

계절조정기준 고용률(취업자/생산가능인구, %)	:	(2005. 1분기) 59.9 → (2분기) 59.7 → (3분기) 59.5 → (4분기) 59.7 → (2006. 1분기) 59.8 → (2분기) 59.7 → (7~8월) 59.7

(3) 실업률

실업률은 전년동기 대비 0.2%포인트 하락하였으며 계절조정 기준으로는 전분기와 동일한 수준인 3.5%를 유지한 것으로 나타났다.

〈표 1-25〉 고용지표

(단위 : 천명, %)

	2005		2006			
	연간	4분기	1분기	2분기	7~8월	8월
경제활동인구	23,743(1.4)	23,853(1.2)	23,492(1.2)	24,225(0.9)	24,121(1.0)	23,972(1.2)
취 업 자	22,856(1.3)	23,025(1.3)	22,577(1.5)	23,409(1.2)	23,306(1.3)	23,164(1.4)
실 업 자	887(3.1)	827(-1.8)	915(-6.2)	816(-7.1)	815(-5.8)	807(-4.2)
비경제활동인구	14,557(1.8)	14,634(2.5)	15,101(2.1)	14,505(1.6)	14,704(1.2)	14,864(0.8)
경제활동참가율	62.0	62.0[61.9]	60.9[62.0]	62.5[61.9]	62.1[61.8]	61.7[61.8]
실 업 률	3.7	3.5[3.6]	3.9[3.5]	3.4[3.5]	3.4[3.5]	3.4[3.5]

주 : 1) ( )안은 전년동기 대비 증가율
2) [ ]안은 계절조정

자료 : 통계청, 2006년 8월 고용동향

1.2 산업별 취업자

2006년 7~8월 중 비농림어업 취업자수는 전년동기 대비 1.5% 증가한 것으로 나타났다.

(1) 전기 · 운수 · 통신 · 금융업 및 사업 · 개인 · 공공서비스업의 경우 취업자 증가세가 둔화되고 있으나 여전히 높은 수준의 증가율을 기록하였음

(2) 도소매 · 음식숙박업의 취업자수는 감소폭이 확대되었으며 건설업 취업자수도 감소하였음

2006년 7~8월 중 도소매 · 음식숙박업은 7월의 기상악화에 의한 일시적 요인을 고려하더라도 감소세가 지속되는 모습을 보였다.

〈표 1-26〉 산업별 취업자 추이

(단위 : 천명, %)

	2005		2006			
	연간	4분기	1분기	2분기	7~8월	8월
농림어업	1,815(-0.5)	1,754(-2.0)	1,492(-2.2)	1,952(-3.2)	1,941(-1.9)	1,935(-0.8)
비농전산업	21,023(1.5)	21,257(1.6)	21,070(1.8)	21,440(1.7)	21,348(1.5)	21,213(1.6)
제조업	4,234(-1.3)	4,219(-1.8)	4,189(-1.7)	4,181(-1.8)	4,147(-1.3)	4,114(-1.3)
건설업	1,814(-0.3)	1,833(-1.7)	1,726(2.0)	1,904(0.3)	1,844(-0.1)	1,837(0.9)
도소매 · 음식숙박업	5,806(-1.0)	5,812(-0.7)	5,800(-0.6)	5,776(-0.3)	5,745(-0.7)	5,683(-0.9)
전기 · 운수 · 통신 · 금융업	2,246(2.7)	2,295(4.1)	2,299(4.4)	2,323(4.0)	2,335(3.7)	2,331(3.6)
사업 · 개인 · 공공서비스업	6,923(5.6)	7,098(5.8)	7,056(5.1)	7,256(5.1)	7,277(4.9)	7,248(4.9)

주 : 1) ( )안은 전년동기 대비 증가율
자료 : 통계청, 2006년 8월 고용동향

1.3 직업별 취업자

(1) 전문 · 기술 · 행정관리자의 전년동기 대비 증가율은 전분기와 같은 높은 수준을 유지하였으며 사무종사자의 증가율은 전분기에 비해 다소 상승한 것으로 나타났음

(2) 서비스 · 판매종사자는 전년동기 대비 지속적인 감소세를 유지하였음

〈표 1-27〉 직업별 취업자 추이

(단위 : 천명, %)

	2005		2006			
	연간	4분기	1분기	2분기	7~8월	8월
전문 · 기술 · 행정관리자	4,755(3.1)	4,845(3.5)	4,918(4.9)	4,998(4.8)	5,010(4.8)	4,988(4.9)
사무종사자	3,269(2.5)	3,352(4.6)	3,284(2.2)	3,275(0.6)	3,270(1.0)	3,245(0.1)
서비스 · 판매종사자	5,625(-0.3)	5,634(0.0)	5,584(-0.8)	5,593(-0.7)	5,577(-0.7)	5,543(-0.6)
농림 · 어업숙련종사자	1,708(0.5)	1,664(0.6)	1,399(-2.7)	1,822(-2.8)	1,841(-1.4)	1,841(-0.4)
생산 · 단순노무종사자	7,479(1.1)	7,530(-0.4)	7,394(1.5)	7,721(1.7)	7,610(1.3)	7,548(1.6)

주 : 1) ( )안은 전년동기 대비 증가율
자료 : 통계청, 2006년 8월 고용동향

1.4 종사상 지위별

(1) 비임금근로자

비임금근로자의 경우 자영업주의 감소세가 2005년 하반기 이후 확대되는 모습을 보였다.

자영업주 증가율(전년동기 대비, %) : (2005. 3분기) 1.5 → (4분기) 0.9 → (2006. 1분기) -0.2 → (2분기) -0.2 → (7~8월) -0.9

(2) 임금근로자

임금근로자의 경우 일용근로자가 감소했음에도 불구하고 상용 및 임시근로자를 중심으로 전년동기 대비 증가세가 확대되는 모습을 보였다.

〈표 1-28〉 종사상 지위별 취업자 추이

(단위 : 천명, %)

	2005		2006			
	연간	4분기	1분기	2분기	7~8월	8월
비임금근로자	7,671(0.1)	7,677(0.6)	7,359(-0.4)	7,722(-0.6)	7,770(-1.0)	7,813(-0.8)
자영업주	6,172(1.0)	6,184(0.9)	6,012(-0.2)	6,197(-0.2)	6,215(-0.9)	6,239(-1.0)
무급가족종사자	1,499(-3.5)	1,493(-0.8)	1,347(-1.6)	1,525(-2.4)	1,556(-1.0)	1,574(-0.2)
임금근로자	15,185(2.0)	15,348(1.6)	15,219(2.4)	15,687(2.2)	15,536(2.4)	15,351(2.6)
상용근로자	7,917(3.8)	7,984(2.6)	8,054(3.2)	8,157(2.8)	8,186(3.5)	8,243(4.0)
임시근로자	5,056(-0.5)	5,122(1.9)	5,038(1.4)	5,200(1.7)	5,169(2.8)	5,018(2.9)
일용근로자	2,212(1.1)	2,242(-2.3)	2,127(2.0)	2,330(1.1)	2,182(-2.5)	2,090(-3.4)

주 : 1) ( )안은 전년동기 대비 증가율
자료 : 통계청, 2006년 8월 고용동향

1.5 취업시간대별 취업자

(1) 36시간 이상 취업자수 전년동기 대비 증가율은 하락한 반면에 36시간 미만 취업자수 증가율은 9.4%를 기록하였음

단시간(주당 18~35시간) 취업자의 증가는 7월 기상악화에 따라 농림어업 및 건설업 부문의 상승(각각 25.7%, 34.8%)과 주 5일제의 확대에 기인한 것으로 판단된다.

(2) 주당 평균 취업시간은 46.4시간을 기록하였음

〈표 1-29〉 취업시간대별 취업자 추이

(단위 : 천명, 시간, %)

	2005		2006			
	연간	4분기	1분기	2분기	7~8월	8월
36시간 이상	19,730(0.3)	20,187(0.9)	19,336(2.9)	20,669(1.0)	19,276(0.0)	18,429(0.5)
36시간 미만	2,794(8.6)	2,624(4.9)	2,832(-5.7)	2,520(4.5)	3,547(9.4)	4,106(6.8)
1~17시간	804(9.7)	779(5.6)	891(-9.3)	733(6.6)	895(14.1)	912(10.7)
18~35시간	1,990(8.2)	1,845(4.6)	1,941(-4.0)	1,787(3.6)	2,652(7.9)	3,194(5.7)
주당 평균취업시간	48.1[49.1]	48.2[49.3]	47.5[49.5]	48.6[49.4]	46.4[47.4]	45.4[46.1]

주 : 1) ( ) 안은 전년 동기 대비 증가율
2) [ ] 안은 제조업
3) 일시휴직으로 인하여 36시간 이상과 36시간 미만의 합은 전체취업자가 아님
자료 : 통계청, 2006년 8월 고용동향

1.6 실업률 구조

(1) 연령계층별 실업률

연령계층별 실업률은 20대 및 60세 이상에서 전년동기와 유사한 수준이며 50대 계층에서 전년동기 대비 0.6%포인트 하락한 것으로 나타났다.

(2) 교육정도별 실업률

교육정도별 실업률의 경우 고졸이하 및 전문대졸에서 전년동기 대비 하락한 반면에 대졸이상에서는 소폭 상승한 것으로 나타났다.

〈표 1-30〉 연령계층 및 교육정도별 실업률 추이

(단위 : %)

연령계층	2005			2006		교육정도	2005			2006	
	연간	2분기	7~8월	2분기	7~8월		연간	2분기	7~8월	2분기	7~8월
전 체	3.7	3.7	3.6	3.4	3.4	전 체	3.7	3.7	3.6	3.4	3.4
15~19세	12.5	11.8	11.6	9.0	8.7						
20~29세	7.7	7.5	7.6	7.6	7.6	고졸이하	3.9	3.7	3.8	3.3	3.4
30~39세	3.3	3.2	3.1	2.8	3.0						
40~49세	2.5	2.5	2.5	2.3	2.4	전문대졸	4.9	5.2	4.9	4.4	4.2
50~59세	2.5	2.5	2.5	2.1	1.9						
60세이상	1.3	1.6	1.3	1.6	1.4	대졸이상	2.7	2.8	2.5	3.1	2.9

자료 : 통계청, 2006년 8월 고용동향

2. 임금 및 근로시간

2.1 명목임금상승률(5인이상 사업체 기준)

2006년 7월 중 명목임금상승률은 전월(4.3%)에 비해 소폭 상승한 6.1%를 기록하였다.

(1) 내역별로는 정액급여는 전년동월 대비 6.6% 증가하였으며 초과급여는 3.0%, 특별급여는 5.5% 증가하였음

(2) 이에 따라 2006년 7월 중 실질임금상승률은 전월보다 상승한 3.8%를 기록하였음

(3) 2006년 7월 중 산업별 명목임금상승률은 도소매·음식숙박업을 제외한 대부분 산업에서 전월에 비해 상승한 것으로 나타났음

2006년 7월 중 건설업의 높은 명목임금상승률은 2005년 하반기 이후 건설업 부진으로 인하여 2005년 7월 건설업이 낮은 임금상승률(-2.5%)을 기록한 기저효과의 영향으로 판단된다.

〈표 1-31〉 산업별 명목임금상승률(5인이상 사업체)

(단위 : 전년동기 대비 증가율, %)

	2005			2006			
	연간	3분기	4분기	1분기	2분기	6월	7월
전 산 업	6.6	5.6	6.1	5.9	5.6	4.3	·6.1
제 조 업	8.1	7.3	5.4	5.3	5.0	3.7	6.0
건 설 업	-0.3	-1.6	2.7	8.0	8.6	7.7	12.4
도소매·음식숙박업	10.4	9.1	10.6	5.4	5.6	5.5	4.0
운수·창고·통신업	7.7	8.3	8.9	2.8	2.9	1.3	4.0
금융·보험·부동산	4.6	2.1	5.3	7.3	6.9	5.9	6.8
사회개인서비스	4.2	3.8	4.9	6.3	5.6	3.2	5.3

자료 : 노동부, 매월노동통계조사

(4) 2006년 7월 중 규모별 명목임금상승률은 10~29인 및 100~299인 규모를 제외한 나머지 규모에서 전월에 비해 증가폭이 확대되었음

2.2 제조업 근로시간

(1) 제조업 총근로시간은 전년동월 대비 정상근로시간의 감소(-5.8%)와 초과근로시간의 감소(-7.9%)로 인하여 전년동월보다 감소한 193.7시간을 기록하였음

제조업 총근로시간의 감소는 2006년 7월 자동차 부문의 파업 및 일시적 기상악화에 기인한 것으로 판단된다.

제7절 물가

1. 소비자물가

2006년 3분기 중 소비자물가는 전분기 대비 0.7% 상승하여 전반적인 안정세가 지속되었다.

1.1 농축수산물물가

농축수산물물가는 3.0% 상승하였으며 공업제품물가 및 공공서비스물가는 각각 0.4%와 1.5% 상승하였다.

① 농축수산물물가는 출회 감소로 채소류를 중심으로 3.0% 상승하였음
② 공공서비스물가는 도시가스와 고속버스 요금의 상승에 기인하여 1.5% 상승하였음

1.2 근원물가지수

근원물가지수(곡물 이외 농산물과 석유류 제외)도 안정세를 유지하였다. 집세 및 개인서비스요금 등이 안정적인 수준을 보임에 따라 근원물가지수는 전분기에 비해 0.5% 상승한 것으로 나타났다.

1.3 전년동기 대비로 소비자물가지수는 2.5%, 근원물가지수는 2.2% 상승하였음

〈표 1-32〉 품목별 소비자물가 추이

(단위 : 전기 대비 증가율, %)

	가중치	2005			2006					
		연간	3분기	4분기	1분기	2분기	3분기	7월	8월	9월
소비자물가	1000.0	2.7	0.6 (2.4)	0.1 (2.5)	1.1 (2.3)	0.6 (2.4)	0.7 (2.5)	0.2 (2.3) 〈0.2〉	0.9 (2.9) 〈0.7〉	0.2 (2.4) 〈-0.2〉
근원물가	883.5	2.3	0.2 (2.0)	0.2 (1.8)	0.8 (1.6)	0.8 (1.9)	0.5 (2.2)	0.1 (2.2)	0.2 (2.2)	0.1 (2.2)
농축수산물	107.4	1.8	0.8	-2.7	2.8	-3.0	3.0	-0.5	6.5	1.5
공업 제품	342.9	3.7	1.1	0.6	0.3	1.0	0.4	0.2	0.3	-0.3
집 세	131.4	-0.2	0.0	0.0	0.1	0.3	0.3	0.1	0.0	0.2
공공서비스	150.9	3.2	0.8	0.5	2.2	0.6	1.5	0.9	0.1	1.2
개인서비스	267.4	3.2	0.3	0.3	1.3	1.6	0.2	0.1	0.2	0.0

주 : ( )안은 전년동기 대비 증가율, 〈 〉안은 계절조정 전월 대비 증가율
자료 : 통계청

2. 수입물가

2.1 수입물가는 2006년 8월 중 원/달러 환율이 상승한 데다 화학제품 및 비철금속 소재 등 국제원자재가격이 상승함에 따라 전월 대비 1.6% 상승하였음

① 원/달러 환율 : (2006년 5월) 941 → (6월) 955 → (7월) 948 → (8월) 961
② 두바이유(달러/배럴) : (2006년 5월) 65.3 → (6월) 65.2 → (7월) 69.1 → (8월) 68.8
③ 로이터지수 : (2005년 5월) 2,025 → (6월) 1,995 → (7월) 2,015 → (8월) 2,043

2.2 계약통화기준(환율효과 배제) 수입물가도 2006년 7, 8월 중 전월 대비 각각 2.8%와 0.4% 상승하였음

2.3 전년동월 대비로 원화기준 수입물가(2006년 7월 : 7.8% → 8월 : 7.5%)와 계약통화기준 수입물가(2006년 7월 : 17.8% → 8월 : 14.6%) 모두 상승세가 축소되었음

3. 생산자물가

2006년 3분기 중 생산자물가는 농림수산품 가격 상승에 기인하여 전분기 대비 1.3% 상승하였다.

3.1 공산품물가는 석유・화학제품을 중심으로 전분기 대비 1.5% 상승하였으며 농림수산품물가는 장마 및 폭염의 영향으로 전분기 대비 2.3% 상승하였음

3.2 전년동월 대비로 생산자물가는 3.1% 상승하여 전분기(2.5%)보다 상승폭이 다소 확대되었음

〈표 1-33〉 수입물가 및 생산자물가 추이

(단위 : 전기 대비 증가율, %)

	가중치	2005			2006					
		연간	3분기	4분기	1분기	2분기	3분기	7월	8월	9월
수입물가	1000.0	2.9	6.4 (4.1)	-0.2 (6.2)	-2.0 (8.1)	4.9 (8.8)	- -	2.2 (7.8)	1.6 (7.5)	- -
원자재	820.4	5.3	7.4	0.0	-1.3	6.2	-	2.5	1.6	-
계약통화기준	1000.0	15.2	4.8	-0.5	5.3	9.1	-	2.8	0.4	-
생산자물가	1000.0	2.1	0.6 (1.7)	0.2 (1.5)	0.4 (1.7)	1.3 (2.5)	1.3 (3.1)	0.4 (2.8)	0.8 (3.4)	0.3 (3.1)
농림수산품	49.0	-3.7	-1.9	-7.9	3.8	-2.7	2.3	0.8	6.5	0.7
공산품	613.4	3.1	0.9	0.8	-0.3	2.0	1.5	0.4	0.6	0.0
서비스	294.2	1.3	0.6	0.5	0.6	0.3	0.5	0.2	0.4	0.4

주 : ( )안은 전년동기 대비 증가율

자료 : 한국은행

제 8 절 금융 및 외환시장

1. 금리

2006년 3분기 중 장기금리는 하반기 국내경기에 대한 금융시장의 우려가 반영되면서 하락세를 지속하는 양상을 보였다.

1.1 국고채 수익률

국고채 수익률은 2006년 하반기 국내경기 둔화에 대한 우려, 미국의 금리인상 중단 가능성 등의 영향으로 9월말 기준 크게 하락한 4.57%를 기록하였다.

1.2 회사채 수익률

회사채 수익률(AA-)은 2006년 8월 중 콜금리 인상에도 불구하고 국고채 수익률의 하락세가 반영되면서 9월말 기준 4.89%를 기록하였다.

1.3 장단기 금리차

장단기 금리차는 장기금리가 지속적으로 하락하여 콜금리 목표 수준에 근접하면서 전분기말 71bp에서 9월말 기준 8bp까지 크게 축소되었으며 회사채 신용스프레드는 전분기말에 비해 소폭 하락한 279bp를 기록하였다.

한편, 2006년 10월초 북한 핵실험 발표에도 불구하고 금리는 전반적으로 안정적인 수준을 유지하고 있다.

〈표 1-34〉 금 리

(단위 : 기말기준, %, %포인트)

	2005	2006								
	12월	1월	2월	3월	4월	5월	6월	7월	8월	9월
Call(1일)	3.74	3.75	4.00	3.97	3.98	3.98	4.21	4.23	4.48	4.49
CP(91일물)	4.27	4.38	4.41	4.40	4.45	4.45	4.75	4.75	4.78	4.71
국고채(3년)	5.08	4.92	4.90	4.93	4.81	4.72	4.92	4.83	4.76	4.57
회사채(3년, AA-)	5.52	5.42	5.34	5.25	5.08	5.00	5.20	5.15	5.09	4.89
회사채(3년, BBB-)	9.24	9.03	8.67	8.36	8.12	7.95	8.07	8.02	7.92	7.68
장단기 Spread[1]	1.34	1.17	0.90	0.96	0.83	0.74	0.71	0.60	0.28	0.08
신용 Spread[2]	0.44	0.50	0.44	0.32	0.27	0.28	0.28	0.32	0.33	0.32
신용 Spread[3]	3.72	3.61	3.33	3.11	3.04	2.95	2.87	2.87	2.83	2.79

주 : 1) 국고채-Call 2) 회사채(AA-)-국고채 3) 회사채(BBB-)-회사채(AA-)

2. 주가

2006년 3분기 중 주가는 하반기 국내경기 둔화 가능성에도 불구하고 미 금리인상 중단에 대한 기대감, 해외증시의 강세 등에 기인하여 상승한 것으로 나타났다.

2.1 종합주가지수

종합주가지수는 2006년 7월 중 국내경기에 대한 우려, 지정학적 리스크(geopolitical risk) 증대 등으로 보합세를 유지하였으나 8월 이후 미 금리인상 중단의 기대감, 해외증시의 상승세 지속, 국제유가 하락 등의 영향으로 9월말 기준 전분기말 대비 5.9% 상승한 1,371을 기록하였다.

거래대금(기간 중 누적, 조원) : (2006. 3월) 74.7 → (4월) 82.2 → (5월) 76.3 → (6월) 63.8 → (7월) 51.2 → (8월) 59.0 → (9월) 59.8

2.2 코스닥지수

코스닥지수도 외국인투자자의 대규모 순매도 지속 등으로 545(8/7)까지 하락하였으나 유가증권시장과 해외증시의 강세 등으로 투자심리가 개선된 가운데 일부기업의 실적개선, 외국인투자자의 순매수 전환 등의 영향으로 전분기말 대비 소폭 상승한 600을 기록하였다.

2006년 3분기 중 외국인 주식 순매수는 거래소와 코스닥(KOSDAQ) 시장 모두 대규모 순매도를 기록한 가운데 코스닥 시장은 9월 들어 순매수로 전환되었다. 고객예탁금은 2006년 7월 중 9조 6,000억원까지 감소한 이후 최근까지 주가상승에도 불구하고 비슷한 수준을 유지하였다. 한편, 북한 핵실험 발표로 인해 2006년 10월 9일 주가가 급락세를 나타내었으나 이후 안정되는 모습을 보였다.

종합주가지수 : (2006년 9월말) 1,371 → (10월 9일) 1,319 → (10월 11일) 1,325

〈표 1-35〉 주가 동향

		2006								
		1월	2월	3월	4월	5월	6월	7월	8월	9월
KOSPI		1,400 (1.5)	1,372 (-0.6)	1,360 (-1.4)	1,420 (2.9)	1,318 (-4.5)	1,295 (-6.1)	1,298 (-5.9)	1,353 (-1.9)	1,371 (-0.6)
KOSDAQ		690 (-1.6)	682 (-2.8)	665 (-5.2)	685 (-2.3)	631 (-10.2)	591 (-15.8)	558 (-20.5)	573 (-18.4)	600 (-14.4)
DOWJ		10,865 (0.7)	11,054 (2.5)	11,109 (3.0)	11,343 (5.2)	11,168 (3.6)	11,150 (3.4)	11,220 (4.0)	11,381 (5.5)	11,679 (8.3)
NASDAQ		2,306 (4.0)	2,315 (4.3)	2,340 (5.5)	2,305 (3.9)	2,179 (-1.8)	2,172 (-2.1)	2,094 (-5.6)	2,184 (-1.6)	2,258 (1.8)
외국인 순매수	거래소	2,122	-534	-536	466	-3,540	-2,662	-1,582	-2,459	-1,559
	코스닥	62	103	-58	16	-231	-109	-134	-328	59
고객예탁금		13.1	12.1	11.2	13.3	10.8	10.2	9.6	9.6	9.4

주 : 1) ( )안은 전년말 대비 증가율임
　　2) 순매수 규모(월 중 누계)를 제외한 모든 자료는 말 기준임
　　3) 순매수 규모 및 고객예탁금 단위는 각각 십억원, 조원임
자료 : 금융감독원, 금융시장동향 ; 증권거래소, 주식, 증권전산

3. 환율

3.1 원/달러 환율

원/달러 환율은 미국의 금리인상 중단 가능성에도 불구하고 외국인의 대규모 주식 순매도가 지속되면서 2006년 8월까지 안정세를 유지하였으나 9월 들어 미 정책금리의 동결에 따른 역외거래자의 달러화 매도 등의 영향으로 크게 하락하였다.

3.2 원/100엔 환율

원/100엔 환율은 원/달러 환율이 하락한 가운데 엔/달러 환율이 상승하면서 전분기에 비해 크게 하락한 802를 기록하였다. 엔/달러 환율은 2006년 8월 이후 일본의 GDP성장률을 비롯한 각종 경제지표들의 부진, 일본은행의 금리 동결 등에 기인하여 상승하는 모습을 보였다.

한편, 북한 핵실험 발표로 인해 원/달러 환율은 크게 상승한 이후 안정되는 모습을 보이고 있다.

〈표 1-36〉 환율 동향

(기말기준)

	2005	2006								
	12월	1월	2월	3월	4월	5월	6월	7월	8월	9월
원/달러	1,013.0	971.0	969.0	975.9	945.7	947.4	960.3	953.1	959.6	945.2
엔/달러	117.8	117.7	116.2	117.3	114.2	112.5	115.1	114.8	117.0	117.8
원/100엔	860.0	824.9	833.8	831.7	828.3	842.2	834.0	830.2	820.3	802.2

자료: 한국은행, 일일금리/환율

제2장

한국경제의 전망

제 1 절 대외여건에 대한 주요 전제

1. 세계경제

1.1 2007년의 세계경제 성장률은 2006년(3.9%, Global Insight)에 비해 다소 낮은 3.2% 내외를 기록할 것으로 전제[1)]

2. 미국경제

2.1 2007년에는 2006년 성장률(3.4%)보다 다소 큰 폭으로 하락하여 2%대 초반의 성장률을 기록할 것으로 전제

금리인상의 영향으로 민간소비의 증가세가 둔화될 것으로 예상되고 있다.

---

1) 국제전망기관들도 그 동안의 긴축적 통화정책 등에 기인하여 2007년에는 주요 선진국을 중심으로 세계경제의 성장세가 둔화될 것으로 예상하고 있다.

3. 유로경제

3.1 2007년에는 2006년(2.5%)보다 낮은 1%대 후반의 성장률을 기록할 것으로 전제

실업률(unemployment rate)이 완만하게 하락하면서 민간소비의 부진이 다소 완화되고 있으나 긴축정책과 미국의 수요부진에 따라 성장률이 하락할 것으로 예상되고 있다.

4. 일본경제

4.1 내수 회복이 지속되면서 2007년에도 2005년(2.7%)과 비슷한 2%대 중반의 성장률을 기록할 것으로 전제

수출 증가세가 유지되는 가운데 민간소비 등 내수부문도 안정적인 회복세를 지속할 것으로 예상되고 있다.

5. 중국경제

5.1 미국경제의 성장세 둔화, 중국정부의 경기안정정책 등의 영향으로 2007년에는 2006년 성장률(10.6%)보다 낮은 9% 내외의 성장률을 기록할 것으로 전제

내수 및 수출이 견실한 증가세를 유지할 것으로 예상되고 있는 가운데 경기과열의 우려도 다소 완화되고 있다.

6. 유가

6.1 원유도입단가는 2007년에 연평균 배럴당 55달러 내외를 기록할 것으로 전제

원유수요의 증가세가 둔화되면서 향후 국제유가의 상승세도 점차 둔화될 것으로 전망된다.

7. 실질실효환율

7.1 실질실효환율로 평가한 원화 가치는 2007년 연평균으로 2006년과 유사한 수준일 것으로 전제

제 2 절 한국경제 전망

1. 경제성장 및 총수요

1.1 경제성장률

경제성장률은 2006년에 5% 내외를 기록할 것으로 보이나, 2007년에는 수출 및 내수의 증가세가 둔화되면서 4%대 초반을 기록할 것으로 전망된다.

(1) 2006년 하반기

2006년 하반기 성장률은 내수의 증가세 둔화에 기인하여 상반기(5.7%)에 비해 크게 낮은 4%대 초반의 성장률을 기록할 것으로 전망된다.

(2) 2007년

2007년에는 세계경제 성장세가 둔화되면서 수출증가세가 하락하는 한편 내수의

증가세도 2006년 하반기와 비슷한 정도로 유지되면서 4%대 초반의 성장률을 기록할 것으로 기대된다.

1.2 민간소비

민간소비는 증가세가 둔화되어 2006년도 하반기와 2007년도에 걸쳐 3%대 후반의 증가율을 기록할 것으로 보인다. 낮은 소득증가세가 지속되는 가운데 자산가격 상승에 따른 부(wealth)의 효과를 기대하기 어려워지면서 소비증가율도 둔화되는 모습을 보일 것으로 전망된다. 그러나 교역조건(terms of trade)의 악화추세가 진정되면서 소득증가율과 소비증가율 간의 괴리 현상이 완화될 것으로 기대되므로 민간소비가 크게 둔화되지는 않을 것으로 판단된다.

1.3 설비투자

설비투자는 2006년에 7% 중반의 증가율을 기록하고 2007년에도 7% 내외의 증가세를 유지할 것으로 보인다.

(1) 2006년

2006년에는 운수장비투자의 회복 및 수출 호조로 설비투자 증가율이 7% 중반의 증가율을 보일 것으로 기대된다.

(2) 2007년

2007년에도 기업부문의 재무구조조정 등이 일단락되면서 7% 내외의 견실한 증가세를 기록할 것으로 전망된다.

1.4 건설투자

건설투자는 전반적인 부동산경기의 침체가 지속되는 가운데 2006년에 소폭 감소한 후 2007년에는 2%대 초반의 낮은 증가세를 기록할 것으로 전망된다.

1.5 상품수출

상품수출(물량기준)은 2007년의 세계경제 성장률이 2006년보다 다소 하락할 것으로 예상되어 2006년(15% 내외) 보다 둔화된 12%대의 증가율을 기록할 것으로 보인다. 한편, 2006년 상품수출 증가율은 2005년 보다 크게 상승한 15% 내외를 기록할 것으로 전망된다.

1.6 상품수입

상품수입(물량기준) 증가율도 2007년에는 2006년(13%대 중반) 보다 소폭 둔화된 13%대 초반을 기록할 것으로 보인다. 한편, 2006년 하반기의 상품수입 증가율은 상반기보다 다소 상승한 14%대 초반을 기록할 것으로 전망된다.

1.7 실업률

실업률(구직기간 4주 기준)은 2006년의 3.6%에서 2007년에는 3.7%로 상승할 것으로 전망된다.

2. 경상수지

2.1 상품수지

상품수지는 2007년 수출증가율 둔화의 영향으로 2006년과 비슷한 240~250억 달러의 흑자를 기록할 것으로 보인다.

(1) 수출

수출(달러금액)은 2007년에 세계경제의 성장세가 다소 둔화되면서 11% 내외의 증가에 그칠 것으로 보인다.

(2) 수입

수입(달러금액)도 유가 및 원자재 가격 하향 안정화의 영향으로 12% 내외의 증가율을 기록할 것으로 보인다.

2.2 경상수지

2007년 경상수지는 거의 균형수준을 보일 것으로 전망된다. 상품수지는 2006년과 비슷한 수준을 유지할 것으로 예상되나 서비스·소득·이전수지 적자폭의 추세적인 확대에 주로 기인하여 전체 경상수지는 균형수준에 근접한 10억 달러대 초반의 적자를 기록할 것으로 보인다.

3. 물가

소비자물가상승률은 2006년의 2.5%에서 2007년에는 2.8%로 다소 높아질 것으로 보인다. 한편, 2006년 하반기에는 공공서비스 요금 인상 등으로 물가상승률이 2%대 후반을 기록할 것으로 전망된다.

4. 전망의 불확실성

4.1 북한의 핵실험 발표

북한의 핵실험 발표 이후 국제적으로 긴장이 고조되고 있다. 이 같은 충격을 가장 우선적으로 반영하는 금융변수(주가, 환율, 금리, 외평채 가산금리 등)들이 안정세를 유지하고 있어 경제에 큰 영향을 미치지는 않고 있다. 그러나 만일 상황이 크게 악화될 경우 불확실성(uncertainty)이 크게 확대되어 금융시장뿐만 아니라 실물경제도 상당히 위축될 가능성이 존재하고 있다.

4.2 세계경제 여건

세계경제의 성장세가 예상보다 크게 둔화되는 한편 주요 통화간 환율이 급격히 조정될 경우 수출부문을 중심으로 성장률에 부정적인 영향이 파급될 가능성이 존재하고 있다.

〈표 2-1〉 경제전망(2006~2007)

(단위 : 전년동기 대비, %, 억 달러)

	2005P	2006					2007
	연간	1분기P	2분기P	3분기	4분기	연간	연간
국내총생산	4.0	6.1	5.3	4.6	4.0	5.0	4.3
총 소 비	3.4	4.9	4.6	3.9	3.8	4.3	3.9
민간소비	3.2	4.8	4.4	3.8	3.6	4.1	3.8
총고정투자	2.3	3.9	0.8	3.8	2.9	2.8	4.4
설비투자	5.1	6.9	7.4	10.8	5.7	7.6	7.0
건설투자	0.4	1.2	-3.9	-0.9	0.8	-0.8	2.3
총수출(물량)	8.5	11.5	15.9	17.3	13.9	14.7	11.8
상품수출	9.7	11.6	16.2	17.7	14.5	15.0	12.3
총수입(물량)	6.9	12.3	13.6	16.0	14.1	14.0	13.3
상품수입	6.1	11.8	14.3	15.0	13.2	13.6	13.2
경상수지	166	-11	7	7	24	27	-14
상품수지	335	52	74	63	62	252	242
수출(금액)	2,890	758	821	855	896	3,330	3,697
(증가율)	(12.1)	(11.4)	(16.3)	(18.1)	(15.0)	(15.2)	(11.0)
수입(금액)	2,555	706	747	792	834	3,079	3,454
(증가율)	(16.1)	(19.8)	(20.5)	(22.2)	(19.4)	(20.5)	(12.2)
서비스·소득·경상이전수지	-169	-63	-67	-56	-39	-225	-257
소비자물가	2.7	2.3	2.4	2.5	2.8	2.5	2.8
실 업 률 (계절조정)	3.8	3.9 (3.5)	3.4 (3.5)	3.4 (3.6)	3.5 (3.6)	3.6	3.7

주: 1) p는 잠정실적치(preliminary)임
2) 실업률은 구직기간 4주 기준임

제3장

북핵사태에 따른 경제적 영향 분석

일반적으로 경제 외적인 사건, 즉 전쟁, 테러, 정치적 불안정(political instability)이 경제에 미치는 영향은 사건의 성격과 그 전개 양상에 따라 상이한 효과를 발생시키는 것으로 인식되어 있다.

본장은 북한의 핵실험으로 인한 사태가 우리의 경제에 미치는 영향을 분석한 산업연구원의 보고서를 중심으로 살펴보고자 한다.[1)]

제 1 절 안보 위협이나 테러 충격의 경제 펀더멘털에 대한 영향

북한의 핵실험 단행 이후 북핵 국면의 전개에 따른 경제적 파급효과에 관한 관심이 급격히 고조되고 있다. 따라서 전쟁, 테러, 정치 불안 등 경제 외적인 사건이 경제에 미치는 영향에 관한 연구사례를 살펴볼 필요가 있다.

1) 산업연구원, e-KIET 산업경제정보 제316호(2006-33), 2006. 10. 20. 요약・재구성

1. 경제 외적인 사건은 그 성격에 따라 경제에 미치는 영향이 상이한 것으로 판단됨

북한의 핵실험 사건은 뉴욕 세계무역센터(World Trade Center) 테러, 런던 지하철 테러, 고베 지진 등에 비하여 경제적 충격(economic shock)이 약한 것으로 판단할 수 있다. 핵실험 등에 따른 잠재적 안보 위협은 테러 등과 같은 실질적 위협에 비하여 경제적 충격이 약하고 원상 회복력이 강하다는 특징이 있다.

2. 실질적인 위협이 발생하더라도 일회성이거나 단기간에 그치면 경제에 미치는 영향은 제한적이며 국지적 위협이 지속되더라도 내성으로 인해 경제적 영향이 감소하는 경향이 있음

2.1 9·11 테러

2001년 9월 11일 발생한 미국 역사상 최대의 테러 사건인 9·11 테러는 금융시장의 충격과 초단기적인 소비 위축으로 마무리된 바 있다.

2.2 영국 지하철 테러 및 한국 연평 해전

2005년 발생한 영국의 지하철 테러나 1999년 발생한 한국의 연평 해전은 초단기적인 금융시장 충격으로 종료되었다.

2.3 이스라엘·콜롬비아 등에서의 국지적 테러

이스라엘과 콜롬비아 등에서는 국지적인 테러가 지속되었으나 전반적인 경제에 미치는 영향은 일반적인 예상보다 미약한 것으로 평가할 수 있다.

3. 금융시장의 취약한 구조 등 경제 체질이 강건하지 못한 상태에서는 경제심리의 위축이 도미노적인 현상으로 이어져 예상하지 못한 경제적 파급효과를 초

래할 가능성이 있음

4. 우리의 경우 북한의 핵실험 발표 후 금융시장이 일시적으로 동요하였으나 즉시 정상을 회복하였고 현재는 잠재적 불안이 상존하는 가운데 관망세가 지속되고 있음(과거의 유사한 사태의 학습효과에 기인)

4.1 주가 · 환율

주가는 핵실험 발표 이전 수준으로 회복되었으며 원/달러 환율 역시 2006년 11월 기준 930원대에서 안정세를 보이고 있다.

4.2 금리 · 물가

국채금리는 소폭 상승하였으나 이는 부동산시장 과열 및 인플레이션 우려 등 경제적 요인에 기인하고 있다.

5. 북한 핵실험 사건 자체의 경제적 충격은 매우 제한적이나 북핵 국면의 전개양상에 따라 예상하지 못한 경제적 위험(unexpected economic risk)이 현재화될 가능성이 있음

외환위기(foreign exchange crisis)의 사례를 고려할 때 외국자본의 대규모 이탈과 같은 사태가 발생하면 전염효과(contagion effect)로 인한 경제교란(economic disturbance)이 발생할 가능성이 있다.

〈표 3-1〉 경제 외적 사건의 경제적 영향에 관한 연구

단기 (금융시장)	Chen 외(2004)	· 9 · 11 테러의 미국 및 세계의 주식가격에 대한 영향 실증분석 · 그 효과는 유의하였으나 각국의 금융시장별 상이한 영향 발생 · 미국의 영향은 상대적으로 미미 · 미국의 금융시장 안정의 주요 요인은 효과적인 통화정책운영
	Leigh(2003)	· 이라크전 발생 이전 전쟁 불확실성에 대한 경제효과 분석 · 시장부담 가중이 미국의 주가하락 및 세계 유가상승 유발
중 · 장기 (소비, 투자, 외국인직접투자, 무역 등)	Abadie 외(2005)	· 110개 국가의 횡단면 자료 이용 · 포트폴리오(portfolio) 이론에 따라 테러는 국가간 대량의 자본이동 유발 · 테러의 위험은 외국인투자의 포지션을 감소시킴
	Eckstein 외(2004)	· 1950~2003년 중 이스라엘의 분기별 자료와 VAR 모형 · 테러는 1인당 연간 소비를 약 5% 감소시킴
	Enders 외(1992)	· 1974~1988년 분기별 테러리즘에 대한 데이터와 ARIMA 모형 · 테러에 따른 유럽 국가들의 관광수입 손실 추정 · 오스트리아, 이탈리아와 그리스는 각각 46억 달러, 12억 달러, 8억 달러의 관광수입 손실을 기록하였음
	Fielding(2003)	· 정치적 불안정성의 증가는 경제성장에 부정적인 영향 미침 · 특히, 불안정성은 비거주용 건축 및 비교역 자본재의 투자를 위축시킴
	Ito 외(2004)	· 1986년 이후 월간 항공수요자료를 이용한 실증분석 · 9 · 11 테러와 이후 시행된 새로운 보안조치의 영향 조사 · 9 · 11 테러로 항공서비스 산업은 7.3%의 수익률 감소
	Nitsch 외(2004)	· 1968~1979년 200개국, 확장된 중력모형(Gravity Model) · 테러사건 한 단위의 증가는 쌍방교역을 4% 감소시킴

제2절 최악의 상황이 현실화될 경우의 경제적 파급효과

1. 북핵 국면이 조기 타결 시나리오(북한의 6자 회담 복귀와 참여국간 합의 도달)로 전개되면 금융시장은 안정세를 회복하고 회담의 성과 여부에 따라 '코리아 디스카운트'(Korea Discount)가 해소되는 계기가 될 가능성이 있음

이전에 북한과의 마찰과 갈등이 조기에 해결된 사례를 고려할 때 국내 경제의 펀더멘털(fundamental)에 미치는 영향은 극히 미미할 것으로 예상된다. 이 경우 금융시장의 불확실성(uncertainty of financial market)이 해소되어 실물경제에 미치는 영향이 크지 않기 때문에 현재의 성장기조는 안정적으로 유지될 것으로 판단된다.

2. 이번 사태가 교착 시나리오(미북간 큰 충돌 없이 대북 제재 국면 장기화)로 이어지면 국내경제의 성장에 교란요인으로 작용하면서 리스크에 민감한 일부 산업에서는 부정적인 효과가 발생할 것으로 예상됨

마찰과 갈등의 성격에 따라 금융시장의 변동성 확대 및 교란요인이 발생하여 자본유출(capital outflow)이 발생할 가능성이 존재한다. 특히, 대북 관광산업 및 대북 협력 수혜산업에서는 수요 감소로 인한 직접적인 타격이 예상된다.

3. 교착 시나리오가 전개되는 경우 당사국간 마찰과 갈등의 전개 방향에 따라 경제적 파급효과가 매우 상이하게 나타나므로 경제주체들의 불안요인으로 작용할 가능성이 존재함

현재 금융시장은 안정을 보이고 있으나 추가 핵실험과 추가제재의 악순환이 발생하게 되면 한국의 국제적 신용등급에 일정 수준의 영향을 미칠 가능성이 크다.

4. 비록 그 가능성은 작지만 최악의 시나리오(강력한 대북 제재 실시와 군사적 긴장 고조)로 발전되어 국지적인 무력 충돌 같은 사태가 야기되면 국가신용등급의 하락과 금융시장 혼란이 가속화될 것으로 전망됨

경제의 펀더멘털이 강하지 않은 상황에서 외국인 투자자금 이탈, 해외차입 여건 악화, 환율 상승, 주가하락 등의 금융불안정(financial instability)이 가중되면 소비 및 투자의 위축으로 연결되어 실물경제가 침체될 가능성이 커지게 된다. 만일의 경우 북한이 해상 및 비무장지대에서 심각한 군사적 도발을 감행한다면 외국인 투자자금의 이탈과 대외신인도 하락에 치명적으로 작용하게 될 것으로 판단된다.

제 3 절 UN 안전보장이사회의 대북 제재 결의안

1. UN 안전보장이사회의 대북 제재 결의안(2006년 10월 14일 채택)은 경제적 측면에서는 강력한 조치를 유보한 상황임

1990년 걸프전(Gulf War) 당시 이라크에 대한 제재안이 식량 및 의약품을 제외한 모든 교역 및 모든 금융거래를 금지한 반면에 북한에 대한 제재안은 단지 대량살상무기 등 군수물자와 사치품과 관련되는 교역 및 금융거래만 금지되어 있다.

2. 북한의 전통적 우방인 중국까지 참여한 UN 차원의 제재가 발동되었고 화물검색 등 물리적 조치가 동반된다는 점에서 북한에 대한 심리적 압박 효과는 매우 클 것으로 판단됨

북한 출입 화물에 대한 검색이 실시될 경우 군사적 충돌을 야기할 가능성도 배제할 수 없으며 이 같은 상황이 발생할 경우 한반도의 긴장 분위기는 극적으로 고조

될 가능성이 존재하고 있다.

3. 한·미·일 3국은 UN 안전보장이사회 결의안과는 별도로 추가 대북 제재를 이미 실시하고 있는 상황임

3.1 한국

2005년 7월 미사일 시험 발사 이후 한국 정부도 연간 50만톤 규모의 식량차관 제공을 보류하고 있다.

3.2 미국

미국은 이미 1년 전부터 각국 은행에 북한과의 거래를 중단하거나 주의하도록 요청하는 등 금융제재(financial sanctions)를 시행하고 있다.

3.3 일본

수년 전부터 대북 경제교류를 대폭 축소해 온 일본도 이번에 전면적 교류 금지라는 초강경 제재를 실시하기로 결정한 바 있다.

〈표 3-2〉 이라크와 북한에 대한 UN 안전보장이사회 결의안 비교

	이라크 제재 결의안(1990. 8)	북한 제재 결의안(2006. 10)
교 역	·이라크와의 모든 교역 금지 ·다만 이라크에 대한 식량 및 의약품 수출은 허용	·다음 3개 항목의 교역 금지 - 전차, 전투기 등 주요 재래식 무기 및 관련 물자 - 대량살상무기 및 물자와 기술 - 사치품
금융거래	·모든 금융거래 금지	·대량살상무기와 관련된 금융거래 금지
기 타		·화물검색 등 위 제재의 실행을 위한 조치 시행 ·북한 대량살상무기 프로그램 관련자들의 입국, 경유 금지

자료 : UN Security Council Resolution 661 및 1718

제4절 북핵사태가 북한경제에 미치는 영향

1. UN 차원의 제재와 한·미·일 3국의 제재가 본격화되면서 북한의 대외 경제 교류가 크게 위축되어 북한경제는 큰 타격을 받을 것으로 전망됨

2. UN 안전보장이사회 결의안은 정상적인 상업적 거래를 허용하고 있으나 중국, 한국 등의 민간 기업들이 리스크를 고려해 자발적으로 대북사업을 축소할 가능성이 큰 편임

2.1 한국기업

북한산 수산물 및 광산물 반입, 섬유류 위탁가공교역 등 남북교역을 수행해 온 한국기업들은 북한과의 거래를 대폭 감소시키거나 중단할 가능성이 크다고 할 수 있다.

2.2 중국기업

중국기업들 역시 북한과의 거래에서 대금을 제대로 수령하지 못하는 등 손실을 경험한 바 있어 향후 이러한 손실이 증대될 가능성을 우려하여 대북 거래를 축소할 것으로 전망된다.

3. 외화 부족에 직면해 있는 북한은 대외교역의 위축 등에 따라 외화 수입이 더욱 어려워질 것으로 전망됨

미국의 금융제재 및 단속 강화로 북한은 이미 무기 수출 등 불법적 대외거래에서 얻는 수입이 이전보다 크게 감소된 것으로 추정된다. 한국인 및 외국인들의 북한

방문과 관광이 크게 감소하면서 외화 수입이 크게 줄어들고 일본의 초강경 대북 제재로 조총련의 대북 송금도 중단될 위기에 직면해 있다.

제5절 대북지원과 관련한 한국 및 중국의 역할

1. 강력한 대북 제재 상황에서 북한체제가 얼마나 지탱할 수 있는지를 좌우하는 가장 중요한 변수는 식량, 석유 등 핵심물자의 공급 상황임

최근 수년간 북한에 대한 식량 공급에서는 남한 및 중국이, 석유 공급에서는 중국이 가장 중요한 역할을 수행해 왔다. 한국 정부가 대북 식량차관을 중단한 데 이어 매년 35만톤씩 공급하던 비료 지원까지 중단할 경우 북한의 식량공급은 100만톤 이상 감소하는 효과가 발생하게 된다(비료 1톤의 식량 증산 효과는 2톤 이상으로 추정됨).

2. 향후 북한의 식량 상황은 중국의 대북 식량 공급에 절대적으로 의존해야 하는 실정임

중국은 북한체제의 붕괴 또는 대규모 난민의 중국 유입 같은 사태를 원하지 않기 때문에 북한에서 식량난이 재발할 경우 북한에 대한 식량공급을 증대시킬 가능성이 큰 편이다.

〈표 3-3〉 교역대상국별 북한의 대외무역 동향

(단위 : 억 달러, %)

	2003		2004		2005	
	교역총액	비 중	교역총액	비 중	교역총액	비 중
중 국	10.23	32.8	13.85	39.0	15.81	39.0
한 국	7.24	23.2	6.97	19.6	10.56	26.0
일 본	2.65	8.5	2.52	7.1	1.94	4.8
태 국	2.54	8.2	3.30	9.3	3.29	8.1
러시아	1.18	3.8	2.13	6.0	2.32	5.7
기 타	7.31	23.5	6.77	19.0	6.65	16.4
총 계	31.15	100.0	35.54	100.0	40.57	100.0

자료 : KOTRA, 북한의 대외무역동향, 각연도
한국무역협회, 남북교역동향, 각연도

3. 중국은 북한의 주요 석유공급원으로서 향후 중국의 석유공급 수준도 매우 중요한 변수로 작용할 것으로 판단됨

석유는 단거리 수송을 위한 연료로서 절대적 의미를 갖기 때문에 석유공급이 중단될 경우 북한경제에 치명적인 타격을 입히게 된다. 중국이 북한에 대한 경고 차원에서 석유공급을 감소시킬 가능성을 배제할 수 없으나 식량의 경우와 같이 최소 수준의 공급은 지속할 것으로 보인다.

〈표 3-4〉 북한의 핵심 물자 대외의존 현황

			2003	2004	2005	2006
식 량 (만톤, 정곡기준)		자체생산[1]	425	431	454	··
		외부조달 합계[2]	105	86	115	··
		남 한	50	50	50	9(1~9월)
		중 국	35	9	48	12(상반기)
		기 타	20	27	17	··
원 유	만톤	합 계	57	61	52	··
		중 국	57	53	52	··
		기 타	0	8	-	··
	억 달러	합 계	1.21	··	1.98	··
		중 국	1.21	1.39	1.98	1.76(1~8월)
		기 타	0	··	··	··
석유제품 (억 달러)		합 계	··	··	··	··
		중 국	0.36	0.49	0.74	0.47(1~8월)
		러시아	0.78	1.53	··	··

주 : 1) 농촌진흥청 추정치
2) 중국으로부터의 조달식량은 대체로 상업적 거래물량이며 나머지 국가에서 조달한 식량은 지원식량임

자료 : KOTRA, 한국무역협회, 통일부, 통계청, 농촌진흥청

제6절 시사점

1. 경제 모니터링의 강화와 금융시장 안정화 계획을 검토할 필요가 있음

1.1 북핵 국면의 파장이 국내경제에 미치는 영향을 최소화하기 위해서는 경제 각 부문에 대한 모니터링을 강화하는 한편, 리스크에 취약한 산업이나 기업에 대한 특별대책을 강구할 필요가 있음

북핵 국면이 장기화되면 금융시장의 불확실성이 고착화될 가능성이 있기 때문에

금융시장 안정화 계획(stabilization plan of financial market)의 수립이 필요하다. 외환위기 이후 4대 시장(금융·외환, 원유, 일반 원자재, 부동산)의 조기정보시스템이 구축되어 작동되고 있으므로 이를 적절히 활용하는 방안을 마련해야 한다.

1.2 금융 불안이 실물경제의 위축으로 연결되지 않도록 외환, 금리 및 재정 정책을 유연하게 운용할 필요가 있음

외국인 투자자금의 급속한 유출을 방지하기 위하여 리스크 증대를 보완할 유인을 제공하는 방안을 검토할 필요가 있다. 또한, 경제위기에 취약한 중소기업이나 사양산업 등의 급속한 도산을 방지하고 구조조정을 촉진하기 위한 안전망 제도도 정비해야 한다.

2. 긴밀한 대외협력을 추진하여 외교적 해결을 시도할 필요성이 있음

2.1 핵실험 이후 국제사회의 대북제재로 북한경제가 큰 타격을 받을 것으로 전망되나 북한체제가 급속한 시일 내에 붕괴할 가능성은 희박함

핵심물자인 식량과 석유공급만 최소한의 수준 이상으로 유지된다면 북한 체제는 상당 기간 지속할 가능성이 크다. 북한체제 붕괴의 직접적인 타격을 받을 중국은 북한에 대한 식량과 석유 공급을 지속할 것으로 보인다.

2.2 국제사회의 대북 제재는 북한체제의 붕괴를 유도하기보다는 북한에 대하여 심리적 압박을 가해 협상테이블로 복귀시키려는 의도가 큰 편임

UN의 대북 제재는 핵실험 등 도발 행동이 국제적 고립화와 경제난이라는 부메랑이 될 수 있다는 사실을 인식시키는 한편, 북한의 외화 수입원을 차단함으로써 대량살상무기 개발 프로그램의 추진을 중단시키는 효과도 기대하고 있다.

2.3 북핵 국면을 조기에 타결하여 경제적인 영향을 최소화하기 위해서는 평화 해결의 원칙 하에 이해관계국과의 긴밀한 협력이 필요함

한국 정부는 국제사회와 함께 북한을 6자 회담으로 복귀시키려는 외교적 역량을 발휘함과 동시에 새로운 국면 전개에 대비한 대북 협상안을 준비해야 한다.

제2편

한국무역의 현황과 전망*

제 4 장 한국무역의 현황
제 5 장 한국무역의 전망

* 본편은 산업자원부와 한국무역협회의 보고서 '무역 1조불을 향하여'(2005. 11. 30)를 요약 · 재구성하였다.

제4장

한국무역의 현황

제1절 개관

1. 무역과 국민경제

1.1 무역과 삶의 질 제고

무역을 통해 인간은 자신들이 가장 잘 제조할 수 있는 상품을 만들고 이를 세계 각지의 다양한 상품 및 서비스와 교환·소비함으로써 '삶의 질'(quality of life)을 제고시킬 수 있게 된다. 무역은 일자리를 창출하고 수출시장 확대를 통한 규모의 경제(economies of scale)를 실현하고, 수입을 통한 필요물자 조달과 소비 다양화에 의해 국가후생(national welfare)을 증대시킨다.

전통적으로 무역의 대상은 원유·의류·신발·자동차·휴대폰과 같은 눈에 보이는 상품들(visible commodities)이었다. 그러나 1980년대 중반부터는 눈에 보이지 않는 상품들(invisible commodities), 즉 지적재산권(intellectual property rights)·운송·통신·회계·디자인·교육·의료·관광 등 서비스도 무역의 대상이 되기 시작했다.

〈표 4-1〉 무역의 이익

고용 및 소득의 창출	· 수출품을 생산하는 과정에서 일자리 창출 · 일자리 5개 중 1개는 수출과 직간접적으로 관련
수출시장 확대를 통한 규모의 경제 실현	· 국내외 소비자에게 저렴한 값으로 물건을 제공 · 기업의 잠재적 역량 발휘
수입을 통한 소비의 다양성	· 해외의 질 좋은 상품을 낮은 가격으로 구입 · 국내생산에 필요한 물자의 조달

〈참고 1〉 무역의존도와 1인당 국민소득

경제의 개방도 또는 무역의존도(무역액/명목GDP)와 국민소득의 증가가 매우 밀접한 관계에 있다는 사실은 미국 하버드대학 제프리 삭스(Jeffrey Sachs) 교수 등 학자들의 연구결과에서도 알 수 있다. 이는 무역이 일국의 경제성장에 얼마나 중요한 가를 잘 보여주는 사례라고 할 수 있다.

※ 무역의존도(trade dependence)가 주로 30% 이하에 머무른 아르헨티나, 브라질은 1960~1980년대 까지 한국보다 소득수준이 높았으나 1990년대 이후 역전되었다. 또한, 인도와 중국의 경우에서도 이와 유사한 사례를 찾을 수 있다.

1.2 수출과 국민경제

한국경제의 괄목할 만한 성장에는 수출의 역할이 절대적이었다. 수출의 경제성장에 대한 기여율은 1960년대에는 9%에 불과했으나, 1990년대에는 76%에 이르렀고, 2000년대에는 98%로 경제성장의 절대적인 역할을 수행하고 있다.

수출이 경제성장에 기여하게 되는 이유는 수출품을 생산하는 과정에서 해당상품을 생산하는 산업뿐만 아니라 관련산업의 일자리를 창출해 내고 소득을 발생시키기 때문이다. 2004년에 수출 2,538억 달러가 창출해 낸 일자리는 모두 420만개로 전체 취업자의 약 20%에 해당한다. 예를 들면, 자동차 수출은 엔진-철강-철광석 산업 등으로 지속적으로 일자리를 증대시키게 된다(산업연관효과).

〈참고 2〉 수출성장과 국민소득의 성장

한국이 수출 1억 달러를 처음 돌파한 1964년 1인당 국민소득(GNI)은 103달러였다. 또한, 수출 100억 달러, 1,000억 달러 달성시점인 1977년과 1995년에는 1인당 국민소득도 1,000달러와 10,000달러를 처음 초과하여 수출성장과 소득성장은 매우 밀접한 관련성을 보여주고 있다.

1.3 수입의 역할

무역에서 얻을 수 있는 이익이 수출과정에서 발생하는 외화획득과 고용창출 등이 전부라고 인식하기 쉽다. 그러나 상품을 수출하는 것뿐만 아니라 국내에서 생산되지 않는 필수 자원의 수입에서 이익을 볼 수 있다. 한국의 경우 2003년 기준 원유, 천연가스는 100% 수입해서 사용하고 있으며 철광석, 밀, 대두 등 기초 원재료도 90% 이상을 해외에서 수입하고 있다.

〈표 4-2〉 주요 자원 및 농산물 수입의존도(2003년 기준)

	원유	천연가스	석탄	철광석	밀	옥수수	대두
	백만TOE		백만톤				
수 입 량	108.9	29.99	71.8	43.1	3.8	8.8	1.5
국내소비량	108.9	29.99	75.1	43.2	3.8	9.5	1.6
수입비중(%)	100.0	100.0	95.7	99.6	99.7	92.6	92.9

또한, 수입은 소비자들의 선택의 폭을 확대시키고 국산품은 물론 외국산과의 경쟁을 통해 낮은 가격으로 물건을 구입할 수 있도록 함으로써 소비자 후생증대에 기여한다. 기업측면에서도 경쟁력(competitiveness) 개선을 통해 국내시장은 물론 해외시장에 진출할 수 있는 동기를 부여해 준다.

〈참고 3〉 무역의존도

무역의존도, 즉 국내총생산(GDP)에서 무역이 차지하는 비중은 2004년 70.3%로 상승추세를 보이고 있다. 무역의존도는 일국의 경제에 있어서 무역의 중요성을 나타내는 가장 핵심적이고도 확실한 지표이다. 한국의 무역의존도는 일본 22.1%, 미국 20.1%에 비해서는 크게 높은 수준이나 중국 70.0%와는 비슷하며 홍콩 330.5%, 대만 114.4%에 비해서는 낮은 수준을 보이고 있다.

〈표 4-3〉 무역의존도 추이

(단위 : %)

	1960	1970	1980	1990	2000	2004
무역의존도	18.8	34.8	63.9	53.4	65.1	70.3
수입의존도	17.2	24.5	35.8	27.7	31.4	33.0
수출의존도	1.6	10.3	28.1	25.7	33.7	37.3

주 : 무역(수출+수입)의존도 = 무역(수출+수입)액/명목GDP
자료 : 한국무역협회, 한국은행

제 2 절 한국무역의 현황

1. 한국의 무역규모

한국의 무역규모는 2005년 기준 5,000억 달러를 초과하였다. 수출은 고유가 등 어려움에도 불구하고 품질향상으로 인해 2005년 12% 이상 증가하여 내수부진 속에서 우리경제의 성장을 주도하고 있다. 수입도 고유가의 영향으로 크게 증가하였으나 무역수지(통관기준) 흑자는 2005년에도 이미 200억 달러를 초과하였다.

〈참고 4〉 수출규모의 국가별 비교

2005년 기준 한국의 수출규모는 2,538억 달러로 남미 38개국 전체 수출 규모(2004년, 2,763억 달러)에 근접하는 수준이며 아프리카 전체 53개국 수출규모(2004년, 2,317억 달러)를 초과하였다.

〈표 4-4〉 한국 및 남미, CIS, 아프리카 수출액 비교

(단위 : 억 달러)

한국	남미(38개국, 멕시코제외)	CIS	아프리카(53개국)
2,538	2,763	2,657	2,317

자료 : WTO

무역 5,000억 달러를 100달러 지폐로 쌓으면 그 높이는 무려 600㎞로 무역센터 트레이드 타워의 2,632배, 에베레스트산의 68배, 그리고 성층권 최고 고도의 12배에 해당한다. 1달러 지폐로 가로로 늘어놓으면 거리는 총 7,795㎞에 달하여 지구를 1,950바퀴 돌 수 있으며 달까지 41번 왕복할 수 있다.

2. 무역 5,000억 달러 달성의 경제적 의미

세계에서 무역 5,000억 달러를 달성한 국가는 미국, 일본 등 총 11개국이고 중국을 제외한 10개국 모두 국민소득이 25,000달러를 초과하고 있으며 이 중 7개국은 30,000달러 이상 국가들이다. 이 같은 사실은 일국의 무역규모가 일정규모, 예를 들면 5,000억 달러를 달성하기 위해서는 해당 국가의 기술 수준이나 전반적 경쟁력(competitiveness)이 상당한 수준에 이르러야 가능하다는 것을 시사한다.

한국은 1인당 국민소득이 아직 10,000달러대(2004년 14,162달러)를 기록하고 있으나 충분히 20,000달러 이상의 선진통상국가로 도약할 수 있는 기반을 구축하고 있다고 평가할 수 있다.

〈표 4-5〉 무역규모 5,000억 달러 이상 국가의 1인당 국민소득 분포

1인당 국민소득(GNI) 분포	국 가
40,000달러 이상	미국(41,400)
35,000~40,000달러	일본(37,180)
30,000~35,000달러	영국(33,940), 네덜란드(31,700) 벨기에(31,030), 독일(30,120) 프랑스(30,090)
25,000~30,000달러	캐나다(28,390), 홍콩(26,180) 이탈리아(26,120)

주 : 중국의 1인당 GNI는 1,290달러임
자료 : 세계은행

〈참고 5〉 국민 1인당 무역액

국민 1인당 무역액(2004년 기준)은 9,948달러로 세계 189개국 중 41위에 해당한다. 한편, 수출액은 5,287달러를 기록하였다. 한국의 1인당 수출액 5,287달러는 중국의 456달러의 12배, 러시아 1,308달러의 4배이며 일본 4,712달러, 미국 2,824달러에 비해서도 높은 수준이다.

3. 한국무역의 성장과정

수출은 1964년 1억 달러에 불과했으나 1995년 1,000억 달러를 초과하였고 2004년 세계에서 12번째로 2,000억 달러를 돌파하였다. 1억 달러를 처음 돌파한 1964년 11월 30일을 기념하여 '수출의 날'을 제정한 바 있다. 1987년부터는 수출입의 균형 있는 발전을 도모한다는 취지에서 '무역의 날'로 명칭이 변하였다.

수출증가율면에서도 1964~2004년 중 평균 19.1%로 대만, 중국, 일본 등 경쟁국을 추월하여 세계 20대 무역국 중 1위를 차지하였다.

〈표 4-6〉 연평균 수출증가율(1964~2004)

(단위 : %)

한국	대만	중국	일본	독일	미국
19.1	14.7	13.5	10.6	9.6	8.1

한편, 수입은 수출보다 빠른 1951년에 1억 달러를 돌파하였으며 1994년에는 1,000억 달러를 기록하였다.

〈표 4-7〉 수출입 규모별 달성 시점

	수출	수입
1억 달러	1964년	1951년
10억 달러	1971년	1968년
100억 달러	1977년	1977년
1,000억 달러	1995년	1994년
2,000억 달러	2004년	2004년

〈참고 6〉 1964년 수출은 이디오피아, 모잠비크 수준

(단위 : 억 달러)

		당시 수출	2004년 수출
1964년 1억 달러대 수출국	아이슬란드	1.1	29
	이디오피아	1.1	7
	모잠비크	1.1	15
1971년 10억 달러대 수출국	포르투갈	10.3	358
	필리핀	11.2	397
1977년 100억 달러대 수출국	스페인	102.2	1,786
	인도네시아	108.5	698
	브라질	121.5	965
1995년 1,000억 달러대 수출국	중국	1,487.8	5,936
	싱가포르	1,182.7	1,784

자료 : IMF, Direction of Trade Statistics

4. 한국무역의 위치

한국의 세계무역 순위는 12위로 G-7(Group of Seven, 미국 · 일본 · 독일 · 영국 · 프랑스 · 이탈리아 · 캐나다를 지칭함)과 중국, 그리고 중계무역의 비중이 높은 네덜란드, 벨기에, 홍콩 다음의 위치를 차지하고 있다. 세계수출 순위는 1964년 90위에서

1977년 100억 달러 달성시에는 20위권에 진입했다. 2004년에는 수출 2,538억 달러로 12위를 차지했다. 세계시장 점유율은 1964년 0.07%에서 2004년 2.8%로 확대되었다.

〈표 4-8〉 세계시장에서 한국수출의 순위와 비중

	1964	1971	1977	1995	2004
순위	90	48	24	12	12
비중(%)	0.1	0.3	0.9	2.5	2.8

자료 : IMF, Direction of Trade Statistics

〈참고 7〉 세계 15대 무역국

세계 최대의 수출국(2004년 기준)은 독일로 9,123억 달러를 수출하였으며, 최대 수입국은 미국으로 1조 5,255억 달러를 수입하였다. 최대무역국은 무역액이 2조 3,000억 달러를 넘는 미국이다. 10~13위권은 한국을 비롯하여 벨기에, 홍콩, 스페인, 멕시코 등으로 이들 국가와 치열한 순위 경쟁을 벌이고 있다.

〈표 4-9〉 세계 15대 무역국(2004년 기준)

(단위 : 억 달러)

	수 출		수 입		무역액	
1	독 일	9,123(10.0)	미 국	15,255(16.1)	미 국	23,443(12.6)
2	미 국	8,188(8.9)	독 일	7,169(7.6)	독 일	16,292(8.7)
3	중 국	5,933(6.5)	중 국	5,612(5.9)	중 국	11,545(6.2)
4	일 본	5,658(6.2)	프 랑 스	4,655(4.9)	일 본	10,203(5.5)
5	프 랑 스	4,487(4.9)	영 국	4,635(4.9)	프 랑 스	9,142(4.9)
6	네덜란드	3,582(3.9)	일 본	4,545(4.8)	영 국	8,104(4.3)
7	이탈리아	3,492(3.8)	이탈리아	3.510(3.7)	이탈리아	7,002(3.8)
8	영 국	3,469(3.8)	네덜란드	3,193(3.4)	네덜란드	6,775(3.6)
9	캐 나 다	3,165(3.5)	벨 기 에	2,855(3.0)	캐 나 다	5,963(3.2)
10	벨 기 에	3,065(3.3)	캐 나 다	2,798(2.9)	벨 기 에	5,920(3.2)
11	홍 콩	2,655(2.9)	홍 콩	2,729(2.9)	홍 콩	5,384(2.9)
12	한 국	2,538(2.8)	스 페 인	2,493(2.6)	한 국	4,783(2.6)
13	멕 시 코	1,891(2.1)	한 국	2,245(2.4)	스 페 인	4,279(2.3)
14	러 시 아	1,835(2.0)	멕 시 코	2,064(2.2)	멕 시 코	3,955(2.1)
15	대 만	1,824(2.0)	대 만	1,684(1.8)	대 만	3,508(1.9)
세계		91,530	세 계	94,950	세 계	186,480

주 : ( )안은 비중

자료 : WTO 통계(www.wto.org)

5. 10대 수출상품

한국의 3대 수출상품은 반도체, 자동차, 무선통신기기(휴대폰)이며 반도체와 자동차가 1위자리를 놓고 매년 경합 중에 있고 전체 수출에서 차지하는 비중도 10%를 초과하고 있다. 이밖에 선박, 석유제품, 합성수지, 영상기기, 자동차부품이 있다. 수출상품수는 1964년 721개, 1971년 1,054개, 1977년 5,558개, 1995년 7,864개로 증가하였으며 2005년에는 8,400개를 초과한 바 있다.

〈표 4-10〉 10대 수출상품

(단위 : 억 달러, %)

순위	품목명	2004	2005. 1~10월
	총 계	2,538(31.0)	2,332(12.3)
1	반 도 체	265(35.7)	251(13.8)
2	자 동 차	266(39.0)	235(13.3)
3	무선통신기기	262(40.3)	226(5.4)
4	선 박	157(38.1)	148(16.0)
5	석 유 제 품	102(54.1)	122(52.0)
6	컴 퓨 터	171(14.3)	117(-19.3)
7	합 성 수 지	84(34.6)	86(25.3)
8	철 강 판	85(46.0)	86(24.2)
9	자동차부품	59(40.2)	69(45.6)
10	영 상 기 기	76(35.8)	62(-0.5)

주 : 1) ( )안은 전년동기 대비 증감율
2) 순위는 2005년 수출액 기준

〈참고 8〉 수출주력 상품의 세계 위상

한국의 수출 주력상품이 세계시장에서 차지하는 위치는 괄목할만큼 성장하여 왔다. 5대 수출상품 중 송수신기와 선박은 세계시장에서 1위를 차지하고 있으며 입출력장치는 중국에 이어 2위를 나타내고 있다. 직접회로 반도체와 승용차도 5~8%의 세계시장 점유율을 보이면서 각각 세계 6위와 9위를 기록하고 있다.

〈표 4-11〉 수출주력 상품의 세계위상(2003)

수출주력 품목	한국 수출 (억·달러)	세계 수출 (억 달러)	비중 (%)	세계순위
송수신기	139	790	17.6	1위
선박	111	508	21.9	1위
입출력장치	62	573	10.7	2위
직접회로 반도체	153	2,016	7.6	6위
승용차	175	3,865	4.5	9위

〈참고 9〉 자동차 수출

자동차 수출액은 2005년 연간으로 300억 달러 내외를 기록하였다. 자동차는 1976년 7월 에쿠아도르에 포니 자동차 5대를 처음 수출하였다. 이후 자동차 수출은 급속도로 성장하여 2004년 238만대를 기록하여 한국의 주력 수출산업으로서의 위치를 확고히 하고 있다. 최근에는 자동차 산업의 mecca인 미국을 비롯하여 중국, 터키, 인도 등에 대한 해외투자로 자동차 부품의 수출도 급증하고 있다.

〈표 4-12〉 자동차 수출 추이

(단위 : 만대)

1981	1985	1988	1990	1995	1998	2000	2001	2002	2003	2004	2005P
2	12	58	35	98	136	168	150	151	181	238	160

자료 : 한국자동차공업협회

〈참고 10〉 반도체 수출

반도체 수출은 2005년 300억 달러를 초과한 한국의 대표 수출산업이다. 1965년 외자에 의한 조립생산으로 시작된 반도체 산업은 1983년 64K DRAM의 국산화를 개시로 본격적인 반도체 생산국에 진입했으며 1992년에는 DRAM 생산 세계 1위를 달성한 바 있다. 1983년 64K, 1986년 1M, 1994년 256M, 1996년 1G, 2001년 4G를 개발하였으며 반도체 수출은 1977년 3억 달러에서 1984년 10억 달러, 1994년 100억 달러, 2004년에는 265억 달러를 달성하였다.

〈표 4-13〉 한국의 세계 반도체 시장점유율

(단위 : %)

	DRAM	비메모리	반도체
1995	30.9	1.4	10.4
2000	38.3	1.2	7.4
2004	47.1	2.2	9.9

자료 : Dataquest

〈참고 11〉 휴대폰 수출

휴대폰(cellular phone)은 연간 수출액이 200억 달러를 초과하는 대표적인 수출산업으로 부상하고 있다. 특히, 국산 브랜드는 해외에서 명품으로 인식될만큼 호평을 받고 있으며 시장점유율면에서도 세계 3~4위를 나타내고 있다. 한국의 휴대폰 주요 수출시장은 미국(6,700만대), 홍콩(1,900만대), 중국(600만대) 등이다.

6. 한국의 세계 일류상품

한국의 세계 일류상품은 반도체, 자동차, 휴대폰, 냉장고, 세탁기와 같은 제품 뿐만 아니라 모자, 오토바이용 헬멧, 자전거용 신발 등도 훌륭한 세계 일류상품으로 평가할 수 있다. 또한 고려인삼, 김치, 라면, 김, 초코파이, 활넙치 등 식품류와 난타(공연문화), 인터넷증명서 발급 솔루션, 종합금융 솔루션도 한국을 대표하는 세계 일류상품이다. 작지만 강한 일류상품들이 수출 5,000억 달러 시대를 열어가는 중요한 초석이 되고 있다. 산업자원부 선정 세계 일류상품수는 2005년 7월 기준 487개이다.

〈표 4-14〉 세계 일류상품 지정 건수 추이(누적기준)

(단위 : 개)

	2001. 9	2002. 2	2002. 10	2003. 3	2003. 11	2004. 5	2004. 12	2005. 7
현재 세계 일류상품	55	99	125	144	154	165	184	194
차세대 일류상품	65	121	156	182	199	219	259	293

자료 : 산업자원부

7. 10대 수출시장

한국의 3대 수출시장은 중국, 미국, 일본이며 이들 시장에 대한 수출 비중은 전체 수출의 약 44.8%에 이르고 있다. 중국에 대한 수출은 부품이나 소재 등 중간재(intermediate goods)가 80% 이상으로 구성되어 있으며 2003년부터 미국을 추월하여 수출 1위 시장으로 부상했으며 그 비중은 해마다 증가하고 있다.

수출상대국은 1964년 41개국에서, 1971년 113개국, 1977년 150개국, 1995년 219개국으로 증가하였으며 2005년 10월 기준 240개국에 이르고 있다.

〈표 4-15〉 10대 수출시장

(단위 : 억 달러, %)

순위	국가명	2004년	2005. 1~10월
	총 계	2,538(31.0)	2,332(12.3)
1	중 국	498(41.7)	510(24.8)
2	미 국	428(25.2)	337(-4.2)
3	일 본	217(25.6)	197(11.8)
4	홍 콩	181(23.7)	126(-19.7)
5	대 만	98(39.7)	89(10.1)
6	독 일	83(48.7)	86(28.9)
7	싱가포르	57(21.9)	60(28.2)
8	영 국	55(34.7)	43(-6.4)
9	인도네시아	37(8.9)	42(40.4)
10	말레이시아	45(16.3)	39(4.1)

주 : 1) ( )안은 전년동기 대비 증감률

2) 순위는 2005년 수출액 기준

〈참고 12〉 담배 · 소주의 최대 수출시장

휴대폰, 메모리 반도체, 세단승용차, 자동차부품, 디스플레이 등은 미국과 중국이 한국의 최대 시장이다. 그러나 화물차는 터키, 냉장고(200~400리터)는 스페인, PDP-TV는 호주, 소주는 일본, 담배는 UAE 등으로 다양한 지역별 분포를 보이고 있다.

〈표 4-16〉 주요 상품의 수출 1위 시장 및 비중(2005. 1~10)

①

휴대폰	미국(26.9%)
세단자동차	미국(30.9%)
메모리 반도체	미국(18.1%)
자동차 부품	중국(32.8%)
디스플레이 장치	중국(41.1%)

②

소 주	일본(90.0%)
담 배	UAE(38.6%)
냉장고(200~400리터)	스페인(10.4%)
PDP-TV	호주(25.0%)
화 물 차	터키(12.3%)

8. 상품별 수출 및 수입상대국 수

8.1 수출상대국 수

한국 상품 중에서는 세계 100개국 이상에서 찾아볼 수 있는 상품이 다수 존재하고 있다(2005. 1~10월 수출대상국을 기준으로 작성). 승용차는 190개국에 수출되고 있으며 휴대폰, 에어컨 등도 110여개국에서 'Made in Korea'를 찾아볼 수 있다. 또한, 국산 못은 65개국의 건축현장에서 사용되고 있으며 안경은 120개국에 수출되었다.

8.2 수입상대국 수

수입품 중에서도 컴퓨터 관련제품은 100개국 이상에서 수입하고 있다. 이밖에 술은 59개국, 명태는 6개국, 고철은 47개국, 원유는 31개국에서 수입하고 있다.

〈표 4-17〉 주요 상품의 수출입 국가 수

주요 상품의 수출국가 수		주요 상품의 수입국가 수	
휴대폰	114	신발	79
승용차	190	술	59
반도체	115	명태	6
에어컨	111	유연탄	9
못	65	원유	31
안경	120	고철	47

9. 10대 수입상품

한국의 최대 수입상품은 원유이며 2005년 1~10월 중 원유 수입액은 343억 달러로 전체 수입액의 16.1%를 차지하고 있다. 이밖에 주요 수입상품은 철강판, 석탄, 합금철과 같은 원자재와 반도체, 컴퓨터, 반도체제조장비와 같은 자본재(capital goods)이다. 수입상품을 원자재, 자본재, 소비재로 분류하면 2005년 1~10월 중 원자재가 1,158억 달러로 전체의 54.4%를 기록하였으며 자본재가 742억 달러로 34.8%를 차지하였다. 반면에 소비재는 213억 달러로 10.0%에 불과한 실정이다.

〈표 4-18〉 주요 수입상품(2005. 1~10월)

(단위 : 억 달러)

원 유	343
반 도 체	207
철 강 판	65
천연가스	65
석유제품	63
컴 퓨 터	63
반도체제조용장비	51
석 탄	45
합금철선철 및 고철	38
전자응용기기	37

〈참고 13〉 주요 수입상품

가발은 2005년 10월까지 551만 달러를 수입하고 있다. 가발은 1970년 섬유, 합판과 함께 3대 수출품으로 연간 9,000만 달러나 수출했던 품목이다. 김치, 된장, 고추장, 메주, 냉면, 삼계탕 등 우리 고유의 식품도 예외는 아니다. 현재 김치는 연간 500억원, 메주는 5억원, 삼계탕은 15억원 어치를 수입하고 있다. 이는 우리 고유의 것들로 인식되어온 이들 품목이 중국, 베트남 등지에서 저렴하게 제조되고 있기 때문이다. 최근에는 건강에 관심이 제고되면서 웰빙 식품을 수입하는 경우가 있다. 이처럼 다양한 상품을 수입하여 이용할 수 있는 것이 바로 무역이익(trade benefit)으로 이해할 수 있다. 2005년 기준 한국은 10,054개의 상품(HS 10단위 기준)을 수입하고 있다.

〈참고 14〉 원유 수입 현황

원유수입량은 미국, 일본, 독일에 이어 세계 4위이며 프랑스, 이탈리아, 중국을 앞서고 있다. 또한, 석유소비 측면에서도 미국, 중국, 일본, 독일, 러시아, 인도에 이어 세계 7위를 차지하고 있다. 특히, 한국은 실질GDP 1,000달러를 생산하는데 투입된 에너지 소비량(흔히 에너지 원단위로 지칭됨)을 타 국가와 비교해 보면 일본의 3배 수준이며 미국보다도 높아 에너지 효율성(energy efficiency) 제고 및 절약이 중요한 과제가 되고 있다.

〈표 4-19〉 세계의 주요 원유 수입국(2004)

(단위 : 천 배럴/일)

1	미 국	10,311
2	일 본	3,978
3	독 일	2,980
4	한 국	2,729
5	프랑스	1,895
6	이탈리아	1,767
7	중 국	1,484

10. 10대 수입시장

한국의 최대 수입대상국은 일본으로 2005년 1~10월 중 이미 401억 달러를 기록하였으며 다음이 중국과 미국으로 각각 316억 달러, 252억 달러를 나타내었다. 한국의 3대 수입대상국인 일본·중국·미국이 전체 수입의 45.4%를 차지하고 있다.

2003년 중국이 미국을 추월하여 일본에 이어 제2의 수입대상국으로 부상하였다. 이외에 원유수입대상국인 사우디아라비아, UAE와 자원수입대상국인 호주, 인도네시아, 말레이시아 등도 10대 수입대상국에 포함되어 있다.

〈표 4-20〉 10대 수입시장(2005. 1~10월)

(단위 : 억 달러)

1	일　　　본	401
2	중　　　국	316
3	미　　　국	252
4	사우디아라비아	129
5	독　　　일	80
6	호　　　주	79
7	U　A　E	79
8	대　　　만	65
9	인 도 네 시 아	64
10	말 레 이 시 아	49

11. 한국의 무역흑자상품 및 무역적자상품

11.1 무역흑자상품

무역흑자(trade susplus)상품은 자동차가 1위로 2005년 1~10월 중 수출 235억 달러, 수입 13억 달러로 223억 달러의 무역흑자를 기록하고 있다. 또한, 휴대폰 등 무선통신기기도 200억 달러를 초과하고, 선박은 130억 달러를 넘는 흑자를 기록하고 있다. 최대 수출상품인 반도체는 수입도 커서 흑자액은 약 43억 달러를 기록하고 있다.

11.2 무역적자상품

무역적자상품은 원유가 수출은 전무한 반면에 수입은 343억 달러이고 이밖에 천연가스, 반도체제조장비 등 원재료와 자본재의 적자규모가 큰 실정이다.

〈표 4-21〉 무역흑자 상위 10개 품목(2005년 1~10월)

(단위 : 억 달러)

순위	품목명	수출	수입	무역수지
1	자 동 차	235	13	223
2	무선통신기기	226	23	203
3	선 박	148	15	133
4	합 성 수 지	86	19	67
5	석 유 제 품	122	63	59
6	컴 퓨 터	117	63	54
7	영 상 기 기	62	10	52
8	자 동 차 부 품	69	25	45
9	반 도 체	251	207	43
10	건설광산기계	27	3	24

〈참고 15〉 무역흑자에서 무역적자로, 무역 적자에서 무역흑자로 전환된 상품

산업구조(industrial structure)의 변화에 따라 의류, 신발, 인형, 어류 등 경공업 및 1차 산품은 그 동안의 무역흑자에서 적자로 전환되었다. 반면에 자동차부품, 건설광산기계, 무선통신기기 등은 1990년대 중반 무역적자에서 무역흑자상품으로 전환되었다.

12. 무역업체 수

무역업체 수도 수출규모의 성장, 무역업 허가제의 신고제 전환(1997년 3월 1일), 완전자유화(2000년 1월) 등과 함께 크게 증가하여 2004년에는 92,861개 사를 기록하였다. 수출 1억 달러 달성 이듬해인 1965년 무역업체 수는 708개 사였으나 100억 달러 달성해인 1977년에는 2,268개 사, 1,000억 달러 달성해인 1995년에는 65,763개 사로 증가하였다.

〈참고 16〉 1억 달러 이상 수출기업 수

1980년대와 1990년대에 한국의 무역업체들은 크게 성장하였다. 1980년에 1억 달러 이상을 수출한 업체는 40개에 불과하였으나 2004년에는 158개로 증가하였으며 10억 달러 이상을 수출하는 업체도 31개나 되었다. 한국의 총수출은 1981년에 200억 달러를 돌파하였으며 2005년에는 그 2배가 넘는 400억 달러 이상의 수출실적을 삼성전자 1개 회사가 기록하였다.

제5장

한국무역의 전망

제 1 절 21세기 세계무역환경의 변화

1. 세계경제는 향후 5년간(2006~2010년) 견조한 성장세가 지속될 것으로 전망되나 세계무역불균형(global trade imbalance)과 고유가 등으로 인한 리스크는 더욱 증가하고 있음

선진국은 2%대 중반, 신흥시장(러시아, 우크라이나, 아시아 등)은 6%대 성장률을 유지할 것으로 전망된다.

〈표 5-1〉 세계경제전망

	2004	2005	2006	2007
경제성장(%)	5.1	4.3	4.3	4.4
세계교역(%)	8.0	6.2	6.5	6.7

자료: IMF

2. 세계경제는 세계화(globalization)의 가속화와 함께 지역화(localization)도 급속도로 진전되고 있음

WTO/DDA를 통한 세계무역과 투자의 자유화 추구와 함께 2005년 7월말 기준 WTO에 신고된 지역경제협력협정(agreement on regional economic cooperation)은 180개에 이르고 있으며 117건이 발효 중에 있다.

〈표 5-2〉 세계의 지역경제협력 협정 추진 현황(누계 기준)

1955~1960	1961~1970	1971~1980	1981~1990	1991~1995	1996~2000	2001~2005. 7
3	3	11	10	33	39	81

2004년 기준 FTA 체결국에 대한 수출비중은 한국이 0.3%에 불과한데 반해 싱가포르 53.3%, 중국 17.7% 일본 3.1%로 우리보다 크게 높은 수준을 보이고 있다.

3. BRICs, 즉 브라질(Brazil), 러시아(Russia), 인도(India), 중국(China)이 세계경제의 새로운 성장축으로 부상하면서 세계경제의 중심이 북미와 유럽에서 북미, 러시아, 아시아로 다극화됨

세계적 투자은행인 골드만삭스(Goldman Sachs)는 세계의 6대 경제 대국이 현재의 미국, 일본, 독일, 프랑스, 영국, 이탈리아에서 2040년에는 중국, 미국, 인도, 일본, 브라질, 러시아로 재편될 것으로 전망한 바 있다.

제 2 절 세계경제의 3대 리스크

1. 미국의 무역수지 적자(trade deficit) 확대에 따른 세계경제의 불균형(imbalance of global economy)으로 인한 국제환율의 불안정

〈표 5-3〉 세계의 무역불균형 구조

(단위: 10억 달러)

중동	일본	러시아	ASEAN(10)	중국	미국	EU(25)
138	111	87	52	32	-707	-77

2. 세계, 특히 BRICs의 석유수요 급증, 중동지역의 지정학적 리스크(geopolitical risk) 증대에 따른 공급불안 등으로 석유수급 불균형과 고유가가 예상됨

국제통화기금(IMF)은 유가 10달러 상승시 세계경제성장률은 0.5%포인트 내외 하락하는 것으로 분석하고 있다.

3. 달러 약세가 지속되는 가운데 아시아 통화의 추가 평가절상(appreciation) 가능성이 증대되고 있음(특히, 원화의 고평가)

제 3 절 한국무역의 전망

1. 무역 1조 달러의 달성

최근 수출의 추이와 주력 상품의 품질 제고, 그리고 향후 무역환경의 변화를 종

합적으로 고려할 때 10년 이내에 무역 1조 달러 달성을 목표로 매진하는 것이 중요하다. 무역 1조 달러의 달성은 수출이 5,000억 달러를 초과할 때 비로소 가능하다. 수출은 2004년 2,000억 달러를 돌파한지 불과 2년만인 2006년에 3,000억 달러를 초과하였다. 무역 1조 달러를 달성하게 되면 국내총생산(GDP)은 1조 5,000억 달러 내외, 1인당 국민소득은 30,000달러 이상에 이를 것으로 기대된다.

2. 주요 국가의 무역 1조 달러 달성 과정

무역규모 1조 달러 이상인 국가(2004년 기준)는 4개 국가(미국, 독일, 중국, 일본)로 국토, 인구, 부존자원, 기술 등 다방면에서 초강대국들로 평가할 수 있다. 또한, 이들 무역대국도 5,000억 달러에서 1조 달러 달성에 소요된 기간은 중국을 제외하면 미국 11년, 독일 11년, 일본 14년이다.

〈표 5-4〉 주요 국가의 5,000억~1조 달러 달성 시점

		달성시점(억 달러)							
	2004년 (천억 달러)	5,000	6,000	7,000	8,000	9,000	1조	1.5조	2조
미 국	23.4	1981	1986	1988	1989	1990	1992	1997	2000
독 일	16.3	1987	1989	1990	1992	1995	1998	2004	
중 국	11.5	2001	2002	-	2003	-	2004		
일 본	10.2	1990	1993	1995	2000		2004		
프랑스	9.1	1995	2000	-	2004				
영 국	8.1	1995	2000	-	2004				
이탈리아	7.0	2001	2004						
네덜란드	6.8	2003	2004						
캐나다	6.0	2004							
벨기에	5.9	2004							
홍 콩	5.4	2004							

자료: WTO

3. 무역 1조 달러 달성을 위한 과제

최근 우리의 수출경쟁력(export competitiveness)이 크게 제고된 것은 사실이나 아직도 미국, 일본, 독일 등 전통적인 선진국은 물론 아일랜드, 스위스와 같은 강소국에 뒤지고 있는 실정이다. 또한, 세계 주요 시장에서 중국, ASEAN과의 경쟁도 격화되고 있다. 수출 5,000억 달러, 무역 1조 달러를 달성하기 위해 향후 3~4년 간이 매우 중요한 기간으로 부품소재산업의 육성 등 수출산업 고도화, 전자무역 및 무역인력 양성, 자유무역협정(FTA) 확대, 그리고 상품 및 서비스 수출의 결합을 통한 복합무역의 구현이 반드시 필요한 상황이다.

〈표 5-5〉 무역 1조 달러를 위한 과제

수출산업 고도화	· 부품소재산업의 육성 · 차세대 성장동력산업의 육성 : IT, BT, NT 등 · 일류 상품, 일류 브랜드 육성과 유망중소기업의 육성
무역인프라 확충	· 전자무역 활성화 : e-TRADE 시스템의 조기 구축 · 무역인력 양성 : 청년무역인력 교육 강화 · 전시컨벤션산업 육성 : 전문국제전시회 개최
개방확대	· FTA 확대 : 미국 등 거대경제권과 체결 추진 · DDA 협상대응 : 농업, 제조업, 서비스업 등의 능동적 대처 · 동북아 지역 및 남북경제 협력 강화
복합무역 구현	· 서비스 수출 육성 · 동북아 교역급증에 따른 물류중심지 건설 · 의료, 관광, 교육 허브화 추진

〈참고〉 복합무역전략

복합무역전략은 수출의 대상을 상품 이외에 서비스, 기술, 인력 등의 생산요소로 확대하고 수출증대를 위해 기술과 문화, 국민의식, 국가이미지(country image) 등을 포함한 종합경쟁력을 육성하는 전략을 의미한다.

〈표 5-6〉 연대별 한국 무역실적

(단위 : 백만 달러)

	수출	수입	무역수지(증감액)
1950	29 (113.0)	48 (-63.9)	-19 (-)
1951	16 (-44.8)	155 (225.6)	-139 (-120)
1952	28 (75.0)	214 (38.1)	-186 (-47)
1953	40 (42.9)	345 (61.2)	-305 (-119)
1954	24 (-40.0)	243 (-29.6)	-219 86)
1955	18 (-25.0)	341 (40.3)	-323 (-104)
1956	25 (36.7)	386 (13.2)	-361 (-38)
1957	22 (-9.7)	442 (14.5)	-420 (-59)
1958	16 (-25.9)	378 (-14.5)	-362 (58)
1959	20 (20.4)	304 (-19.7)	-284 (78)
1960	33 (65.7)	344 (13.1)	-311 (-27)
1961	41 (24.5)	316 (-8.0)	-275 (36)
1962	55 (34.1)	422 (33.4)	-367 (-92)
1963	87 (58.4)	560 (32.8)	-473 (-106)
1964	119 (37.2)	404 (-27.8)	-285 (188)
1965	175 (47.1)	463 (14.6)	-288 (-3)
1966	250 (43.0)	716 (54.6)	-466 (-178)
1967	320 (27.9)	996 (39.1)	-676 (-210)
1968	455 (42.2)	1,463 (46.8)	-1,007 (-331)
1969	623 (36.7)	1,824 (24.7)	-1,201 (-194)
1970	835 (34.2)	1,984 (8.8)	-1,149 (52)
1971	1,068 (27.8)	2,394 (20.7)	-1,327 (-178)
1972	1,624 (52.1)	2,522 (5.3)	-898 (429)
1973	3,225 (98.6)	4,240 (68.1)	-1,015 (-117)
1974	4,460 (38.3)	6,852 (61.6)	-2,391 (-1,376)
1975	5,081 (13.9)	7,274 (6.2)	-2,193 (198)
1976	7,715 (51.8)	8,774 (20.6)	-1,058 (1,135)
1977	10,046 (30.2)	10,811 (23.2)	-764 (294)
1978	12,711 (26.5)	14,972 (38.5)	-2,261 (-1,497)
1979	15,055 (18.4)	20,339 (35.8)	-5,283 (-3,022)

〈표 5-6〉 이어서

1980	17,505 (16.3)	22,292 (9.6)	-4,787 (496)
1981	21,254 (21.4)	26,131 (17.2)	-4,878 (-91)
1982	21,853 (2.8)	24,251 (-7.2)	-2,397 (2,481)
1983	24,445 (11.9)	26,192 (8.0)	-1,747 (650)
1984	29,245 (19.6)	30,631 (16.9)	-1,387 (360)
1985	30,283 (3.6)	31,136 (1.6)	-853 (534)
1986	34,714 (14.6)	31,584 (1.4)	3,131 (3,984)
1987	47,281 (36.2)	41,020 (29.9)	6,261 (3,130)
1988	60,696 (28.4)	51,811 (26.3)	8,886 (2,625)
1989	62,377 (2.8)	61,465 (18.6)	912 (-7,974)
1990	65,016 (4.2)	69,844 (13.6)	-4,828 (-5,740)
1991	71,870 (10.5)	81,525 (16.7)	-9,655 (-4,827)
1992	76,632 (6.6)	81,775 (0.3)	-5,144 (4,511)
1993	82,236 (7.3)	83,800 (2.5)	-1,564 (3,580)
1994	96,013 (16.8)	102,348 (22.1)	-6,335 (-4,771)
1995	125,058 (30.3)	135,119 (32.0)	-10,061 (-3,726)
1996	129,715 (3.7)	150,339 (11.3)	-20,624 (-10,563)
1997	136,164 (5.0)	144,616 (-3.8)	-8,452 (12,172)
1998	132,313 (-2.8)	93,282 (-35.5)	39,031 (47,483)
1999	143,685 (8.6)	119,752 (28.4)	23,933 (-15,098)
2000	172,268 (19.9)	160,481 (34.0)	11,786 (-12,147)
2001	150,439 (-12.7)	141,098 (-12.1)	9,341 (-2,445)
2002	162,471 (8.0)	152,126 (7.8)	10,344 (1,003)
2003	193,817 (19.3)	178,827 (17.6)	14,991 (4,647)
2004	253,845 (31.0)	224,463 (25.5)	29,382 (14,391)
2005. 1～10	233,150 (12.3)	212,932 (16.2)	20,218 (-1,915)

주 : ( )안은 전년(동기) 대비 증감률, 무역수지는 증감액
자료 : 한국무역협회

〈표 5-7〉 연대별 주요 수출상품 및 국가

(단위 : 백만 달러)

	5대 수출 상품			5대 수출대상 국가		
1970	① 섬유류	341.1	(40.8)	① 미국	395	(47.3)
	② 합판	91.9	(11.0)	② 일본	236	(23.1)
	③ 가발	90.4	(10.8)	③ 홍콩	28	(3.3)
	④ 철광석	49.3	(5.9)	④ 독일	27	(3.3)
	⑤ 전자제품	29.2	(3.5)	⑤ 캐나다	20	(2.3)
1980	① 의류	2,788	(15.9)	① 미국	4,607	(26.3)
	② 철강판	717	(4.1)	② 일본	3,039	(17.4)
	③ 선박	610	(3.5)	③ 사우디	946	(5.4)
	④ 인조장섬유직물	564	(3.2)	④ 독일	876	(5.0)
	⑤ 음향기기	494	(2.8)	⑤ 홍콩	823	(4.7)
1990	① 의류	7,600	(11.7)	① 미국	19,360	(29.8)
	② 반도체	4,541	(7.0)	② 일본	12,638	(19.4)
	③ 신발	4,307	(6.6)	③ 홍콩	3,780	(5.8)
	④ 영상기기	3,627	(5.6)	④ 독일	2,882	(4.4)
	⑤ 선박	2,829	(4.4)	⑤ 싱가포르	1,805	(2.8)
2000	① 반도체	26,006	(15.1)	① 미국	37,611	(21.8)
	② 컴퓨터	14,686	(8.5)	② 일본	20,466	(11.9)
	③ 자동차	13,217	(7.7)	③ 중국	18,455	(10.7)
	④ 석유제품	9,055	(5.3)	④ 홍콩	10,708	(6.2)
	⑤ 선박	8,420	(4.9)	⑤ 대만	8,027	(4.7)
2005. 1~10	① 반도체	25,066	(10.8)	① 중국	50,996	(21.9)
	② 자동차	23,534	(10.1)	② 미국	33,738	(14.5)
	③ 무선통신기기	22,597	(9.7)	③ 일본	19,719	(8.5)
	④ 선박	14,777	(6.3)	④ 홍콩	12,568	(5.4)
	⑤ 석유제품	12,168	(5.2)	⑤ 대만	8,889	(3.8)

주 : ( )안은 비중(%)

자료 : 한국무역협회

〈표 5-8〉 연대별 주요 수입 상품 및 국가

(단위 : 백만 달러)

	5대 수입 상품			5대 수입대상 국가		
1970	① 일반기계	306	(15.4)	① 일본	813	(40.8)
	② 곡물	245	(12.3)	② 미국	585	(29.5)
	③ 운반용 기기	151	(7.6)	③ 독일	67	(3.4)
	④ 전기기기	133	(6.7)	④ 말레이시아	58	(2.9)
	⑤ 석유	133	(6.7)	⑤ 프랑스	52	(2.6)
1980	① 원유	5,633	(25.3)	① 일본	5,858	(26.3)
	② 곡류・곡분	1,239	(5.6)	② 미국	4,890	(21.9)
	③ 기타기계	941	(4.2)	③ 사우디	3,288	(14.7)
	④ 천연식물성연료	926	(4.2)	④ 쿠웨이트	1,753	(7.9)
	⑤ 목재류	898	(3.9)	⑤ 호주	680	(3.1)
1990	① 원유	6,386	(9.1)	① 일본	18,754	(26.6)
	② 반도체	4,222	(6.0)	② 미국	16,942	(24.3)
	③ 석유제품	2,384	(3.4)	③ 독일	3,295	(4.7)
	④ 섬유・화학기계	1,880	(2.7)	④ 호주	2,589	(3.7)
	⑤ 가죽	1,793	(2.6)	⑤ 중국	2,268	(3.2)
2000	① 원유	25,216	(15.7)	① 일본	31,828	(19.8)
	② 반도체	19,923	(12.4)	② 미국	29,422	(18.2)
	③ 컴퓨터	7,884	(4.9)	③ 중국	12,799	(8.0)
	④ 석유제품	4,911	(3.1)	④ 사우디	9,641	(6.0)
	⑤ 천연가스	3,882	(2.4)	⑤ 호주	5,959	(3.7)
2005. 1~10	① 원유	34,253	(16.1)	① 일본	40,080	(18.8)
	② 반도체	20,747	(9.7)	② 중국	31,606	(14.8)
	③ 철강판	6,454	(3.0)	③ 미국	25,231	(11.8)
	④ 천연가스	6,443	(3.0)	④ 사우디	12,902	(6.1)
	⑤ 석유제품	6,297	(3.0)	⑤ 독일	7,958	(3.7)

주 : ( )안은 비중(%)
자료 : 한국무역협회

〈표 5-9〉 연대별 수출 특징, 무역정책의 변천, 세계경제환경 변화

	수출의 특징	무역정책	세계경제환경
1960년대	· 수출 1억 달러 달성 (1964. 11. 30) - 수출증가는 주로 미국시장에 대한 섬유류, 합판, 가발, 신발 수출에 의존 - 대일기계류 수입 확대 초래	· 무역기반 조성 - 수입대체형 경제성장 전략에서 수출 주도형 전략으로 급선회 - 무역업허가제 실시 (1967년) - GATT 가입(1967년)	· 세계경제는 '황금의 60년대'로 지칭될 만큼 고도성장 - 세계무역 연평균 8.8% 성장 - GATT 체제 하의 자유무역주의 정립
1970년대	· 1971년 수출 10억 달러, 1977년 100억 달러 달성 - 수출상품은 경공업에서 중화학제품으로 전환시작(기계, 철강, 화학) - 중남미, 동남아로 시장확대	· 수출 진흥체제의 확충기 - 수출절차간소화(1971. 2월 무역협회 내 수출절차 간소화 위원회 설치운영) - 장기수출계획의 수립 (1972) - 종합무역상사제도 도입(1975. 4월) - 중화학공업의 육성	· 국제통화질서의 재편과 오일쇼크 - 브레튼우즈체제에서 킹스턴체제로 전환 (닉슨독트린 1971. 8. 15) - 1973, 1979년 2차례에 걸친 오일쇼크로 국제 무역 위축 - NICs의 등장
1980년대	· 세계 20위권 수출국으로 부상 - 반도체, 컴퓨터, 가전용전자 등이 전체 수출증가를 주도 - 자동차 수출(1984년 캐나다, 1986년 대미수출) 급증	· 국제화 지향 - 무역관리체제의 선진화/대외무역법 제정·시행(1986. 12월) - 수입자유화 적극 추진(1984년 연도별 수입 자유화품목 예시)	· 보호주의의 만연 - 세계경제 침체로 각국의 보호주의 경향 강화 - 1986. 9월 우루과이 라운드 협상 본격화 - 국제유가, 미달러화, 국제금리 하락의 3저 효과로 1986년 이후 세계경제 여건 개선
1990년대~현재	· 세계 12위권 수출국으로 부상 - 중화학호조, 경공업 부진 - IT 산업의 수출증대 - 반도체, 자동차, 휴대폰 각광	· 선진형 무역체제 구축 및 무역수지 흑자기조 정착 노력 - 종합무역자동화사업 추진 - 수출입 통관 면허제의 신고제 전환	· 다자주의와 지역주의의 공존, 중국의 등장 - NAFTA(1992), EU통합(1993) - WTO출범(1995), DDA출범(2001) - 중국이 세계수출 생산기지로 부상함

제3편

글로벌 무역의 주요 이슈

제6장 BRICs의 부상

제7장 EU 확대에 따른 산업구조의 재편

제8장 WTO에 대한 평가와 과제 및 개선방안

제9장 BRICs 경제의 분석

제10장 한 · 중 · 일 FTA

제6장

BRICs의 부상

제 1 절 BRICs의 의의

BRICs는 거대신흥시장인 브라질(Brazil), 러시아(Russia), 인도(India), 중국(China)의 네 나라를 의미하며 골드만삭스(Goldman Sachs)는 BRICs가 2050년이면 G6에 진입하는 것으로 전망한 바 있다. BRICs는 미국의 투자은행인 골드만삭스의 이코노미스트인 도미니크 윌슨(Dominic Wilson)과 루파 푸루쇼사맨(Roopa Purushothaman)이 2003년 10월 발표한 투자전략보고서인 'BRICs와 함께 꿈을 : 2050년으로 가는 길(Dreaming With BRICs: The Path to 2050)'에서 만든 신조어(新造語)이다.[1)]

BRICs가 큰 이변이 없이 성장한다면 이들 국가의 총 경제력은 국내총생산(GDP) 기준으로 2025년에는 현재 세계 최대의 경제력을 자랑하는 미국, 일본, 독일, 프랑스, 영국, 이탈리아 등 소위 G6의 경제규모의 50%에 이르고 2050년에 가서는 이들 국가가 미국, 일본과 함께 G6를 구성하게 되며 중국은 세계 최대의 경제대국이 될 것으로 전망된다.

---

1) 전국은행연합회, 금융, 2004. 1.
한국수출입은행, BRICs 국가현황 및 우리의 진출 방안, 2004. 1. pp. 3~15 요약・재구성

다수의 경제학자들은 BRICs가 많은 인구와 제조업 기반을 갖추고 있어 고성장으로 선진국을 추월할 잠재력이 충분한 것으로 추정하고 있다.

〈표 6-1〉 BRICs의 인구 비교(2002년)

(단위: 억명)

브라질	러시아	인도	중국	BRICs	세계
1.7	1.5	10.2	12.6	25.9	60.6

BRICs는 각 대륙 최대의 국가라고 할 수 있으며 선진국을 제외한 고성장 가능 국가로서 브라질은 인구가 남미에서 최대, 러시아는 유럽에서 최대, 중국은 세계 최대, 인도는 인도대륙의 최대국이다.

또한, BRICs는 현재 국민총생산이 상대적으로 저수준을 나타내고 있으나 견실한 제조업 기반을 구비하고 있는 국가들로서 경제의 개방(economic opening)과 자유시장경제(free market economy)의 확립, 적절한 경제정책(proper economic policy) 집행, 그리고 제도 정비가 구비되면 급속한 성장이 가능한 것으로 전망할 수 있다.

〈표 6-2〉 BRICs의 GDP 비교(2002년)

(단위: 억 달러)

브라질	러시아	인도	중국	BRICs
4,524	3,465	5,012	12,659	25,660

이들 국가는 과거 오랜 기간 사회주의(socialism) 정책의 강력한 실행(러시아, 중국)이나 수입대체(import substitution) 위주 정책(브라질, 인도)으로 인해 자유시장경제와 교역이 주는 성장잠재력(growth potentials)을 제대로 발휘하지 못했던 국가들로 평가할 수 있다.

따라서 BRICs는 시장 규모 확대 잠재력이 매우 커서 외국자본의 대량 유입이 가능한 국가들로 인식할 수 있다.

제 2 절 BRICs 성장전망

1. 전망의 주요 내용

1.1 경제성장

골드만삭스의 보고서에 따르면 BRICs의 경제력은 2050년에 세계 최대 규모에 도달할 것으로 예상되는데 따라서 2050년의 G6는 BRICs와 미국, 일본으로 구성될 것으로 보인다.

〈표 6-3〉 BRICs의 국가별 GDP 규모 추정치

	BRICs				G6							
	브라질	중국	인도	러시아	프랑스	독일	이탈리아	일본	영국	미국	BRICs	G6
2000	762	1,078	469	391	1,311	1,875	1,078	4,176	1,437	9,825	2,700	19,702
2005	468	1,724	604	534	1,489	2,011	1,236	4,427	1,688	11,697	3,330	22,548
2010	668	2,998	929	847	1,622	2,212	1,337	4,601	1,876	13,271	5,441	24,919
2015	952	4,754	1,411	1,232	1,767	2,386	1,447	4,868	2,089	14,786	8,349	27,332
2020	1,333	7,070	2,104	1,741	1,930	2,524	1,553	5,221	2,285	16,415	12,248	29,928
2025	1,695	10,213	3,174	2,264	2,095	2,604	1,625	5,567	2,456	18,340	17,345	32,687
2030	2,189	14,312	4,935	2,980	2,267	2,697	1,671	5,810	2,649	20,833	24,415	35,927
2035	2,871	19,605	7,854	3,734	2,445	2,903	1,708	5,882	2,901	23,828	34,064	39,668
2040	3,740	26,439	12,367	4,467	2,668	3,147	1,788	6,039	3,201	27,229	47,013	44,072
2045	4,794	34,799	18,847	5,156	2,898	3,381	1,912	6,297	3,496	30,956	63.596	48,940
2050	6,074	44,453	27,803	5,870	3,148	3,603	2,061	6,673	3,782	35,165	84,201	54,433

주 : 2003년 미 달러화 기준

경제성장의 약 1/3은 통화가치 상승에 기인하는 것으로 해석할 수 있다. 즉, BRICs의 GDP 증가의 약 2/3는 부가가치 증가분으로, 나머지는 통화가치 상승분으로 구성된다.[2] 또한, BRICs의 경제성장률은 전반부 30년은 높게, 후반부 20년은 낮게 나타날 것으로 예상된다. BRICs는 전망기간의 후반부에서는 성장이 둔화될 것이

2) BRICs의 실질환율(real exchange rate)은 연평균 2.5%가 평가절상되어 50년 후에는 현재보다 300% 상승할 것으로 예상된다.

나, 인도만은 2050년까지 3% 이상의 성장률을 나타낼 것으로 전망된다.

1.2 소득 및 소비

(1) 소득

BRICs 평균 1인당 소득은 50년 후에도 러시아를 제외하고는 현재의 G6 국가의 평균치보다 낮을 것으로 보이며 중국의 1인당 국민소득은 지금의 선진국 경제와 비슷한 3만 달러 수준으로 전망된다.

(2) 소비

BRICs 경제성장의 동인은 소비시장의 성장으로 볼 수 있다. BRICs의 연간 소비지출액 증가는 이르면 2009년에 현재 규모의 2배를 초과하여 G6의 증가보다 커질 것으로 예상된다.

〈표 6-4〉 2050년까지의 BRICs 대미 달러 실질환율 평가절상률

(단위: %)

브라질	러시아	인도	중국
129	208	281	289

〈표 6-5〉 BRICs의 2050년까지의 실질GDP 성장률

(단위: %)

	브라질	중국	인도	러시아
2000~2005	2.7	8.0	5.3	5.9
2005~2010	4.2	7.2	6.1	4.8
2010~2015	4.1	5.9	5.9	3.8
2015~2020	3.8	5.0	5.7	3.4
2020~2025	3.7	4.6	5.7	3.4
2025~2030	3.8	4.1	5.9	3.5
2030~2035	3.9	3.9	6.1	3.1
2035~2040	3.8	3.9	6.0	2.6
2040~2045	3.6	3.5	5.6	2.2
2045~2050	3.4	2.9	5.2	1.9

2025년이면 BRICs의 연간 소비지출액 증가는 G6 증가의 2배가 되고 2050년에는 4배를 초과할 것으로 예상된다.[3] 또한, BRICs는 세계경제의 새로운 원동력으로서

중요한 역할을 담당할 것으로 보인다. 세계경제에서 BRICs의 중요성은 더 빠르게 커질 수 있는데 BRICs의 고도성장은 선진국의 노년층 인구비중 증가와 저성장을 상쇄할 수 있다.

고성장은 자본수익과 자본수요 증가로 이어져서 세계 투자포트폴리오(global investment portfolio)에서 BRICs의 비중이 급격히 상승하게 되며 대규모 자본이 BRICs로 유입됨으로써 세계 통화의 환율재조정을 유발할 가능성이 큰 것으로 지적된다.

BRICs의 소비패턴(consumption pattern) 변화에 대해 살펴보면 소득 증가가 지역 소비 패턴을 변화시키게 됨에 따라 다수 상품들의 수요와 가격결정 패턴도 변화하게 된다. 소비가 크게 증가하는 소득수준인 1인당 국민소득 3,000달러에서 10,000달러대로 BRICs 소득이 증가하면 소비재 소비는 급증할 것으로 전망된다.

2. BRICs 성장의 조건

거시경제의 안정성(macroeconomic stability), 제도적 환경, 경제개방도와 교육수준이 경제성장의 기본적 요건으로 지적될 수 있다. 즉 높은 교육수준, 긴 수명, 저출산율, 낮은 재정지출, 더 나은 법질서 유지, 저인플레이션, 교역조건의 개선 등과 같은 요소들은 서로 연결되어 경제성장의 촉진(promotion of economic growth)을 가능하게 한다.

① 거시경제 안정성의 확보

불안정한 거시경제 환경은 물가와 인센티브를 왜곡시켜 경제성장을 저해하게 된다. 따라서 초점은 물가안정으로서 재정수지 적자 축소, 통화긴축, 환율조정이 필요하다.

3) 이번 전망의 전제조건으로 BRICs가 성장정책과 관련제도를 성공적으로 유지·발전시키는 것을 지적할 수 있다. BRICs의 어느 나라든 성장을 유지하기가 쉽지 않을 것으로 보이는데 이는 각국이 여러 가지 어려움을 안고 있으며 정책이 잘못 추진되거나 예기치 못한 외부 충격(unexpected external shock)이 발생하게 될 경우에는 예측은 당연히 틀리게 된다.

② 적절한 제도의 확립

제도는 경제의 효율성(economic efficiency)에 지대한 영향을 미치게 된다. 광의의 제도는 법규, 시장, 보건, 교육, 금융기관, 정부 관료주의 등을 모두 포함하며 비효율적인 제도는 그릇된 정치와 경제정책을 야기하여 투자, 근로, 저축을 저해하는 장기적인 요인이 된다.

③ 개방성 제고

무역과 외국인직접투자(FDI)에 대한 개방으로 자본, 기술, 시장을 확대해야 한다. 자본과 새로운 기술의 유입 증가, 그리고 보다 큰 시장에의 접근을 위해 개방확대가 필요하다.

④ 충분한 교육

교육을 받은 숙련노동자(skilled worker)의 충분한 공급이 필요하다. 경제성장에 따라 숙련노동자 부족 현상에 직면하게 되는데 중·고등교육은 보다 높은 단계의 경제로 이행하는 데 필수조건이 되고 있다.

3. 국가별 성장 전망

3.1 브라질

브라질의 향후 50년간 평균 GDP 성장률은 3.6%로 예상된다. 브라질의 경제규모는 2025년에는 이탈리아, 2031년에는 프랑스, 2036년에는 영국과 독일을 추월할 것으로 보인다. 그러나 1인당 GDP(per capita GDP)는 2025년에도 이탈리아의 27%에 불과할 것이며 2031년부터는 중국에도 뒤처질 것으로 보인다. 브라질은 아직 대외개방이 미흡하고 투자율과 저축률이 낮은 수준이며 공공채무(public debt)와 외채가 높아서 거시경제의 안정성이 낮은 것이 경제성장의 주요한 장애요인이 되고 있다. 따라서 이들 요인의 제거 또는 감소가 전술한 전망을 실현시킬 수 있을 것으로 보인다.

〈표 6-6〉 브라질의 GDP 전망

	2000~2010	2011~2020	2021~2030	2031~2040	2041~2050
GDP (10억 달러)	762~668	718~1,333	1,397~2,189	2,308~3,740	3,932~6,074
1인당 GDP (달러)	4,338~3,417	3,640~6,302	6,562~9,823	10,320~16,370	17,191~26,592
실질 GDP 성장률 (연간, %)	4.2~4.2	4.1~3.7	3.7~3.9	3.8~3.6	3.6~3.4

3.2 러시아

BRICs 중에서는 이미 상당히 높은 소득 수준이어서 향후 경제성장률은 BRICs 중에서 가장 낮을 것으로 보인다. GDP 규모 자체는 2018년에 이탈리아, 2024년에 프랑스, 2027년에 영국, 2028년에 독일을 추월할 것으로 전망된다. 1인당 GDP도 2038년에 이탈리아, 2050년에 독일 보다 앞설 것으로 보인다. 그러나 인구감소가 가장 큰 성장 저해요인으로서 2034년부터 실질GDP 성장률이 3% 아래로 하락할 것으로 예상된다.

〈표 6-7〉 러시아의 GDP 전망

	2000~2010	2011~2020	2021~2030	2031~2040	2041~2050
GDP (10억 달러)	391~847	917~1,741	1,829~2,980	3,131~4,467	4,613~5,870
1인당 GDP (달러)	2,675~5,948	6,453~12,527	13,212~22,427	23,674~35,314	36,684~49,646
실질 GDP 성장률 (연간, %)	10.0~4.1	4.0~3.3	3.3~3.4	3.3~2.4	2.3~2.1

3.3 인도

인도의 경제성장률은 2050년까지 5% 이상을 유지할 것으로 전망되며 국내총생산(GDP)은 2032년에는 일본을 추월할 것으로 보인다. 1인당 GDP는 2035년에 현재의

35배에 이를 것으로 예상되지만 현재의 소득수준이 너무 낮아 2014년에야 1,000달러를 넘게 되고 2043년에 가서야 10,000달러를 초과할 것으로 예상된다.

BRICs 중에서도 인구가 지속적으로 증가할 유일한 국가로서 고성장률을 유지할 수 있겠지만 아직 경제의 많은 부문이 폐쇄적으로 유지되고 있고 BRICs 중에서도 교육지수가 낮은 것이 장애요인이 되고 있다.

〈표 6-8〉 인도의 GDP 전망

	2000~2010	2011~2020	2021~2030	2031~2040	2041~2050
GDP (10억 달러)	469~929	1,011~2,104	2,278~4,935	5,407~12,367	13,490~27,803
1인당 GDP (달러)	468~804	864~1,622	1,739~3,473	3,776~8,124	8,810~17,366
실질 GDP 성장률 (연간, %)	5.4~6.1	6.0~5.5	5.6~6.1	6.1~5.8	5.8~5.1

3.4 중국

중국의 GDP 성장률은 2022년부터는 5% 미만으로 하락할 것으로 보인다. 경제성장률은 그 후 2040년대 중반까지 3.5%로 완만하게 하락할 것이나 경제규모는 2007년에 독일, 2016에 일본, 2041년에 미국을 추월하여 세계 최대가 될 것으로 예상된다. 그러나 1인당 GDP는 2050년에야 2000년의 일본의 근접하는 수준에 이를 것으로 보인다. 높은 투자율과 풍부한 노동력, 안정된 정치가 경제성장의 긍정적 요인으로 작용하고 있다.

〈표 6-9〉 중국의 GDP 전망

	2000~2010	2011~2020	2021~2030	2031~2040	2041~2050
GDP (10억 달러)	1,078~2,998	3,316~7,070	7,646~14,312	15,260~26,439	28,003~44,453
1인당 GDP (달러)	854~2,233	2,453~4,965	5,346~9,809	10,454~18,209	19,315~31,357
실질 GDP 성장률 (연간, %)	8.0~6.6	6.4~5.0	5.2~3.9	3.8~3.7	3.8~2.7

제 3 절 BRICs에 대한 한국의 교역과 투자

1. 수출입

BRICs가 한국의 교역액에서 차지하는 비중은 주로 중국과의 교역액 증가에 힘입어 2000년의 23.4%로부터 2003년(1~11월)에 36.1%로 상승하였다. 선진국에 비해 BRICs의 상대적인 고성장과 소득수준 향상에 따른 소비증가로 한국 교역에서도 BRICs의 비중은 향후 더욱 제고될 것으로 예상된다.

〈표 6-10〉 한국의 대BRICs 교역 추이

(단위 : 백만 달러)

	브라질	러시아	인도	중국	BRICs 계	세계	BRICs 비중
2000							
수출	1,724	788	1,326	18,455	22,293	172,268	12.9%
수입	935	2,058	985	12,799	16,777	160,481	10.5%
수지	789	-1,270	341	5,656	5,516	11,787	46.8%
2001							
수출	1,611	938	1,408	18,190	22,147	150,439	14.7%
수입	1,126	1,929	1,106	13,303	17,464	141,098	12.4%
수지	485	991	302	4,887	4,683	9,341	50.1%
2002							
수출	1,247	1,066	1,384	23,753	27,450	162,471	16.9%
수입	1,248	2,218	1,249	17,400	22,115	152,126	14.5%
수지	-1	-1,152	235	6,353	5,335	10,345	51.6%
2003							
수출	1,044	1,438	2,523	31,488	36,493	174,407	20.9%
수입	1,485	2,259	1,115	19,689	24,548	161,136	15.2%
수지	-441	-821	1,408	11,799	11,945	13,271	90.0%
2003 국별교역 비중	0.8%	1.1%	1.1%	15.3%	18.2%	100.0%	

주: 2003년은 1~11월 통계수치임

특히, 중국의 고성장은 향후에도 상당기간 지속될 수 있을 것으로 전망된다. 중국과의 교역 급증은 규모뿐만 아니라 상품수지의 면에서도 두드러져 한국의 2003년 1~11월 상품수지 흑자의 88.9%가 대중국 교역에서 발생되었다.

자유무역협정(FTA) 체결 등 지역에 적합한 수출환경 개선 지원이 브라질과 같이 수출비중이 낮은 국가로의 수출 증대에 기여할 수 있을 것으로 보인다. 러시아와 인도, 중국으로의 수출은 2000년대 이후 두 배 가까이 증가한 반면에, 1990년대에 18억 달러 수준에 이르렀던 대브라질 수출은 최근 10억 달러 수준으로 하락하였다.

2. 해외직접투자 규모

BRICs에 대한 한국 기업들의 직접투자는 순투자금액 기준으로 전체의 21.6%에 이르나 대중국 투자가 압도적으로 많고 다른 국가들에 대한 투자는 아직은 미미한 수준을 보이고 있다. BRICs 중 중국을 제외한 3국에 대한 한국 기업들의 투자는 중장기적으로 확대될 것으로 전망된다.

〈표 6-11〉 한국의 대BRICs 직접투자 현황

	브라질	러시아	인도	중국	BRICs 계	세계	BRICs 비중
건수	36	124	109	8,634	8,903	17,891	49.8%
금액 (백만 달러)	274	180	533	6,222	7,210	33,445	21.6%
국별투자액비중	0.8%	0.5%	1.6%	18.6%	21.6%	100.0%	

주 : 2003년 11월말 기준 순투자 누계임

해외직접투자는 투자자의 경쟁력, 생산품목의 현지시장 수용성뿐만 아니라 투자처의 제도적, 행정적 환경도 중요한 요소이므로 단기에 급격히 증가하기는 어렵다고 할 수 있다. 그러나 중국으로의 투자집중에 따른 위험 증가를 완화시키기 위해서도 브라질, 러시아, 인도와 같은 신흥시장(emerging market)으로의 투자진출이 확대될 것으로 보이며 대기업을 중심으로 한 대BRICs 투자는 중장기적으로 크게 증가할 것으로 전망된다.

〈표 6-12〉 BRICs 주요 도시의 투자관련 비용 비교

		브라질 (리우데자네이루) 1$: 3.618레알	러시아 (모스크바) 1$: 31.78루블	인도 (뉴델리) 1$: 48.25루피	중국 (북경) 1$: 8.2772위안
		비용($)	비용($)	비용($)	비용($)
임금(월)	일반노동자	146.01	460~770	138	63~178
	엔지니어	1,126.87	750~1,300	320	144~268
	중간관리직	1,411~3,270	2,700~5,000	753	169~604
	법정최저 임금/월	60.81	14.22	55.54	56.18
	명목임금 상승률(%)	2000년 : 6.0 2001년 : 6.0 2002년 : 7.0	2000년 : 46.0 2001년 : 45.7 2002년 : 35.0	N.A.	1999년 : 12.2 2000년 : 14.1 2001년 : 17.2
임차료	공업단지 임차료/월(m^2)	0.84 (토지를 포함한 공업용창고)	1.70	구입만 가능	3.62~7.25
	사무소 임차료/월(m^2)	2.64	34~120	15.61~22.30	37.00
통신료	전화기본 요금(월)	11.54	58.8	5.18	3.02
	휴대전화 기본요금/월	41.46	10.8	국내통화용:10.22 국제전화용:111.27	6.04
공공요금	업무용 전기 요금(kWh)	0.18	0.04	0.08	0.05~0.09
	업무용 수도요금 (m^3)	0.0177	0.42	0.25~0.50	0.31 (상수 0.22, 하수 0.09)
	업무용 가스요금 (m^3)	2,738.36 (1,206~4,820m3)	0.03	파이프라인 : 0.08	0.22
세금	법인소득세	15%	24%	42%	33% (국세 30%, 지방세 3%)
	개인소득세 (최고세율)	0%/15%/27.5%	13%	31.5%	45%
	부가가치세	없음	20%	16%	17%

주: 2002년 11월 기준임

제7장

EU 확대에 따른 산업구조의 재편

EU는 2004년 5월에 중·동부 유럽 지역의 10개국을 새롭게 가입시켰다. EU가 중·동부 유럽으로 확대되면서 EU는 다수의 경제적 변화를 경험하고 있다. 신규회원국이 EU에 가입함으로써 역내시장이 확대되어 기존 회원국들의 수출 기회가 증대된다는 긍정적인 면이 존재하는 동시에 서유럽 생산기지의 동유럽 이전과 같은 새로운 문제들이 발생하고 있다.

EU의 확대 이후 이러한 문제들이 점차 가시화되고 있다. 중·동부 유럽 국가들로의 공장이전에 따른 산업공동화는 유럽 선진국 전체에서 발생하고 있는 문제이다. 특히, 신규가입국가들과 인접해 있는 독일, 중·동부 유럽지역의 기업들과 주력업종이 유사한 포르투갈, 스페인 등의 남부유럽국가들의 경우는 더욱 심각한 상황이다. 이들 국가는 다국적기업들(MNCs : Multinational Corporations)의 투자가 자국에서 신규가입국으로 이동하게 되면 자국의 외국인직접투자(FDI) 유입이 감소되고 또한 자국에 있던 생산기지마저 중·동부 유럽지역으로 이전되어 경제위기(economic crisis)에 직면할 수도 있음을 우려하고 있다. 스페인, 포르투갈 등은 기존 EU 회원국들보다 저렴한 인건비, 높은 투자인센티브제도(investment incentive system)의 운영 등을 통해 다수의 FDI를 유치해 왔고 이러한 외국인투자는 이들 국가의 경제발전에 상당히 긍정적인 기여를 해 왔다고 평가할 수 있다. 그러나 FDI에 대한 의존도가 높았던 이들 남부유럽국가는 외국인투자가 자국에서 이탈하면서 새로운 도전에 직면하게 되었다.

본장에서는 EU 확대에 따른 중· 동부 유럽지역으로의 투자확대와 기존 서유럽국가들의 생산기지 이전현상과 유럽경제의 산업구조 변화를 분석한 대외경제정책연구원의 연구결과를 중심으로 살펴보고자 한다.[1)]

제 1 절 생산기지의 이전배경과 현황

1. 이전배경

남부 유럽의 스페인과 포르투갈은 적극적인 FDI 유치를 통해 경제성장을 이룩해온 대표적인 국가로 인식되어 있다. 1986년 스페인과 포르투갈이 EU에 가입하면서 이들 국가에 대한 다국적기업들의 관심이 제고되었다. 이는 기존 서유럽 국가들에 비하여 낮은 임금수준과 광대한 내수시장, EU 시장으로의 접근 용이성 등이 주요 요인이 되었다고 할 수 있다. 이것은 현재 EU 가입과 관련하여 새로운 투자입지로 부상하고 있는 중・동부 유럽국가들의 투자매력 요건과 일맥상통하고 있다.

스페인과 포르투갈의 임금(2001년 기준)은 EU 15개 회원국 평균치의 50~60% 수준에 불과하다. 이들 국가는 EU 가입 후 임금이 EU 평균에 지속적으로 수렴해 왔음에도 불구하고 여전히 서유럽의 선진국들에 비하여 낮은 수준을 보이고 있다. 그러나 남부유럽국가들의 이러한 비교우위(comparative advantage)는 중・동부 유럽국가들의 부상으로 점차 사라지고 있다. 〈표 7-1〉에서 알 수 있듯이 EU 신규 가입국들의 임금은 기존 남부유럽국가들보다도 더욱 낮아서 EU-15 평균치의 약 12~45% 수준을 보이고 있다. 2008년 EU 가입 예정국인 불가리아와 루마니아의

1) 남부유럽 국가 중 그리스는 본 논의에서 제외하는데 이는 그리스는 스페인, 포르투갈과는 달리 FDI 유치실적이 매우 저조하기 때문이다. 그리스의 FDI 유입액(inflow)과 FDI 누적액(stock)은 회원국 중 최저수준을 보이고 있다. 그리스의 FDI 유입이 저조한 요인으로는 유럽대륙에서 멀리 떨어진 지리적 불리함, 협소한 내수시장과 과도한 시장규제, 열악한 인프라, 발칸지역의 지정학적 불확실성(geopolitical uncertainty)을 지적할 수 있다(대외경제정책연구원, 세계경제, 2005. 7. pp. 63~74 요약・재구성).

임금은 EU 신규가입국들보다도 더욱 낮다. 서유럽기업들의 중·동부 유럽지역에 대한 투자확대는 이러한 인건비를 고려한 생산비용절감(reduction of production cost) 효과에 기인한다고 평가할 수 있다.

한편, 생산성(노동비용당 부가가치액을 생산성으로 정의함)을 비교해보면 남부유럽의 생산성은 스페인이 26.1, 포르투갈 10.0, 그리스 19.4로, EU-15 평균치 42.5보다 낮은 수준을 보이고 있다. 더욱이 포르투갈의 생산성은 중·동부 유럽 8개 EU 신규가입국의 평균치(11.7)보다 낮고, 슬로베니아(21.3)와 헝가리(11.1)보다도 낮은 수치이다. 임금까지 고려한 생산성으로 평가해보면 중·동부 유럽 국가들이 남부유럽국가들 보다 높을 뿐만 아니라 기존 서유럽 선진국가들의 생산성을 훨씬 능가하고 있다. 즉, 임금뿐만 아니라 생산성을 고려할 경우에도 남부유럽국가는 중·동부 유럽 국가들보다 불리한 상황에 직면해 있다.

〈표 7-1〉 EU 기존회원국과 신규가입국의 임금과 생산성 수준 비교

	월평균 임금(유로)			생산성[1]	생산성/임금 (EU-15=100)
	1999년	2000년	2001년	2000년	2000년
EU-15평균	1,923	2,127	2,191	42.5	100
그리스	1,160	1,227	1,286	19.4	79
포르투갈	-	1,052	1,112	10.0	48
스페인	1,297	1,326	1,372	26.1	98
EU 신규가입국	381	410	460	11.7	117
체코	343	379	430	1.09	144
에스토니아	282	303	328	8.3	137
헝가리	314	348	408	11.1	160
라트비아	257	277	280	-	-
리투아니아	251	270	300	-	-
폴란드	442	471	626	9.3	99
슬로바키아	260	299	320	9.2	154
슬로베니아	895	935	988	21.3	114
EU 가입예정국	115	132	146	-	-
불가리아	111	120	127	-	-
루마니아	120	144	165	-	-

주: 1) 노동비용 1천 유로당 부가가치액으로 계산함
자료: UNCTAD, 2004.

또한, 스페인과 포르투갈은 중·동부 유럽 국가들의 법인세 부문에서도 경쟁력이

떨어지고 있다. 양국의 2004년 법인세는 각각 35%, 25%로 중·동부 유럽의 헝가리(18%), 폴란드(19%), 체코(26%)보다도 일반적으로 높은 수준을 보이고 있다. 포르투갈의 경우 2004년 30%였던 법인세를 25%로 인하하였고, 향후 더 인하할 계획을 가지고 있는데 FDI를 유치하기 위한 법인세 인하경쟁은 해가 갈수록 치열해지고 있다. 저임금과 낮은 법인세 등 중·동부 유럽국가들은 기존 서유럽 국가들보다 생산비 절감 측면에서 유리한 여건을 가지고 있다.

〈표 7-2〉 EU 회원국별 예산 분담액 및 수혜액(2003년 기준)

(단위: 백만 유로)

	회원국	분담액	수혜액	분담액 대비 수혜액 비율
순 분담국	독 일	19,203	10,372	0.54
	프 랑 스	15,154	13,040	0.86
	영 국	9,971	6,009	0.60
	이 탈 리 아	11,759	10,439	0.89
	네 덜 란 드	4,920	1,919	0.39
	벨 기 에	3,486	1,688	0.48
	덴 마 크	1,778	1,449	0.82
	오스트리아	1,936	1,555	0.80
	핀 란 드	1,338	1,304	0.97
	스 웨 덴	2,501	1,415	0.57
	룩셈부르크	205	119	0.58
순 수혜국	스 페 인	7,429	15,814	2.13
	포 르 투 갈	1,293	4,744	3.67
	그 리 스	1,534	4,801	3.13
	아 일 랜 드	1,128	2,646	2.35
	EU-15총액	83,652	85,252	-

주: 분담액 대비 수혜액 비율=수혜액÷분담액
자료: Court of Auditors, 2004.

스페인과 포르투갈은 그 동안 EU로부터 다수의 기금을 받아왔다. 이들 국가는 이러한 자금을 활용하여 사업환경 개선을 위해 인프라를 구축하고 자국에 투자하는 외국인기업에 다양한 인센티브를 제공해 왔다. 실제로 스페인, 포르투갈, 그리스 등은 EU 예산 분담액보다 수혜액이 더 많은 국가들이다. 그러나 남부유럽국가들이 그 동안 누려왔던 EU 기금의 흑자 혜택은 중·동부 유럽국가들의 EU 가입과 함께 축소될 것으로 보인다. 따라서 이들 국가가 다국적기업 유치를 위해 제공해왔던 다양한 인센티브도 감소하게 될 것으로 예측된다. 반면에 중·동부 유럽지역의 EU 신규가입국들은 EU로부터 각종 구조조정기금을 수령하게 되어, 다국적기업들은 스페인이나 포르투갈 정부가 제공하는 것보다 양호한 인센티브를 받기 위해 중·동부 유럽지역으로 이탈해갈 것으로 예상된다.

2. 이전 현황

생산기지 이전 현황을 다음 3국가(스페인, 포르투갈, 독일)를 중심으로 살펴보고자 한다.

2.1 스페인

스페인은 1970년대 후반부터 유럽 선진국 대비 낮은 임금, 우수한 생활여건, 독일·프랑스와의 지리적 인접성으로 유럽진출을 목표로 한 다국적기업들의 생산기지로 부상하였다. 섬유, 의류산업에서부터 자동차 조립공장까지 다양한 업체가 스페인에 진출했다. 스페인은 유럽의 섬유 및 제화의 생산기지로서 입지를 확고히 하였으며, 2003년 기준 유럽에서는 3위, 세계에서는 7위의 자동차 생산국(약 303만대)으로 성장했다. 스페인 자동차 생산기업은 모두 외국 국적의 다국적기업으로서 자국기업에 의한 생산은 전혀 이루어지지 않고 있다. 즉, 자동차 생산 전량을 모두 FDI에 의존하고 있다.

그러나 1990년대 중반부터 기업들의 공장이전이 시작되어 노동의존도(labor dependence)가 높은 섬유, 제화업체의 중·동부 유럽, 모로코, 중국 이전을 시작으로 최근 들어서는 전자, 자동차 등 주요 산업 부문으로 확대되고 있다.

가장 먼저 해외로 진출하기 시작한 부문은 원단과 의류제조업으로 현재 약 400개의 스페인 업체가 해외로 공장을 이전해서 전체 스페인 직물, 의류의 30%가 해외공장에서 생산되고 있는 상황이다. 2002년 한해에만 직물업계의 120개사가 폐쇄되었으며, 국내 직물 생산은 전년 대비 6.3% 하락했다. 기존 회사들도 생존을 위해 국내에서는 부가가치(value added)와 수익성(profitability)이 높은 제품만 생산하고 나머지는 해외에서 제조하고 있다.[2)]

해외이전이 가장 활발한 부문 중 하나는 자동차부문으로 다국적기업들의 공장이전이 이미 시작되고 있다. 예를 들면, 폭스바겐(Volkswagen)은 스페인 마르또렐(까딸루냐주) 공장의 SEAT IBIZA 모델생산량의 10%를 슬로바키아로 이전시켰으며, PSA(PEUGEOT-CITROEN)도 슬로바키아로 공장을 새로 건설할 계획이다. 스페인 자동차산업의 해외이전은 섬유나 신발산업의 경우보다 파급효과가 더욱 크다. 자동차부문은 스페인 국내총생산(GDP)에서 6.3%를 차지하고 있고 전체 고용의 11%와 수출의 21%를 담당하고 있을 만큼 중요한 산업이다. 그러나 자국기업이 하나도 없고 다국적기업의 제조공장만으로 산업이 유지되고 있는 실정이어서 이들 기업이 생산기지를 비용이 저렴한 곳으로 이동하게 되면 자연히 부품 등 관련 산업도 동반이전하게 되어 국가경제에 지대한 영향을 미치게 된다. 한편, 삼성전자도 2003년에 현지 바르셀로나 공장을 슬로바키아로 이전하였으며, 2004년에는 리바이스(Levi's)도 스페인 내 생산공장을 폐쇄한 바 있다. 상기한 바와 같이 EU 회원국 확대와 시기를 맞춰 생산업체의 탈(脫) 스페인화가 가속화되고 있다.

〈표 7-3〉 스페인의 생산기지 이전 및 축소 사례

기업	분야	내용
Volkswagen	자동차	스페인 자동차 생산량 감축
Mercedes-Benz	자동차	스페인 공장 근로자 감원 결정
Nissan	자동차	노사 임금 동결 합의
Suzuki-Santana	오토바이	스페인 생산공장 이전 또는 생산량 감축
Gillette	소모품	
Nestle	식 품	
Benetton	섬 유	스페인 섬유공장 매각
삼성전자	전 자	바르셀로나 전자제품 공장 철수, 슬로바키아 이전
Levi's	섬 유	히로나, 소리아 섬유생산공장 폐쇄, 동유럽 공장생산량 증산

2.2 포르투갈

포르투갈의 상황은 스페인보다 더욱 심각하다고 할 수 있다. EU 확대와 관련하

2) 신발 제조업체들은 주로 모로코와 루마니아, 터키로 공장을 이전하고 있으며 공장 이전뿐만 아니라 원자재 구매를 원활하게 하기 위하여 이들 국가에 지사를 설립하는 경우가 많아졌다.

여 경제계와 지역경제를 중심으로 포르투갈 경제의 위기감이 크게 고조되고 있다. 포르투갈은 EU 회원국 중 가장 저렴한 인건비의 이점과 EU로부터 받은 기금을 보조금으로 지급하는 방법을 통해 그 동안 FDI를 유치해 왔다. 그러나 현재 포르투갈도 다국적기업들의 중·동부 유럽지역으로의 생산기지 이전이라는 문제에 직면해 있다. 또한, 포르투갈의 전통적 수출산업인 섬유, 의류, 신발산업도 기업경영 여건이 악화되고 있다. 노동집약적인 이들 산업은 포르투갈보다 더욱 저렴한 인건비를 바탕으로 한 아시아 국가들과의 경쟁에서 점차 밀리고 있다. 이들 산업의 수출이 총수출에서 차지하는 비중은 1996년에 31%이었으나 2002년에는 23.1%까지 하락했으며, 의류생산 부문은 1997년 이후 매년 7%씩 생산감소현상을 보이고 있다. 이 같은 경쟁력 약화로 이 부문의 포르투갈 생산업체들은 도산하거나 아니면 생산기지를 해외로 이전하고 있는 실정이다.

포르투갈도 스페인의 경우와 마찬가지로 노동의존도가 높은 섬유, 제화업체에서 최근에는 전자, 자동차 등 국가 주요 산업부문으로 확대되고 있는 추세를 보이고 있다. 포르투갈 역시 자동차 산업이 모두 외국인이 소유하는 형태를 보이고 있다. 포르투갈 경제에서 자동차 산업은 상당히 큰 비중을 차지하고 있는데 2002년 기준으로 포르투갈 GDP의 약 7%를 담당하고 있으며, 포르투갈 인구의 1.9%인 9만명이 자동차 산업에 종사하고 있다. 가장 큰 자동차 생산업체는 1991년 독일의 폭스바겐(Volkswagen)과 미국의 포드(Ford)가 각각 50%의 지분으로 공동 설립한 오토유로파(AutoEuropa)이다.

1999년 12월에 폭스바겐사가 포드사의 50% 지분을 모두 인수하였으나 포드사도 오토유로파 공장에서 갤럭시(Galaxy)를 생산하여 오토유로파 전체 생산의 약 23.5%를 담당하고 있다. 오토유로파는 2003년 포르투갈 전체 자동차 생산대수 약 23만대의 45.8%를 차지하는 등 포르투갈의 최대 자동차 생산단지이다. 그러나 2005년 2월 포드사는 오토유로파 공장의 자동차 생산을 2005년 말에 전면 중단하고 유럽 내 타 공장에서 갤럭시를 생산할 계획임을 발표한 바 있다. 또한, 연간 약 65,000대를 생산해왔던 GM의 자회사인 오펠(Opel)사도 리스본에 위치한 아잠부야(Azambuja) 공장의 자동차 생산중단을 계획 중에 있다. 포르투갈에 있는 오펠사는 2005년 4월 포르투갈 근로자들의 임금인상 철회 및 노동시장의 유연성(flexibility of labor market) 제고가 이루어지지 않을 경우 오는 2008년까지 포르투갈 내 자동차 생산을 전면 중단할 것임을 밝힌 바 있다. 포르투갈의 자동차 생산은 점차 감소추세를 보이고 있으며 주요 업체들이 생산을 중단하고 유럽 내 타 지역에서의 생산을 고려하는 등 포르투갈의 자동차 산업은 위기 상황에 직면해 있다.

2.3 독일

전술한 생산기지 이전현상은 남부유럽에서만 발생하고 있는 문제는 아니다. 중부유럽국가들과 국경을 접하고 있는 독일에서도 이 문제는 심각한 상황이다. 독일기업의 사업환경을 조사하고 있는 독일 상공회의소(DIHK)가 2004년 7,500개 기업을 대상으로 조사한 결과에 따르면 독일 제조업의 약 43%가 해외투자를 계획하고 있는 것으로 나타났다. 독일기업들뿐만 아니라 독일에 투자하고 있는 미국기업들도 독일 내의 생산기지를 동유럽으로 이전시키는 것을 고려하고 있다.[3] 이러한 독일 내 생산기지 해외이전문제는 현재 독일기업들의 노사간 협상에도 영향을 미치고 있다. 즉, 2004년 지멘스(Siemens), 다임러크라이슬러(Daimler-Chrysler), 폭스바겐(Volkswagen) 등 독일의 주요 기업들은 노사간 협상에서 공장을 해외로 이전하지 않겠다는 조건하에 추가적인 보상없이 주당 노동 시간을 현행 35시간에서 40시간으로 연장하는데 합의한 바 있다. 이는 EU 확대에 따른 투자의 이동현상이 독일 내 사업환경에도 영향을 미치고 있는 것으로 해석할 수 있다.

제 2 절 중 · 동부 유럽국가로의 투자 확대

EU는 1980년대 말부터 중 · 동부 유럽국가들과 외교관계를 수립하고 무역 및 협력협정(Trade and Cooperation Agreement)을 체결하여 수입쿼터를 철폐하고 일반특혜관세제도(GSP)를 확대했다. 1990년대에는 중 · 동부 유럽 10개국과 준회원국협정(Association Agreement)인 '유럽협정(Europe Agreement)'을 체결한 바 있

3) GM의 자사인 오펠사는 2005년 4월 Zafira 모델 생산의 일부를 독일 Bochum에서 폴란드 Gleiwitz로 이전할 것으로 알려지고 있다. 이는 독일 노동시장의 경직성(rigidity of labor market)과 높은 세금 및 고임금이 주요 요인으로 지적되고 있다.

다.[4] 유럽협정의 취지는 2002년까지 공산품 무역에 있어 양 지역 사이에 자유무역지대(free trade area)를 실현한다는 내용이 핵심을 이루고 있다. 즉, 2004년 5월 중·동부 유럽 신규 가입국들의 EU 가입 이전부터 이미 양자 간에는 이러한 협정들을 통해 경제관계를 개선시켜 왔으며 이러한 과정에서 양자간 교역이 증대되고 중·동부 유럽지역에 대한 투자도 확대되었다. 특히, 중·동부 유럽의 체제전환국들이 시행한 민영화(privatization) 결과 다수의 서유럽기업이 지분참여와 신규투자를 시행하여 서유럽의 많은 자본이 중·동부 유럽국가들에 투자되었다. EU 신규가입국에 대한 FDI는 점차 증가하여 1995년에서 2001년간 269%나 증가하였다. 특히, 제조업부문에 대한 투자는 2001년 말까지 모든 잔존 투자액의 40%를 차지하는 등 가장 중요한 부분을 차지하고 있다.[5]

중·동부 유럽 국가에 대한 투자는 지속적인 상승추세를 보였으나 2003년에는 급격히 감소하였다. 특히, 체코와 슬로바키아의 감소폭이 가장 컸는데, 이는 대규모 민영화가 있었던 2002년에 양국에 대한 투자가 급격히 상승하였다가 2003년 민영화 완료로 다시 투자가 급격히 감소한 데 따른 것으로 분석된다. 그러나 2004년 들어 중·동부 유럽 국가에 대한 투자는 다시 증가하였다. 2004년 세계 총 FDI 규모는 2003년과 유사한 수준으로 선진국들의 경우에는 FDI 유입규모가 축소되고 오히려 자본유출(capital outflow)이 증가하였으나 중·동부 유럽지역에 대한 FDI는 2003년 일시적 하락현상을 보인 후 2004년 들어 다시 증가하였다. 2003년도 EU 25개국의 FDI 총유입액은 3,575억 유로였으나 2004년에는 1,898억 유로로 감소하였다. 이는 2004년 기존 EU 15개 회원국의 FDI 유입액이 2003년에 비하여 크게 감소하였기 때문으로 해석할 수 있다.

4) EU는 1990년대 이전 터키(1963년), 몰타(1970년), 키프러스(1972년)와 준회원국 협정을 체결하였다. 이후 헝가리·폴란드(1991년), 불가리아·체코·루마니아·슬로바키아(1993년), 에스토니아·라트비아·리투아니아(1995년), 슬로베니아(1996년)와 준회원국 협정을 체결한 바 있다.

5) 국가별로 볼 때 가장 많은 FDI를 유치한 국가는 폴란드, 체코, 그리고 헝가리이다.

〈표 7-4〉 중·동부 유럽 국가들의 FDI 유입 현황

(단위: 백만 유로, %)

회원국		2000년	2001년	2002년	2003년	2004년
EU신규가입국	체코	5,405 (32.3)	6,296 (33.6)	9,012 (43.2)	1,863 (8.7)	3,596 (15.4)
	헝가리	2,998 (24.5)	4,391 (32.3)	3,185 (19.8)	1,909 (11.7)	3,365 (18.6)
	폴란드	10,334 (24.3)	6,372 (14.9)	4,371 (11.4)	3,660 (10.7)	4,892 (13.8)
	슬로바키아	2,089 (36.7)	1,768 (26.3)	4,397 (61.9)	636 (8.6)	904 (11.1)
	슬로베니아	149 (2.9)	412 (7.7)	1,750 (32.0)	299 (5.1)	422 (6.6)
	에스토니아	425 (28.0)	603 (33.5)	307 (14.3)	797 (34.9)	742 (29.5)
	라트비아	447 (22.0)	147 (6.0)	269 (11.0)	267 (11.0)	522 (18.0)
	리투아니아	412 (17.8)	499 (18.3)	772 (25.3)	160 (4.6)	623 (15.8)
EU가입예정국	불가리아	1,103 (51.3)	903 (32.6)	980 (32.4)	1,851 (53.8)	2,114 (52.0)
	루마니아	1,147 (15.1)	1,294 (14.0)	1,212 (11.7)	1,946 (17.3)	4,098 (31.2)

주: ( )안은 총고정자본 형성에서 FDI가 차지하는 비중
자료: WIIW, 2005.

오스트리아 비엔나의 국제경제연구소(Vienna Institute for International Economic Studies)의 최근 조사에 따르면 중·동부 유럽 지역의 투자환경 개선과 함께 대(對)중·동부 유럽 지역투자가 증가하여 2004년에는 이 지역에 대한 투자금액이 345억 유로를 기록하여 2003년 대비 58%나 증가하였다. 이는 중·동부 유럽 지역의 공기업 민영화가 완료되는 한편 생산기지 구축을 중심으로 한 외국인투자가 지속적으로 증가하고 있기 때문으로 풀이된다.

특히, 2004년 5월 중·동부 유럽 국가들의 EU 가입은 이러한 현상을 더욱 가속화시키는 요인으로 작용했다. 현재 새로운 생산거점으로 부상하고 있는 중·동부 유럽 국가들은 전술한 바와 같이 저렴한 인건비와 낮은 법인세, 임금 대비 높은 생

산성을 바탕으로 기존 서유럽 지역의 다국적기업들(MNCs)을 자국으로 유치하고 있다. 또한, 중·동부 유럽 국가들은 기존 선진 유럽국가들보다 임금이 매우 낮은 반면 고급인력은 풍부하다는 장점을 보유하고 있다. 중·동부 유럽지역의 25~64세 성인 중고등학교 이상의 학력 소유자 비중이 EU 15개 회원국의 평균치 보다 높은 편이며 독일, 프랑스 및 영국 등과 유사한 수준을 보이고 있다. 오히려 스페인, 포르투갈 등 남부유럽국가들은 중·동부 유럽 국가들에 훨씬 못 미치고 있는 실정이다. 또한, FDI 유입 확대의 주요 요인으로 EU 가입으로 동일한 경제권 내 편입되었다는 점과 신흥시장(emerging market)으로서의 성장잠재력(growth potentials) 및 광대한 내수시장의 가능성을 지적할 수 있다. 중·동부 유럽 국가들의 지리적 이점(geographical advantage)도 투자유입을 더욱 가속화시키고 있다. 체코와 폴란드, 헝가리 등은 독일 및 오스트리아에 인접해 있어 서유럽과의 근접성이 유리하게 작용하고 있다. 또한, EU 신규가입국들이 그들 국가보다 동쪽에 위치해 있는 국가들과 서유럽을 연결하는 가교역할을 수행할 수 있다는 점도 우수한 지리적 이점으로 지적되고 있다.

제3절 유럽 산업구조의 변화

EU가 이전에 남부유럽과 아일랜드로 확대된 사례에서 알 수 있듯이 중·동부 유럽 국가들도 EU 가입으로 FDI 유입이 지속적으로 확대될 것으로 전망된다. 중·동부 유럽지역으로의 투자가 확대되면서 동시에 유럽은 산업구조의 재편이 불가피하게 초래될 것으로 보인다.

전술한 바와 같이 이미 1990년대 대다수의 서유럽 의류 및 섬유 등 노동집약적 산업(labor-intensive industry)의 기업들이 중·동부 유럽국가로 이전했으며 이어 2000년 초부터 자동차, 전자분야의 기업들이 대규모로 이들 지역에 제조기지(manufacturing base)를 구축하고 있다. 그러나 아직까지는 서유럽의 생산기지를 포기하고 이루어지는 경우보다는 중·동부 유럽에 대한 신규투자 확대 및 생산라인의 일부분을 이전하는 경우가 더욱 많은 상황이다. 또한, 이들 지역에 대한 투자는 서유럽과 수직적 분업체계의 형태를 이루고 있는 경우가 많다. 예를 들면, 자동차 산업의 경우 중·동부 유럽에 대한 투자형태는 수직적 분업구조를 완성하는 차원에서 이루어졌으며 산업의 핵심부문은 그대로 서유럽에 존재하는 경우가 많다. 이러한 투자가 교역의 증대를 가져와 산업내무역(intra-industry trade)을 더욱 증가시키는 긍정적 효과도 발생시켰다.

그러나 중·동부 유럽 국가들의 임금 및 생활수준이 EU 평균에 수렴하게 되면서 저임금 등의 비교우위는 점진적으로 사라지게 되고 루마니아와 불가리아가 가입할 것으로 예상되는 2008년 이후에는 이러한 위치를 후발 신규 가입국이 차지하게 될 것으로 보인다. EU가 이전에 남부유럽과 아일랜드로 확대된 예에서 알 수 있듯이 중·동부 유럽 국가들도 EU 가입 이후 임금과 생활수준이 EU 평균에 점차 수렴해 갈 것으로 예상된다. 따라서 생산비용 절감을 위해 다국적기업들의 동진(東進) 추세는 향후에도 지속될 것으로 보인다.

결국 기존의 서유럽은 부가가치가 높고 기술집약적인 산업(technology-intensive industry)과 서비스업분야를 중심으로 산업구조가 변화되는 동시에 중·동부 유럽 국가들은 저임금을 바탕으로 한 노동집약적 산업을 중심으로 유럽의 산업구조가 재편될 것으로 보인다. 그러나 서유럽국가들이 자국의 특성에 적합한 신산업과 고부가가치산업으로의 구조조정을 이루지 못할 경우에는 산업공동화의 가능성이 증대될 것으로 전망된다. 따라서 이러한 산업구조조정을 위해 각 국가가 국가의 역량을 어떻게 결집시키느냐의 여부에 따라서 현재의 위기극복과 산업구조의 고도화 여부가 좌우될 것으로 판단된다.

실제로 EU 집행위원회는 EU 확대와 함께 발생하고 있는 생산기지의 해외이전과 산업공동화 발생 가능성 증대를 역내시장의 효율성 제고와 산업구조조정 차원에서 접근하고 있다. 즉, 산업공동화(industrial hollowization)보다는 장기적으로 비교우위가 있는 산업으로 자원의 재배분(redistribution of resources)이 이루어지고 있다고 인식하고 있다. 이는 EU 역내시장 확대에 따른 자원의 효율적 배분이라는 측면과 동시에 회원국 내부 산업구조의 효율적 재편이라는 2가지 내용을 모두 포함한다고 할 수 있다. 결국 기존 서유럽국가들은 산업구조의 고도화를 위해 전역량을 결집시켜야 한다. 또한, 집행위원회는 이러한 현상을 해외투자전략 차원에서 접근하여 해외투자 확대는 오히려 무역거래의 증가를 발생시킬 수도 있음을 감안하여 생산기지의 해외이전을 부정적인 측면에서만 볼 수 없다는 시각을 나타내고 있다.

기존 서유럽국가들은 산업공동화 현상을 방지하기 위해 국내의 사업환경 개선을 위한 구조개혁(structural reform)을 위해 주력하고 있다. 예를 들면, 포르투갈의 경우 해외로 이전해 가는 외국인투자기업의 자국 내 신규투자를 확대하기 위해 노동시장의 유연성 및 사업환경 개선을 위한 구조개혁을 진행 중에 있으며 수출시장의 다변화와 포르투갈 제품의 브랜드 이미지(brand image) 제고 등을 위해서도 노력하고 있다. 스페인의 경우에도 2005년에 FDI 유치 확대를 위해 중앙정부 주도의 투자유치기관인 ICEX(Spanish Institute for Foreign Trade)를 신설한 바 있다. 스페인은 이제까지 각 자치주별로 투자유치 전담기관을 설치하여 FDI를 유치해 왔으나 EU 확대에 따른 FDI 유입 감소에 대응하기 위해 중앙정부차원에서 보다 적극적으로 대처하고 있다. 또한, 인접한 중·동부 유럽국가로 생산기지가 이전되고 있는 독일의 경우에도 생산거점으로서의 지위를 상실하지 않기 위해 노동시장의 유연성(flexibility of labor market) 제고 등을 위해 역량을 결집시키고 있다.

제8장

WTO에 대한 평가와 과제 및 개선방안

세계무역기구(WTO : World Trade Organization)가 출범한지도 11년이 지났다. 관세 및 무역에 관한 일반협정(GATT)체제 하에서 8차례에 걸친 다자간협상(multilateral negotiations)을 통하여 무역자유화(trade liberalization)의 혜택을 확인한 각국은 GATT를 보다 명실상부한 국제기구로 격상시켰으며 그 결과 WTO가 탄생하게 되었다. WTO는 다수의 측면에서 GATT의 한계성을 극복한 기구로 평가할 수 있는데 그 차별성은 간략하게 다음 3가지 측면에서 정리할 수 있다.

① WTO는 분쟁해결시스템을 마련하여 협정이 명실상부한 법적 구속력(legal constraints)을 확보하도록 하였다.

② GATT는 주로 관세인하에 초점을 두었던 반면에 WTO는 관세는 물론 비관세무역장벽(non-tariff trade barriers) 해소에도 주력하고 있으며 GATT가 주로 공산품 무역에 초점을 맞추었던 반면 WTO는 농산물에 대한 규정을 도입하고 서비스, 지적재산권(intellectual property rights), 무역 관련 투자 등으로 협상대상범위를 확대하였다.

③ WTO는 반덤핑(anti-dumping), 보조금(subsidy), 세이프가드(safeguard), 원산지 규정 등 무역규범에 대한 규정을 명확히 하기 위하여 노력하고 있다.

그러나 이 같은 진전에도 불구하고 WTO는 지난 11년간 다수의 문제에 직면하게 되었다. 협상대상범위가 확대되고 회원국이 증가함에 따라 협상의 진전이 매우 어려워지고 있는 것은 WTO가 당면한 기본적인 과제라고 할 수 있다. 또한, 1990년대 중반 이후 지역무역협정(regional trade agreement)이 급증하면서 다자간협상에 대한 회의감이 증대되기 시작하였으며 WTO 내부적으로도 여타 국제기구에 비하여 적은 예산과 인력, 그리고 조직상의 문제점 등이 노출되었다.

상기한 대내외적 과제에 직면하여 GATT와 WTO의 사무총장을 역임한 피터 서덜랜드를 중심으로 한 WTO 자문위원회(WTO Consultative Board)는 WTO 창설 10년째인 2005년 1월 'The Future of The WTO : Addressing Institutional Challenges in New Millennium(약칭 서덜랜드 보고서라고도 함)'이라는 제목의 보고서를 발표한 바 있다. 부제가 암시하듯이 동 보고서는 대내외적인 도전에 직면하여 WTO의 제도적인 개선에 초점을 두고 있으며 WTO의 과거와 현재, 그리고 미래를 전망할 수 있는 중요한 자료로 평가되고 있다.[1] 동 보고서는 특히 다자간협상의 결점과 미흡한 진전상황, 지역무역협정의 급격한 확산, 그리고 WTO의 국제기구로서의 역할과 위상강화를 지적하고 있다.

본장은 WTO 자문위원회 보고서의 핵심적인 내용을 소개한 대외경제정책연구원의 보고서를 중심으로 살펴보고자 한다.

제1절 특혜무역협정의 급증에 따른 무차별원칙의 제고 필요성

무차별원칙(non-discrimination principle)은 GATT의 핵심원칙으로서 최혜국대우(most-favored-nation treatment) 및 내국민 대우(national treatment)는 무차별원칙의 대표적인 조항이다. GATT/WTO체제가 과거 국제무역체제(international trade

1) USTR은 동 보고서의 발간을 즉각 환영하고 자유무역의 확산과 세계적인 무역장벽을 제거한다는 WTO의 기본이념에 동의하였다. USTR은 ① 분쟁조정절차의 공개, ② WTO의 원칙에 입각한 협상(예외조항 축소), ③ WTO의 원칙에 위배되지 않는 FTA 체결 등에 찬성한다는 입장을 표명한 미국의 1순위 관심사가 DDA협상의 성공적인 타결에 있음을 천명하였다(대외경제정책연구원, 세계경제, 2005. 4. pp. 29~39 요약・재구성).

system)에 비하여 획기적으로 진전된 것으로 평가되는 주요 요인은 무차별원칙의 적용에 있다고 할 수 있다. 우리는 최근 지역무역협정(RTA : Regional Trade Agreement)이 크게 활성화되기 전까지 다자무역협상에 큰 비중을 두었다. 이는 다자무역협상이 과거 우리와 같이 비교적 국력이 약한 국가가 강대국과 비교적 평등한 조건에서 협상을 할 수 있는 장이 되었기 때문이다.

그러나 최근 특혜무역협정(PTA : Preferential Trade Agreement)이 급속도로 확산되면서 다자체제(multilateral system)에 대한 회의론이 확산되고 있다. 특혜무역협정은 해당 국가 간의 특혜무역을 기본으로 하고 있기 때문에 원칙적으로 무차별원칙을 위배하나 일정조건을 충족시킬 경우 예외적으로 허용되었다. 그러나 관련 규정을 수립하던 당시의 규정으로는 최근의 특혜무역협정의 급증을 제대로 관리하지 못하고 있는 실정이다. 이에 따른 위기의식은 이번 보고서 전반에 걸쳐 명백히 나타나고 있으며 다음의 인용문은 그 일례라고 할 수 있다.

"GATT 체결 이후 50년이 지난 지금 최혜국대우는 더 이상 원칙이 아니라 거의 예외사항이 되고 있다. 물론 주요 경제간 무역은 여전히 최혜국대우를 근거로 이루어지고 있다. 그러나 소위 '스파게티 볼(Spaghetti Bowl)'로 지칭되는 관세동맹(Customs Union), 공동시장(Common Market), 지역간 그리고 양자간 자유무역지역(regional and bilateral free trade area), 특혜, 그리고 그밖에 지속적으로 전개되고 있는 여타 무역협상으로 인하여 최혜국대우가 거의 예외적인 대우가 되는 상황에 이르렀다. 분명 이제는 최혜국대우를 LFN, 즉 '최소혜택국대우(least-favored-nation treatment)'로 정의하는 것이 더욱 합당할 것이다."[2)]

2004년 10월까지 GATT 및 WTO에 보고된 특혜무역협정은 300건(발효된 것은 150개)이며 이 중 176건이 1995년 이후에 이루어졌다. 현재 협상진행 중이거나 계획단계에 있는 특혜무역협정을 모두 포함할 경우 2007년까지 발효될 특혜무역협정만 약 300건에 이를 것으로 예상되고 있다. 특혜무역협정은 보다 광범위하고 깊은 수준의 시장개방(market opening)을 유도한다는 점, 외교안보 · 정치적 목적의 무역협정이 동맹국에 대한 금전적 지급보다 우월할 수 있다는 점, 그리고 개도국에 대한 비상호주의적 특혜 공여가 특히 최빈개도국의 경제발전에 기여한다는 점 등을

2) WTO Consultative Board, 2005.

근거로 정당성(legitimacy)을 인정받고 있다.

〈표 8-1〉 GATT/WTO체제에서 무차별원칙의 예외조항

조 항	내 용
GATT 제24조/ 1994 GATT 양해	· GATT 24조 : 자유무역지역 및 관세동맹의 허용 및 허용 조건 · 1994 GATT 양해 : 24조의 모호성 보완
GATT 제6조	· 반덤핑 및 상계관세조치 규정
GATT 제19조	· 특정상품 수입에 대한 긴급조치(세이프가드) · 세이프가드에 관한 우루과이라운드 협정에 의해 대치됨
GATT 제4부, GATS 제5부, 권능조항(enabling clause)	· 개도국에 대한 비호혜 특혜조치 허용 · 권능조항 : GSP 부여를 위해 1979년 한시적으로 채택된 조항

그러나 자문위원회 보고서는 급증하는 특혜무역협정으로 인해, 특히 개도국과 중소 수출기업의 거래비용부담이 증대되고 특혜무역협정이 과연 다자체제의 활성화(vitalization of multilateral system)에 긍정적인 영향을 미칠 것인가에 대한 회의적인 시각이 여전히 증가하고 있는 점을 지적하고 있다. 특히, 각 협정별로 자의적인 정책과 규정을 남발하는 것과 개도국을 중심으로 한 기존의 특혜 수혜국들이 DDA 협상에 소극적이라는 점이 우려되고 있다. 또한, 선진국이 특혜무역협정에 비교역적 관심사항(일례로 노동, 환경 기준)을 과도하게 반영시킴으로써 향후 다자협상에까지 악영향을 미칠 수 있다. 더욱이 S&D 공여 역시 개도국 개발을 위한 특혜를 부여한다는 명분에도 불구하고 다수의 문제점을 노출시키고 있다는 점을 본 보고서는 지적하고 있다.

WTO 자문위원회는 다자체제의 발전을 위하여 각국의 정부가 특혜무역협정을 체결하기에 앞서 다자체제에 대한 피해 여부를 신중히 고려할 것을 당부하고 있다. 특히, 비(非)무역적 이유 또는 단순히 국가간 경쟁에서 뒤지지 않기 위한 목적이라면 각국의 정부는 특혜무역협정 체결을 억제해 줄 것을 지적하고 있다. 또한, 장기적으로 MFN 관세율을 제로수준으로 인하시키는 것이 특혜무역협정의 확산을 간접적으로 방지할 수 있는 다자체제 차원의 방안이라는 점을 강조하고 있으며 선진국의 관세율 인하 의지가 중요하다는 점을 지적하고 있다.

이미 광범위하게 지적되고 있는 바와 같이 GATT 24조의 개정 및 법규 집행을

위한 효율적인 체계를 구축하는 작업이 필요하다. 이와 관련하여 WTO 자문위원회는 지역무역협정위원회에서 심사를 받는 특혜무역협정 체결국가들이 협정내용을 사무국(Secretariat)에 적극적으로 제출하도록 요청하고 있다. 자문위원회는 이 같은 절차적 개선을 통하여 WTO 회원국들이 특혜무역협정의 내외적 효과를 정기적으로 검토할 수 있는 계기를 마련할 것으로 기대하고 있다.

제 2 절 분쟁해결시스템의 평가와 개선

분쟁해결기구(DSB : Dispute Settlement Body)의 설립은 WTO체세의 가장 큰 업적으로 평가되고 있다. GATT체제에도 분쟁해결제도는 존재하였으나 패널 구성 시 만장일치제(consensus)의 적용으로 인하여 근본적인 한계를 가지고 있었다. 반면 WTO체제에서는 역만장일치제(reverse consensus)를 채택하여 분쟁해결제도의 실효성(effectiveness)을 확보하였다. WTO체제 출발 이후 10년간 81건에 대한 패널리포트가 채택되었다. 이 중 25개는 상소기구에서 채택한 것이다. 그러나 점차 상소 건수가 감소하고 있어 분쟁해결기구의 운영은 본 궤도에 진입하고 있다.

WTO 자문위원회는 DSB의 주요 당면과제로 다음 4가지를 지적하고 있다.

1. 패소국에 대한 규정집행절차

현재의 법규는 패소국이 패널의 권고안을 일정기간 내에 불이행할 경우 승소국이 보상조치를 요구할 수 있도록 하고 있다. 보상은 주로 패소국의 추가적인 시장접근 허용으로 이루어지는데 금전적인 보상조치는 전통적으로 배제되었다. 그리고 보상조치에 대한 협상이 이루어지지 않을 경우 승소국이 패소국에 대한 다자협상의 의무이행을 일시적으로 정지하는 보복조치(retaliation)를 취할 수 있다. 그러나 보복조치는 국제무역을 촉진한다는 WTO체제의 근본취지에 모순된다는 근본적인 문제점이 있으며 패소국의 의무이행 여부를 평가하는 기준도 불명확한 것으로 지적되고 있다. 따라서 패소국의 권고사항 이행의 적절성을 평가하고 권고사항 이행이 보복조치 허용규정과 모순되지 않도록 하는 보다 세밀한 규정이 필요하다는 점을 자문위원회는 언급하고 있으며 관련 법규의 개정이 필요하다는 점을 지적하고 있다

2. 금전적 보상의 활용

현재의 법규상 패소국은 권고사항을 이행하는 대신 승소국에 대해 보상하거나 보복조치를 감수할 수 있다. 이는 특히 선진국이 패소할 경우 취할 가능성이 큰 태도인데 보복조치를 취할 힘이 미약한 최빈개도국들에는 매우 불리한 상황이다. 따라서 자문위원회는 패소국으로 하여금 승소국에 보상적인 시장접근 허용 대신 금전적 보상을 요구할 수 있도록 할 것을 제안하고 있다. 즉, 최빈개도국이 선진국으로부터 실익없는 시장접근 허용을 보상으로 받는 대신 분쟁해결절차를 통하여 보다 확실한 이익을 얻을 수 있도록 하자는 것이다.

3. 무역구제조치의 엄격한 기준 적용

반덤핑(anti-dumping), 상계관세(countervailing duty), 보조금(subsidy), 세이프가드(safeguard) 등 무역구제조치는 최근 몇 년간 관련 소송이 급증하면서 각국의 중요한 관심사가 되고 있다. 이들 조치는 각국의 국내적 이해관계와 얽혀 있는 경우가 많다. 따라서 이들 조치가 국내산업의 피해를 막기 위하여 불가피하게 시행되는 경우가 다수 존재하고 있다. WTO는 무역구제조치의 악용을 염려하여 이 조치에 엄격한 기준을 적용하고 있다. 자문위원회는 자유무역주의(principle of free trade)에 입각한 다자체제의 법적 엄격성이 무역구제조치의 국내정책적 목표와 충분한 조화를 이루지 못하고 있음을 지적하고 있다.

4. 분쟁해결절차의 공개

자문위원회는 분쟁해결절차의 공개가 필요하다는 점을 인정하고 이를 통하여 분

쟁해결절차에 대한 의구심을 불식시키고 일반대중의 신뢰를 얻을 것으로 지적한다. 이와 관련하여 자문위원회는 1단계(1st level) 패널 심의를 공개적으로 진행할 것을 제안하고 있다.

제3절 투명성 제고와 시민사회와의 관계 정립

세계화(globalization)의 진전과 더불어 국제사회에서 시민단체(civil society organization)의 역할이 갈수록 증대되고 있다. 예를 들면, 국제연합(UN)은 산하 경제사회위원회가 비정부기구(NGO : Non-Governmental Organization)의 자문을 구하도록 명문화한 바 있다. UN에서 활동 중인 비정부기구의 수는 특히 1990년대 이후 급속도로 증가하였다. 이는 냉전(Cold War)의 이분법적인 대립구조가 종식된 이후 국제사회가 다양한 이해관계에 따라 매우 복잡하게 분화되는 상황을 반영하고 있다. 시민단체는 UN뿐만 아니라 경제협력개발기구(OECD) 등 국제기구의 활동을 비판하면서 감시하는 역할을 자임하고 있다. WTO 역시 예외는 아니어서 1999년 시애틀(Seattle) 각료회의 당시 발생한 시위사태는 시민단체와 WTO 간의 충돌이 분명하게 나타난 사건이었다.

WTO 내에서도 투명성(transparency) 제고 및 시민사회와의 관계정립은 이제 선택이 아닌 필수사항으로 인정되고 있다. 이는 2003년 메시코 칸쿤 각료회의에 795개 비정부기구를 대표하여 1,578명이 참석하는 성과로 이어졌다. WTO는 마라케시 협정문에 WTO와 시민단체의 협력을 명기하였다. 이는 UN의 사례와 더불어 국제기구가 시민단체와의 관계를 조문화한 흔치 않은 경우로 평가할 수 있다. 시민사회가 참여함으로써 각국 정부의 정책결정과정에 중요한 정보를 제공할 수 있다는 점, 그리고 WTO의 외부적 투명성을 제고시킴으로써 민주적 정통성(democratic legitimacy)을 향상시킬 수 있을 것이라는 찬성론이 제기되고 있다. 반면 일부에서는 정부간 기구인 WTO에 시민단체가 참여하는 것이 근본적으로 한계가 있다는 점, 시민단체의 대표성에 대한 의구심, 그리고 시민단체들이 주로 선진국가에서 활성화되어 있어 개도국에는 불리하게 작용할 것이라는 이유를 들어 반대론을 제기하고 있다.

WTO 자문위원회는 시민단체의 역할과 그들과의 관계정립의 중요성을 인정하면서 시민단체와의 관계에 대한 다음 5가지 기본원칙을 제시하고 있다.

1. 통상정책에 대한 시민단체와의 연계에 대한 기본적인 책임은 회원국 자신들에게 있음

자문위원회는 WTO와 시민단체의 관계수립은 각국 정부의 역할과 밀접하게 관련되어 있다는 점을 지적하고 있다.

2. WTO 사무국과 시민단체의 관계수립을 위한 가이드라인이 보다 명확하게 수립되어야 함

자문위원회는 특히 개도국(developing countries)의 시민단체와 사무국이 공조해야 한다는 점을 강조하고 있다.

3. WTO체제를 파괴하는 것이 기본 목적인 단체와 사무국이 진지한 관계를 맺을 의무가 없음

4. 건설적인 관점에서 무역이슈에 대한 전문성을 확보하고자 하는 최빈개도국(특히 아프리카)의 시민단체를 지원하기 위한 특별한 노력이 필요함

5. 투명성 및 시민단체와의 협력 강화를 위해서 WTO 사무국의 행정 및 재정적인 지원 확대가 필요함

이와 관련하여 자문위원회는 소위 'External Relations Division'을 만들 필요성이 있는지, 아니면 현재 사무국의 기능을 강화할 것인가에 대한 향후 논의의 필요성을

지적하고 있다.

제 4 절 의사결정방식의 평가와 개선방향

WTO는 GATT의 전통적인 의사결정방식을 이어받아 거의 모든 경우 합의제(consensus)에 의한 의사결정방식을 적용하고 있으며 합의도출이 불가능할 경우에만 1국 1표의 원칙에 따라 과반수 표결을 실시하고 있다. 과반수 표결에 대한 예외도 존재하고 있다. 예를 들면, 다자간 무역협정의 해석에 대한 결정 및 특정회원국에 부과된 의무면제(waiver)는 회원국 3/4 이상의 찬성으로 채택된다. 또한, 협정의 개정 및 새로운 회원국의 가입에 대한 결정은 회원국 2/3 이상의 찬성으로 채택된다. 그리고 복수협정(plural agreement)의 해석에 관한 의사결정은 해당 협정의 관련규정에 따르도록 하고 있다.

합의제는 회원국이 해당 결정에 대하여 적어도 적극적인 반대를 표명하지 않는 수준에 이르는 것을 목표로 한다. 즉, 합의가 반드시 만장일치를 의미하는 것은 아니나 각종 심의회에 참가하고 있는 국가가 노골적으로 반대하지 않는 분위기를 조성시킴으로써 합의가 이행될 수 있는 여건을 만든다는 것이다. 합의제는 경제적 영향력이 적은 국가라 할지라도 의사결정과정(decision-making process)에서 비토(veto)권을 행사할 수 있도록 힘으로써 강대국의 자의적인 의사결정을 방지하고 약소국의 권리를 보장해준다는 장점이 있다. 자문위원회 보고서는 합의제를 최혜국대우원칙에 상응하는 제도적 장치로 평가하고 있다.[3)]

1. 비토권에 대한 개선

합의제의 고수가 바람직한 것인가에 대한 의문 역시 지속적으로 제기되어왔다.

---

3) "It is the procedural equivalent of the most-favoured-nation principle that ensures the weakest trading nations receive, unconditionally, the best conditions of market access offered in the WTO by the strongest", WTO Consultative Board, 2005. p. 63.

WTO 회원국(2006년말 기준 150개국이 회원국으로 가입하였음)이 증가하면서 협상에 소요되는 시간과 노력이 갈수록 증가하고 있다. 이로 인해 WTO와 무관한 다양한 협정 또는 분쟁해결절차에 불필요하게 의존하는 상황이 발생되고 있음이 지적되고 있다. 또한, 회원국들이 비토(veto)를 우려하여 새로운 사안개진에 소극적이거나 비공식적인 협의에 의존하게 된다는 점도 지적되고 있다. 이 같은 합의제의 문제점을 해소하기 위하여 자문위원회는 합의제가 필요하지 않은 경우—예를 들면, 단순 절차상의 결정—를 구분할 필요가 있다는 견해를 제기하는 한편 비토권을 행사하고자 하는 회원국은 반드시 그 이유를 서면으로 제출하도록 하는 것을 제안하고 있다.

2. 복수협정의 재도입

더욱이 자문위원회 보고서는 WTO가 의사결정방식을 개선하기 위하여 복수협정의 재도입을 적극적으로 제안하고 있다.[4] 우루과이라운드(UR)에서 배제되었던 복수협정을 다시 도입하자는 자문위원회의 제안은 다소 논란의 여지를 발생시키고 있다. 복수협정은 적극적인 시장개방을 원하는 일부 국가와 그렇지 않은 국가들을 계층화시킬 우려가 크다고 할 수 있다. 특히, DDA협상에서 선진국과 개도국이 첨예한 대립을 보이는 현 시점에서 복수협정의 도입은 상당히 모험적인 시도로 간주될 수 있다. 그러나 이 같은 우려에도 불구하고 자문위원회는 복수협정의 도입이 회원국, 특히 경제 강국들이 지역무역협정(RTA)에 경도되는 것을 방지할 수 있는 장치가 될 것으로 기대하고 있다. 자문위원회는 복수협정 도입의 원칙에 대한 회원국의 정치적인 수용이 이루어질 경우 우선 전문가그룹을 만들어 복수협정 도입의 기술적·경제적 함의를 검토할 것을 제안하고 있다. 또한, 자문위원회는 경우에 따라서 자국의 여건에 적합하게 무역자유화의 속도를 조절할 수 있도록 하는 GATS(General Agreement on Trade in Services) 협상방식을 활용하자는 것을 제시하고 있는데 이것 역시 복수협정 도입 주장과 기본맥락은 동일하다고 할 수 있다.

---

4) 도쿄라운드(Tokyo Round)에서는 9개의 복수협정이 체결된 바 있으나 이후 우루과이라운드(Uruguay Round)에서는 이를 적극적으로 다자화하여 회원국 내의 계층화를 방지하였다. 현재 WTO체제에는 3가지 복수협정(① 정부조달, ② 민간항공기무역, ③ 정보통신)만이 잔존하고 있다.

3. 최빈개도국이 WTO 가입의 혜택을 확보하고 협상에 적극적으로 참여할 수 있도록 고무하는 장치의 필요성

자문위원회는 이에 대한 대책으로서 최빈개도국들이 의무수행을 원활히 할 수 있는 자금 · 기술 지원 등을 명문화할 것을 제안하고 있다.

제 5 절 사무총장과 사무국의 역할 제고

WTO 사무총장(Director-General)과 사무국(Secretariat)은 자유무역 전파와 다자협상의 진전에 중요한 역할을 해온 것으로 평가되고 있다. 그러나 실질적으로 이들에게 주어진 권한과 역할에 대한 법적 규정은 명확하지 않으며 현실적으로 사무총장과 사무국의 역할은 상당히 온건한 수준을 나타내고 있다. WTO 사무국은 국제통화기금(IMF)이나 세계은행(World Bank)에 비하여 훨씬 적은 실무진과 자금을 운용하고 있으며 주어진 권한 역시 미약하다. 또한, WTO 사무총장은 실질적인 의사결정권한이 없다. 즉, WTO에서는 회원국들이나 또는 회원국들로부터 의사결정권한을 위임받은 조직체(일례로 분쟁해결기구)만이 의사결정권한을 갖고 있어 IMF나 세계은행과 대소를 이루고 있다.

자문위원회 보고서는 이러한 배경에서 WTO 사무총장과 사무국의 권한과 역할에 대하여 문제제기를 하고 해결책을 제시하고 있다. 자문위원회는 사무총장과 사무국의 권한과 위상이 제고되어야 할 시점이라고 전제하고 있다. 자문위원회는 사무국이 '조약의 수호자(Guardian of the Treaties)' 역할을 해야 한다는 기본원칙을 제시하고 회원국의 공통 이해관계에 따라 공평무사하게 작동해야 한다는 점을 규정하고 있다.

사무총장의 권한 확대와 관련하여 자문위원회는 다음 3가지를 지적하고 있다.

① 사무총장의 역할이 조직의 대변인 또는 자유무역의 국제적 대표자 역할로 축

소되어서는 안됨

이는 사무총장의 이 같은 역할 축소는 다자협상과정에서 사무총장의 영향력 감소를 의미하기 때문이다.

② 사무총장은 무역협상위원회(Trade Negotiations Committee)의 의장 역할을 담당하고 있는데 사무총장의 중립성을 고려하여 일반이사회(General Council)의 의장역할도 담당해야 함

사무국의 운영에 주로 회원국들이 관여해왔으나 사무총장이 독립적으로 사무국의 운영을 책임지게 함으로써 사무총장의 권한을 확대시킬 필요가 있다는 점을 지적하고 있다.

③ 전반적인 WTO의 위상 제고와 역할 강화를 위해서 자금력이 우수한 여타 국제기구보다 높은 수준의 연간 예산증가율이 필요함

예산확충문제는 자문위원회가 보고서 전반을 통하여 강조하고 있는 사항으로서 향후 WTO 조직 운영의 중요한 이슈가 될 것으로 보인다.

사무총장의 인선과 관련하여 자문위원회는 다음 3가지를 제안하고 있다.

① 사무총장의 후보추천은 객관적인 평가(objective evaluation)에 근거해야 함
② 사무총장의 철저한 중립성 확보를 위하여 자국 출신이거나 자국 정부의 지원을 받는 후보를 추천하는 것에 반대함
③ 선진국과 개도국 출신을 교대로 선출하거나 지역적 배려를 하는 것에도 반대함

또한, 자문위원회는 다음 3가지 개선사항을 제안하고 있는데 모두 WTO의 전반적인 역할 및 위상, 그리고 조직강화를 위한 것으로 해석된다.

① 사무총장이 제네바를 자주 비워야 할 경우를 대비해 부총장을 선임하여 실무

를 담당하도록 해야 함

② 회원국들이 하지 못할 경우 사무국이 WTO의 원칙을 촉진하고 옹호하는 자체적 의견을 자유롭게 개진할 수 있도록 하는 장치가 필요함

③ WTO가 세계화, 자유무역, 개발 등 첨예한 이슈에 대하여 학술적인 기여를 확대해야 함

제 6 절 시사점

WTO 자문위원회 보고서는 3가지 시각(① 다자협상의 부진한 진전, ② 지역무역협정의 확산, ③ 국제기구로서 WTO의 위상 정립)에서 현재 WTO의 과제를 제시하고 있다. 그리고 당면과제에 대응하여 WTO 자문위원회는 무차별원칙의 재구축, 체제의 전반적인 투명성 제고, 의사결정방식의 개선(특히, 복수협정 도입), 그리고 사무총장과 사무국의 권한 및 위상 강화 등을 강조하고 있다.

동 보고서는 향후 우리의 대외무역정책과 WTO에서의 우리의 역할에 대해서 다음 3가지 중요한 시사점을 제공하고 있다.

1. 우리는 WTO 다자협상체제를 지지하는 입장을 견지해야 함

우리는 GATT/WTO 체제 하에서 무역자유화를 통하여 경제성장의 상당부분을 이루었으며 최근까지도 지역무역협정보다는 다자협상을 우선하는 입장이었다. 그러나 지역무역협정이 전세계적으로 확산되면서 우리는 보다 심도있는 시장개방과 구조조정을 달성하기 위하여 지역무역협정을 적극적으로 활용하는 방향으로 입장을 전환하였다. 그러나 자문위원회 보고서가 지적하고 있듯이 지역무역(regional trade)의 확산은 다자협상의 원칙과 상충될 가능성이 있으며 지역무역협정 급증으로 인한 다자협상원칙의 훼손은 전세계적 무역자유화에 부정적 영향을 미칠 가능성도 존재한다. 따라서 우리는 지역무역협정과 다자협상이 상충되지 않도록 노력하고 지속적으로 다자협상을 지지하는 한편 다자협상에 건설적으로 기여하는 대외무역정책을

유지할 필요가 있다. 이와 관련하여 우리는 2004년 8월 WTO에 제출한 무역정책보고서(Trade Policy Review)에서 다자체제에 기여한다는 원칙을 명기한 바 있다.

2. WTO의 제반활동 중 가장 높은 평가를 받고 있는 분쟁해결절차를 적극적으로 활용하고 WTO의 관련 제도개선방향에 관심을 기울여야 함

WTO 출범 이후 우리와 관련한 무역분쟁은 증가추세를 보이고 있다. 특히, 무역규범이 각국의 중요 관심사로 부상하고 있으므로 해당 국내정책의 국제규범에 근거한 정당성을 재확인하고 산업피해판정기준을 보다 명확히 할 필요가 있으며 WTO의 규범 관련 규정 개선에 대비하여 용의주도한 준비를 하여야 한다. 또한, 보고서에서도 지적되었듯이 패소국의 의무이행 적합성에 대한 평가와 소요기간, 보복조치의 적절성 평가가 최근 중요한 이슈로 부상하고 있으므로 이와 관련하여 우리의 입장을 정립해야 한다.

3. 전반적인 WTO체제 개선 논의에 우리도 적극적으로 대응 및 기여할 필요가 있음

의사결정방식의 개선과 복수협정의 재도입, WTO의 예산 강화, 사무총장과 사무국의 권한 강화 등은 향후 다자협상의 진전에 큰 영향을 미칠 수 있다. 따라서 이에 대해 깊은 관심과 준비가 필요할 것으로 판단된다. 또한, WTO협상절차의 투명성 강화 역시 미국 등 주요 국가가 강조하고 있는 과제로서 면밀하게 사태를 예의주시할 필요가 있다.

제9장

BRICs 경제의 분석

거대한 잠재력을 보유하고 있고 유망 신흥시장(emerging market)으로 급부상하고 있는 BRICs 4개국(브라질, 러시아, 인도, 중국)이 최근 세계경제의 주목대상이 되고 있다. 세계적인 투자은행인 골드만삭스(Goldman Sachs)가 2003년 10월 발간한 'Dreaming With BRICs : The Path to 2050'이라는 제목의 보고서에 따르면 BRICs 4개국이 세계인구의 42.6%, 면적의 28.7%를 차지하고 있으며 다수의 기본 전제조건들이 충족될 경우 2050년에는 세계경제 규모의 순위가 중국, 미국, 인도, 일본, 브라질, 러시아 순이 될 것으로 전망한 바 있다.[1] 현재 G-6의 15% 수준인 BRICs의 경제규모는 2025년 까지 G-6 경제의 50% 규모를 상회할 것으로 전망되며 2039년 경에는 G-6보다 경제규모가 커져 2050년에는 미국, 일본과 함께 G-6를 구성하게 된다는 전망도 나오고 있다.[2]

그러나 여전히 선진국과 비교했을 때 투자리스크(investment risk)가 높은 편이다. 따라서 무디스(Moody's)나 스탠더드 앤드 푸어스(S&P) 같은 세계적인 신용평

1) Goldman Sachs, Dreaming With BRICs : The Path to 2050, 2003.

2) BRICs 4개국은 다양한 성장동력을 기반으로 건실한 성장을 지속하고 있으며 점차적으로 세계경제에 통합되고 있는 추세를 보이고 있다. 여전히 개발도상국(developing countries) 지위를 유지하고 있는 BRICs 국가들에 지속가능한 경제성장(sustainable economic growth)과 세계경제로의 편입을 위해 필요한 당면과제는 해외투자자본 유치를 통한 경제개발인데 다수의 해외투자자가 유망 신흥시장으로서 BRICs 국가로의 진출에 관심을 보이고 있어서 전망을 밝게 하고 있다(대외경제정책연구원, 세계경제, 2005. 4. pp. 110~121 요약 · 재구성).

가회사가 발표하는 BRICs 국가의 국가신용등급은 국제투자자들의 지대한 관심의 대상이 되고 있다.

국가신용등급의 개선은 자국 경제의 건전성을 대외에 홍보하는 효과와 동시에 해외투자자들에게는 투자의 유인을 제공해주는 역할을 하게 된다. 이에 BRICs 국가의 국가신용등급이 변동할 때마다 그 배경과 향후 전망에 대한 다수의 연구가 진행되었다. 그러나 대부분은 신용평가회사가 제시한 보고서를 위주로 등급 변동의 배경에 대한 사안별 연구에 그치고 있는 실정이다.

본장에서는 접근방식을 달리하여 현재 BRICs 국가의 국가신용등급이 시사하는 바가 무엇이며 향후 국가별 선결과제는 무엇인지를 거시경제지표를 통해 분석한 대외경제정책연구원의 보고서를 중심으로 살펴보고자 한다.

제1절 국가신용등급의 의미와 결정요인

1. 국가신용등급의 의미

미국의 Moody's와 S&P, 영국의 Pitch 등이 발표하는 국가신용등급은 거시경제지표와 실물경제의 분석을 기반으로 특정 국가의 경제 및 투자환경을 평가하는 중요한 기준이 된다. 국가신용등급은 특정 채무국이 채무를 불이행할 상대적 가능성에 대한 평가로 높은 국가신용등급을 얻은 국가는 국제투자자들(international inverstors)의 신뢰도가 제고되어 국제자본시장(international capital market)으로부터 투자자본을 유치하기가 용이해진다. 특히, 국채신용등급은 외화획득을 목표로 정부가 발행하는 채권의 채무이행 가능성에 대한 평가로 국제채권시장(international bond market)에서 국가신용등급을 통해 특정 국가의 신용도를 평가하는 가장 중요한 기준이 된다.

세계적인 권위를 인정받고 있는 신용평가회사가 발표하는 국가신용등급은 국제투자자들이 특정 국가에 대한 투자를 고려하는데 있어 가장 중요한 기준이 되고 있으며 각국의 거시경제지표에 대한 세밀한 분석을 기반으로 결정되기 때문에 자국 경제의 건전성을 나타내는 하나의 중요한 지표가 된다.

대외경제정책연구원의 보고서는 미국의 양대 신용평가회사인 Moody's와 S&P의 국가신용등급을 분석대상으로 삼고 있다. 양사의 국가신용등급은 표시기호만 상이할 뿐 많은 부분에서 상호 유사성을 나타내고 있다. 국가신용등급은 크게 2등급(① 투자적격 등급, ② 투자부적격 등급)으로 분류되며 그 정도에 따라 총 16등급으로 구분된다.

〈표 9-1〉 국가신용등급의 기호

의미(대분류)		Moody's	S&P
투자 적격	Highest Quality	Aaa	AAA
	High Quality	Aa1 Aa2 Aa3	AA+ AA AA-
	Strong Payment Capacity	A1 A2 A3	A+ A A-
	Adequate Payment Capacity	Baa1 Baa2 Baa3	BBB+ BBB BBB-
투자 부적격	Uncertainty of Obligations	Ba1 Ba2 Ba3	BB+ BB BB-
	High-Risk Obligations	B1 B2 B3	B+ B B-

2. 국가신용등급의 결정요인

각 신용평가회사는 특정 국가의 정치적 · 경제적 · 사회적 요인을 포괄하여 총괄적인 분석을 통해 국가신용등급을 결정한다. 따라서 국가신용등급의 결정요인을 분석하면 특정 국가경제의 긍정적인 요소와 부정적인 요소를 파악하는데 용이하며 이를 통해 새로운 정책적 대안을 제시할 수 있다. 그러나 신용평가회사들은 그들의 구체적인 국가신용등급 결정과정 및 방법론을 공개하지 않고 있으며 각 국가의 전반적인 상황을 양적 변수(quantitative variable)로 나타내기가 용이하지 않기 때문에 실질적인 국가신용등급의 결정요인을 분석하는 것은 매우 힘든 작업이다. 또한, 양적 변수로 구체화한다고 해도 각 변수와 신용등급의 상관관계를 설명하는 것 역시 어려운 작업이다.

각 신용평가회사는 특정 국가의 국가신용등급 변동을 발표할 때마다 그 변동이유를 설명하는 보고서를 발표하며 'Ratings Methodology'를 통해 평가기준을 개략적으로 제시한다. 따라서 그 동안 이러한 보고서상에서 자주 언급되는 요인을 토대로 한 평가기준 분석이 다수의 연구자에 의해서 진행되었다. 그 중에서 Cantor와 Packer(1996)가 제시한 국가신용등급 결정요인은 다음 8가지 변수이다.

① 1인당 소득(Per Capita Income)

채무국의 잠재적인 과세기준이 높아질수록 채무상환의 가능성이 커지며 정부의 세수는 1인당 소득과 양의 상관관계(positive interrelationship)를 갖는다.

② GDP 성장률(GDP Growth Rate)

GDP 성장률로 대변되는 경제성장률이 높을수록 국가의 채무상환 가능성은 증대된다.

③ 인플레이션(Inflation)

높은 인플레이션은 정부재정의 구조적 문제점을 나타내는 하나의 지표가 되며 정부의 재정지출이 증가할 때 인플레이션 압력(inflationary pressure)이 커진다. 또한, 높은 인플레이션은 국민들의 불만으로 이어져 정치적 불안정(political instability)의 요소가 된다.

④ 재정수지(Fiscal Balance)

높은 재정수지 적자(fiscal deficit)는 재정지출과 채무상환을 위한 세수의 부족을 의미한다.

⑤ 경상수지(Current Account)

높은 경상수지 적자(current account deficit)는 경제 전반에 필요한 자본의 해외의존도를 심화시키게 되며 이는 지속적인 채무의 증가를 야기시킨다.

⑥ 대외채무(External Debt)

대외채무가 높을수록 국가경제의 디폴트(default) 가능성을 증대시킨다.

⑦ 경제발전정도(Economic Development)

신용평가회사들은 경제발전정도와 국가의 리스크를 음의 상관관계(negative interrelationship)로 평가하고 있으며 이는 상기한 6가지 변수로 대리측정이 가능하다.

⑧ 디폴트 경험(Default History)

다른 모든 변수가 동일할 때 과거 디폴트의 경험은 국가신용도의 높은 리스크를 나타낼 수 있다.

제2절 BRICs의 국가신용등급 분석 및 경제진단

1. 국가신용등급과 등급별 거시경제지표의 평균 산출

Cantor와 Packer(1996)는 전술한 8가지 결정요인과 국가신용등급의 관계를 분석하기 위해 1995년 9월 29일자 49개국 국가신용등급과 이의 결정요인인 거시경제변수(macroeconomic variable)의 등급별 평균을 산출하였다. 8가지 거시경제변수 중 계량화할 수 있는 6가지 거시경제변수의 정의는 〈표 9-2〉와 같다.[3)]

〈표 9-3〉은 49개국 Moody's와 S&P의 16단계 국가신용등급을 〈표 9-1〉의 대분류 6등급으로 나누어 각 등급에 해당하는 국가들의 〈표 9-2〉 거시경제변수의 평균을

3) Cantor & Packer(1996)는 경제발전정도와 디폴트 경험도 더미변수(dummy variable)로 변경하여 분석하였다. 경제발전 정도는 IMF가 1995년에 발표한 Industrialized/not Industrialized를 기준으로 각각 1과 0으로 처리하였다. 디폴트 경험은 경험국가는 1, 비경험국가는 0으로 처리하였다. 그러나 본장에서는 이 2가지 변수는 제외하였다. 대외경제정책연구원의 분석대상국인 BRICs의 경제발전정도는 유사하다고 가정하며 6개의 거시경제변수로도 설명이 가능하다. 동 연구원은 디폴트 경험은 신용평가회사가 국가신용등급을 결정하는데 중요한 요소이나 BRICs의 경제를 진단하기 위한 거시경제변수에는 포함되지 않으므로 분석에서 배제하였다.

구한 것이다. 이를 통해 거시경제변수가 국가신용등급을 얼마나 잘 설명해 주고 있는가를 알 수 있을 뿐만 아니라 BRICs 국가들의 신용등급과 거시경제지표가 표준화된 지표(standardized indicator)와 어떻게 차별화되며 등급의 상향조정을 위해서는 어떠한 지표의 개선이 필요한지를 파악할 수 있다.

〈표 9-2〉 거시경제변수의 정의

변 수	정 의	단 위
1인당 소득	1994년 1인당 GNP	1,000달러
GDP 성장률	1991~1994년 평균 실질 GDP 성장률	%
인플레이션	1992~1994년 평균 CPI 인플레이션	%
재 정 수 지	1992~1994년 평균 GDP 대비 재정수지	%
경 상 수 지	1992~1994년 평균 GDP 대비 경상수지	%
대 외 부 채	1994년 수출 대비 대외부채율	%

2. 설명 가능한 거시경제변수의 수출

Cantor와 Packer(1996)는 거시경제변수가 국가신용등급을 얼마나 잘 설명해 주고 있는가를 파악하기 위해 OLS(Ordinary Least Squares)를 통한 다중회귀분석(Multiple Regression Analysis)을 실행하였다. 그 결과 〈표 9-3〉에서도 대체적으로 알 수 있듯이 GDP 성장률, 재정수지, 경상수지는 설명력(explanatory power)이 부족한 것으로 나타났다. GDP 성장률은 10% 수준에서 유의한 것으로 나타났으나 재정수지와 경상수지의 경우는 전혀 유의성(significance)이 검증되지 않았다.

2.1 GDP 성장률

GDP 성장률의 경우에는 개발도상국의 경제성장률이 국가신용등급이 높은 서구 선진국과 낮은 후진국에 비해 대체로 높기 때문임을 알 수 있다. 그럼에도 불구하고 대외경제정책연구원의 분석대상국은 개발도상국 지위인 BRICs 4개국이므로 이 또한 유용한 변수로 가정할 수 있다. 재정수지 및 경상수지와 국가신용등급과의 상관관계가 부족하다는 결과는 의외로 받아들일 수 있다.

2.2 재정수지 및 경상수지

(1) 재정수지

재정수지의 경우에는 각 국가가 자국의 발전계획에 따라 각기 상이한 재정정책(fiscal policy)을 사용하고 있기 때문으로 추측된다. 또한, 높은 신용등급을 받은 미국이 심각한 재정적자(fiscal deficit)를 나타내고 있는 등 예외성이 높기 때문이다.

(2) 경상수지

경상수지의 경우 수출의존도(export dependence), 국제자본시장으로의 개방정도 등에 따라서 국가별로 큰 차이를 보이기 때문인 것으로 추측된다. 러시아의 경우가 이에 관한 국가별 예외성을 잘 설명해 주고 있다. 러시아는 최근의 고유가로 인한 수출증가와 오일머니(oil money)의 대량유입으로 인해 높은 재정수지 및 경상수지 흑자를 기록하고 있으나 국가신용등급은 투자적격등급 중 최하 등급을 나타내고 있다.

(3) 1인당 소득 · 인플레이션 · 대외채무

1인당 소득, 인플레이션, 대외채무 등 3가지 설명변수는 1% 수준에서 유의성을 보여 높은 설명력을 가진 것으로 나타났다. 이는 이 3가지 변수가 국가의 채무상환능력에 직접적인 영향을 미칠 뿐만 아니라 보편적인 경제발전정도 및 경제의 건전성과 밀접한 관련이 있음을 말해준다.

따라서 대외경제정책연구원의 BRICs 4개국 국가신용등급 분석은 4가지 거시경제변수(① 1인당 소득, ② GDP 성장률, ③ 인플레이션, ④ 대외채무)를 기반으로 한다.

〈표 9-3〉 국가신용등급과 등급별 거시경제변수 평균

	Aaa/AAA	Aa/AA	A/A	Baa/BBB	Ba/BB	B/B
1인당 소득	23.6	19.2	7.0	2.0	3.2	3.0
GDP성장률	1.4	2.4	6.2	4.6	2.3	3.6
인플레이션	2.8	2.5	4.4	14.0	22.9	37.7
재 정 수 지	-2.5	-2.7	0.2	-1.68	-3.0	-2.9
경 상 수 지	2.0	0.7	-3.1	-2.1	-3.1	-2.2
대 외 부 채	76.5	99.9	66.1	157.2	205.0	261.6

3. BRICs 국가신용등급 분석 및 경제진단

Moody's와 S&P가 가장 최근에 발표한 BRICs 4개국의 국가신용등급과 다중회귀분석에서 유의성이 검증된 4가지 거시경제변수는 〈표 9-4〉에 나타나 있다. 거시경제지표의 계산은 〈표 9-3〉의 거시경제지표와 비교하기 위해 대외경제정책연구원은 Cantor와 Packer(1996)가 사용한 동일한 기준과 방법론에 따라 2002~2004년의 최신지표를 이용하여 계산하였다. 〈표 9-3〉의 등급별 표준화된 거시경제지표와 〈표 9-4〉에서 볼 수 있는 BRICs 국가의 최근 국가신용등급 및 거시경제지표와의 비교를 통해 BRICs 4개국의 거시경제를 진단하고 향후 등급의 상향조정을 위해서는 어떠한 처방이 필요한지를 파악할 수 있다(이후 BRICs 4개국의 국가신용등급 분석은 S&P의 등급을 기준으로 함).

〈표 9-4〉 BRICs 4개국의 국가신용등급과 거시경제변수

		브라질	러시아	인도	중국
국가신용등급	Moody's	B1	Baa3	Baa3	A2
	S&P	BB-	BBB-	BB+	BBB+
1인당 소득[1]		2.7	2.3	0.5	1.0
GDP성장률[2]		1.9	6.4	6.9	8.7
인플레이션[3]		10.6	12.9	4.2	1.4
대 외 채 무[4]		202.4	100.3	12.1	38.3

주 : 1) 2003년 1인당 GNP
2), 3) 2002~2004년 평균(%)
4) 2002~2004년 수출 대비 대외부채규모(%)

3.1 브라질

브라질의 국가신용등급은 BRICs 4개국 중에서 가장 낮은 등급으로 2004년 9월 9일 Moody's가 투자부적격등급 High-Risk Obligations인 B1으로 조정한 바 있다. S&P는 브라질의 국가신용등급을 2004년 9월 17일 B+에서 BB-로 상향조정하여 Uncertainty of Obligations의 지위를 부여하였으나 여전히 투자부적격 등급을 탈피

하지 못하고 있다.

S&P를 기준으로 BB등급의 거시경제지표를 브라질의 거시경제지표와 비교하면 가장 두드러진 문제점이 GDP 성장률이 낮다는 것이다. BRICs 국가 간의 비교에서도 6% 이상의 평균성장을 기록하고 있는 3개국에 비해서 브라질은 1.9%의 저성장 상태를 나타내고 있다. 2004년에는 약 3% 이상 성장하였으나 2002년과 2003년에는 2% 이내의 낮은 성장률을 기록하였다. 브라질경제는 1998년 이후 경기침체(recession)가 지속되면서 성장동력을 상실하였으며 1999년 변동환율제(flexible exchange rate system) 도입 이후 헤알(Real)화 가치가 급락하면서 경제규모도 크게 축소하였다. 또한, 정부의 지속적인 고강도 긴축재정정책에다 고금리의 영향으로 투자가 부진을 보인 것이 저성장의 주요 요인 중 하나로 지적된다. 1990년까지 평균 20%대를 약간 상회했던 저축률은 1990년대 들어 19%대로 하락하였다. 이는 중국(40.1%), 인도(22.9%), 러시아(32.2%)의 저축률에 비해 상당히 낮은 수준으로 평가된다.

브라질 거시경제지표에서 또 하나의 문제점은 인플레이션이다. 중국과 인도에 비해서는 높은 10%의 인플레이션을 기록하고 있으나 BB등급의 인플레이션 22.9%에 비해서 10% 이상 낮은 수준이다. 1980년대 하이퍼인플레이션(hyperinflation, 초인플레이션)을 경험한 이후 브라질정부는 1999년 인플레이션 타깃팅(inflation targeting)을 도입하여 물가를 성공적으로 통제해오고 있다. 그러나 이는 전술한 저성장과 밀접한 관계를 가지고 있다. 비교적 낮은 인플레이션은 높은 금리에 의한 투자 및 소비부진이 큰 부분을 차지한다. 즉, 고금리기조를 유지하면서 물가안정을 통한 거시경제의 안정화(macroeconomic stabilization)에 주력한 결과 성장동력을 상실하게 된 것이다.

고금리기조로 인해 야기된 가장 심각한 거시경제의 불안요인은 막대한 정부부채와 대외채무(external debt)이다. 브라질의 대외채무는 변수 평균과 비슷한 수준을 보이고 있다. 고금리로 인한 투자와 소비의 부족은 정부부채와 대외채무로 귀결된다. 〈표 9-4〉에서 나타난 수출 대비 대외채무규모는 202.4%로 러시아의 2배, 인도의 17배 수준을 나타내고 있다. 브라질 중앙은행의 최근 연구결과에 따르면 1996~2003년 정부부채 증가의 가장 큰 요인으로 과도하게 높은 금리를 지적하고 있다.

결국 브라질의 국가신용등급 투자부적격 판정의 주요 요인 및 경제적 문제점은 저성장의 지속과 높은 대외부채를 지적할 수 있다. 이의 개선을 위해 시급한 과제는 과도한 인플레이션 타깃팅을 조절하여 BBB 등급 평균인 14%까지 완화하는 한편 금리를 낮추어 투자 및 소비를 촉진시키고 대외채무규모를 BBB 등급 수준인 150% 이하로 하락시켜야 한다.

3.2 러시아

S&P가 2005년 1월 31일 러시아 국채 신용등급을 투자적격등급인 BBB-로 상향조정함에 따라 러시아는 세계 3대 신용평가기관으로부터 모두 투자적격 판정을 받았다. Moody's는 2003년 10월 러시아에 투자적격 등급인 Baa3 등급을, Fitch는 2004년 11월 러시아에 최하 투자적격등급인 BBB- 등급을 부여한 바 있다. 러시아의 국가신용등급 투자적격 판정은 러시아의 대외채무(external debt) 감소, 안정화펀드로 인한 건전한 재정상태, 대외 금융유동성(external financial liquidity)의 증가 등이 긍정적인 요인으로 작용한 것으로 평가되고 있다.

〈표 9-4〉의 러시아 거시경제지표와 BBB 등급의 거시경제지표를 비교해보면 러시아의 거시경제지표는 대체로 건전한 상태이며 추후 등급의 상향조정 가능성이 큰 것을 알 수 있다. 특히, GDP 성장률의 경우에는 A 등급의 수준으로 높은 성장을 시현하고 있다. 또한, 유의성있는 거시경제변수에는 제외되었으나 재정수지와 경상수지의 경우에도 각각 2.5%와 9.0%로 높은 수준을 나타내고 있다.

향후 러시아 국가신용등급의 상향조정을 위해서 다음 2가지 변수에 유의할 필요가 있다.

(1) 인플레이션

우선 가장 시급한 과제는 인플레이션 문제이다. 러시아의 2002~2004년 평균 인플레이션은 12.9%로 BBB 등급 평균 인플레이션에 비해서 낮은 수준을 보이고 있으나 A 등급 4.4%와 인도와 중국의 4.2%, 1.4%에 비하면 여전히 높은 수준으로 평가할 수 있다. 러시아정부는 2005년초 인플레이션 타깃을 8.5%로 정했으나 현재 추이로는 이를 달성하는 것은 불가능한 것으로 판단된다.

최근 지속되는 인플레이션 압력은 다수의 요인으로 설명할 수 있다. 임금, 실질소득, 원자재가격 등 생산요소의 가격인상이 생산성의 상승률을 초과하고 있으며 이로 인한 수요와 공급의 불일치가 인플레이션을 야기하고 있다. 또한, 국제유가의 상승에 의한 오일머니의 대량 유입으로 경상수지가 지속적인 흑자를 기록하면서 통화량이 증가하고 금융이 완화되어 인플레이션 압력이 증대되고 있다.

(2) 대외채무

인플레이션과 동시에 고려해야 할 문제가 대외채무문제이다. 2002~2004년 평균 수출 대비 대외채무는 100.3%로 BBB등급 157.2%에 비해서 건전한 채무상태를 유지하고 있다. 그러나 A등급의 66.1%에 비해서는 여전히 높은 수준을 나타내고 있다. 최근 러시아에서는 인플레이션 압력을 해소하고 대외채무를 감소시키기 위한 논의가 진행 중에 있다. 러시아정부는 인플레이션의 완화를 위해 대(對)달러 루블화 환율의 지속적인 평가절상(appreciation)을 시도했다. 그러나 이는 심각한 부작용을 초래할 가능성이 있다.

S&P는 2005년 2월 17일 논평을 통해 현재 러시아가 'Dutch Disease'에 직면해 있다고 경고하면서 러시아 경제구조 전반에 대한 개혁을 지적한 바 있다.[4] 러시아는 석유 및 가스 수출로 인한 막대한 외화의 유입으로 루블(Rouble)화 실질환율의 평가절상이 나타나고 있으며 이는 러시아의 산업경쟁력(industrial competitiveness)에 악영향을 미치고 있다. 따라서 지속적인 루블화의 평가절상은 러시아 제조업에 큰 타격을 주어 산업경쟁력을 심각하게 위협할 것으로 전망된다. 최근 러시아정부는 막대한 안정화 펀드를 사용하여 IMF, 파리클럽 등의 부채를 조기에 상환하기 위해 노력하고 있다. 이는 대외채무의 감소는 물론 인플레이션의 완화에 긍정적인 역할을 할 것으로 평가되고 있다. IMF도 현재 러시아가 무리한 성장보다는 인플레이션을 억제하고 각종 산업의 구조개혁(structural reform)에 집중해야 한다고 권고하면서 러시아의 막대한 오일머니는 인플레이션을 지속적으로 자극하게 되어 이를 방지하는 최선의 방법은 오일머니로 대외채무를 상환하는 것임을 강조하였다.

---

4) Dutch Disease는 천연자원 수출국에서 주로 나타나는 문제로 천연자원 수출로 막대한 외화가 유입되어 자국 화폐 실질환율의 평가절상(appreciation)이 발생하면서 천연자원을 제외한 기타 제조업 및 서비스업의 수출이 타격을 입는 현상을 의미한다.

전술한 바와 같이 러시아는 거시경제를 더욱 건전하게 만들기 위해서 인플레이션의 압력을 해소하고 대외채무비율을 감소시킬 필요가 있다. 그러나 이를 위해 성장을 희생시켜서는 안되며 에너지 의존적인 산업구조(energy-dependent industrial structure)를 탈피하여 다양한 성장동력을 개발해야 한다.

3.3 인도

인도의 국가신용등급은 S&P로부터 BB+ 등급으로 투자부적격 판정을, Moody's로부터 Baa3로 투자적격 판정을 받아 투자적격과 부적격의 경계에 위치해 있다. S&P 등급기준 BB 등급의 거시경제지표와 인도의 거시경제지표를 비교해 보면 가장 두드러지는 인도경제의 문제점은 낮은 1인당 국민소득이다. 세계은행(World Bank)의 보고서에 따르면 BRICs 국가들의 경제규모를 구매력평가(PPP : Purchasing Power Parity)로 환산하는 경우 2002년 기준으로 브라질(9위), 러시아(10위), 인도(4위), 중국(2위)이 모두 세계 10대 경제대국에 포함된다. 그러나 실질환율에 기초한 인도의 2002년 1인당 국민소득은 약 480달러 수준으로 미국의 1/73에 불과하다.[5)]

<표 9-4>에서 1인당 GNP로 나타낸 2003년 1인당 소득은 0.5(500달러)로 브라질과 러시아의 약 1/5, 중국의 약 1/2 수준이며 BB 등급 평균지표 3.2(3,200달러)의 약 1/6에 불과하다. 2002~2004년 평균 6.9%의 높은 GDP성장률과 비교해볼 때 1인당 국민소득이 낮은 가장 주요한 요인은 10억명이 넘는 인구 중에서 최소 생계유지마저 불가능한 극빈계층이 약 1억 5,000만명(전인구의 14.3%)에 이르고 있어서 1인당으로 평가할 때 경제성장의 효과가 극히 미약하기 때문으로 평가할 수 있다. 그러나 최근 지속적인 증가추세를 보이고 있는 소득증가가 소비와 연결될 경우 경제성장의 효과가 커질 수 있다. 낮은 1인당 국민소득에도 불구하고 오히려 이 같은 잠재적 가능성이 인도를 매력적인 투자처가 되게 하는 원동력이 되고 있다.

<표 9-4>에 나타난 인도의 대외채무규모는 BRICs 국가와의 비교에서 뿐만 아니라 AAA 등급의 평균지표보다 낮은 수준이다. 또한, 인플레이션도 A 등급의 평균

5) 1인당 국민소득이 높은 국가에서는 실질환율(real exchange rate)과 구매력평가의 괴리가 크지 않은 반면에 저소득국가에서는 저생산성(low productivity)으로 인하여 두 변환기준 간에 큰 차이가 존재하게 된다. 이 같은 격차는 소득수준이 높아질수록 축소된다.

지표보다 안정되어 있어 향후 신용평가등급의 투자적격 판정과 그 이상의 상향조정도 충분히 가능할 것으로 기대된다.

3.4 중국

중국은 최근 S&P로부터 BBB+, Moody's로부터 A2의 투자적격등급을 받아 BRICs 4개국 중 가장 높은 국가신용등급을 유지하고 있다. S&P 등급 기준 BBB 등급의 평균거시경제지표와 중국의 거시경제지표를 비교해 보면 가장 두드러지는 중국경제의 문제점은 인도와 유사한 낮은 1인당 국민소득이다.

〈표 9-4〉에서 1인당 GNP로 분석한 1인당 소득은 약 1,000달러로 인도보다 2배 높은 수준이나 브라질 및 러시아의 50%에도 못 미치고 있다. 세계은행이 2000년에 발표한 보고서에 따르면 2000년 중국의 1인당 평균국민소득(GNI)은 840달러로서 세계평균수준의 16.3%에 불과하며 구매력평가로 환산해도 3,940달러로 세계 평균의 53.6% 수준을 나타내고 있다. 이는 인도와 마찬가지로 13억명에 이르는 인구 내에 빈부의 격차가 심한 것을 나타낸다. 특히, 농촌과 도시의 빈부의 격차가 심각하여 최근 고성장의 효과가 미약하다고 할 수 있다.

그러나 장기적으로 전체 인구의 거대한 소비잠재력이 고성장의 지속으로 급속히 유효수요(effective demand)화되고 중산층이 내수시장의 안정적 성장을 지지할 수 있는 충분한 규모에 이를 것으로 전망되어 향후 개선의 가능성은 크다고 할 수 있다. 실제로 미국의 세계적 투자은행인 모건스탠리(Morgan Stanley)의 분석에 따르면 2010년경에 연해지역 인구가 4억 9,000만명에 이르게 되고 이 지역의 1인당 연간소득은 6,000달러에 달하여 중산층에 속하게 될 것으로 예상하고 있다. 따라서 인도의 경우와 마찬가지로 중국은 이러한 잠재적 가능성(potential possibility)으로 인해 세계 최대의 투자처로의 입지가 더욱 강화될 것으로 기대된다.

〈표 9-4〉의 BBB 등급지표와 중국의 거시경제지표를 비교해보면 중국도 인도와 마찬가지로 인플레이션과 대외채무비율의 안정화에 성공적인 것으로 평가할 수 있다. 중국의 2002~2004년 평균인플레이션은 평균지표의 1/10인 1.4%에 불과하다. 수출 대비 대외채무 비율도 평균지표 157.2%의 약 1/4인 38.3%를 나타내고 있다.

최근 중국에서는 이 같은 긍정적인 전망에도 불구하고 외국인투자 유치와 관련한 구조적인 문제점이 발생하고 있다. 중국 상무부가 2005년 초에 발표한 '2005년 중국 내 다국적기업'이라는 보고서에 따르면 2004년 중국의 총수출(약 5,936억 달러)의 50%는 다국적기업(MNCs : Multinational Corporations)이 차지한 것으로 나타났다. 또한, 이들 기업은 세수의 20%를 담당하고 있는 것으로 조사되었다. 다국적기업에 의한 외국인투자로 인하여 중국은 매년 10%에 가까운 고성장을 시현하여 왔다. 그러나 순수 중국인이 획득한 수입인 국민총소득(GNI)의 증가율은 GDP 증가율의 50%에도 못 미쳤다.

향후 중국경제는 지속적으로 거시경제지표를 건전하게 유지하고 국내 빈부격차의 해소를 위한 다양한 정책을 개발하며 경제개방과 외국인투자 유치과정에서 발생한 구조적인 문제점을 해결할 경우 고도성장을 지속할 것으로 전망된다.

제10장

한 · 중 · 일 FTA

한 · 중 · 일 FTA로 인한 경제적 편익(economic benefit)은 지난 10여 년간 한 · 중 · 일 3국간 역내교역이 급증한 결과 경제적 상호 의존도(the degree of economic interdependence)가 증대되었다는 점에서 더욱 강조되고 있다. 주지하는 바와 같이 동북아시아는 세계 주요 경제지역 중 지역차원의 지역무역협정(RTA : Regional Trade Agreement)이 없는 유일한 지역이며 동아시아 FTA 형성에 한 · 중 · 일 3국이 기여하기 위해서도 우선적으로 한 · 중 · 일 FTA가 체결될 필요가 있다. 또한, 정치적 긴장관계를 해소하고 공동체 의식을 제고하기 위해서도 한 · 중 · 일 FTA는 추진되어야 한다. 한 · 중 · 일 FTA는 글로벌 무역자유화(global trade liberalization)에 기여할 뿐만 아니라 국내 취약산업의 구조조정을 촉진하기 위한 수단으로서도 긴요하다고 할 수 있다. 한 · 중 · 일 FTA의 산업별 파급효과 분석과 이에 대한 대응전략은 다수의 연구자들에 의해서 수행되었다.

본장은 한 · 중 · 일 FTA의 경제적 파급효과 및 대응전략을 분석한 대외경제정책연구원의 주요 발간자료를 중심으로 살펴보고자 한다.[1]

1) 대외경제정책연구원, 세계경제, 2006. 1. pp. 91~109 요약 · 재구성

제1절 제조업

제조업 6개 산업(전자, 자동차, 일반기계, 섬유, 철강, 석유화학)은 한국과 일본 총수출의 77%, 중국 총수출의 67%를 차지할 정도로 사실상 3국의 제조업을 대표하고 있는 산업으로 평가할 수 있다. 세계경제의 글로벌화(globalization) 진전에 따라 한·중·일 3국 모두 전세계 시장을 대상으로 경쟁하고 있으나 전자와 자동차는 역외시장에 대한 수출비중이 높은 반면에 철강과 석유화학은 역내교역의 비중이 높다. 한·중·일 3국의 역내교역은 2000년대 들어 중국 중화학공업의 급속한 발전에 따라 한국과 일본의 중국에 대한 자본재, 소재 및 부품의 공급과 함께 직접투자가 증가하면서 급속한 증가세를 보이고 있다.

한국의 중국과 일본에 대한 역내교역은 2000~2004년간 역외교역보다 2배 빠르게 증가하였으며, 일본도 역내교역이 역외교역보다 5배나 빠르게 증가하였다. 제조업 6개 산업의 역내교역 구성비를 수출 기준으로 보면 전자산업은 역내 총수출의 30%를 차지하는 가장 중요한 산업이며 자동차는 3%로 가장 비중이 낮은 산업으로 나타났다. 여타 산업은 그 비중이 8~10%로서 역내 총수출에서 차지하는 비중에 큰 차이가 나지 않는 것으로 조사되었다.

제조업 6개 산업에 대한 연구는 그 범위가 방대하기 때문에 대외경제정책연구원의 연구에서는 3국 FTA의 산업별 수출입에 대한 영향 등 선행연구에서 수행한 부분은 제외하고 3국 FTA 체결 시 관세양허 등에서 세심한 주의가 요구되는 민감품목의 선정 및 분석에 초점을 두고 있다. 민감품목에 대한 선정은 대중·대일 경쟁력과 함께 세계시장에서의 경쟁력까지 고려할 수 있도록 HS 코드 4단위 또는 6단위를 기준으로 한국의 세계시장 내 무역특화지수, 수출증가율, 대중·대일 무역특화지수, 현시비교우위지수 등 다양한 분석기법을 사용하여 비교적 객관성을 유지하였다.

1. 산업별 분석

1.1 전자산업

전자산업은 과감한 투자전략과 차별화된 경쟁전략으로 메모리 반도체, 평판디스플레이, 디지털 가전, 휴대용 전화기 등에서 세계적인 수준에 도달하였으며 미국, 일본, 중국에 이어 세계 4위의 생산규모를 보이고 있다. 그러나 한국은 첨단전자의 핵심부품과 장비는 대일 수입에 크게 의존하고 있는 실정이며 경쟁력이 강한 품목은 소수품목에 집중되는 등 전자산업의 부문간 불균형이 심한 것으로 평가되고 있다. 한국의 대일 민감품목은 반도체 개별소자, 전자부품 중 전기회로기기, 램프, 전기저항기, 공업용 오븐 등을 지적할 수 있다. 대중 민감품목은 변압기류, 전자석, 전동기, 가전의 기타 전기기기 등이 포함된다. 이 중 대부분은 한국의 관세율이 비교적 높은 품목이며 또한 각 무역대상국에 대한 수입비중이 높은 품목이 많이 포함되어 있는 것으로 분석되었다.

현재 한국이 비교우위를 보이고 있는 휴대용 전화기, LCD 디스플레이 등은 일본 및 중국과 지속적인 경쟁이 불가피할 것으로 판단된다. 따라서 이를 포함하는 경우 한국의 대일·대중 민감품목은 반도체, 전자부품, 휴대용 전화기, LCD 디스플레이 등으로 대별할 수 있다.

1.2 자동차산업

자동차산업에서 한국은 미국, 일본, 독일, 중국, 프랑스에 이어 세계 6위의 생산국이다. 자동차산업은 1997년의 외환위기(foreign exchange crisis)로 인하여 일부 완성차 및 부품업체가 외국기업에 인수되는 등 어려움에 직면하였다. 그러나 최근 일부 차종의 품질과 성능의 향상에 따른 브랜드이미지(brand image) 제고, 수출전략차종 개발과 수출확대 노력, 해외투자 확대 등으로 인해 경쟁력이 급속히 제고되고 있다. 이에 따라 1990년대 중반 비교열위산업(comparative disadvantage industry)이던 한국의 자동차산업은 2000년대 들어 비교우위산업(comparative advantage industry)으로 전환되었으며 한국의 대표적인 수출특화산업으로 부상하였다.

HS 코드 4단위 기준으로 한국의 대일 민감품목은 트랙터, 특수자동차, 작업용 트럭 및 오토바이 부품 등이며 대중 민감품목은 트레일러이다. 한국 자동차 수입시장에서 80%의 비중을 보이고 있는 승용차와 자동차부품을 HS 6단위로 세분하여 분석하면 한국의 대일 민감품목은 승용차에서 설상주행용차량, 중형승용차, 대형승용차 등이다. 자동차부품에서는 안전벨트, 브레이크 라이닝, 기타 제동장치와 부분품, 기어박스, 기어장치를 갖춘 구동차축, 서스펜션 쇼크 업소버, 클러치와 부분품, 핸들·운전대 및 기타 부품으로 분석되었다. 한국의 대중 민감품목은 트레일러이나, 자동차부품에서도 범용기술이 요구되는 부품의 수입이 급속히 증가하고 있다.

1.3 일반기계산업

일반기계산업은 대표적인 자본재산업이자 부품·소재 분야의 핵심산업으로서 공작기계, 건설광산기계, 농업용 기계, 냉동공조기계, 금형 등으로 구성된다. 한국은 세계 8위의 생산국이며 이 중 공작기계는 세계 5위를 차지하고 있다. 일반기계산업은 그 범위가 광범위하고 다양한 기계·기술적 특성을 지니고 있다. 기술수준은 전반적으로 일본이 가장 높은 편이며 한국, 중국의 순으로 평가되고 있다. 세계 수출비중은 전통적으로 일본이 압도적으로 높았으나 중국의 비약적인 성장으로 2004년 기준 일본과 중국이 9.9%로 동일한 비중을 차지하고 있다. 한국의 비중은 높아지고는 있으나 아직 3.4%에 그치고 있다. 한국의 일반기계산업은 1990년대까지 수입특화산업에서 2000년대 들어 수출특화산업으로 전환되었다. 대중 수출입증가율이 높으나 여전히 대일 수입의존도가 압도적인 실정이다. 한국의 대일 민감품목은 HS 4단위 기준 80개 품목 중 40개 품목이며 대중 민감품목은 6개 품목으로 분석되었다. 한국의 대일 민감품목은 주로 발전설비, 공작기계, 금형, 운반하역기계 등으로 구성되어 있다.

이들 품목은 이론과 현장기술이 융합된 복합기술로서 고도의 설계와 생산기술이 요구되는 기술집약적 산업(technology-intensive industry)이며 대규모 시설투자가 절실히 필요한 상황이다. 40개 민감품목 중 특히 경쟁력이 취약하고 수입규모가 큰 품목은 공작기계와 금형이다. 한국의 대중 민감품목 역시 대일 민감품목과 유사하게 금형, 발전설비, 운반하역기계 등이다. 이는 중국의 산업고도화가 급속히 진전되면서 한국제품과 경쟁력 차이가 좁혀지고 있음을 의미한다고 할 수 있다. 특히, 금형부문에서 중국의 '한국 따라잡기(catch-up)'가 상대적으로 이미 상당한 수준에 이르고 있는 것으로 분석되었다.

1.4 섬유산업

섬유산업은 산업화 초기부터 한국의 성장주도적인 수출산업으로 섬유사, 직물 등 섬유산업의 업스트림(upstream)에서 의류 등 다운스트림(downstream)에 이르기까지 비교적 다양한 생산구조를 가지고 있다. 그러나 중국의 부상, 터키 등 개발도상국들(developing countries)의 추격, 세계 섬유교역의 완전자유화 등으로 인해 한국의 국제적인 위상이 위협받고 있는 실정이다. 한국의 총수출에서 섬유가 차지하는 비중도 2000년 10.5%에서 2004년에는 5.9%로 하락하였다. 한·중·일 3국간 섬유교역에서 중국의 경쟁력이 가장 높으며 한국은 일본에 대해 경쟁력을 갖고 있다고 할 수 있다. 그러나 기술수준에서는 일본, 한국, 중국의 순으로 평가된다.

HS 4단위에서 도출된 민감품목은 대부분 품목군이므로 이를 HS 6단위로 세분하여 분석한 결과 한일 간에는 121개, 한중 간에는 226개의 민감품목이 도출되었다. 섬유산업은 기본적으로 품목수가 많기 때문에 도출된 민감품목 중 한국의 수입액 규모가 1,000만 달러 이상인 품목만을 살펴보면 대일 민감품목은 섬유원료인 재생·반합성장섬유 토우, 비스코스레이온의 2개로 조사되었다. 대중 민감품목은 직물제의류, 면혼방 인조단섬유직물, 복합사, 단사 등의 인조섬유방적사, 브래지어, 린넨 등 21개로 분석되었다.

1.5 철강산업

철강산업은 자본집약적 산업(capital-intensive industry)으로서 산업의 전후방 연관효과가 커서 다수의 국가가 전략산업(strategic industry)으로 육성하고 있다. 한국은 조강 생산량 기준으로 중국, 일본, 미국, 러시아에 이어 세계 5위의 철강 생산국이다. 철강산업에서는 기업의 인수·합병(M&A)이 전세계적으로 진행되고 있다. 특히, 중국의 과잉공급(oversupply)으로 동아시아에 미칠 영향이 우려되고 있다. 한국의 철강산업은 역내교역 비중이 높고 대중 수출입이 높은 증가율을 보이고 있으나 고급철강재를 중심으로 40%에 가까운 높은 대일 수입의존도를 보이고 있다.

한국의 대일 민감품목은 HS 4단위 총 37개 품목 중 14개 품목이며 이 중 1차 원료에 속하는 선철·고철 등 한국에서 생산이 부족한 7개 품목을 제외하면 선재, 봉강 및 철근, 기타 봉강, 기타 합금강의 협폭 강판, 기타 합금강 선재, 강관(무계목), 그리고 스파이럴 강관 등 7개 품목이다. 대일 민감품목의 공통적인 특징은 각 품목이 세계시장에서 수입특화구조(import-specialized structure)를 보이고 있을 뿐만 아니라 일본을 상대로는 수입특화의 정도가 더욱 심하다는 것이다. 이는 7개의 민감품목 중 대중 민감품목과 중복되지 않는 스파이럴 강관, 기타 합금강의 판재류와 선재 등은 상당한 기술력이 요구되어 일본이 기술력 우위(technological advantage)를 나타내고 있는 대표적인 품목이라 할 수 있다.

한국의 대중 민감품목은 1차원료, 비합금강의 봉강 및 철근, 기타 합금강의 반제품, 강판, 기타 합금강의 봉·형강, 주강품 등 총 11개 품목이다. 그러나 최근 중국의 조강 생산능력이 급속히 확대되어 중후판 및 열연강판에 대한 한국의 대중 수입이 급증하여 판재류의 대중 적자가 확대되고 있다. 중국의 경우에도 1차원료를 제외하고 판재류를 추가하면 중후판·열연강판, 선재, 봉강 및 철근, 기타 봉강, 기타 합금강의 봉·형강, 무계목강관, 그리고 보통강 주강품 등 7개의 품목을 대중 민감품목으로 최종 분류할 수 있다. 대일 민감품목과 비교해 볼 때 중후판·열연강판, 기타 합금강의 봉·형강, 그리고 보통강 주강품 등 3개 품목은 중국에 대해서만 경쟁력이 취약한 민감품목으로 나타났다. 이들 3가지 품목의 특징은 높은 기술력을 요구하지 않는 중·저급재로 중국이 한국에 대해 비교우위를 확보해가고 있는 품목으로 평가할 수 있다.

1.6 석유화학산업

석유화학산업은 철강과 함께 기초소재를 공급하는 산업으로 자본집약적이고 원료에서 제품까지 일관된 생산체계를 갖춘 수직 계열화된 장치산업으로 평가할 수 있다. 한국은 에틸렌 생산능력을 기준으로 미국, 일본, 사우디아라비아, 중국에 이어 세계 5위를 기록하고 있으나 미국을 제외하면 나머지 4개국의 생산능력에는 큰 차이가 나지 않는다. 한국의 석유화학산업은 1990년대 설비의 대폭적인 신·증설로 2000년을 전후하여 내수 위주의 수입특화산업에서 수출특화산업(export-specialized industry)으로 전환되었으며 세계 수출에서의 비중도 증대되고 있는 동시에 비교우위도 강화되고 있다. 한국은 2004년 기준 석유화학의 생산이 내수를 70% 이상 초과하여 석유화학산업 자급률이 50%에 그치고 있는 중국에 대한 수출로 활기를 띠고 있으나 고기술제품을 중심으로 높은 대일 수입의존도를 보이고 있다.

한국의 대일 민감품목은 합성수지의 HDPE, PS(SAN), PS(HI), 기타 기초유기화학제품의 에틸렌기타중합체, 폴리아미드, 기타 폴리아미드, 실리콘수지, 폴리술파이드, 합섬원료의 에틸렌글리콜(EG), 카프로락탐 등으로 가공처리과정에서 높은 기술을 요구하거나 특수한 용도에 이용되는 제품이 많은 편이다. 한국의 석유화학산업을 중국과 비교하면 경쟁력이 뒤지는 품목이 아직은 거의 없는 것으로 분석되었다. 50여 개의 주요 품목 중 MEX, 아세트알데히드, 초산에틸 등 4개만이 대중 경쟁력이 낮아 민감품목으로 선정되었을 뿐 대부분 국내 생산이 부족하거나 수출입이 활발하게 이루어져 큰 타격은 예상되지 않고 있다. 그러나 최근 중국의 공급능력이 급속히 확대되고 있기 때문에 수출시장의 규모자체가 감소할 가능성에 대비할 필요가 있다.

1.7 평가

각 산업에 대한 한국의 대일 및 대중 민감품목의 공통된 특징은 대일 민감품목의 경우 대부분 원천·핵심기술이 응용된 부품·소재로 나타났다. 반면에 대중 민감품목은 범용의 중·저위기술의 가격경쟁력(price competitiveness)이 강한 완제품 및 소재·부품으로 조사되었다. 따라서 한국의 높은 대일 수입의존도는 한국이 단기간에 해결하기 어려운 고기술제품에 기인하는 것으로 판단된다.

2. 대응전략

한·중·일 FTA 협상이 개시된다면 한국은 제조업에 관한 한 일본의 한국에 대한 수출 확대를 우려하기 보다는 한국의 대중 수출을 확대하는 방향에 협상의 초점을 맞추는 것이 바람직한 것으로 판단된다. 그러나 여기에서 도출한 민감품목에 대해서는 이를 더욱 세분화하여 하부단위에서 경쟁력이 강화되고 있는 품목은 점진적으로 관세를 철폐하는 한편, 경쟁력이 약화되고 있는 품목은 원활한 구조조정을 유도하는 방향으로 대응전략이 마련되어야 한다.

산업별 대응전략은 각 산업의 발전단계, 무역 및 투자구조, 기술수준 등이 상이하므로 다소 차이가 있으나 공통적인 대응전략으로는 원천기술(source technology) 및 핵심기술(core technology)의 확보를 위한 제휴 및 연구·개발(R&D) 투자의 확대, 선택과 집중을 통한 제품의 고부가가치화 및 차별화, 신제품 및 신공정의 개발과 디자인 등 소프트경쟁력(soft competitiveness) 강화에 의한 시장 선점, 대기업과 중소기업간 협력 강화를 통한 소재 및 부품의 기술수준 제고, 지속적이고 원활한 구조조정의 추진을 위한 제도적 지원 등을 지적할 수 있다. 상기한 대응전략은 한국이 당면하고 있는 글로벌 경쟁(global competition)의 축소판으로 평가할 수 있는 한·중·일 FTA에 대한 전략이자 동시에 한국산업의 본질적인 발전전략으로 인식되어야 한다.

제2절 농업

대외경제정책연구원의 연구에서는 쌀을 제외한 완전자유화 시나리오와 함께 민감품목을 인정하는 시나리오 등 2가지 시나리오를 가정하였다. 시나리오 1은 한국 및 일본의 쌀을 제외하고(한국의 경우 쌀협상 결과 반영, 일본의 경우 GTAP 기준연도에서의 관세화유예 반영) 양국 모두 전품목에서 관세를 철폐하는 것으로 설정하였다. 시나리오 2는 중국은 한국 및 일본에 대하여 전품목에서 관세를 철폐하고, 한국 및 일본은 곡물, 채소·과일, 기타작물 등 고관세품목에서 70%의 관세삭감, 쌀부문은 양허 제외, 기타품목은 무세화하는 것으로 설정하였다. 동 연구원은 2가지 시나리오를 CGE 정태모형(시나리오 ST-1, ST-2)과 자본축적모형(시나리오 CA-1, CA-2) 2가지 방식으로 추정하였다.

1. 농업부문에 대한 영향

동 연구원의 분석결과 한·중·일 FTA로 국내생산이 크게 감소하는 농업품목(쌀 제외)은 곡물, 기타작물 및 과일·채소 등으로 나타났다. 이들 3가지 품목에서 중국의 생산이 증가하고 한국 및 일본에서 생산이 감소하였다. 완전자유화를 가정한 시나리오 1의 경우 곡물은 정태모형에서 43.03%, 자본축적(capital accumulation)을 고려할 경우 47.26% 감소하고 있다. 기타작물은 정태모형에서 15.54%, 자본축적모형에서 15.84%, 과채류의 경우는 정태모형에서 4.04%, 자본축적모형에서 3.06% 감소하고 있다. 현재 세계무역기구(WTO) 도하개발아젠다(DDA) 농업협상에서는 수입농산물이 급증하거나 국내 농산물 가격이 하락할 경우 발동할 수 있는 개발도상국 특별세이프가드(SSM)가 도입될 것으로 논의되고 있다. 이를 고려할 경우 한·중·일 FTA에 따른 국내 농업생산 감소는 CGE 결과보다 훨씬 작게 나타날 것으로 기대된다.

일반적으로 한중 FTA 및 한·중·일 FTA가 우리 농업에 미치는 충격은 유사할 것으로 판단된다. 따라서 우리 농업의 피해규모도 유사할 것으로 추정할 수 있으나 사실은 그렇지 않다. 한·중·일 FTA의 경우 농업 시장규모가 크고 경쟁력(RCA, TSI)이 한국보다 낮은 일본이 존재하고 있어 우리의 농업에 미치는 충격은 예상보다 작을 것으로 보인다.

시나리오 1에 따른 농업부문의 산출액 감소, 즉 피해규모를 보면 그 규모가 예상보다 작음을 알 수 있다. 생산액 감소가 나타나고 있는 부문은 곡물(약 8억 1,000만~8억 9,000만 달러), 기타작물(약 6억 3,000만 달러) 및 과일 및 채소(약 4억 7,000만~6억 1,000만 달러 수준) 등이다. 이들 3가지 품목에서의 산출액 감소는 정태모형에서 약 21억 달러 수준을 보이고 있으나 자본축적모형에서는 약 19억 8,000만 달러 수준으로 둔화되고 있다. 육류 및 기타가공식품의 산출액은 모두 증가하고 있는데 정태모형에서는 각각 5억 3,000만 달러, 17억 달러의 생산액 증가가 나타난다. 자본축적을 고려할 경우에는 각각 6억 1,000만 달러, 20억 달러로 생산액이 증가하고 있다. 따라서 한·중·일 FTA에 따른 농업부문의 피해규모는 예상보다 미미한 것으로 평가할 수 있다.

2. 거시경제에 대한 영향

FTA 시나리오에 따른 거시경제효과를 살펴보면 한·중·일 FTA로 한국이 가장 큰 이익을 누리게 될 것임을 보여주고 있다. 우선 쌀 제외 완전자유화를 가정한 시나리오 1의 경우 한국의 국내총생산(GDP)은 수량기준으로 정태적으로는 0.47%, 동태적으로는 3.52% 증가하는 것으로 나타났다(금액기준으로는 정태적으로 2.29%, 동태적으로는 4.54% 증가).

중국의 경우에는 수량기준으로 각각 0.04% 및 0.88% 증가(금액기준으로는 각각 -0.04% 및 0.69% 증가)하며, 일본의 경우에는 수량기준으로 각각 0.01% 및 0.22% 증가(금액기준으로는 각각 1.43% 및 1.40% 증가)하는 것으로 나타났다.

3. 시사점

이 같은 결과가 시사하는 바는 다음 2가지로 요약할 수 있다.

3.1 아밍턴효과의 지배성

국내시장효과(home market effect : 시장규모가 큰 국가 쪽으로 산업특화(industrial specialization)가 발생하는 경향)보다 제품의 생산지역 특성(동종 제품의 국가간 이질성)에 따라 발생하는 아밍턴효과가 한·중·일 FTA에서 지배적으로 나타나게 됨을 시사한다. 즉, 한·중·일 FTA로 한국은 일본 및 중국에 대한 시장접근기회가 확대되어 무역자유화(trade liberalization)의 이익을 상대적으로 더욱 많이 누리게 될 것이라는 전망이다.

3.2 교역량증대 효과의 지배성

FTA 결과 무역특화 효과보다 교역량증대 효과가 지배적이라는 것이다. 한국, 중국, 일본 모두 교역량이 크게 확대되고 있어 경쟁력이 취약한 농산물 분야에서도 수출이 증가할 가능성이 크다고 할 수 있다.

상기한 효과는 북미자유무역협정(NAFTA) 10년의 경험에서 확인된 바 있다. NAFTA 체결 이후 경쟁력을 반영한 특화가 진전되었다기보다는 교역량증대 효과가 지배적이었다. 즉, 경쟁력 및 비교우위 취약품목군에서도 자유무역협정(FTA) 이후 생산기반이 붕괴되는 현상은 발생하지 않았다. 단기적으로 수입이 급증하는 경우가 있었으나 장기적으로 다시 감소하는 추세를 보이고 있다. 일반적으로 비교열위 농업품목군의 수출도 지속적으로 증가하였다. 또한, 소규모 국가가 대규모 시장보유 국가보다 더욱 많은 FTA의 이익을 실현하는 현상도 보여주고 있다. 부분균형분석(partial equilibrium analysis)에 기초한 비관적 견해와는 달리 예상보다 긍정적인 결과가 발생할 가능성이 크다. 다만 한·중·일 FTA의 경우 긍정적 파급효과가 매우 크기 때문에 저부가가치산업에서 고부가가치산업으로의 국내산업간 자원이동의 유인이 큰 편이다. 이에 따라 농업의 상대적 비중이 감소할 가능성이 존재하고 있다.

CGE 분석 및 NAFTA 10년의 경험을 고려할 때 결국 FTA는 2가지 측면에서 무역변화를 초래한다.

① 비교우위 또는 경쟁력을 반영하여 특화가 전개됨
② 회원국간 무역량 자체가 증가하게 됨

효과측면에서 후자는 장기적으로 전자를 압도하게 된다.

4. 대응전략

무역패턴 변화에 따라 특화가 전개될 경우 경쟁력 있는 비교우위 품목의 국내생산 및 수출은 증가하게 되고 경쟁력 없는 취약품목은 수입수요 급증에 따라 생산기반이 타격을 입게 된다. 따라서 특화전개를 상정할 때 농업부문 대응전략으로 한·중·일 FTA 협정체결 시 민감품목을 선정하고 양허안에서 예외품목화하는 전략으로 농가피해를 사전에 차단하는 방안을 강구할 수 있다. 한·중·일 FTA 체결 이후에는 한·중·일 FTA로 타격을 받은 취약산업을 보상해 주는 대책을 모색할 필요가 있다. 또한, 동태적 경쟁력(dynamic competitiveness)을 갖는 품목군에 대해서는 동 품목군을 적극적으로 개발하여 민감부문에서 확대된 시장접근기회를 최대한 활용할 수 있도록 정부는 필요한 정보 및 인프라를 제공할 필요가 있다.

한·중·일 FTA의 특화전개 효과를 가정한 대응전략보다 더욱 중요한 것은 무역량증대 효과에 대비하는 정책적 구상이다. 한·중·일 FTA로 회원국간 무역이 증가하면서 한국시장에서의 중국산 농산물 수입수요가 증가하게 됨은 자명한 사실이다. 또한, 중국 및 일본시장에서의 한국산 수입수요가 확대될 것으로 전망된다. 이 같은 FTA 결과에 효율적으로 대처하는 전략으로 우선 고부가가치화·차별화 전략을 지적할 수 있다. 국산 농산물을 수입 농산물과 동질적이지 않은 재화로, 또한 친환경·고품질 농산물로 차별화하면서 국내시장 점유율을 유지하기 위해 주력해야 한다. 확대된 시장접근기회를 적극적으로 활용하여 고품질·한국특유 농산물을 중국의 고급 농산물 수요시장 및 일본의 틈새시장(niche market)에도 공급하는 방안을 모색해야 한다. 계약재배 등의 방식으로 중국에 진출하여 가공 후 한·중·일 역내 시장에 재수출하는 전략도 추진할 필요가 있다.

특화전개 대응전략 및 무역량 증가 대응전략이 서로 배타적으로 존재하는 것은 아니다. 무역패턴 변화 및 무역량 증가가 동시에 발생하기 때문에 대응전략도 한·중·일 FTA의 2가지 결과를 동시에 반영하고 있다. 또한, 예상되는 한·중·일 FTA의 2가지 직접적 효과 및 결과에 대한 직접적 대응전략만으로 한·중·일 FTA에 대한 종합적 대응이 완성될 수는 없다. 이는 우리 농업이 당면한 보다 근본적인 구조조정 및 농업·농촌 정책의 과제를 해결해 나가는 큰 흐름 속에서 한·중·일 FTA 대응전략이 수립되고 실현될 수 있기 때문이다. 이와 관련하여 간접적 대응전략으로 농외소득 비중을 증가시키고 전국민적 합의(national consensus) 하에 농업 구조조정을 수행해 나가는 대응책 마련 또한 매우 중요하다고 할 수 있다.

상기한 맥락에서 대외경제정책연구원은 한·중·일 FTA에 대한 대응전략으로 다음 7가지 방안을 제시하고 있다.

4.1 취약품목 보호 및 피해보전

한·중·일 FTA 협상전략으로 민감품목을 선정하고 양허안 작성시 예외품목화 또는 다자간 협상수준으로 개방하는 전략을 마련해야 한다. 관세철폐에서 제외해야 할 초민감품목으로 미곡을, TRQ 제공 조건에서 관세감축 예외 또는 최소 감축을 추진해야 할 고민감품목으로 배추, 무, 고추, 마늘, 양파, 사과, 콩, 참깨를, 그리고 관세철폐 기간 10년 이상 장기화 또는 일정기간 유예 후 감축을 추진해야 할 민감품목으로 인삼, 감귤, 포도, 배, 복숭아, 단감, 토마토, 딸기, 오이, 감자, 땅콩, 상추, 옥수수를 제시하고 있다. 또한, 한·중·일 FTA 체결 이후에는 무역자유화로 타격받은 산업의 피해를 보상해 주는 대책을 마련해야 한다.

4.2 농업 품목 중 우리가 경쟁력이 있거나 산업내무역(intra-industry trade)으로 수출실적이 있는 품목 중 장기적으로 경쟁력을 가질 것으로 예상되는 품목을 선정하여 협상안에 반영하고 지원체계를 마련함

(1) 중국

중국에 대해서는 대중 수출 상위품목인 당류, 면류, 주류, 사탕과자류 등 가공식품에 대한 품질을 강화하고 유제품, 인삼류 등 수출전략품목을 개발해야 한다.

(2) 일본

일본에 대해서는 대일 수출 상위품목인 채소류(토마토, 오이, 파프리카 등)와 축산물(돼지고기 등)에 대한 친환경·고품질제품을 생산하고 식품안전 강화에 주력해야 한다.

4.3 FDI를 통한 중국진출 및 협력관계 구축

중국에 해외직접투자(FDI) 형태로 진출하여 계약재배한 후 중국의 저임 노동력을 활용하여 가공한 후 중국, 한국 및 일본 시장에 공급할 필요가 있다. 현재 일부 일본기업은 중국에 진출하여 이 같은 형태의 협력체계를 구축하고 있다.

4.4 친환경 · 고품질화 등 한국 농산물의 차별화 전략

국내 소비자의 국내 농산물 선호성향을 유지하기 위한 방안으로 생산측면은 물론 원산지표시제 및 성분검사 등 유통측면까지 고려할 필요가 있다. 수입농산물과 경쟁하기 위한 품질경쟁력 강화노력에서 가장 중점을 두어야 할 사항은 우리 농산물의 식품안전에 대한 신뢰도 유지와 생산기반을 바탕으로 한 브랜드화이다.

다음 3가지 대응전략은 한 · 중 · 일 FTA의 직접적 결과를 넘어서는 농업 구조조정 및 농촌대책 차원에서의 대응전략으로 평가할 수 있다.

4.5 농외소득 증대방안

농가소득의 50% 정도가 농업소득이며 다시 농업소득의 50% 정도를 쌀에 의존하는 현재의 농업소득구조를 극복할 수 있어야 농가소득을 안정화시킬 수 있다. 일본의 농가소득은 농업소득보다 농외소득 비중이 큰 특징을 가지고 있다. 쌀 농가의 경우 농업소득 비중이 10%, 농외소득 비중이 90%에 이르고 있다. 이에 따라 일본에서는 농외소득이 소득안전망(income safety net) 역할을 수행하고 있어 농산물개방 충격이 우리보다 훨씬 작은 실정이다. 우리도 농외소득을 증대시킬 수 있는 방안을 강구하여 농민들이 안정적인 소득을 유지할 수 있어야 FTA 농업개방의 파고를 극복할 수 있게 된다.

4.6 농민 및 농민단체가 주체가 되는 경영혁신체 창출

현재 농민은 한편으로는 우루과이라운드(UR) 이후 농업개방 경험에 근거하여 개방농정에 대해 정부에 강한 불신을 가지고 있으면서, 다른 한편으로는 농민 · 농업의 생존을 책임지는 농정(農政)을 기대하고 있다. 또한, 농민 및 정부는 정부지원 정책에 의해 구조조정이 이루어지고 경쟁력을 제고시킬 수 있으며 농산물 수급을 조정할 수 있다는 인식을 하고 있다. 정치권도 정부의 농민에 대한 단기적이고 선택적인 피해보상정책을 지원하고 있어 농민의 장기적인 잠재력 발전을 저해함으로써 구조조정이 지연되는 상황이 발생하고 있다.

경제여건의 변화와 영리적 현실에 기초하여 생산을 조정하는 것은 농민이며, 이 같은 역할을 정부가 대신할 수는 없다. 정부는 농민의 책임감을 증대시키고 혁신능력(innovative capability)을 발휘하도록 도움을 줄 수 있을 뿐이다. 농민단체도 대정부 협상으로 보상을 극대화하는 역할에서 농업 기업가로 변신할 필요가 있다. 중국에 진출하여 계약재배한 후 가공·수출하는 기업을 운영하게 하는 것도 한 가지 방안으로 지적할 수 있다.

4.7 농업개방 예시제

과거 제조업 수입자유화(import liberalization)를 단계적으로 시행하면서 개방일정을 공표한 바 있다. 기업은 이에 맞추어 경쟁력 제고에 주력하여 개방체제 하에서 지속가능한 발전(sustainable development)을 이룩할 수 있었다. 이와 유사하게 농업 구조조정의 방향 및 속도를 공표하여 농민 및 농민단체의 창의력을 통한 구조조정을 시행할 필요가 있다. WTO DDA 협상 결과 및 고령농 자연은퇴 전망, 그리고 사회보장성 예산확대 전망을 고려하여 품목별 개방시점을 미리 공표할 수 있다. 공표된 시점보다 더욱 신속하게 개방하여 농가피해가 발생할 경우 취약산업 피해보상대책에 근거하여 보상을 실시할 수 있다.

제 3 절 서비스산업

서비스에 대한 정의는 학자마다 다양하게 존재하고 있으나 일방이 타방에 제공할 수 있는 행위로 물리적 제품에 연계될 수도 있고 연계되지 않을 수도 있다. 서비스는 형태가 없기 때문에 저장이 불가능하고 특허(patent)와 같은 법률적 보호(legal protection)가 힘든 실정이며 상품으로 제시하거나 설명하는 것이 어렵고 가격결정

논리가 불분명하다. 이전에 서비스는 산업특성상 기술수준이 낮고 노동집약적이기 때문에 제조업에 비해 상대적으로 생산성(productivity)이 낮아 경제성장률을 저하시키는 부문으로 인식되었다. 그러나 1990년대 들어 상품에 내재되던 서비스 기능이 분리되어 별개의 독립적 업체가 공급하게 됨으로써 생산성이 높아지고 정보통신기술(IT)의 발전에 힘입어 원격지간 조달이 가능해지는 등 변화에 따라 사업(business) 서비스, 금융 및 보험 서비스 등 고부가가치 업종을 중심으로 그 중요성에 대한 인식도 변화하였다.

다양한 서비스 부문 중 특히 디자인, 금융, 통신, 유통 및 운송 서비스 등 생산자서비스 및 인프라서비스 같은 최신 서비스 부문은 그 자체가 최종소비재일 뿐만 아니라 다양한 산업생산 부문에 대한 투입요소가 된다. 이에 따라 서비스 부문의 발전 없이는 관련 제조업 부문의 성장 및 고부가가치화는 불가능한 실정이다. 더욱이 서비스 수요는 재화와 달리 저장이 불가능해 경기변동에 미치는 영향이 미미하며 국내에서 최종 소비되는 경향이 크기 때문에 대외 환경변화에 비교적 영향을 작게 받는다. 따라서 일반적으로 경제의 서비스화가 진전되면 경기 및 고용의 변동성이 완화되게 된다. 미국 등 선진국에서는 서비스산업의 발전이 경제안정(economic stability)뿐만 아니라 경제성장(economic growth)에도 큰 기여를 하였다.

일반적으로 다양하고 이질적이면서 형태가 없는 소위 무형성이 특성인 서비스 거래는 국내 통상문제에 속하는 것으로 인식되었다. 따라서 전적으로 국내규범의 규율을 적용받아왔다. 서비스가 무역대상으로 인식되고 서비스 무역의 자유화문제가 국제적으로 논의되기 시작한 것은 1970년대 이후라고 할 수 있다. 인터넷(internet) 등 기술적 발전과 정부의 규제완화(deregulation) 등이 가져온 결과이다. 주요 상품 및 서비스의 세계 수출 점유율을 범주별로 집계한 통계자료를 보면 이미 1996년에 서비스가 세계 수출의 20%를 초과한 것으로 나타났다. 서비스의 국제적 거래 증대는 1950년대 이후 1970년대에 걸쳐 선진국 경제가 서비스 경제로 전환되는 구조조정(structural arrangement) 또는 경제의 서비스화와 일맥상통하다고 할 수 있다.

경제의 서비스화는 경제 각 부문에서 서비스 부문의 비중이 증대되는 현상에서 찾을 수 있다. 서비스 부문이 세계총생산 및 국내총생산(GDP)에서 차지하는 비중, 서비스 부문의 근로자 비중 및 수출비중 증대를 생각할 수 있다. 서비스는 전세계

부가가치(2003년 기준)의 68%를 차지하고 있다. GDP에서 서비스가 차지하는 비중은 선진국과 개발도상국 각각 평균 72%, 49%이며 이 비율은 지속적으로 상승하는 추세를 보이고 있다. 서비스 부문의 고용인력은 개발도상국 전체로는 30% 정도이나 일부 개발도상국의 경우 53%에 이르고 있으며 선진국의 경우는 약 70% 수준을 보이고 있다.

전세계 수출에서 서비스 수출이 차지하는 비중은 약 20%로 조사되고 있다. 한·중·일 3국의 서비스화를 GDP 대비 서비스 부문 점유율, 총취업자 중 서비스 근로자 비중 및 총수출 중 서비스 수출 비중으로 비교하면 경제의 서비스화가 가장 앞선 일본의 서비스화를 1로 보았을 때 한국과 중국의 서비스화는 각각 0.89, 0.51로 평가된다. 중국의 경우 3개 부문 모두에서 매우 낮은 수준을 보이는 것으로 나타났다.

대외경제정책연구원은 한·중·일 3국 간의 서비스 무역 통계자료가 없기 때문에 대용자료로 IMF의 국제수지(BOP) 통계자료를 이용하여 한·중·일 3국이 세계 서비스 수출에서 차지하는 위상과 3국의 대세계 서비스 무역 경쟁력을 일반상품의 경쟁력 평가과정에 준하여 평가하였다.

한·중·일 3국은 연구대상기간인 1994년 이후 지속적으로 흑자를 구현한 상품무역과는 반대로 서비스 무역에서는 적자를 시현하고 있다. 무역특화지수(TSI) 및 현시비교우위(RCA) 지수를 종합하여 부문별로 평가한 결과 한·중·일은 상품 부문에서 경쟁우위(competitive advantage)를 보유하고 있으나 서비스 부문에서는 경쟁열위(competitive disadvantage)를 보였다. 한·중·일 3국의 서비스 부문별 상대적 경쟁우위를 비교한 결과는 일본이 건설, 금융, 컴퓨터 및 정보, 특허권 사용료, 개인·문화·오락 등 5개 서비스 부문에서 경쟁우위를 나타냈으며, 중국은 여행과 기타 사업 등 2개 서비스 부문에서, 한국은 운송과 사업 2개 서비스 부문에서 경쟁우위를 보였다.

서비스 부문별 상대우위를 살펴보기 위해 평가에 다소 문제가 있는 보험서비스를 제외한 서비스 전체를 종합적으로 평가하는 하나의 지표를 추출하고자 상, 중, 하에 각각 3점, 2점, 1점을 부여한 결과 일본은 23점, 한국은 20점 그리고 중국은 20점의 순으로 경쟁우위가 평가되었다.

동 연구원은 한·중·일 3국의 서비스 부문 경쟁력을 IMF BOP 통계를 이용하여 9개 서비스 부문에 대한 대세계 수출경쟁력을 서비스 부문의 경쟁력 대리변수(proxy)로 설정하여 비교한 결과 일본의 상대적 우위가 중국 및 한국보다 높은 것으로 나타났다. 중국과 한국은 현재 비슷한 수준으로 평가되나 중국의 부문별 성장률 추세가 한국보다 높은 것으로 나타남에 따라 양국간 격차는 확대될 것으로 전망된다.

2005년 6~7월 현재 진행 중인 세계무역기구(WTO)의 GATS 협상 과정에서 제출된 수정양허안은 한·중·일 3국의 서비스 부문별 자유화 수준을 평가하는 데 유용한 자료가 된다. 또한, 개방을 유보하는 부문은 정치·경제적으로 민감한 부문이라고 판단할 수 있다. 한국은 총 12개 분야, 155개 서비스업종 중 10개 분야, 104개 업종을 개방하기로 약속하여 개방규모는 67% 정도로 평가된다. 중국은 10개 분야, 98개 업종에 대해 양허하여 개방 수준이 63% 정도이며, 일본은 72%에 이르고 있다. 개방을 유보한 부문, 즉 민감부문은 한국 7개 부문, 중국 6개 부문, 그리고 일본 4개 부문으로 나타났다.

한·중·일 3국에 민감한 서비스 부문은 자연인의 이동, 사업서비스 중 의학·치의학·수의학 서비스, 조산모·간호사·물리치료사의 서비스, 커뮤니케이션 중 시청각서비스 및 보건의료 부문으로 대체로 문화 및 의료 부문으로 볼 수 있다. 한국은 유일하게 교육부문을 민감부문으로 보고 있으며 한국과 중국은 뉴스제공서비스, 기타 문화서비스 등 오락·문화 부문을 경계하고 있다.

한·중·일 3국이 최근 추진한 FTA 서비스 부문의 주요 내용도 분석대상이다. 한국과 일본이 최근 추진하는 FTA 서비스 부문의 특징은 서비스 양허방식에서 주로 개방제외 분야를 명시하고 나머지 분야는 개방하도록 하는 비열거목록(negative list)식 양허방식을 채택하고 있다는 점이다.

① 한국

한국은 금융, 운송, 통신 및 상업 서비스 등이 발달된 싱가포르와의 서비스 부문 무역자유화를 통해 서비스 경쟁을 강화시키는 계기를 만들었으며 한류(韓流)의 연장선상에서 오락 및 문화 서비스 부문의 싱가포르시장 개방확대를 도모하였다.

② 중국

중국은 서비스 부문에서 선진국 수준인 홍콩 및 마카오와 일련의 경제협력강화협정(CEPA)을 통하여 WTO 가입약속에 따른 서비스시장 자유화 이전에 중국의 서비스 부문을 강화시키는 작업을 추진하고 있다. 홍콩의 서비스 공급업체에 우선적으로 문호를 개방하여 서비스 각 부문에 걸쳐 홍콩 전문가들이 중국 전문가들을 육성하도록 하는 것이다.

③ 일본

일본의 경우 일본·필리핀 FTA의 이슈에서 알 수 있듯이 인력이동이 주요 쟁점 중 하나이다. 일정한 자격을 보유한 간호사, 개호복지사에 대한 입국 허용 등 인력시장 개방으로 FTA를 통해 외국인 노동자를 수용하는 첫 사례를 만들었다.

세계경제는 세계무역기구(WTO)를 중심으로 하는 다자적 접근(multilateral approach)과 FTA를 매개로 하는 지역적 접근(regional approach)이 상승작용을 일으키며 경제적 통합(economic integration)이 강화되고 있다. 국가들 간의 이해관계가 첨예하게 대립되어 협상이 다소 답보상태를 보이는 DDA 협상에 비해 이해를 공유하는 국가들 간의 FTA는 경쟁적으로 확산되는 양상을 보이고 있다. 이 같은 지역적 FTA는 포괄적 FTA로 모두 서비스 자유화 부문을 포함하고 있다.

서비스 자유화는 민영화(privatization)와 경쟁의 도입을 의미한다. 일부 학자들은 상품무역과는 반대로 서비스의 경우 지역협력(regional cooperation)을 통하여 무역전환(trade diversion)을 발생시키지 않고 다자협상보다 더욱 많은 이익을 기대할 수 있다는 주장을 제기하고 있다. 유사한 국가집단간 국내규제 측면에서 자연적으로 발생하는 상호 인정 및 조화의 형태로 실질적인 협조가 가능하다는 것이다. 한자문화권, 유교와 불교로 이어지는 종교적 유대 및 인습과 제도 측면에서 타 문화권에 비해 비교적 문화적 유사성(cultural similarity)을 지니고 있는 한·중·일 간의 지역협력은 범세계적인 접근보다 서비스 자유화에 기여할 수 있다. 이는 서비스 무역의 주요 장벽이 외국 서비스 공급자에 대한 시장접근 불허, 자격요건, 인허가, 기타 외국 서비스 공급자의 서비스 공급을 제한하는 등 국내규제와 관련된 내용이

기 때문이다.

서비스 부문에 대한 적절한 규제 철폐와 자유화로 경쟁이 강화되면 한·중·일 3국의 서비스 부문이 원활하게 작동되고 노동과 자본의 효율적 재분배(efficient redistribution of labor and capital)로 기업은 투입재 가격을 인하시키고 급변하는 경쟁상황에 능동적으로 대응하게 되어 관련부문의 비교우위(comparative advantage)를 강화시킬 가능성이 크다. 이는 GDP의 성장 및 성장률에 긍정적인 영향을 미치게 된다. 이 같은 과정에서 소비자들은 다양한 상품과 서비스를 하락된 가격으로 교환할 수 있게 되어 후생이 증대되게 된다.

서비스 부문의 경쟁력 강화와 경제후생(economic welfare) 증대를 발생시키는데 있어 중요한 역할을 하게 되는 서비스 부문의 규제 철폐와 자유화는 한·중·일 각국이 스스로 추진할 수도 있으나 WTO의 서비스협상 또는 한·중·일 FTA의 서비스 부문 개방으로 보다 효율적으로 촉진될 수 있다. 현재 다소 답보상태를 보이는 WTO의 서비스 협상을 고려할 때 한·중·일 FTA와 이에 따른 서비스 부문의 자유화는 의미 있는 조치일 수 있다.

대외경제정책연구원의 연구에서 실증적으로 확인된 한·중·일 서비스 부문의 경쟁열위 상황이 지속된다면 상품부문의 경쟁우위 및 부가가치(value added) 증대는 유지되지 못할 수도 있다. 이는 가장 역동적인 서비스 부문으로 상품 혹은 제조업 부문과 여타 서비스 부문의 투입요소가 되는 금융, 컨설팅, 연구, 광고, 마케팅, 자료처리, 운송, 유통 및 커뮤니케이션 등 생산자서비스 및 인프라서비스의 동반발전 없이는 상품부문의 비교우위를 유지할 수 없기 때문이다. 생산자서비스는 국내 및 국제적으로 제조업 및 여타 비즈니스를 촉진시키는 기능을 한다. 따라서 생산자서비스는 첨단제품은 물론 제조업 부문에서 세계적 생산기지 역할을 수행하는 한·중·일 3국에 매우 중요한 서비스로 평가할 수 있다.

한편, 서비스 보호는 특정 서비스의 공급을 축소시켜 국내에서 생산되는 서비스 가격을 상승시킨다. 서비스 부문의 보호로 특정 서비스 부문의 가격이 상승하면 중간투입재의 가격 인상을 유발하여 국내외 시장에서 경쟁해야 하는 관련 상품 또는 서비스에 세금으로 작용하게 된다. 한·중·일은 생산자서비스를 발전시킬 특단의 조치를 강구해야 할 상황에 직면해 있다. 결국 취할 수 있는 조치 중 하나가 FTA

등을 통하여 서비스 부문을 개방하는 것으로 이해할 수 있다.

한·중·일 3국은 대체로 건강관련 서비스, 시청각서비스 중 라디오 및 TV방송, 오락 및 문화 서비스 등을 민감부문으로 인식하고 있다. 한·중·일이 민감하다고 분류하는 서비스 부문은 상품부문의 경쟁우위 유지 및 서비스 부문의 경쟁열위 극복과 긴밀한 관계를 갖는 부문이 아니다. 따라서 이들 부문은 제조업 혹은 국제무역과의 상관관계가 비교적 약하기 때문에 3국이 합의한다면 한·중·일 FTA의 서비스 부문 자유화에서 배제될 수도 있다. 그러나 FTA가 WTO의 GATS가 다루는 내용 혹은 범위보다는 진전된 'WTO 플러스'가 되어야 한다는 관점에서 이들 부문은 물론 항공운송, 자연인의 이동, 상호자격인정(MRA), 연안운송 등 부문에 대하여도 적극적인 검토가 필요하다. 그러나 한·중·일은 어느 부문보다도 생산자서비스 및 인프라서비스를 중심으로 서비스 부문의 자유화를 적극적으로 검토할 필요가 있다.

현재 한·중·일은 서비스 부문의 자유화를 통하여 서비스산업을 개선하고 경쟁력을 강화하고자 다각적으로 노력하고 있다. 규제완화 및 독점 제거, 가격 자유화(price liberalization), 인력 양성, 경쟁 촉진 등이 강조되고 있다. 서비스 자유화로 기대되는 이익은 서비스 자유화로 나타나는 해외시장 접근의 개선에서 오는 것이 아니라 국내시장 개방에 따른 경쟁 및 효율성 증대에서 파생된다. 즉, 서비스 자유화의 이익은 해외서비스시장에 대한 수출장벽 제거에서 발생되지 않고 국내외 모든 기업의 서비스시장 참여를 저해하는 장벽 제거로 나타나는 국내개혁(domestic reform)과 경쟁체제의 도입(introduction of competitive system)에서 나타난다.

① 중국

중국은 금융, 통신, 운송, 교육, 의료건강 등의 육성에 주력하고 있다. 특히, 2001년말 WTO 가입 이후 서비스 시장 개방을 적극적으로 추진하고 있으며 서비스 부문이 발전된 홍콩 및 마카오와의 협력을 통하여 자국의 서비스 부문 발전을 도모하고 있다.

② 일본

일본은 2004년에 컨텐츠, 의료건강 및 복지 서비스, 사업지원서비스, 여행 및 운송, 환경 및 에너지 서비스 등을 주요 지원대상으로 하는 서비스산업 육성계획을 수립한 바 있다. 사업지원서비스에는 마케팅, 정보관리, 정보기술, 외주, 법률 및 회계 서비스 등이 포함된다.

③ 한국

한국도 서비스 산업의 생산성 제고를 위하여 주력하고 있다. e-Business 및 디자인을 포함하는 지식기반서비스(knowledge-based service)는 한국의 차세대 성장엔진의 하나로 설정되었다. 또한, 국내경쟁력을 강화하기 위하여 교육 및 의료서비스 개방을 적극적으로 검토하고 있다.

한·중·일 3국은 서비스 부문 자유화를 전향적으로 검토해야 한다. 문화적 배경이 유사한 지역적 특성을 갖는 한·중·일은 서비스 무역 자유화와 경쟁 도입으로 서비스 비용과 가격을 인하하여 서비스 부문을 효율화시키는 동시에 질적 개선을 이룩해야 한다. 이를 기반으로 효율적이고 비용효과적인 양질의 생산자서비스를 중간투입재로 활용하는 여타 서비스 및 상품 부문의 경쟁력을 강화시켜야 한다. 한·중·일 FTA를 통한 서비스 자유화는 한·중·일 3국의 서비스 부문 비교우위는 물론 상품의 경쟁우위를 유지하는데 핵심적인 역할을 수행하게 됨은 재론의 여지가 없다.

제4편

국내무역의 주요 이슈

제11장　시장개방과 고용창출
제12장　수출고도화에 대한 진단
제13장　대중 직접투자 및 수출 분석
제14장　차이나 리스크 분석
제15장　FTA의 확산
제16장　한미 FTA의 산업별 영향분석
제17장　국내기업의 BRICs 진출 분석
제18장　3대 주력 수출시장 분석

제11장

시장개방과 고용창출

자유무역협정(FTA)의 확산 추세에 따라 시장개방이 점차 확대되고 있는 가운데 시장개방이 고용에 미치는 효과에 대한 관심이 증대되고 있다. 시장개방에 따른 수입증대는 경쟁력(competitiveness)이 취약한 국내 수입경쟁산업의 고용을 감소시키는 반면에 시장개방으로 인한 세계시장에의 접근성 확대는 국내산업에서의 고용 확대에 기여하는 것으로 인식되어 있다. 또한, 동태적인 측면에서 시장개방에 따른 생산성(productivity) 증대효과를 고려할 경우 시장개방은 경제전체의 성장 확대를 통해 간접적으로 고용에 긍정적인 영향을 미칠 수 있다.[1)]

제 1 절 시장개방의 고용효과에 대한 제(諸) 이론

무역확대에 따른 시장개방이 경제전체의 고용에 미치는 효과에 관한 이론적 견해는 신고전학파(neoclassical school)와 구조학파(structuralist school)의 견해가 대립되고 있다.

---

1) 시장개방이 경제전체의 고용에 미치는 효과는 긍정적인 효과와 부정적인 효과의 상대적 크기에 의해 좌우된다고 할 수 있다(산업연구원, e-KTET 산업경제정보 제309호, 2006. 9. 12. 요약 · 재구성).

1. 신고전학파

신고전학파는 일국의 장기적인 고용수준이 무역(또는 무역정책)보다는 거시경제 정책들(macroeconomic policies)과 노동관련 제도들에 의해 영향을 받는다고 주장하고 있다. 단기적으로 고용수준은 무역에 의해 영향을 받을 수 있으나 즉각적으로 원래의 정상상태(steady state)로 복귀하게 된다. 다만 산업간 고용구조의 변화로 인해 비교열위산업(comparative disadvantage industry)에서 비교우위산업(comparative advantage industry)으로 노동이동이 발생하게 된다.

2. 구조학파

구조학파는 무역(또는 무역정책)이 고용에 대한 직접적인 효과나 성장확대에 의한 간접적인 효과를 통해 장기적으로 고용에 영향을 미칠 수 있다고 강조한다. 구조학파는 신고전학파에 비해 단기적인 고용조정에 초점을 두고 있다. 특히, 경쟁력이 취약한 산업의 고용조정은 예상보다 상당한 시간과 고통을 수반할 수 있다고 주장한다.

3. Hoekman and Winters(2005)

이들은 무역과 고용 간의 관계에 관한 1990년 이후의 이론적, 실증적 연구들을 검토한 결과 무역자유화(trade liberalization)가 장기적으로 고용에 미치는 효과는 부정적이라는 증거를 발견하기 어려우며 일부 연구에서는 세계시장에서의 접근성 확대와 수요확대로 인해 오히려 고용을 증가시킨다고 주장하였다. 다만 단기적으로는 산업간 고용조정이 부정적인 영향을 미칠 수 있으나 이 같은 효과는 경제전체의 고용규모에 비해 미미한 수준임을 지적하였다.

4. Kee and Hoon(2005)

이들은 싱가포르의 경우 시장개방 확대가 자연실업률(natural rate of unemployment)의 급격한 감소를 초래했다고 분석하였다. 특히, 다수의 추정모형 중 시장개방과 관련 있는 수출부문의 상대가격과 자본스톡(capital stock)이 실업률에 미치는 장기적인 관계를 추정한 결과 수출부문의 상대가격 상승과 자본축적(capital accumulation)의 확대는 실업률 하락에 크게 기여한 것으로 분석하였다.

제 2 절 시장개방과 고용 간의 관계

1. 실증분석모형

산업연구원은 외국의 연구사례를 참조하여 시장개방이 경제전체의 고용수준과 산업간 고용조정에 어떠한 영향을 미칠 것인가를 살펴보기 위하여 경제전체의 고용과 시장개방간, 그리고 제조업의 고용과 시장개방 간의 관계를 각각 분석하였다. 이를 위해 축소형(reduced form) 고용함수에 기초하되 경제전체의 고용은 무역의존도, 투자, 생산가능인구의 함수로 설정하고 제조업 고용은 무역의존도, 제조업 투자, 제조업 부가가치 비중의 함수로 설정하였다.[2] 이용된 변수들의 증가율 추이를 살펴본다.

1.1 경제전체의 고용증가율

경제전체의 고용증가율은 1970년대 이후 둔화추세를 나타내어 1990년대 이후

2) 산업연구원은 시장개방을 나타내는 변수로 무역의존도를 사용하였다. 투자는 노동수요 측면의 외생적 요인을, 생산가능인구는 노동공급 측면의 외생적 요인을 각각 고려하기 위해 설명변수로 선택하였다. 다만 이론적으로는 투자변수 대신에 자본스톡변수를 사용하는 것이 바람직하나 우리의 자본스톡은 단위근 검정결과 Ⅰ(2)과정을 따르는 것으로 나타나 Ⅰ(1)과정을 나타내는 투자변수를 대신 사용하였다. 제조업 고용함수의 경우에는 노동수요 측면을 반영하기 위해 제조업 투자를 설명변수로 포함하였으며 제조업의 부가가치 비중은 경제의 서비스화 진전에 따른 산업구조적인 변화를 고려하기 위해 설명변수로 포함하였다.

1.6%의 수준을 보이고 있다. 제조업의 고용증가율도 급속한 둔화추세를 보이고 있는 가운데 1990년대 이후에는 제조업의 고용 자체가 감소세를 나타내고 있다. 이는 제조업의 급속한 고용증가율 둔화가 경제전체 고용증가율의 둔화 요인으로 작용하고 있음을 의미한다.

1.2 경제전체의 투자증가율

경제전체의 투자증가율은 1980년대까지만 하더라도 10%대의 높은 수준을 나타냈으나 1990년대 이후 5% 미만 수준으로 급격히 둔화되었다. 이 같은 양상은 제조업 투자의 경우에도 동일하게 나타나고 있다. 경제전체 또는 제조업의 투자증가율은 각각의 고용증가율과 매우 유사하게 움직이는 것으로 나타났다.

1.3 생산가능인구 증가율

생산가능인구 증가율은 1970년대 이후 지속적으로 둔화되고 있는 가운데 고용증가율과 정(正)의 관계를 보이고 있다. 생산가능인구 증가율의 둔화는 저출산과 고령화의 진전에 기인하며 이는 경제활동참여율이 확대되지 않는 한 고용증가율의 둔화를 의미한다.

1.4 제조업의 부가가치 비중 증가율

제조업의 부가가치 비중 증가율은 1980년대 급격히 둔화되었으며 그 이후에도 둔화세를 지속하고 있다. 이는 경제의 서비스화 진전에 따른 현상으로 제조업의 고용증가율 둔화추세와 동일한 의미에서 파악할 수 있다.

1.5 무역의존도

시장개방을 나타내는 무역의존도(trade dependence)는 시장개방 확대를 반영하여 지속적으로 확대되고 있으나 증가율 측면에서는 등락을 거듭하고 있는 것으로 분석된다. 무역의존도 증가율과 고용증가율(경제전체 또는 제조업) 간에는 외견상 어떤 명확한 관계를 발견하기 어렵기 때문에 고용함수의 추정을 통해 판단할 필요가 있다.

〈표 11-1〉 시장개방과 고용추이

(단위: 연평균 증가율, %)

		1970~1980	1980~1990	1990~2000	2000~2005
무역의존도		9.0	2.0	6.6	5.0
경제전체	고 용	3.6	2.8	1.6	1.6
	투 자	13.2	12.4	4.6	2.9
	생산가능인구	3.1	2.3	1.3	0.6
제 조 업	고 용	8.8	5.2	-1.3	-0.3
	투 자	18.9	15.7	3.2	4.7
	부가가치비중	8.4	2.9	1.9	1.8

주 : 무역의존도는 국내총생산 대비 재화 서비스의 수출입 합계 비율(불변기준)로 측정하였으며, 투자는 총고정자본형성(불변)임

2. 실증분석결과

2.1 시장개방과 경제전체 고용 간의 관계를 분석하기 위해 전술한 고용함수를 대상으로 ADF(Augmented Dickey-Fuller) 방식에 의해 장기적 균형관계를 나타내는 공적분 관계(cointegrated relationship)의 검정결과는 다음 2가지로 요약될 수 있음

① 무역의존도, 투자, 생산가능인구와 고용 간에 장기적이고도 안정적인 정(正)의 관계가 성립하는 것으로 나타났다.

② 이 같은 장기적 관계에 기초할 때, 특히 2000년 이후 투자 및 생산가능인구 증가율의 둔화는 고용증가율 둔화의 주요 요인으로 작용하고 있는 반면에 시장개방의 지속적 확대는 고용증가에 긍정적인 영향을 미치고 있는 것으로 추정된다.

2.2 산업 간의 고용조정 여부를 파악하기 위해 제조업 고용함수를 대상으로 상기와 동일한 방식에 의해 공적분 검정을 수행한 결과 이 경우에도 제조업

고용과 시장개방, 제조업 투자 및 제조업 부가가치 비중 간에 장기적이고도 안정적인 관계가 존재함

① 이 경우에는 제조업의 투자와 부가가치 비중 변화가 고용에 긍정적인 영향을 미치는 것으로 나타난 반면에 시장개방의 확대는 제조업의 고용을 감소시키는 것으로 나타났다.3)

② 이는 경제의 서비스화 진전에 따라 제조업의 부가가치(value added) 비중 증가율이 둔화될 수밖에 없는 가운데 제조업 투자가 크게 증가되지 않는 한 시장개방의 확대에 따라 제조업 고용이 감소될 수밖에 없음을 의미한다.

2.3 시장개방의 확대에 따른 제조업의 고용 감소는 제조업 내 경쟁력 취약산업의 고용감소와 함께 비교우위산업(comparative advantage industry)의 노동절약적 또는 숙련집약적 기술혁신 경향에 기인함

특히, 노사관계의 불안정성(instability)과 노동시장의 경직성(rigidity of labor market)이 노동대체형 기술혁신 및 투자(labor-substitutive technological innovation and investment)를 선호하게 하는 한 원인일 수 있다는 사실에 주목할 필요가 있다.

2.4 결국 시장개방의 확대로 인해 제조업의 고용은 감소하는 반면에 경제전체의 고용이 증가하는 것은 시장개방으로 인해 산업간 고용조정이 발생하면서 서비스산업에서의 고용기회가 확대되었음을 의미함

이는 서비스산업이 우리 경제의 고용창출(job creation)에 크게 기여해 온 가운데 산업간 노동이동 과정에서 숙련도의 제고가 없는 한 서비스부문에서 고용의 질적 수준이 하락했을 가능성을 의미한다.

3) 산업연구원은 한국은행의 산업연관표에 기초하여 농수산물, 광업, 제조업 등 51개 세부산업별 1990, 1995, 2000년의 연도별 패널자료를 사용하여 무역의존도와 고용 간의 관계를 고정효과모형(fixed effect model)에 의해 추정하였다. 이 경우에도 시장개방의 확대가 고용에 부정적인 영향을 미치는 것으로 나타났다.

〈표 11-2〉 시장개방과 고용 간의 관계

(추정식) $\ln EMP_t = a_0 + a_1 \cdot \ln TS_t + a_2 \cdot \ln GFC_t + a_3 \cdot \ln POP_t + e_{1t}$

a_0	a_1	a_2	a_3	R^2[DW]
5.3521 (5.87)	0.1124 (5.48)	0.1630 (7.35)	0.2068 (1.81)	0.9960 [0.87]

(추정식) $\ln MEMP_t = b_0 + b_1 \cdot \ln TS_t + b_2 \cdot \ln MGFC_t + b_3 \cdot \ln MGDPR_t + e_{2t}$

b_0	b_1	b_2	b_3	R^2[DW]
4.7738 (258.92)	-0.6243 (-10.02)	0.3036 (9.13)	0.9536 (8.97)	0.9828 [0.87]

주 : 1) EMP : 경제전체의 취업자수, TS : 불변기준 무역의존도(국내총생산 대비 재화 서비스 수출입합계비율), GFC : 총고정자본형성(불변), POP : 생산가능인구, MEMP : 제조업의 취업자수, MGFC : 제조업 총고정자본형성, MGDPR : 제조업의 부가가치비중, ( )안은 t값, R^2는 결정계수, DW는 더빈왓슨 통계치임

2) 상기추정식들을 ADF방식에 의해 각각 공적분 검정을 수행한 결과 1% 유의수준에서 공적분 관계가 존재하는 것으로 나타남. 해당변수들의 단위근검정에서는 모든 변수들이 I(1)과정을 따르는 것으로 나타남

제3절 시사점

시장개방과 고용창출 간의 관계 분석에서 다음 2가지 시사점을 도출할 수 있다.

1. 향후 저출산 고령화 현상이 심화되고 과거와 같은 높은 투자증가율도 기대하기 어려운 가운데 시장개방의 지속적 확대는 경제전체의 고용 확대에 긍정적인 영향을 미칠 것으로 예상됨

다만 제조업 부문의 경우에는 경제의 서비스화가 더욱 진전될 것으로 예상되므로 투자확대가 미흡할 경우 시장개방에 따른 고용조정으로 전반적인 고용창출이 부진할 것으로 전망된다.

2. 이 같은 상황 하에서 시장개방이 우리 경제의 고용창출에 미치는 긍정적인 효과를 극대화하기 위해서는 다음 5가지 방안들을 적극적으로 추진할 필요가 있음

① 시장개방에 따라 불가피하게 발생하는 산업간 고용조정을 원활히 하기 위해서는 전직지원제도의 강화 노력이 필요하다.

② 창업절차 간소화 등 진입규제(entry regulation)의 완화를 통하여 창업의 활성화를 도모하는 한편 불필요한 각종 기업 관련 규제들을 철폐함으로써 투자활성화(investment vitalization)를 도모해야 한다.

③ 국내외 기업의 경영활동에 지장을 줄 수 있는 노동규제를 완화하여 기업활력을 제고하는 한편 노동시장의 경직성을 완화시켜 과도한 노동절약적 방식으로의 생산구조 전환을 방지해야 한다.

④ 시장개방에 따라 고기술 및 저기술산업을 막론하고 고숙련 근로자의 수요가 증대될 것으로 예상되므로 산업인력 수요의 변화에 적극적으로 대처하기 위한 인적자본(human capital) 확충방안을 모색해야 한다.

⑤ 시장개방의 확대는 생산성(productivity) 제고를 통해 경제성장을 촉진하고 궁극적으로는 고용확대에도 기여하게 되므로 경제전체를 혁신하는데 전역량을 결집시켜야 한다.

제12장

수출고도화에 대한 진단

수출이 국민경제에서 차지하는 비중이 확대되고 이에 따른 경제성과(economic performance)로 인하여 수출과 경제성장 간의 유의적 관계(significant relationship)와 수출 결정요인을 분석하는 다수의 연구들이 진행되어 왔는데 주로 생산성(productivity)을 중심으로 설명되어 왔다. 이는 생산성이 경제성장(economic growth)과 가장 밀접한 관계를 가지고 있으며 가격변수(price variable)에 영향을 주는 가장 중요한 변수이기 때문이다. 생산성이 높은 품목의 생산은 실질환율(real exchange rate) 상승과 더불어 가격경쟁력(price competitiveness)을 제고시키고 수출증대로 연결됨으로써 유의적인 경제적 성과를 발생시킬 것으로 예상된다.

이러한 생산성을 중심으로 과거 우리의 수출증대와 이에 따른 경제성장을 설명하기 위해서는 우리의 수출증대 요인이 기존 수출 품목의 생산성이 지속적으로 제고된 데 기인하거나, 높은 생산성을 가진 수출품목으로 수출구조가 전환한 데 기인한 것으로 판단해야 한다. 이 중 우리의 주력 수출품목이 지속적으로 변화하여 왔다는 점을 고려한다면 과거 지속적인 수출증대는 수출구조의 변화와 무관하지 않다는 점을 추정할 수 있다. 그리고 수출구조의 변화가 생산성 증대방향과 일치한다면 현재의 수출구조의 특징을 파악하는 것이 향후 경제적 성과를 달성하기 위해 중요한 의미를 지닌다는 점을 시사한다.

본장은 수출구조의 변화와 함께 수출구조가 창출해 내는 부가가치수준 - 고도화수준 - 을 파악(이하 수출생산성)하고 향후 지속적인 경제성장을 위한 수출구조 전환의 필요성을 분석한 산업연구원의 보고서를 중심으로 살펴보고자 한다.

제1절 수출구조 변화

우리의 수출구조를 주요 수출품목을 중심으로 살펴보면 1990년 초에는 의류와 반도체, 조선, 영상기기, 신발 등이 주력 수출품목이었다. 2000년에는 반도체와 컴퓨터, 자동차, 석유제품 등이 주요 수출품목을 구성하였다. 2005년에는 무선통신기기가 주력 수출품목군이 되었으며 자동차부품도 주요 수출품목군에 포함되었다. 반면에 의류와 신발 등은 2000년 이후 주력 수출품목군에서 제외되었다.

이 같은 수출구조 변화와 더불어 우리의 수출규모는 1990년 650억 달러에서 2000년 1,723억 달러, 2005년에는 2,844억 달러로 크게 증가하였다. 국민경제에서 차지하는 비중도 1970년 명목 국내총생산(GDP) 대비 10.0%에서 1980년 27.2%, 2000년 34.4%, 2005년에는 36.7%까지 증가하였다. 또한, 전체 국민경제 규모도 확대되어 실질GDP는 1990년에서 2005년 사이 2배 이상 증가하였다.

그러나 과거 우리의 경험에서처럼 지속적으로 수출이 증대되고 교역비중이 확대되면서 경제성장이 보장되는 것은 아니다. 이는 선진국을 제외한 다수의 국가들의 사례에서 알 수 있듯이 각국의 경제적 성과가 개선되지 않았다는 현실적인 사실들에 기인한다. 산업연구원의 분석에 따르면 각국의 교역규모 비중변화(GDP 대비 수출비중)와 1인당 GDP 증가율 간의 상관계수는 0.30으로 매우 낮은 상관관계를 나타내고 있다. 이론적으로는 비교우위(comparative advantage)에 의해 결정된 수출구조와 교역확대를 통해 더 나은 경제적 성과를 이루어야 하나 나타난 현상은 이론적 측면을 반영하지 못하고 있다. 이는 우리의 경우에도 예외일 수는 없다. 향후에 과거와 같은 수출증대를 통해 지속적인 경제적 성과를 유지할 것이라는 보장은 없다.

이에 일국의 경제적 성과를 달성하기 위한 수출품목의 특화 정도를 살펴보는 것은 중요한 의미가 있으며 동시에 수출에 의한 생산성 수준을 살펴보는 것도 중요하다. 이는 수출구조의 변화가 수출생산성 증가를 수반하지 않는다면 향후에도 지속적인 경제성장을 유지하기 어렵기 때문이다.

〈표 12-1〉 주요 수출품목 비중 추이

(단위 : %)

순위	1990		2000		2005	
	품목명	비중	품목명	비중	품목명	비중
1	의 류	11.7	반도체	15.1	반도체	10.5
2	반도체	7.0	컴퓨터	8.5	자동차	10.4
3	선 박	4.4	자동차	7.7	무선통신기기	9.7
4	영상기기	5.6	석유제품	5.3	선 박	6.2
5	신 발	6.6	선 박	4.9	석유제품	5.4
6	인조장섬유직물	3.6	무선통신기기	4.6	컴퓨터	5.0
7	컴퓨터	3.9	합성수지	2.9	합성수지	3.6
8	철 강	3.8	철 강	2.8	철 강	3.6
9	음향기기	3.8	의 류	2.7	자동차부품	3.0
10	자동차	3.0	영상기기	2.1	영상기기	2.6

주 : MTI 3단위 기준
자료 : 한국무역협회, KOTIS

제2절 교역재 생산성 산출

산업연구원은 수출특화(export specialization)에 따른 경제적 성과를 살펴보기 위해 우선 교역재(traded goods)의 수출특화에 따른 생산성을 파악하고 이를 통한 국가간 수출생산성을 분석하였다. 우선 교역재의 생산성은 다음 3단계를 통해 파악하였다.

① 펀더멘털 요소와 비용발견 과정을 통해 특화된 수출제품들은 현시비교우위(revealed comparative advantage)지수를 통한 그 특화 정도 파악
② 특화된 수출제품들을 생산하는 국가들의 1인당 GDP 파악
③ 각국의 현시비교우위지수와 1인당 GDP의 곱을 통해 해당 제품의 생산으로부

터 얻은 소득 및 생산성 수준 파악[1)]

수출생산성 산식을 이용하여 HS코드 4단위 기준 각 품목별 생산성을 살펴보았으며 총 1,242개 품목 중 생산성이 높은 상위 10개 품목을 선택하여 살펴보았다. 품목별 생산성을 산출한 결과 2003년 기준 가장 높은 생산성을 보이고 있는 품목은 핵산 및 기타 헤테로고리 화합물로 나타났다.

〈표 12-2〉 교역재 수출생산성 수위(HS코드 기준 상위 10개 품목)

(2003년 기준)

순위	품 명	HS코드(4단위)
1	핵산 및 그들의 염과 기타 헤테로고리 화합물	2934
2	군용화기	9301
3	니켈의 괴	7502
4	기타 유기-무기화합물	2931
5	기계적 및 화학적 펄핑공정을 결합하여 얻은 목재펄프	4705
6	서멧과 그 제품	8113
7	방향성 물질의 혼합물 및 당해 방향성 물질의 하나 이상을 기제로 한 혼합물, 방향성 물질을 기제로 한 기타 조제품	3302
8	우라늄광 또는 토륨광과 그 정광	2612
9	질소헤테로고리 화합물	2933
10	정형외과용 기기, 골절치료용의 부목과 기타 골절치료구, 인조의 인체 부문, 보청기, 결함, 불구를 보정하기 위하여 착용 또는 휴대하거나 인체에 삽입하는 기기	9021

10위 이내에 포함되어 있는 품목들을 살펴보면 대부분 기술집약적 품목들(technology-intensive products)로 구성되어 있는 것으로 판단되며 MTI 2단위 기준으로 살펴볼 때 그 특징은 더욱 분명하게 나타났다. 32개 부문으로 구분한 MTI 기준 품목별 수출생산성을 살펴보면 상위 5개 품목에 기계류 품목과 화학제품이 높은 생산성을 보이는 것으로 나타났다. 이 중 무기류가 수출생산성이 가장 높은 것으로 나

1) 산업연구원은 각국의 k교역재에 대한 수출액은 UN에서 공표하고 있는 COMTRADE를 이용하였으며 품목분류는 HS코드 4단위를 기준으로 분류하였다. PPP기준 일인당 GDP는 World Development Indicators의 자료를 이용하였으며 총 국가 수는 관측기간(1994~2003년) 중 자료의 획득이 가능한 총 67개국을 선정하였고 동 국가들을 COMTRADE 내에 있는 국가와 일치시켰다(산업연구원, 산업경제분석, 2006. 7. pp. 63~71 요약・재구성).

타났으며 2순위로는 기타화학제품, 3순위는 정밀기계가 차지하는 것으로 분석되었다.

〈표 12-3〉 교역재 수출생산성 순위(MTI기준 상위 5개 품목)

(2003년 기준)

순 위	품 명	MTI코드
1	무 기 류	97
2	기타화학제품	29
3	정 밀 기 계	73
4	정 밀 화 학	22
5	일 반 기 계	71, 72, 75

제3절 수출생산성 분석

산업연구원은 전술한 각 제품의 소득·생산성 수준을 기반으로 각 국가의 수출생산성을 도출하였다. 국가간 수출생산성을 비교해 보면 1994년 기준 가장 높은 수출생산성을 기록한 국가는 아이슬란드이며 2위는 스위스, 3위는 일본 순으로 나타났다. 한국은 18위를 기록하였으며 중국은 35위를 기록하였다.

〈표 12-4〉 각국의 수출생산성 순위(1994년 기준)

국 가	수출생산성	순 위	국 가	수출생산성	순 위
아이슬란드	17250	1	오스트리아	15304	11
스 위 스	16642	2	싱가포르	15154	12
일 본	16526	3	캐 나 다	15021	13
아일랜드	15992	4	프 랑 스	14765	14
독 일	15848	5	네덜란드	14554	15
스 웨 덴	15812	6	스 페 인	14461	16
핀 란 드	15795	7	이탈리아	14324	17
미 국	15792	8	한 국	13884	18
덴 마 크	15409	9	뉴질랜드	13663	19
영 국	15367	10	멕 시 코	13615	20

각국의 수출생산성(2003년 기준)을 측정한 결과에 따르면 가장 높은 수출생산성

을 기록하고 있는 국가는 아일랜드로 나타났으며 2위는 스위스, 3위는 아이슬란드 순으로 나타났다. 총 67개의 조사대상국 중 G-7(Group of Seven, 미국 · 일본 · 독일 · 영국 · 프랑스 · 이탈리아 · 캐나다) 국가는 모두 17위 이내의 순위에 있는 것으로 나타났다. 한국의 경우 2003년 기준 수출생산성 순위는 14위를 기록하여 1994년보다 다소 높은 순위를 기록하였다.

〈표 12-5〉 각국의 수출생산성 순위(2003년 기준)

국 가	수출생산성	순 위	국 가	수출생산성	순 위
아일랜드	21825	1	프 랑 스	17551	11
스 위 스	20795	2	오스트리아	17117	12
아이슬란드	20305	3	네덜란드	17100	13
일 본	18787	4	한 국	17006	14
독 일	18602	5	캐 나 다	16993	15
스 웨 덴	18547	6	영 국	16933	16
싱가포르	18528	7	이탈리아	16917	17
미 국	18320	8	헝 가 리	16904	18
핀 란 드	18267	9	체 코	16890	19
덴 마 크	17570	10	스 페 인	16774	20

제4절 수출생산성과 경제성장의 관계

이 같은 수출생산성은 1인당 GDP(PPP 기준)와 밀접한 선형관계(linear relationship)를 나타냄으로써 수출생산성과 경제적 성과 간의 유의적 관계를 추정할 수 있다. 보다 명확히 살펴보기 위해 산업연구원은 단순회귀모형(simple regression model)을 설정하였으며 수출생산성이 경제성장에 미치는 영향을 살펴보기 위해 종속변수(dependent variable)로 1994년부터 2003년까지의 각국의 경제성장률을 설정하였고 이에 대해 초기치에 해당하는 1994년의 수출생산성을 설명변수(explanatory variable)로 설정하였다. 2단계 최소자승법을 이용하여 추정하였으며 도구변수(instrumental variable)로 인구증가율을 이용하였다. 이는 각국의 기술수준이나 인적자본(human capital) 수준이 모호한 상황에서 투자자 수는 생산성을 결정하는 유일한 변수로 작용할 것으로 예상되며 이에 인구증가율을 투자자 수의 대리변수로 이용하였다.

GDPrate = -3.5098 + 0.4026 · LEXY D.W. = 1.83
(-3.122) (3.320)

추정결과에 의하면 경제성장이 수출생산성에 영향을 주는 가능성을 배제할 경우 수출생산성이 경제성장에 미치는 영향은 보다 높게 추정되는 것으로 나타난다. 즉, 초기 수출생산성이 기존보다 2배 이상 높아질 경우 각국의 GDP 증가율은 연평균 약 4%포인트 이상 증가하는 것으로 나타났다.

제 5 절 수출구조 변화의 필요성

상기한 수출생산성과 경제적 성과 간의 유의적 관계가 존재하는 가운데 우리의 수출생산성이 지속적으로 증대되어 왔다는 점은 고무적인 현상으로 평가할 수 있다. 그럼에도 불구하고 향후 지속가능한 경제적 성과(sustainable economic performance)를 이루기 위해서는 고려해야 할 문제점이 존재한다. 이는 최근 우리의 수출생산성 증가율이 1인당 GDP 증가율의 추이보다 낮다는 것이다. 1인당 GDP의 증가는 경제의 자원이 낮은 생산성에서 높은 생산성을 지닌 품목 내지 산업으로 이동된다는 점을 의미하며 고도화된 수출품목을 생산하여 수출함으로써 얻어지는 이득이 노동이동과 더불어 경제전반에 파급됨을 나타낸다. 2003년까지 현재 한국의 수출생산성 증가율은 1인당 GDP 증가율보다 낮은 수준을 지속하여 왔다.

이는 1인당 GDP가 현재의 수출구조에서 얻을 수 있는 생산성 또는 부가가치(value added) 수준에 점차 근접하고 있음을 의미한다. 즉, 부가가치가 높은 신규산업의 생성이 느리거나 생산성이 높은 산업으로의 신규진입이 이미 크게 진행되었다는 점을 예상할 수 있다. 이 같은 추세가 지속될 경우에는 특정 주요 품목의 기술수준의 혁신(innovation)이나 신제품, 신산업이 유발되지 않는 이상 향후 수출을 통한 경제성장이 둔화될 수 있음을 시사한다고 할 수 있다.

제6절 시사점

과거 우리의 경제성장은 높은 수출생산성 품목을 중심으로 구조전환하면서 현저한 경제적 성과를 이루었다. 그러나 현재 수출구조 하에서의 수출증대가 향후에도 높은 경제적 성과를 발생시킬 것이라는 보장은 없다. 우리의 수출생산성 순위(2003년 기준)는 전체 67개 비교대상 국가 중 14위로 상위에 위치하고 있다. 그러나 전술한 바와 같이 우리의 수출구조는 현재의 구조 하에서 창출될 수 있는 경제발전 수준에 근접한 것으로 판단된다. 또한, 품목별 수출생산성 측면에서 살펴보면, 우리는 수출구조 면에서 수출생산성 상위품목의 비중이 상대적으로 크지 않은 것으로 추정된다. 따라서 향후 수출을 통한 지속가능한 경제적 성과를 이루기 위해서는 수출품목에 대한 생산성 제고가 필요하며 높은 생산성을 지니고 있는 수출품목으로의 구조변화가 요구되고 있다.

이를 위해서 다음 4가지 측면을 고려해야 한다.

1. 기존 사업에 대한 기술수준 및 기술체화 능력의 제고 및 신규 사업에 대한 진입 규제완화와 외국인투자에 의한 사업진입 규제완화

이 같은 요인들이 해소될 경우 기업들은 자유로운 창업과 시장진입을 통하여 기업의 창의성과 공정한 경쟁(fair competition)이 보장되고 사업진입에 따른 정보파급과 공유를 통하여 생산성이 높은 수출구조로의 변화를 촉진시킬 것으로 기대된다. 특히, 외국인투자에 의한 기존 사업 확장 및 신규 사업의 생성은 수출구조 변화 기간을 단축시킬 수 있다.

2. 중소기업의 기술경쟁력 제고를 위한 지원사업 강화

상위 수출품목군이 대부분 고기술 산업군에 속해 있고 부품·소재산업군임을 고려하여 동 산업군에 속한 중소기업의 기술경쟁력 제고를 위해 지원사업을 강화할 필요가 있다.

3. 인적 자본의 축적과 기술혁신에 의한 수출구조의 동태적 변화가 가능하므로 수출구조 변화 방향 설정을 위한 수출품목의 생산성 변화추이 파악

현재 높은 생산성을 유지하고 있는 수출품목들이 높은 기대수익을 보장하는 것은 아니다. 최상위 생산성 품목들이 항상 가장 높은 생산성 증가율을 나타내는 것은 아니며 증가폭이 점차 둔화될 수 있음을 인식해야 한다.

4. 상품 경쟁력 제고 및 수요변동요인 분석

천연자원(natural resources) 같은 펀더멘털 요인(fundamental factor)에 기초한 수출품목은 생산이 불가능하며 수출품목들의 생산성 변동은 상품의 경쟁력과 함께 수요변동 요인에도 영향을 받을 수 있다는 점을 고려해야 한다.

제13장

대중 직접투자 및 수출 분석

한국기업의 대중 직접투자는 외환위기(foreign exchange crisis) 이후 정체되었으나 2001년말 중국의 세계무역기구(WTO) 가입을 계기로 급속히 증가하고 있다. 1996년 9억 3,000만 달러에서 1999년 3억 7,000만 달러까지 감소하였던 대중 직접투자는 2005년에는 26억 3,000만 달러로 급증하였다. 경제규모(GDP) 대비 대중 직접투자 비중도 1996년 0.27%에서 2005년 0.66%로 상승하였다.

대중 직접투자는 저기술 노동집약적 산업(low technology labor-intensive industry)을 중국으로 이전하여 국내 산업구조의 고도화를 유도하고 한중 경제협력을 강화하였다는 긍정적인 측면이 있는 반면에 국내 설비투자 및 수출의 둔화를 초래하여 국내 제조업의 공동화(hollowization)를 유발할 수 있다는 부정적 측면도 제기되고 있다. 특히, 대중 직접투자와 수출의 관계에 대해서는 투자의 증가가 자본재 및 원부자재의 수출을 유발하여 국내 수출에 긍정적인 기여를 하는 측면과 대중 투자 기업의 제품이 한국에서 생산된 제품을 대체하면서 수출에는 부정적인 영향을 미친다는 상반된 시각이 존재하고 있다.

우리의 해외직접투자와 수출과의 관계에 대해 다수의 연구가 시도되었는데 대부분의 연구결과는 해외직접투자가 수출을 증가시키는 것으로 나타났다. 그러나 최근의 연구에서는 세계 해외직접투자와 제조업 전체를 대상으로 한 분석이 주류를 이루고 있다. 중국이 우리의 최대 투자국이자 수출국으로 국내경제에 매우 중요한 의

미를 가지고 있음에도 불구하고 대중 직접투자와 수출과의 연구는 아직 초기단계로 평가할 수 있다. 특히, 대중 직접투자와 수출은 산업별로 상당히 상이한 특성을 보임에도 불구하고 대중 직접투자와 수출 간의 산업별 실증분석은 본격적으로 이루어지지 않고 있다.

본장에서는 대중 직접투자가 수출에 미치는 영향을 제조업 전체와 함께 산업별로도 분석한 산업은행의 보고서를 중심으로 살펴본다.[1]

해외직접투자와 수출 간의 관계는 투자의 동기, 기간, 투자대상 산업의 특성 등에 따라 보완관계와 대체관계가 복합적으로 발생하므로 해외투자에 의한 수출효과를 일반화하는 데는 어려움이 존재한다. 따라서 산업은행은 대중 직접투자와 수출과의 관계에 대한 계량경제모형(econometric model)을 구성하여 직접투자와 수출과의 관계를 실증적으로 분석하였다.[2]

제 1 절 대중(對中) 직접투자 및 수출의 특징

1. 대중 직접투자

1.1 대중 투자집중현상 심화

대중 직접투자는 외환위기에 따른 국내 기업들의 구조조정 등의 영향으로 1996년 9억 3,000만 달러에서 1999년 3억 7,000만 달러까지 감소하였다. 그러나 2001년말 중국의 WTO 가입에 따른 투자환경(investment environment) 개선 등을 계기로 다

1) 해외투자가 투자국의 경제에 미치는 영향 중 고용효과도 중요하나 고용효과가 수출증대 및 감소를 통한 수출효과에 간접적으로 크게 영향을 받는 것으로 인식되어 있으므로 산업은행은 수출효과를 중심으로 분석하였다(산업은행, 산은조사월보, 2006. 9. pp. 34~59 요약·재구성).

2) 산업은행은 분석을 위해 VECM(Vector Error Correction Model)을 사용하였으며 대중 직접투자가 수출에 미치는 동태적 반응을 살펴보기 위해 VECM에 대한 충격반응분석(Impulse Response Analysis)을 실시하였다. 또한, 산업별로 대중 직접투자변수가 수출에 어느 정도 설명력을 가지는지 살펴보기 위하여 분산분해(Variance Decomposition) 분석을 실시하였다.

시 증가하기 시작하여 2002년 최초로 10억 달러를 초과하며 대미 직접투자액을 추월하였다. 이 같은 대중 투자의 증가세는 2002년 이후에도 지속되어 2002~2005년 중 연평균 36.5%를 기록하였으며 현재까지 중국은 우리의 최대 투자대상국으로서의 지위를 유지하고 있다. 2005년 기준 우리의 대중 직접투자액(투자실행액 기준)은 27억 3,000만 달러로 전체 해외투자의 40.5%를, 투자건수(2,242건) 기준 51.1%를 기록하였다.

상기한 대중 직접투자의 증가세는 세계적인 추세와 비교하여도 매우 빠른 것으로 나타났다. 우리의 대중 투자비중을 세계 대중 직접투자비중으로 나누어 우리의 중국에 대한 투자와 세계투자를 비교한 대중 투자집중도는 〈표 13-1〉에 나타나 있다. 〈표 13-1〉에서 알 수 있듯이 1996년 3.03을 기록한 이후 매년 지속적으로 증가하여 2004년에는 15.71로 1996년 대비 5배 이상 높아졌다. 반면에 지리적으로 중국과 인접하고 있으며 중국의 최대 투자국이기도 한 일본의 경우 1999년 대중 투자집중도가 3.58을 기록한 이후 2000년 이후 3을 초과하지 못하고 있다. 미국과 영국의 대중 투자집중도도 지속적으로 1(2003~2004년 중 : 0.5 미만)을 초과하지 못하고 있다. 각국의 대중 투자집중도(2004년 기준)는 한국이 15.71로 일본(2.12), 영국(0.15), 미국(0.21) 등 주요 국가에 비해 지나치게 높은 수준을 유지하고 있어 투자측면에서 중국경제 의존도가 심화되고 있다.

〈표 13-1〉 주요 국가의 대중(對中) 직접투자 집중도 추이

	1996	1997	1998	1999	2000	2001	2002	2003	2004
한 국	3.03	4.45	5.79	8.29	9.07	14.02	12.86	15.11	15.71
일 본	1.49	1.54	2.15	3.58	2.82	0.89	1.61	2.02	2.12
영 국	0.36	0.28	0.15	0.14	0.15	0.28	0.67	0.13	0.15
미 국	0.38	0.31	0.45	0.55	0.93	0.56	0.50	0.41	0.21

주 : 1) 대중 투자집중도 it = i국의 t년도 대중 직접투자액/i국의 t년도 해외직접투자액 t년도 중국의 총 직접투자유입/t년도 세계 총 해외투자 유입
2) 중국관련 통계는 중국통계연감을, 국가별 해외직접투자유입액은 UNCTAD의 통계 사용

자료 : 1) 중국통계출판사, 중국통계연감, 각호
2) UNCTAD FDI Statistics(www.unctad.org/fdistatisics)

GDP 대비 대중 직접투자 비중도 증대되고 있다. 1996년 0.27% 수준을 나타냈던

GDP 대비 대중 직접투자 비중은 지속적으로 증가하여 2004년에는 0.92%까지 증가하였다. 이는 미국과 영국의 GDP 대비 대중 직접투자가 2002년 이후 감소하고 있는 것과 상반되는 현상이다. 우리의 GDP 대비 대중 직접투자(2005년 기준)는 0.66%로 2004년에 비해 감소하였으나 일본의 0.14, 미국의 0.02, 영국의 0.04보다 월등히 높은 수준을 유지하고 있다.

〈표 13-2〉 주요 국가의 GDP 대비 대중 직접투자 비중 추이

(단위 : %)

	1996	1997	1998	1999	2000	2001	2002	2003	2004	2005
한 국	0.27	0.41	0.52	0.29	0.29	0.44	0.50	0.74	0.92	0.66
일 본	0.08	0.10	0.09	0.07	0.06	0.05	0.11	0.12	0.12	0.14
미 국	0.04	0.04	0.04	0.05	0.04	0.04	0.05	0.04	0.03	0.02
영 국	0.11	0.14	0.08	0.07	0.08	0.07	0.17	0.04	0.04	0.04

자료 : 1) 중국통계출판사, 중국통계연감, 각호
2) UNCTAD FDI Statistics(www.unctad.org/fdistatisics)

1.2 제조업 투자 편중

1996년 이후 대중 해외투자를 산업별로 살펴보면 제조업이 대중 투자액의 84.1%(112억 달러)를 차지하여 대중 해외투자를 주도하고 있다. 이는 동 기간 중 세계 해외직접투자에서 제조업이 차지하는 비중인 53.2%(273억 달러)를 크게 상회하는 수준이다. 다음으로는 무역업이 포함되어 있는 도소매업이 전체의 5.1%인 6억 8,000만 달러를 차지하고 있으나 제조업에는 크게 못 미치는 수준으로 평가할 수 있다.

산업별 구조에서 또 다른 특징으로는 서비스업이 최근 들어 금액에서 차지하는 비중이 증대되고 있다는 점이다. 대중 서비스업 투자 비중은 본격적인 투자가 시작된 1996년 0.3%를 나타내었으나 IT서비스를 중심으로 중국 진출이 활발히 이루어져 2005년에는 비중이 4.7%까지 상승하였다.

〈표 13-3〉 산업별 대중 투자 추이(투자실행액 기준)

(단위 : 천 달러, %)

	제조업	건설업	도소매업	숙박 음식점업	서비스업	기타	합계
1996	729,506	51,709	44,188	48,927	3,074	52,330	929,734
1997	482,193	43,940	39,109	85,143	2,759	85,394	738,538
1998	602,596	18,190	3,247	2,587	7,172	61,454	695,246
1999	288,351	12,450	12,684	5,259	3,635	43,537	365,916
2000	544,043	16,275	49,866	57,536	13,307	31,253	712,280
2001	601,157	651	13,969	2,950	22,453	6,027	647,207
2002	919,585	30,193	24,008	4,753	41,067	13,853	1,033,459
2003	1,477,381	10,527	72,853	6,114	46,525	41,853	1,655,253
2004	2,079,647	33,476	89,555	20,590	59,345	25,913	2,308,526
2005	2,157,197	61,935	208,252	24,559	96,023	83,475	2,631,441
2006	1,294,611	27,446	124,788	10,588	74,859	44,452	1,576,744
합 계	11,176,267	306,792	682,519	269,006	370,219	489,541	13,294,344
(비중) (연평균증가율)	(84.1) (12.8)	(2.3) (2.0)	(5.1) (18.8)	(2.0) (△7.4)	(2.8) (46.6)	(3.7) (5.3)	(100) (12.3)

주 : 1) 2006은 1~6월 중 누계액임
2) 비중은 1996년~2006년 6월 중 비중, 연평균증가율은 1996~2005년 중 증가율을 의미함

자료 : 수출입은행 해외투자통계

〈표 13-4〉 대중 해외투자의 산업별 비중(2005년)

(단위 : %)

제조업	도소매업	서비스산업	건설업	광업	운수항고업	부동산업
82	8	4	2	1	1	1

자료 : 수출입은행 해외투자통계

전체 대중 직접투자의 산업별 비중(2005년 기준)을 살펴보면 전체 투자에서 제조업이 82%로 가장 높은 비중을 차지하고 있다. 제조업 중에서는 전자통신기기(22%)와 수송기계(20%) 등 중화학산업이 높은 비중을 차지하고 있다. 제조업을 중화학공업과 경공업으로 구분해 보면 시간의 경과에 따라 경공업의 비중이 감소하고 중화학공업의 비중이 증가했다. 예를 들면, 섬유의복·신발가죽(경공업)의 경우

는 1990년대 초까지 국내 대중 투자의 28~42%를 차지하면서 국내 대중 제조업 투자 중 가장 높은 비중을 차지하였으나 1990년대 중반 이후 투자 비중이 급격히 하락하여 2005년말 기준 전자통신기기산업의 50% 수준인 43억 1,000만 달러를 기록하여 12.4%를 차지하고 있다. 반면에 전자통신기기산업, 수송기계산업 등 중화학공업의 비중은 크게 상승하였다.

특히, 전자통신기기산업의 경우 1998년에는 전체 제조업 투자의 49.3%까지 증가하는 등 최근 10년 중 지속적으로 가장 높은 투자비중을 나타내고 있다. 수송기계산업 역시 현대자동차의 대중 투자가 본격적으로 시작된 2002년 이후 투자비중이 크게 상승하여 1996년 8.5%에서 2005년에는 19.8%를 기록하였다. 2006년 상반기 중 대중 해외투자는 이 같은 경향이 더욱 뚜렷이 나타나 전자통신기기산업과 수송기계가 각각 47.3%, 10.9%를 차지하여 전체 대중 해외투자의 58.2%로 대부분을 차지한 반면 섬유의복·신발가죽의 경우는 그 비중이 6.9%까지 하락하였다.

이는 1990년대 초까지 우리 기업의 대중 직접투자는 국내 임금수준 급등 등으로 가격경쟁력(price competitiveness)을 상실한 경공업이 중국으로 생산기지를 이전하는 사례가 대다수를 나타낸 반면 시간의 경과에 따라 자본집약적인 중화학공업으로 투자의 중심이 전환되고 있음을 시사한다.

2. 대중 수출

2.1 대중 수출의존도 심화

우리의 대중 수출의존도 역시 최근 들어 급상승하고 있다. 대중 수출은 1996년 최초로 100억 달러를 초과한 이후 6년만인 2002년 200억 달러를 돌파하고 2005년에는 1996년 수출액의 5.4배에 해당하는 620억 달러를 기록하였다. 중국은 2001년에는 일본과 동남아시아국가연합(ASEAN)을 추월하고, 2002년에는 유럽연합(EU)을, 2003년에는 미국을 추월하여 우리의 최대 수출대상국가로 부상하였다.

우리 수출의 대중 의존도(대중 수출/대세계 수출)는 1996년 8.8%에서 2005년에는 22.7%로 제고되었다. 이는 경쟁국에 비해서도 매우 높은 수준으로 우리 경제가

중국경제, 특히 중국으로의 수출에 크게 영향을 받는 구조로 전환되고 있음을 나타낸다.3)

업종별로 살펴보면 기계장비산업, 석유화학산업의 경우 대중 수출의존도(2005년 기준)가 35% 정도로 매우 높은 수준을 나타내고 있다. 섬유의복·신발가죽, 전자통신기기산업의 경우에도 20%를 초과하고 있다. 특히, 전자통신기기산업의 경우 1996년 2.5%에 불과하였던 대중 수출의존도가 2005년에는 21.2%까지 상승하였으며 그 동안 중국에 대한 의존도가 상대적으로 낮았던 수송기계산업의 대중 수출의존도도 점차 제고되는 추세를 보이고 있다.

〈표 13-5〉 업종별 대중 수출의존도 추이

(단위 : %)

	전산업	전자통신기기	수송기계	석유화학	기계장비	섬유의복 신발가죽
1996	8.8	2.5	1.4	20.7	18.1	15.1
1997	10.0	3.5	1.1	22.3	16.6	16.6
1998	9.0	3.5	1.2	22.9	12.5	14.3
1999	9.5	4.4	0.7	23.4	13.3	15.0
2000	10.7	5.7	0.8	25.2	15.7	16.9
2001	12.1	7.2	1.0	27.9	17.2	17.8
2002	14.6	12.3	1.4	30.2	22.6	18.4
2003	18.1	16.0	4.3	31.4	30.4	19.9
2004	19.6	17.4	5.5	33.8	34.7	20.5
2005	21.8	21.2	6.2	34.7	36.2	23.1

자료 : 한국무역협회, www.kita.net

3)

주요 경쟁국의 수출 중 대중 수출이 차지하는 비중(단위 : %)

	한 국	미 국	일 본	싱가포르	대 만	독 일
2004	19.6 (22.1)	4.3 (5.0)	13.1 (16.7)	8.6 (10.0)	17.3 (25.8)	2.9 (3.2)

주 : ( )안은 홍콩을 통한 간접교역을 포함한 비중임

자료 : 전국경제인연합회, 차이나리스크 평가와 영향, 2006. 2.

2.2 부품 · 소재 편중

최근 우리의 대중 수출의 가장 주요한 특징으로는 부품 · 소재의 수출의존도가 높아진 것을 지적할 수 있다. 전체 대중 수출 중 부품 · 소재의 비중은 1996년 45.7%(52억 달러)에서 2005년 60.7%(375.7억 달러)로 높아졌으며 동 기간 중 우리의 전체 부품 · 소재 수출 중 대중 부품 · 소재 수출도 9.4%에서 30.3%로 급상승하였다. 1996~2005년 중 대중 부품 · 소재 수출의 연평균 증가율은 24.6%로 동 기간 중 대중 수출이 연평균 20.7% 증가한 것을 고려할 때 부품 · 소재가 대중 수출을 견인하였다고 평가할 수 있다.

〈표 13-6〉 대중 부품 · 소재 수출이 세계 부품 · 소재 수출에서 차지하는 비중

(단위 : 백만 달러, %)

	1996	2001	2005	연평균 증가율
대중 부품 · 소재 수출	5,197	9,631	37,571	24.6
전체 부품 · 소재 수출 비중	9.4	15.5	30.3	-
대중수출	11,377	18,190	61,915	20.7
전체 수출 중 비중	8.8	12.1	21.8	-

자료 : 한국무역협회 한국무역통계, 부품 · 소재 통계정보

부품 · 소재의 대중 수출의존도가 높아지고 있는 요인은 〈표 13-7〉에서도 알 수 있듯이 최근 중국에 진출한 우리 기업들이 중국 내 생산에 필요한 중간재(indermediate goods)의 상당부분을 한국으로부터 수입하고 있는 데서 찾을 수 있다. 중국 제조업 현지법인은 2004년에 국내로부터 전체 매입의 51.3%를 조달하고 있는 것으로 나타났다. 세부 산업별로는 전자통신기기산업과 1차금속산업의 국내로부터 매입비중이 높은 반면, 화학화합물과 자동차의 비중이 낮게 나타났다.

〈표 13-7〉 대중 투자 제조업종별 중국 내 매입 구조(2004년 기준)

(단위 : %)

업 종		중국 현지 매입	대한국 수입	제3국 수입
제 조 업		38.9	51.3	9.9
	전자통신	33.4	55.6	9.9
	1차금속	29.1	70.9	0.0
	자동차	54.2	44.8	1.0
	섬유제품	39.9	46.9	13.1
	화학화합물	90.9	6.1	3.0
	고무플라스틱	48.0	22.0	30.0

자료 : 수출입은행, 우리나라 중국 및 미국 투자 현지법인 경영현황 분석, 2006.

제2절 기존 문헌 연구

해외직접투자(FDI : Foreign Direct Investment)는 개인, 기업, 또는 정부가 해외 기업의 경영에 직접 참여하여 영업이익을 획득하기 위한 목적으로 기업이 보유하고 있는 생산요소·자본·기술·경영 노하우 등 경영자원(business resources)을 종합적으로 현지에 이전하는 경영체제의 국제이전(international transfer of business system) 형태를 의미한다. 국내 외국환거래법에 의하면 해외직접투자는 다음 2가지를 지칭한다.4)

① 외국법령에 의하여 설립된 법인(설립 중인 법인 포함)이 발행한 증권을 취득하거나 당해 법인에 대한 금전의 대여 등을 통하여 당해 법인과 지속적인 경제관계를 수립하기 위하여 행하는 거래 또는 행위로서 대통령령이 정하는 것

4) 시행령을 살펴보면 외국법인 발행주식 총 수 또는 출자액에서 차지하는 비율이 10% 이상인 투자를 국내법에서는 해외직접투자로 지칭한다. 국내 외환거래법은 예외적으로 취득비율이 10% 미만이라도 다음 4가지의 경우 해외직접투자로 인정해 주고 있다. ① 임원의 파견, ② 계약기간이 1년 이상인 원자재 또는 제품의 매매계약의 체결, ③ 기술의 제공·도입 또는 공동연구·개발 계약의 체결, ④ 해외건설 및 산업설비공사를 수주하는 계약의 체결

② 외국에서 영업소를 설치・확장・운영하거나 해외사업활동을 영위하기 위하여 행하는 자금의 지급으로서 대통령령이 정하는 것

이 같은 해외직접투자는 생산요소인 자본의 해외이전이라는 성격과 생산기술・경영기법 등 각종 생산요소들의 해외이전이라는 다양한 특성을 내포하고 있어 해외투자와 수출 간의 관계를 일반화하기는 용이하지 않다.

1. 이론적 연구

해외직접투자가 투자국[5] 경제에 미치는 효과에 관해서는 직접투자가 무역의 흐름을 대체하는가 아니면 보완하여 증가시키는가 하는 측면[6]에 대한 연구와 분석이 주류를 이루고 있다. 이는 해외직접투자와 수출과의 관계가 투자국의 성장・고용 거시경제에 직・간접적으로 큰 영향을 미치기 때문이다. 이렇게 해외직접투자가 투자국의 수출에 미치는 효과는 보완(complementarity)과 대체(substitution)의 관점에서 크게 2가지(① 수출유발효과, ② 수출대체효과)로 분류할 수 있다.

① 수출유발효과

수출유발효과는 기업의 해외 생산거점의 건설이나 투자에 필요한 생산설비를 투자국에서 조달하여 자본재(capital goods)를 중심으로 투자국의 수출이 증가하게 되거나, 해외생산거점에서 필요한 부품・중간재를 투자국으로부터 조달함으로써 부품・중간재의 수출이 증가하게 되는 것을 의미한다.

② 수출대체효과

수출대체효과는 해외에서 생산된 제품이 투자대상국 및 제3국 시장에서 투자국의 수출제품을 대체하여 투자국의 수출이 감소하게 되는 것으로 주로 소비재관련 투자에서 이 같은 효과가 뚜렷이 나타난다.

5) 본장에서는 해외직접투자 수행국을 투자국(Host Country)으로, 투자가 유입되는 국가를 투자대상국(Recipient Country)으로 표기한다.

6) 이와는 달리 경영학적인 측면에서는 주요 분석관심이 기업이 해외직접투자를 수행하는 원인 등이다.

상기한 수출효과의 상대적인 크기는 주로 투자의 동기와 경과기간에 따라서 상이하게 발생한다.

① 투자의 동기

투자동기별로는 투자의 목적이 현지의 저렴한 노동력 및 자원을 이용한 생산비 절감인 경우는 단기적으로 투자국의 수출이 중간재를 중심으로 증가하는 경향이 있다. 반면에 현지 생산·판매를 목적으로 하는 해외직접투자의 경우는 본국으로부터의 수출을 현지생산이 대체하게 되어 수출을 감소시키게 된다.

② 경과기간

경과기간에 따라서는 투자의 초기단계에서는 수출유발효과가 크게 나타나게 되나 현지법인의 생산이 본격화되면서 수출대체효과가 커지고 역수입효과가 증대되는 것이 일반적이다. 다만 국민경제 전체적으로 보면 개별 투자가 연속적으로 발생하면서 그 효과가 중첩되어 나타나므로 시간의 경과에 따라 반드시 수출대체효과가 수출유발효과를 상회한다고 보기는 어렵다.

이외에도 해외투자는 간접적으로 경로를 통하여 투자국의 수출에 영향을 미치게 된다. Lipsey와 Wesis(1981, 1984)가 지적하였듯이 해외자회사 설립에 의한 모기업에 대한 홍보효과 및 자회사의 영업확대로 투자대상국에서 모기업 제품에 대한 수요를 증가시킬 수 있다. Demurger(2000)의 연구결과에서는 해외투자가 투자대상국의 경제성장을 촉진시킴으로써 궁극적으로 총수요 증가에 의한 투자국의 수출증가효과도 발생하였다. 또한, 연구·개발(R&D : Research and development) 분야에서의 기술선진국에 대한 해외직접투자로 현지에서 개발된 신기술이 본국으로 유입된다면 모기업 제품의 경쟁력이 강화되어 제3국으로의 수출을 증가시킬 수도 있다.

상기한 효과들은 수출에 각기 상이한 방향으로 영향을 미치게 된다. 따라서 대중직접투자가 수출에 미치는 효과를 이론적으로 일반화하기는 용이하지 않다. 해외직접투자와 수출과의 관계를 규명하기 위해서는 실증연구(empirical study)를 통한 분석이 필요하게 된다.

2. 실증연구

해외에서 진행된 실증연구는 1970년대까지의 연구에서는 해외투자와 수출 간의 음(-)의 관계(negative relationship)를 발견하는 경우가 많았으나 최근에 실행된 연구에서는 유의한 양(+)의 관계(positive relationship)를 발견한 연구가 대다수를 차지하고 있다.

이 같은 연구결과의 차이는 분석대상 기간, 변수 등의 차이에 기인하는 것으로 판단되며, 투자 대상 산업별 특성에 따라서도 효과는 상이한 것으로 나타났다.

제 3 절 실증분석

전술한 바와 같이 해외직접투자가 투자국의 수출에 미치는 영향은 해외투자의 동기, 경과기간, 모형화할 수 없는 간접적인 요인이 복합적으로 작용하기 때문에 관계 규명을 위해서는 실증분석이 필요하게 된다. 따라서 산업은행은 최근 국내 경제발전과정에서 가장 큰 이슈로 부상하고 있는 대중 해외투자와 수출 간의 관계를 분석하였다. 산업은행의 연구에서 수출변수는 한국무역협회에서 제공한 한국무역통계 중 수출불량을 사용하였다. 해외투자통계는 수출입은행 해외투자통계에서 제공한 해외투자 실행금액을 사용하였다. 중국의 소득수준을 나타내는 변수로는 중국 상무부에서 제공하는 중국 명목GDP를, 우리 상품의 대중국 경쟁력 변수로는 한국은행 경제통계시스템에서 제공하는 대중원화환율을 사용하였다.[7)]

분석대상 산업은 2005년 기준 대중 직접투자 중 가장 높은 비중을 차지하고 있는 전자통신기기산업, 수송기계산업, 석유화학산업, 기계장비산업, 섬유의복·신발가죽산업으로 한정하였다.[8)] 분석대상 산업의 산업분류는 해외직접투자통계 업종 분류

7) 경쟁력변수로서 대중원화환율을 설정한 이유는 대중원화환율이 상승할 경우 우리 상품의 가격경쟁력이 개선되어 수출에 유리한 요인으로 작용하기 때문이다.

8) 2005년말 기준 제조업 중 1차금속의 대중 직접투자 비중이 10%로 전자통신기기산업과 수송기계산업에 이어 3위를 차지하고 있으나 산업은행은 동 산업을 제외한 5개 산업을 대상

(중분류 13개)에 의거하여 수출물량변수를 조정하였다.

분석 기간은 대중국 수출이 최초로 100만 달러를 돌파한 1996년부터 2006년 2분기까지 총 42분기 간의 분기 자료를 이용하였다.9) 또한, 사용된 변수들은 로그(log) 변환하였으며, 수출물량과 해외투자금액은 시계열(time series)의 특성에 따라 계절성이 나타나는 것은 계절조정을 하였다. 〈표 13-8〉은 모형에서 설정한 변수들의 내역과 기술통계량을 요약 정리한 것이다.

〈표 13-8〉 변수에 대한 기초통계량

변수명	내 용	중앙값	평균	최대값	최소값	표준편차
LFDI	대중 제조업 해외투자 실행액(계절조정)	12.23	12.16	13.57	10.47	0.76
LXQ	대중 제조업 수출물량(계절조정)	22.47	22.48	22.88	21.49	0.30
LGDP	중국 명목 GDP(계절조정)	10.14	10.08	11.02	9.68	0.33
LER	대중원화환율	4.91	4.95	5.27	4.54	0.16
LXQe	전자통신기기산업 대중 수출물량(계절조정)	17.85	18.02	18.48	16.41	0.62
LFDIe	전자통신기기산업 대중 해외투자	10.75	10.81	12.91	7.82	1.10
LXQt	수송기계산업 대중 수출물량	17.32	17.06	19.13	15.74	0.94
LFDIt	수송기계산업 대중 해외투자	9.55	9.81	11.99	6.32	1.58
LXQc	석유화학산업 대중 수출물량(계절조정)	21.42	21.52	21.98	20.57	0.42
LFDIc	석유화학산업 대중 해외투자	10.02	10.15	11.58	8.28	0.78
LXQm	기계장비산업 대중 수출물량	18.36	18.30	19.29	17.24	0.62
LFDIm	기계장비산업 대중 해외투자	9.51	9.30	11.10	7.47	1.04
LXQfs	섬유의복·신발가죽산업 대중 수출물량(계절조정)	17.32	17.06	19.13	15.74	0.94
LFDIfs	섬유의복·신발가죽산업 대중 해외투자	9.55	9.81	11.99	6.32	1.58

주 : 해외투자와 수출의 단위는 천 달러, 천KG이고, 중국 GDP의 단위는 억 위안임
자료 : 중국상무부, 한국은행 경제통계시스템, 수출입은행 해외투자통계

산업별 대중 수출과 직접투자간 시차관계를 보여주는 시차상관계수는 〈표 13-9〉에 나타나 있다. 1996년 1분기부터 2006년 2분기까지의 기간 중 대중 수출과 직접

으로 분석을 진행하였다. 또한, 수출입은행의 해외투자통계는 섬유의복산업과 신발가죽산업을 구분하여 통계를 발표하고 있으나 산업은행의 연구에서는 산업의 성격(경공업)과 분석의 용이성을 고려하여 두 산업을 함께 분석하였다.

9) 중국 GDP변수가 분기, 반기, 연간 자료로 발표되어 이 중 최소시차인 분기자료를 이용하였다.

투자간 시차상관계수를 구한 결과 모든 산업에서 수출과 해외투자간 동행성이 높은 것으로 나타났다.

〈표 13-9〉 산업별 대중 수출과 직접투자간 시차상관계수

	-4	-3	-2	-1	0	1	2	3	4
제 조 업	0.42	0.50	0.59	0.69	0.79	0.78	0.77	0.76	0.75
전자통신기기	0.38	0.47	0.56	0.66	0.76	0.77	0.78	0.78	0.78
수 송 기 계	0.67	0.76	0.84	0.92	1.00	0.93	0.86	0.80	0.72
석 유 화 학	0.53	0.62	0.71	0.80	0.89	0.87	0.85	0.83	0.80
일 반 기 계	0.63	0.72	0.80	0.88	0.95	0.93	0.89	0.86	0.81
섬 유 의 복 신 발 가 죽	-0.33	-0.23	-0.30	-0.42	-0.45	-0.29	-0.30	-0.40	-0.36

주 : 1) 모든 변수를 로그변환하고 Hodrick-Prescott 필터를 이용하여 추세를 추정
2) t분기의 해당산업의 수출물량과 t+i 기의 해외투자 실행금액과의 상관계수임

산업별로 살펴보면 전자통신기기, 수송기계, 석유화학, 기계장비 등 중화학공업은 양(+)의 상관관계로 분석되었으며 경공업에 속하는 섬유의복·신발가죽산업은 음(-)의 상관관계를 나타냈다. 제조업 전체로는 수출과 해외투자 간에 양(+)의 상관관계를 보이는 것으로 나타났다.

위의 변수들을 이용한 모형은 (식 13.1)과 같이 나타낼 수 있다.

$$LXQ_{it} = f(LGDP_t,\ LER_t\ LFDI_{it}) \cdots\cdots\cdots\cdots (13.1)$$

LXQ_{it} : log(i산업의 t기의 수출물량)
$LGDP_t$: log(t기의 중국 명목GDP)
LER_t : log(t기의 대중원화환율)
$LFDI_{it}$: log(i산업의 t기의 대중직접투자액)

산업은행의 연구에 있어서 관심 대상인 대중투자와 수출 간의 관계를 추정하여 보면 대중 투자 전체적으로는 상관관계 분석결과 및 기존 선행연구 결과와 마찬가지로 투자가 수출을 증가시킬 것으로 기대된다. 그러나 산업별로는 전자통신기기, 수송기계, 석유화학, 기계장비 등의 중화학 공업은 해외투자와 수출간 양(+)의 관계를, 섬유의복·신발가죽은 음(-)의 관계를 나타낼 것으로 전망된다.

제4절 실증분석 결과

산업은행은 대중 직접투자가 수출을 대체하여 감소시키는지, 혹은 보완하여 촉진시키는지에 대한 연구를 통하여 대중 직접투자에 대한 산업별 시사점을 도출하고자 하였다. 이를 위하여 VECM을 이용하여 충격반응분석(impulse response analysis)과 분산분해분석(variance decomposition analysis)을 실시하여 대중 직접투자에 있어서 한 단위 충격이 그 후의 기간에 지속적으로 수출에 미치는 동태적 영향(dynamic impact)과 대중 직접투자가 수출에 대해 어느 정도의 설명력(explanatory power)을 갖는지 분석하였다.

산업은행이 분석한 연구의 결과를 요약하면 다음 3가지로 요약될 수 있다.

(1) 우리의 제조업 및 주요 5개산업(① 전자통신기기, ② 수송기계, ③ 석유화학, ④ 기계장비, ⑤ 섬유의복·신발가죽)의 대중 직접투자 및 수출물량, 중국 명목GDP, 대중원화환율 변수를 대상으로 한 단위검정결과, 모든 변수들의 수준변수에서 단위근(unit root)이 존재하는 불안정한 시계열로 판정되었다. 그러나 1차 차분변수는 단위근이 없는 안정적인 시계열로 나타났다.

(2) 각 산업별 공적분(cointegration) 검정결과에서 모든 산업에서 1개 이상의 공적분 관계가 존재하는 것으로 나타났다. Johansen 검정결과를 산업별로 살펴보면 5% 유의수준에서 제조업전체, 전자통신기기, 석유화학산업, 섬유의복·신발가죽이 2개, 수송기계와 기계장비가 1개의 공적분관계를 가지고 있는 것으로 나타났다.

(3) 벡터오차수정모형(vector error correction model)의 충격반응분석과 분산분해분석을 통해 산업별 직접투자가 수출에 미치는 영향은 다음과 같다. 제조업 전체를 대상으로 한 분석에서는 대중 직접투자는 수출을 보완하는 효과가 발견되었으며 직접투자가 수출을 설명하는 정도도 매우 높은 것으로 나타났다. 수송기계산업과 기계장비산업은 대중 직접투자가 수출변화에 비교적 큰

영향력을 미치고 있으며 충격이 발생한 시점부터 지속적인 양의 관계가 발견되었다. 전자통신기기산업의 경우 대중 직접투자가 수출변동에 미치는 영향은 미미하나 전반적으로 수출을 증가시키는 효과가 있었으며 석유화학산업은 직접투자가 수출변동에 미치는 영향이 매우 미미하나 전반적으로 수출을 대체하는 효과를 나타냈다. 섬유의복·신발가죽산업의 경우 투자에 충격이 발생한 초반(충격발생 후 3분기까지)에는 해외투자와 수출 간에 대체효과가 나타났으나 그 이후에는 보완관계가 발견되었다.

제5절 시사점

전술한 바와 같이 대중 직접투자는 전반적으로 수출을 촉진시키는 것으로 나타났다. 그러나 중국의 범용제품에 대한 진출 확대 및 부품에 대한 현지조달비중 제고 추세 등을 고려할 경우 향후 수출대체효과가 증대될 것으로 우려되고 있다. 이는 석유화학을 포함한 범용소재는 일반적으로 중국기업들의 동 분야로의 진출 증가로 경쟁이 심화되어 수출환경이 악화되고 있으며 중국의 기술경쟁력(technological competitiveness) 제고, 현지 업체들과의 경쟁심화 등으로 인해 부품의 현지조달비중이 증대될 것으로 전망되기 때문이다. 실제로 중국 직접투자 기업의 중간재에 대한 우리루부터의 수입비중은 살펴보면 대한국 매입비중이 1999년 44.8%에서 2003년에는 36.1%까지 하락하여 향후 대중 수출전망을 더욱 어둡게 하고 있다.

따라서 현지 수출대체효과가 상대적으로 크게 나타나는 석유화학산업 뿐만 아니라 전자통신기기, 수송기계, 기계장비산업 등도 핵심기술개발 등을 통한 제품차별화(product differentiation) 및 고부가가치화를 통해 해외투자와 수출의 보완관계를 확고히 해 나가야 한다. 또한, 섬유의복 및 신발가죽 산업과 같은 노동집약적인 산업(labor-intensive industry)의 경우에도 단순 가공공정은 중국에서 이루어지더라도 산업 내에서 부가가치(value added)가 높은 공정은 국내에서 이루어지도록 하는 산업 내 국제분업체제(international division of labor system)를 구축할 필요가 있다.

〈표 13-10〉 중국진출 국내기업의 중간재 매입비중 추이

(단위 : %)

	1999	2000	2001	2002	2003
현지매입	34.8	39.2	45.9	47.2	49.7
수 입	65.2	60.8	54.1	52.8	50.3
대한국수입	44.8	44.7	39.8	39.5	36.1
제3국 수입	20.4	16.1	14.3	13.2	14.2
계	100.0	100.0	100.0	100.0	100.0

주 : 중국 현지법인에 대한 한국 측 투자규모가 1,000만 달러인 기업을 대상으로 조사
자료 : 수출입은행, 우리나라의 대중국 투자 현지법인 경영현황 비교분석, 각년도

산업은행은 대중 직접투자와 수출 간의 2국간 산업 내 관계를 분석하였다. 그러나 섬유의복산업, 기계장비산업 등의 산업과 같이 제3국으로 수출이 많이 이루어지는 산업은 대중 수출뿐만 아니라 제3국으로의 수출을 대체할 가능성을 배제할 수 없다. 따라서 향후 동 분야에서는 대중 직접투자가 제3국으로의 수출에 어떠한 영향을 미치는 지에 대한 분석이 필요한 것으로 판단된다.

제14장

차이나 리스크 분석

중국경제의 고도성장으로 인해 한국경제의 대중 의존도가 제고되면서 중국은 한국 경제와 기업의 생존과 성장에 지대한 영향을 미치는 국가가 되었으며 중국경제의 불확실성(uncertainty of Chinese economy)에 의해 크게 영향을 받는 소위 차이나 리스크(China Risk)가 한국경제와 기업에게 주요 관심사로 부상하게 되었다.

이에 따라 차이나 리스크에 대한 연구들이 활발하게 진행되고 있다. 이들 연구는 대부분 중국경제의 불확실성이 한국경제에 미치는 부정적인 영향에 초점을 맞추어 관련 내용들을 분석하여 대처방안을 제시하고 있다. 연구결과는 대부분 중국경제의 불확실성이 우려하는 만큼 크지 않으며 과잉투자(overinvestment)와 부실채권문제를 해결 또는 해소할 수 있는 중국정책당국의 역량이 충분하기 때문에 경작륙(hard landing)과 같은 차이나 리스크를 크게 우려하지 않아도 된다는 것을 지적하고 있다.

그러나 기존연구들은 한국 해외직접투자의 약 48%(건수 기준)를 차지하는 중국의 환경변화가 중국진출 현지법인에게 주는 경영리스크(business risk)에 대한 분석을 제대로 수행하지 않았다고 할 수 있다. 특히, 대중 투자건수의 95.1%와 투자금액의 49.7%를 차지하면서 대중 투자를 주도하고 있는 중소기업의 입장에서 이들 중국현지법인이 직면하고 있는 경영리스크에 대한 연구는 거의 수행되지 않았다고 할 수 있다. 또한, 한국경제와 관계없이 중국경제가 내부적으로 겪고 있는 또는 겪을 것으로 예상되는 문제와 위험에 대해서는 세밀한 분석이 이루어지지 않았다.

본장은 기존 문헌연구, 설문조사 및 인터뷰를 기반으로 한국 중소기업의 중국 현지법인이 직면하고 있는, 또는 직면하게 될 것으로 예상되는 위험들을 차이나 경영리스크로 분류하여 분석하고 이에 대한 대응방안을 제시한 기업은행의 보고서를 중심으로 살펴보고자 한다.[1)]

제1절 차이나 경제리스크

기업은행은 본 주제의 담당 연구자들을 통해 중국경제가 직면하고 있는 문제점들을 분석하여 어떠한 리스크 요인이 존재하고 있는지 그리고 이들 리스크가 얼마나 크고 발생가능성은 어느 정도인지를 분석하였다. 분석 결과는 삼농문제가 가장 큰 리스크 요인으로 지적되었다. 이어서 빈부격차 문제와 실업문제가 커다란 리스크로 나타났다. 우수한 인적자원의 부족문제도 주요 리스크 요인으로 분석되었다. 중국은 향후 5년간 국유기업 개혁이나 금융개혁(financial reform) 등과 같은 경제적인 문제보다 삼농문제나 소득격차와 같은 사회적인 문제에 대해 많은 위험을 인식하고 있다. 따라서 이를 해결하기 위해 국가의 역량을 결집시킬 것으로 전망된다.

향후 중국경제에 지대한 영향을 미치는 리스크 10개를 발생가능성을 기준으로 순서대로 제시하면 다음과 같다.

① 삼농문제 리스크
② 빈부격차 리스크
③ 실업 리스크
④ 인적자원 리스크

1) 기업은행은 본 주제의 담당 연구자들을 통해 2006년 2월 20일부터 3월 1일까지 중국의 센양, 텐진, 칭다오, 엔타이, 베이징 등을 방문하여 중소기업 경영자들에게 설문서를 배포하였으며 이 중 184부를 회수하였다. 분석에는 166부가 활용되었다. 또한, 이들 경영자와 1~2시간 동안 인터뷰를 실시하여 현지경영에서 직면한 어려움과 리스크에 대해 어떻게 대처하는지를 파악하였다(기업은행, 기은조사, 2006. 가을호. pp. 51~69 요약・재구성).

⑤ 환경 리스크
⑥ 공공위생 리스크
⑦ 대외관계 리스크
⑧ 금융개혁 리스크
⑨ 에너지 리스크
⑩ 국유기업 개혁 리스크

상기한 바와 같이 주로 사회적인 문제들이 발생가능한 리스크로 제시되고 있다. 반면에 그 동안 많은 우려를 가져왔던 금융개혁 리스크는 위험도는 높지만 중국정부의 국유은행 개혁의 성공으로 그 발생가능성이 크게 감소하였다. 또한, 긴축 정책에 따른 경착륙 리스크에 대해서도 중국의 경제전문가나 학자들은 크게 우려하지 않는 것으로 나타나고 있다. 따라서 중국경제가 직면하고 있는 거시적인 차원의 문제는 경제적인 것이 아니라 사회적인 것으로 파악할 수 있다.

한편, 한국경제의 입장에서 차이나 리스크를 인식하면 리스크 분야와 위험정도가 중국경제의 문제점을 분석하는 입장에서 바라보는 리스크와 상당히 상이하다. 대중의존도가 높은 한국경제의 입장에서는 산업고도화 리스크를 가장 우려하고 있으며, 다음으로 인적자원 리스크와 기술추격 리스크 그리고 대중무역 리스크를 우려하고 있다. 현재 중간재(intermediate goods)와 자본재(capital goods) 교역을 기반으로 상호보완적인 경제관계(mutually complementary economic relationship)를 구축하면서 중국에 대한 수출과 직접투자를 증대시켜 온 한국경제의 입장에서 볼 때 중국의 산업구조 고도화와 기술추격으로 인해 중국이 중간재와 자본재를 수입대체할 경우 한중경제관계는 상호경쟁적인 경제관계(mutually competitive economic relationship)로 전환되게 된다. 따라서 대중무역이 큰 타격을 입게 된다.

〈표 14-1〉 중국경제 10대 리스크의 위험도 · 발생가능성 · 발생가능시기와 영향

리스크 유형	위험도	발생 가능성	발생 가능시기	영향
대외관계 리스크	★★	★★	불확실	대외관계 불안정과 경제성장 완화
금융개혁 리스크	★★★★	★★	2008~2010	금융계 신용위기와 국민 대정부 신임 동요
국유기업개혁 리스크	★★	★	2006~2010	금융개혁의 실패나 높은 실업률의 유지
빈부격차 리스크	★★★	★★★★	지속적	대정부 불만 급증과 소요사태 빈발
실업 리스크	★★★	★★★★	2006~2020	대정부 불만 증가와 사회 치안 악화
삼농문제 리스크	★★★★	★★★★	2006~2020	도농간 격차 확대와 농민불만 증가 및 농촌 소요사태 대규모화
공공위생 리스크	★★★	★★★	2006~2015	국민건강과 경제발전에 심각한 타격
인적자원 리스크	★★	★★★★	2010~2050	우수한 인재부족과 저기술 함정
에너지 리스크	★★★★	★★	2010~2020	국제에너지 가격 상승과 자원확보 어려움
환경 리스크	★★★★	★★★	2010~2030	생태적, 사회적 및 정치적 위기 동시 발생

주 : ★★★★ 아주 높음 ★★★ 높음 ★★ 보통 ★ 낮음 ☆ 매우 낮음

중국경제의 불확실성이 한국경제에 미치는 리스크 10개를 발생가능성과 위험도를 고려하여 순서대로 살펴보면 다음과 같다.

① 산업구조 고도화 리스크
② 인적자원 리스크
③ 기술추격 리스크
④ 대중무역 리스크
⑤ 위안화 평가절상 리스크
⑥ 조세 리스크
⑦ 에너지 리스크
⑧ 지적재산권 리스크

⑨ 경착륙 리스크

⑩ 대중관계 리스크

상기한 바와 같이 주로 중국의 산업구조 고도화와 관련된 리스크가 향후 한국경제에 지대한 영향을 미칠 것으로 보인다.

〈표 14-2〉 한국경제에 대한 10대 차이나 리스크의 위험도 · 발생가능성 · 발생가능시기와 영향

리스크 유형	위험도	발생 가능성	발생 가능시기	영향
대중관계 리스크	★★★	★	불확실	한국경제에 대한 큰 타격
경착륙 리스크	★★★	★	2007~2010	경제적 타격과 금융시장에 부정적 영향
산업구조 고도화 리스크	★★★	★★★★	2006~2020	중국발 전반적인 산업경쟁 전개
위안화 평가절상 리스크	★	★★★	2006~2010	중국 경제성장 둔화의 경우 대중 수출 감소
대중무역 리스크	★★★	★★★	2010~2012	장기적 수출 둔화와 생산능력 과잉
기술추격 리스크	★★★	★★★	2008~2015	대중 수출 감소와 세계시장에서 한국제품 경쟁력 하락
에너지 리스크	★★	★★★	2008~2020	원자재 가격상승으로 제품 원가상승 및 원자재 확보의 어려움
인적자원 리스크	★★	★★★★	2006~2050	중국현지 우수 인력 확보 어려움
지적재산권 리스크	★★	★★	2006~2010	지적재산권 침해와 상표도용 범람

주 : ★★★★ 아주 높음 ★★★ 높음 ★★ 보통 ★ 낮음 ☆ 매우 낮음

경착륙 리스크(hard landing risk)는 그 동안 크게 우려해왔으나 중국정부의 국유기업과 국유은행에 대한 통제를 통한 경제장악력과 경제운용 역량으로 인해, 또한 8% 이상의 경제성장이 가능한 환경여건으로 인해 발생가능성이 작은 것으로 분석되었다. 따라서 한국경제의 입장에서 볼 때 주요한 리스크는 중국 경제성장률의 급격한 하락이 아니라 중국이 산업구조 고도화를 통해 수입에 의존하고 있는 중간재와 자본재를 얼마만큼 빠른 속도로 수입대체할 수 있는지와 관련된 리스크라고 평가할 수 있다.

전술한 바와 같이 발생가능성이 크고 위험도가 높은 차이나 경제리스크는 크게 삼농문제, 빈부격차, 소득격차 등의 사회적인 문제와 산업구조 고도화와 인적자원

문제 등으로 파악할 수 있다.

제2절 차이나 경영리스크

차이나 경제리스크로 인해 외자기업 경영환경이 변화하면서 중국진출 국내 중소기업들은 경영관련리스크(① 비용상승 리스크, ② 정책변동 리스크, ③ 경쟁 리스크, ④ 법률 및 관리통제 리스크)에 직면해 있다. 즉, 임금과 원자재 가격 상승, 노동·세무·환경·외자유치 정책의 전환, 판매가격 하락과 기술격차 축소, 법률분쟁과 경영문화의 차이 및 신용판매의 문제 등과 같은 경영관련 리스크에 대해 크게 우려하고 있다.

이들 경영 리스크의 내용과 대응방안을 다음 4가지 측면에서 살펴본다.

1. 비용상승 리스크

임금이 30~40% 정도 상승하고 일부 원자재가격들이 급등하고 있다. 저임노동력이 풍부하던 과거와 달리 심각한 인력난과 중국정부의 노동자 보호정책으로 인한 최저임금 인상과 사회보장 보험료 100% 징수 등의 요인으로 저임노동력이 고갈되고 있다. 이와 함께 세계경제의 성장과 중국의 과잉생산(overproduction) 등으로 원자재 가격이 급등하고 있어서 외자기업들은 이에 대한 대책마련에 부심하고 있다. 비용상승에 대해 한국 중소기업들은 외지인력의 유치, 저임노동력을 확보할 수 있는 지역이나 국가로의 공장이전, 노무인사관리 역량 강화, 아웃소싱과 제품차별화(outsourcing and product differentiation)를 통한 사업구조 개편, 마케팅 역량 강화, 제조역량 강화 등의 방안을 강구해야 한다.

2. 정책변화 리스크

노동정책, 세무정책, 환경정책 및 외자유치정책 등이 '제11차 5개년 규획'에서 7대 임무로 규정하고 있는 조화로운 사회건설과 산업구조 고도화 및 환경친화 등의 상위정책에 따라 크게 변화하고 있다.

2.1 노동정책

중국정부의 노동정책은 이전에 노동자의 권익을 제한하는 방향에서 최근 들어 이들의 권익을 적극적으로 보호하는 방향으로 선회하고 있다. 이에 따라 노사관계정책도 안정중시와 갈등봉쇄의 방향에서 안정과 갈등을 관리하는 방향으로 전환되고 있다.

2.2 세무정책

세무정책 또한 이전에 외자기업에게 세제혜택을 부여하던 방향에서 최근 들어 내국민대우(NT : National Treatment) 원칙과 역차별의 논리에 따라 중국기업과 동등하게 세금을 부과하는 방향으로 전환되고 있다.

2.3 환경정책

환경정책은 이전에 경제성장 위주에서 최근 들어 경제성장과 환경보호(economic growth and environmental protection)를 함께 중시하는 방향으로 전환되고 있다.

2.4 외자유치정책

외자유치정책은 이전에 무조건 외자를 유치하기 위해 각종 특혜와 편의를 제공하던 방향에서 최근에는 각종 부대조건을 부과하고 통제를 강화하면서 선별적으로 유치하는 방향으로 전환되고 있다.

이 같은 정책변화로 인해 중국진출 국내 중소기업들은 5대 사회보험료 부담 증가, 단체협약에 의한 임금상승과 노사분규 우려, 세제우대조치 축소와 이전가격 조사 확대, 주재원 개인소득세 징수 강화와 증치세 환급비율 하향 조정, 환경관련비용 증가, 각종 특혜 축소와 통제 강화, 기술이전(technology transfer) 조건 부과, 외환통제(foreign exchange control) 강화 등의 어려움에 직면해 있다.

정책변화 리스크에 대해 국내 중소기업들은 준법경영, 노무관리역량 강화, 협조적인 노사관계 구축, 현지화(localization)와 지역사회 기여활동 강화, 환경규제(environmental regulation)가 적은 지역이나 국가로 공장이전, 아웃소싱과 사업구조 개편, 중국정부 정책에의 부응, 현지연구·개발(R&D)체제 구축, 정책변화에 대한 모니터링, 충분한 운영자금 확보 등의 방안을 강구할 필요가 있다.

3. 시장경쟁 리스크

이는 공급과잉(oversupply)에 따른 판매가격 하락과 기술격차 축소에 따른 위험이다. 과잉투자와 생산으로 중국시장은 과거 블루오션(blue ocean)시장에서 레드오션(red ocean)시장으로 변하면서 판매가격이 급속도로 하락하고 있다. 또한, 중국기업들과의 기술격차를 유지 또는 확대해 왔던 과거와 달리 중국기업들의 기술모방, 흡수 및 개발로 인해 중국기업들과의 기술격차(technological gap)가 점점 축소되고 있다. 시장경쟁 리스크(market competition risk)로 인해 국내 중소기업들은 재고누적과 판매부진, 중국기업과의 기술격차 2~3년 이내로 축소 및 기술경쟁력 저하 등의 어려움에 직면해 있다. 이에 대해 사업구조 개편과 고도화, 마케팅 역량강화, 부품과 소재의 현지화, 생산성 제고, 아웃소싱과 기업간 분업을 통한 전략적 제휴(strategic alliance) 확대, 현지연구·개발체제 구축 등의 방안이 강구되어야 한다.

4. 법률 및 관리통제 리스크

이들 리스크가 증대되면서 국내 중소기업들은 현지파트너와의 분쟁, 불법복제와 지적재산권(intellectual property rights) 분쟁, 외상매출금 회수문제, 중국법인의 자생력 약화, 경영문화의 차이 등과 같은 어려움에 직면해 있다. 이에 대해 철저하고

도 적합한 계약서 작성, 한국어 계약서 첨부, 중재를 통한 해결과 법률자문 서비스 활용, 준법경영, 경영의 현지화, 현지법인의 자율경영, 현금거래 위주의 매출확대 등의 방안을 마련해야 한다.

상기한 4개 분야의 10개 차이나 경영리스크의 현황, 요인과 영향, 대응방안 등을 정리하면 〈표 14-3〉과 같다.

〈표 14-3〉 차이나 경영리스크의 영향과 대응방안

<table>
<tr><th colspan="2">차이나 경영리스크</th><th>요인</th><th>대응방안</th></tr>
<tr><td rowspan="2">비용상승</td><td>임금상승</td><td>생산직 인력난, 고급 인력난, 최저임금 상승, 사회보장비용 부담 증가, 이직률 증가</td><td>공장이전, 외지인력 유치, 노무인사관리 역량 강화, 마케팅 역량 강화</td></tr>
<tr><td>원자재가격 상승</td><td>세계경제 상승, 과잉투자, 자원민족주의</td><td>제조역량 강화, 마케팅 역량 강화, 사업구조 고도화</td></tr>
<tr><td rowspan="4">정책변화</td><td>노동정책</td><td>노동자 보호</td><td>준법경영, 노무관리 역량 강화, 협조적인 노사관계 구축</td></tr>
<tr><td>세무정책</td><td>외자기업 탈세, 조세형평성</td><td>준법경영, 새로운 우대정책 활용, 사회안전망 구축, 현지화</td></tr>
<tr><td>환경정책</td><td>환경보호</td><td>준법경영, 공장이전, 아웃소싱</td></tr>
<tr><td>외자유치 정책</td><td>선별적인 유치</td><td>중국 정부정책에 부응, 현지연구·개발체제 구축, 운영자금 확보, 정책 모니터링</td></tr>
<tr><td rowspan="2">시장경쟁</td><td>가격정책</td><td>공급과잉과 재고누적, 시장개방</td><td>사업구조 고도화, 마케팅 역량 강화, 부품의 현지화, 생산성 향상</td></tr>
<tr><td>기술격차</td><td>자수석 기술혁신 선략, 외사유치 통한 기술흡수, 해외 M&A, 해외기술 인력유치</td><td>사업구조 개편, 전략적 제휴, 현지연구·개발 체제 구축</td></tr>
<tr><td rowspan="2">법률 및 관리통제</td><td>법률위험</td><td>법률분쟁</td><td>철저한 계약서 작성, 한국어 계약서 첨부, 중재에 의한 해결, 법률자문, 준법의식 함양</td></tr>
<tr><td>관리통제</td><td>본국지향적인 경영</td><td>경영의 현지화, 경영 자율성 부여, 현금거래</td></tr>
</table>

전술한 바와 같이 중국진출 국내 중소기업들은 증대되는 경영리스크에 대응하기 위해 제품시장영역의 조정, 경영관리 역량 강화, 정치적 대응 등의 차원에서 여러 가지 방안을 강구하고 있다.

제3절 차이나 리스크 실태조사

중국진출 국내 중소기업들이 중국현지법인을 운영하면서 어떠한 애로요인을 인식하고 있고, 이에 대해 어떻게 대처하는지 그리고 향후 현지경영에 부정적인 영향을 미치는 환경변화는 무엇인지를 분석하기 위해 본 주제의 담당 연구자들은 설문조사를 실시하였다. 중국의 텐진, 칭다오, 센양 및 옌타이 지역을 방문하여 166개의 유효설문서를 회수 및 분석하였다.

1. 일반현황

응답기업의 일반현황을 살펴보면 4개 지역에 골고루 분포되어 있다. 57%의 기업이 2001년 이후 진출하였으며 93%의 기업이 독자방식으로 진출하였다. 진출목적별로 보면 생산기지형 57%, 동반진출형 25%, 내수지향형 12% 등으로 거의 대부분인 저임노동력을 활용하기 위해 진출한 것으로 파악할 수 있다. 51%의 기업이 100만 달러 미만의 규모로 투자하였으며 약 86%의 기업이 제조업종으로 진출하였다.

2. 현지경영여건

최근의 경영여건에 대해 56%의 기업이 급속도로, 또는 점차 어려워지고 있다고 응답한 반면 26%의 기업만이 좋아지고 있다고 응답하고 있어서 중국진출 국내 중소기업들은 다수의 어려움을 인식하고 있다. 이들이 인식하고 있는 24가지 경영애로사항 중에서 상위 10대 사항을 순서대로 정리하면 다음과 같다.

① 인건비 상승(5대 보험료 부과와 최저임금 상승)

② 치열한 경쟁과 판매가격 하락

③ 원부자재 가격 상승
④ 인력난 심화(고급 기술인력 및 유능한 관리자)
⑤ 낮은 생산성과 높은 이직률
⑥ 노동법규 강화
⑦ 인력난 심화(일반 생산직 근로자)
⑧ 외화대출 규제와 현지 자금조달의 어려움
⑨ 세무조사 강화와 조세부담 증가
⑩ 중국기업과의 기술격차 축소

이 같이 응답기업들은 노동력 부족과 인건비 상승과 같은 인사노무관리 분야에서 가장 커다란 애로사항에 직면해 있다. 이어서 치열한 경쟁으로 인한 판매가격 하락, 원부자재가격 인상, 세무조사 강화 등을 애로사항으로 인식하고 있다. 저임노동력 활용이라는 진출목적에 비추어 이들 애로사항을 살펴볼 때 국내 중소기업들은 향후에도 다수의 어려움을 겪으면서 채산성이 악화되거나 철수할 가능성이 큰 것으로 분석된다.

3. 수익성

중국진출 이후 현재까지의 실제 수익성(profitability)을 묻는 설문에 대해서도 흑자지속기업이 21%, 적자에서 흑자로 전환되고 있는 기업이 45%인데 비해 적자가 지속되고 있는 기업은 17%, 흑자에서 적자로 전환되고 있는 기업은 17%에 불과하였다. 또한, 향후 2~3년간 실제 수익성의 변화를 묻는 설문에 대해서 흑자가 지속될 것으로 예상하는 기업이 38%, 적자에서 흑자로 전환될 것으로 예상하는 기업이 40%인데 비해 적자가 지속되거나 흑자에서 적자로 전환될 것으로 예상하는 기업은 22%에 불과하였다.

즉, 응답기업들은 전반적으로 양호한 경영성과를 거두고 있으며, 향후 2~3년 동안에도 경영성과가 현재보다 개선될 것으로 전망하고 있는 것으로 조사되었다. 이에 따라 경제와 경영분야의 차이나 리스크가 이들 응답기업의 경영성과에는 당분간 커다란 영향을 미치지는 않을 것으로 보인다. 그러나 응답기업들은 대부분 은행에서 초청한 우량고객들로서 일반 중소기업들과 상이하다고 할 수 있다. 따라서 경쟁력이 취약하거나 환경변화에 대응역량이 부족한 중국진출 국내 중소기업들은 다수의 어려움에 직면하게 될 것으로 전망된다.

4. 판매 · 조달 애로요인과 대응방안

4.1 판매 애로요인

중국 진출기업의 판매 애로요인으로는 대금결제 지연이 37%로 가장 많았으며 다음으로 과도한 납품 단가 인하요구(33%), 계약의 빈번한 변경(12%), 계약상의 내용 고의적 미이행(11%), 기타(7%) 등의 순서로 나타났다.

4.2 조달 애로요인

조달 애로요인에서는 원자재 납품 가격인상(36%)과 불량품 납품 비중 높음(36%)이 가장 높게 나타났다. 다음으로 납품기한 지연(16%), 계약의 빈번한 변경(7%), 기타(5%)의 순으로 조사되었다.

경영애로사항에 대해 응답기업들은 다양한 방식으로 대응방안을 마련하고 있다. 20개 방안 중에서 상위 10대 대응방안을 순서대로 나열하면 다음과 같다.

① 생산성 제고와 비용절감
② 고부가가치 제품으로 사업구조 개편
③ 현지 법규준수와 합법적인 경영활동
④ 중국 관련기관 및 지역사회와의 유대관계 강화
⑤ 연구 · 개발(R&D) 투자 증대와 기술경쟁력 제고
⑥ 자체적인 내수시장 진출 및 판매활동 강화
⑦ 현지 인적자원 개발

⑧ 중국 문화 및 언어에 대한 적응 능력 향상
⑨ 중국의 법률, 세무, 회계에 대한 외부자문 활용
⑩ 현금거래 및 엄격한 매출채권 관리

5. 대응방안

응답기업들은 경영애로사항을 타개하기 위해 생산성 제고와 비용절감(productivity increase and cost reduction)을 제1의 대응방안으로 제시하고 있다. 이는 판매가격은 하락하는 반면 임금과 원부자재 가격은 상승하여 채산성이 악화되고 있기 때문인 것으로 판단된다. 생산성 향상과 함께 사업구조 개편을 제2의 대응방안으로 제시하고 있어서 응답기업들은 기존제품분야에서 기술격차 축소와 경쟁력 악화를 매우 우려하고 있는 것으로 보인다. 한편, 현지법규 준수와 합법적인 경영활동과 중국 관련 기관 및 지역사회와의 유대관계 강화를 제3과 제4의 대응방안으로 제시하고 있어서 응답기업들은 중국의 외국인 투자환경과 정책변화의 크기를 인식하면서 개별적인 대응보다는 공식적인 현지네트워크를 구축하고 중국법규에 적합하게 경영활동을 수행하려는 움직임을 보여주고 있다.

6. 향후 투자환경 악화요인

응답기업들은 향후 2~3년 동안의 환경변화가 현지경영에 심각할 정도로 부정적인 영향을 미칠 것으로 인식하고 있다. 23개 투자환경 악화요인 중에서 상위 10대 환경요인을 순서대로 제시하면 다음과 같다.

① 인건비 상승
② 인력난 심화(고급 기술인력 및 유능한 관리자)
③ 노동법규 강화
④ 위안(Yuan)화 평가절상폭 확대
⑤ 세무조사 강화

⑥ 인력난 심화(일반 생산직 근로자)

⑦ 환경규제

⑧ 중국 정부정책의 불확실성(uncertainty of Chinese government policy)

⑨ 중국 법규 제도 미비 및 불투명성

⑩ 부정부패 만연

응답기업들은 인건비 상승, 인력부족, 노동법규 강화 등과 같은 인사노무관리 분야에서의 환경변화에 대해 많은 우려를 나타내고 있다. 이는 현재 인식하고 있는 애로사항과도 같다. 일반적으로 크게 우려해왔던 경착륙이나 국유기업개혁 등과 같은 거시적인 차이나 리스크에 대해서는 기대만큼 우려하고 있지는 않은 것으로 조사되었다.

7. 현지 자금조달 현황

중국현지법인의 자금조달 상태를 살펴보면 원활하지 못하다(36%), 보통(36%), 원활하다(28%) 등의 순으로 중국현지법인 자금조달이 약간 원활하지 못한 것으로 조사되었다. 중국현지법인의 자금조달 어려움의 원인에 대해서는 현지담보부족(39%)이 가장 높았고, 그 다음으로 위안화 대출 규제(20%)가 높은 것으로 나타났다.

7.1 필요자금 용도 현황

중국현지법인의 필요자금 용도 현황에 대해서 살펴보면 원자재 구매자금(37%)이 가장 높았으며 그 다음으로 운영자금(34%)이 높은 것으로 나타났다. 현지차입의 경우 자금 조달처 현황에 대해 살펴보면 중국진출 한국계 은행(58%)이 가장 높았으며 중국계 은행(24%), 기타(14%), 사채(4%)의 순으로 조사되었다.

현지차입의 경우 중국계 은행과 거래하는 이유를 살펴보면 담보대출 용이(29%)와 인민폐거래 원활(24%)이 가장 높았으며 신용대출 용이(12%)와 적극적인 거래유치(5%)의 순으로 조사되었다. 현지차입의 경우 한국계 은행 거래이유에 대해서는 신용대출 용이(32%), 거래 편리성(23%), 본사의 주거래은행(22%), 담보대출

용이(14%), 기타(9%)의 순으로 조사되었다. 따라서 담보대출과 위안화 대출이 필요한 경우에는 중국계 은행과 거래하고 신용대출이 필요하거나 중국계 은행을 잘 모를 경우에는 한국계 은행과 거래하고 있는 것으로 판단된다.

7.2 현지법인 자금조달처

향후 현지법인 자금조달처를 살펴보면 대다수가 현지차입(73%)으로 조사되었으며 본사로부터 투융자(21%), 기타(6%)의 순으로 나타났다. 향후 현지차입 자금 조달처에 대해서는 대다수가 중국 진출 한국계 은행(85%)으로 조사되었고 중국계 은행(11%), 기타(4%) 등으로 나타났다.

8. 중국진출의 성과 및 기술격차 현황

응답기업들은 중국진출의 성과에 대해 대부분 만족하고 있는 것으로 답하였다. 즉, 응답기업의 63%가 매우 만족하거나 만족하고 있는 것으로 나타났다. 반면에 불만족하고 있는 기업은 12%에 불과하고 나머지 25%는 보통이라고 응답하였다. 중국현지법인과 중국경쟁업체의 기술격차는 2~3년 내에 기술추격이 이루어질 것으로 조사되었다. 따라서 다수의 중소기업들의 기술경쟁력(technological competitiveness)이 장기간 유지되기는 힘들 것으로 판단된다.

9. 중국진출지역 투자여건 전망 및 지역이전 이유

9.1 투자여건 전망

현재 진출하고 있는 지역의 투자여건 전망에 대해서 살펴보면 그저 그렇다(30%), 조금 어려움(29%), 조금 유망함(27%), 아주 어려움(8%), 아주 유망함(6%) 등의 순으로 대체로 현재 진출지역의 투자여건이 크게 변하지 않을 것으로 보인다. 즉, 응답 기업들은 지역의 투자여건이 향후 2~3년 동안 크게 변화되지는 않을 것으로 인식하고 있다.

9.2 지역이전 이유

지역을 이전하려는 이유에 대해서 살펴보면 인건비 저렴(43%)이 가장 높았다. 다음으로 현재 판매에 유리가 21%, 원자재 조달에 유리가 21%로 나타났다. 응답기업들은 현지 경영에 직접적으로 영향을 미치는 임금, 물류비용 및 내수판매 등의 요인으로 이전을 고려하고 있는 것으로 판단된다.

10. 경영성과 만족도

경영성과 만족도를 진출지역, 진출업종, 투자시기, 투자규모, 투자동기 등으로 구분하여 T 검정이나 ANOVA 검정을 실시한 결과 진출지역과 업종 및 투자규모별로는 차이가 없었다. 즉, 진출지역이나 업종 또는 투자규모는 성과만족도에 별다른 영향을 미치지 못하는 것으로 나타났다. 반면에 투자시기와 동기에 따라 성과만족도가 유의한 차이(significant difference)를 보이고 있어서 이들 요인이 투자성과(investment performance)에 영향을 미치고 있는 것으로 판단된다. 즉, 동반진출 유형이나 생산기지 유형이 내수지향 유형보다 투자성과 만족도가 높았으며 2000년 이전에 진출한 기업이 그 이후에 진출한 기업보다 성과만족도가 높은 것으로 나타났다.

이 같이 응답기업의 경영성과 만족도가 진출지역이나 업종 또는 투자규모에 관계없이 투자동기와 시기에 따라 영향을 받고 있는 것은 이들 기업이 풍부한 저임노동력이라는 중국의 입지 우위요인을 잘 활용한 결과로 해석된다. 또한, 현지법인을 장기간 운영하면서 외국비용을 극복할 정도로 충분한 현지경험지식을 축적하고 현지 네트워크를 구축하였기 때문인 것으로 판단된다.

제4절 시사점

중국은 향후 경착륙(hard landing)이나 부실채권 등과 같은 경제적인 문제보다는 삼농문제, 빈부격차, 소득격차 등의 사회적인 문제를 경험할 것으로 판단된다. 한국 경제의 입장에서 보면 중국의 산업구조 고도화와 인적자원문제가 우려되고 있다. 그러나 이러한 우려와 문제에도 불구하고 중국경제는 향후 10~20년 동안 안정과 성장(stability and growth)을 지속할 것으로 전망된다.

한편, 기존 보고서에서 주로 분석하고 있는 거시경제 리스크(macroeconomic risk)는 중국정부의 통제능력이 커서 발생가능성이 크지 않은 반면, 미시경영 리스크(microbusiness risk)는 중국정부가 '선부론(先富論)'에서 '균부론(均富論)'으로 정책기조를 전환하면서 점점 증대되고 있다. 외자기업에 대한 투자환경변화로 인해 향후 비즈니스 리스크(business risk)가 컨트리 리스크(country risk)보다 훨씬 증대될 것으로 보인다. 중국에 진출한 166개 중소기업의 현지법인에 대한 설문조사 결과에서도 경제관련 리스크 보다는 경영관련 리스크를 우려하고 있는 것으로 나타나고 있다.

중국의 투자환경변화로 인해 중국에서의 비즈니스 리스크가 증대되고 있음에도 불구하고 중국은 향후 10년 이상 안정적인 고도성장을 할 것으로 예측된다. 또한, 사업방식의 변화를 통해 이들 리스크에 효과적으로 대응할 수 있기 때문에 국내 중소기업들은 중국투자를 한층 증대시켜 나가야 할 것으로 판단된다. 즉, 경영여건이 어려워진다고 해서 타 국가로 공장을 이전하는 지역다변화 전략(regional diversification strategy)보다는 중국 내수시장에서 사업구조를 고도화하여 지속적으로 성장하는 전략이 보다 효과적일 것으로 판단된다. 특히, 경영자원이 풍부하지 못한 중소기업들은 중국으로 핵심기술(core technology)과 인재를 이전하고 사업구조를 고도화하여 경쟁하는 것이 보다 효과적일 것으로 분석된다.

그러나 중국의 투자환경변화에 적절하게 대응하지 못할 경우 중국진출 국내 중소기업들은 퇴출될 가능성이 한층 커지고 있다. 따라서 중소기업들은 이러한 투자환경변화에 적절하게 경영전략과 관리방식을 전환시킬 필요가 있다.

이를 보다 자세하게 살펴보면 다음 7개의 방안으로 정리할 수 있다.

1. 거시환경변화에 대한 이해와 사전대응

중국에 진출해 있거나 진출하려는 중소기업은 중국의 거시적 환경변화에 대한 심층적인 이해를 기반으로 사전대응성(proactiveness)을 제고시켜야 한다. 특히, 외국인투자에 대한 중국정부의 특혜가 감소하고 있다는 사실을 인지하고 이에 대한 대책을 마련해야 한다. 대다수의 중소기업인들은 당면하고 있는 경영관리문제에만 신경쓸 경우 거시적 환경변화를 명확하게 이해하지 못하는 경향이 있으므로 세미나 또는 교육을 통해 관련 정보와 지식을 제공하는 것이 필요하다.

2. 인력과 원자재의 현지화

외자기업으로서 부담해야 하는 외국비용을 감소시키기 위해 인적자원의 현지화 수준을 제고시키고 원자재 및 부품의 현지조달 비율을 확대시킬 필요가 있다. 주재원을 최소한으로 파견하고 유능한 현지 채용인을 경영진으로 승진시켜 나가는 인적자원관리시스템(human resources management system)을 구축해야 한다. 또한, 중국기업과의 공정간 분업을 기반으로 부품의 현지조달비율을 증대시켜야 한다.

3. 관리역량 강화

총경리의 경영역량 강화, 현지 채용인에 대한 교육훈련 강화, 유능하고 의사결정 권한이 있는 경영자 파견, 그룹웨어 등 정보시스템(information system)의 활용 등을 통해 현지법인의 경영관리 역량을 강화해야 한다. 특히, 본사와의 원활한 의사소통을 기반으로 현지법인장에게 의사결정권을 과감히 위양할 필요가 있다. 또한, 교육훈련효과를 증대시키기 위해 현지 채용인의 장기근속을 유도하는 인적자원관리시스템을 구축해야 한다.

4. 합작과 전략적 제휴의 활용

경쟁력을 상실하고 있는 공정과 제품의 아웃소싱(outsourcing)을 확대하는 한편 중국기업과의 합작이나 합자를 통해 내수시장으로의 진출을 적극적으로 도모할 필요가 있다. 즉, 중국기업과의 전략적 제휴(strategic alliance)를 통해 경쟁열위 제품(competitive disadvantage product)이나 공정을 이들로부터 아웃소싱하는 한편 사업구조를 고도화해야 한다. 또한, 동일지역에 있는 한국기업들끼리 정보네트워크를 구축하고 중국정부정책에 공동으로 대응하는 한편 공동마케팅이나 공동구매 등을 효과적으로 추진할 필요가 있다.

5. 사업구조 개편과 입지변경

독자적인 제품기술과 공정기술을 기반으로 고부가가치 제품을 생산하는 한편 서비스분야와 같이 새롭게 성장하는 분야로 적극적으로 진출할 필요가 있다. 또한, 물류비용을 고려하여 중국 내 타 지역으로 공장을 이전함으로써 저임노동력을 확보해야 한다.

6. 내수시장 진출

제품경쟁력(product competitiveness)을 강화하고 차별화하여 중국 내수시장의 상단시장(high-end market)을 공략해야 한다. 이때 지적재산권(intellectual property rights) 침해와 불법복제품에 대한 대응책을 마련하는 한편 유능한 유통업체를 발굴하고 지역한정 직판체제를 구축할 필요가 있다.

7. 준법경영과 지역사회 기여활동 강화

중국의 관련법규를 철저하게 준수하고 투명한 경영활동(transparent business activities)을 통해 기업의 안정성장을 도모하는 한편 선량한 기업시민으로서 지역사회발전에 기여해야 한다. 중국은 인치사회(人治社會)에서 법치사회(法治社會)로 전환되고 있기 때문에 현지법규를 철저하게 준수할 필요가 있다.

제15장

FTA의 확산

한국과 미국 양국 정부가 2006년 2월 3일 FTA 협상 개시를 공식 선언한 이후 한미 FTA는 우루과이라운드(UR) 이후 한국의 최대 통상 이슈로 부상하며 각계의 기대와 우려가 혼재되어 나타나고 있다. 한미 FTA 체결은 우리 산업전반에 걸쳐 한미 상호간 시장확대와 경쟁심화라는 이중효과를 통해 양국 기업의 경영환경에 지대한 영향을 미칠 것으로 보인다. 상품 및 서비스분야에서의 관세 및 비관세장벽(tariff and non-tariff barriers) 완화, 기술이전(technology transfer), 상호투자 확대 등은 한미간 뿐만 아니라 제3국과의 교역문제에 있어서도 복합적인 영향을 미치게 되고 세계 최고급품 시장인 미국시장에 대한 진출기회를 제고시킬 수 있는 계기가 될 것으로 판단된다.

전세계적인 FTA 확산과 함께 한국도 한미 FTA 체결을 위해 역량을 결집시키고 있으며 인도, 캐나다와의 협상이 진행 중에 있고 유럽연합(EU)과의 FTA 협상도 개시될 것으로 보여 지역주의(regionalism) 확산에 따른 우리 기업의 보다 효과적인 전략적 대응이 요구된다.

본장은 FTA 체결 확산에 따른 우리기업, 특히 중소기업의 경쟁력 제고 방안을 분석한 기업은행의 보고서를 중심으로 살펴본다.

제1절 FTA 확산에 따른 경영환경의 변화

1. 다자협상 지연에 따른 지역주의 가속화

FTA를 포함 세계무역기구(WTO)에 통보된 지역무역협정(RTA : Regional Trade Agreement) 수(2006년 6월 기준)는 197건(이 중 FTA가 65%)이다. 이 중 1990년대에 체결된 건이 75건, 2001~2006년 6월까지 체결된 건수만 95건에 이르고 있다. 이제 전세계적으로 지역무역협정에 가입하지 않은 국가는 몽골일 정도로 세계 각국은 적어도 한 개 이상의 RTA에 가입되어 있는 상태이다.

한국은 FTA에 관한한 후발국으로 FTA 체결국 현황을 보면 미국이 17개국, 중국 14개국, 싱가포르 27개국, 멕시코 43개국, 칠레 48개국에 이르는 반면에 한국은 칠레・싱가포르・EFTA・ASEAN(상품무역협정) 등과 최근 FTA를 체결(발효 또는 협상타결)한 정도다.[1)]

다자체제(multilateral system) 확산을 위한 DDA 체결 노력은 WTO 멕시코 칸쿤각료회의(2003. 9), 홍콩각료회의(2005. 12)가 무산된 데 이어, 2006년 7월 농업문제 등에서 회원국간 첨예한 대립 등의 이유로 협상이 잠정 중단된 상태로 이에 대한 대안으로 양자, 지역간 FTA 체결은 더욱 가속화될 것으로 보인다.

---

1) 전세계적으로 FTA체결이 급증하는 것은 WTO 도하개발아젠다(DDA) 협상이 지연되면서 각국이 복잡한 다자간 협상(multilateral negotiations)보다는 자국의 이해에 맞는 국가와 FTA 체결을 적극적으로 추진하고 있기 때문으로 해석된다((기업은행, 기은조사, 2006. 가을호. pp. 6~30 요약・재구성).

〈표 15-1〉 주요 국가의 FTA 추진전략 및 현황

미국	· 다자주의 탈피 지역주의와 병행 - 부시행정부는 FTA를 자유무역을 확산시키기 위한 핵심수단으로 인식 · 기체결 16개국(이스라엘, 요르단, 칠레, 싱가포르, 호주, 모로코, 오만, 바레인, 페루, NAFTA, CAFTA), 협상 중(FTAA 등 47개국)
일본	· 동아시아 공동체 주도 목적, 중국과의 경쟁 - 2010년까지 중국, 한국, ASEAN과 연대 통해 자원, 식량, 경제 안전 확보 · 기체결 5개국(태국, 싱가포르, 멕시코, 말레이시아, 필리핀), 협상 중 12개국(ASEAN 등)
중국	· 에너지 확보와 아시아 역내 주도권 확보 · 기체결 14개국(ASEAN, 홍콩, 마카오, 칠레, 파키스탄), 협상 중 8개국(GCC 등)
EU	· 다자협상 및 유럽 인근지역 통합확대에 역점을 두어 왔으나 DDA협상지연과 미국, 중국 등 거대경제권의 FTA 체결 증가 영향으로 비유럽권 국가와 FTA 체결에 대한 관심 증가 - 비유럽권 FTA 관심지역은 ASEAN, 중남미 등이며 개별국으로는 한국, 인도, 중국, 태국, 말레이시아 등 아시아 국가와 중남미 국가, 러시아, 우크라이나 등에도 관심 · 기체결 19개국(칠레, 멕시코, 남아공, 이집트 등), 협상 중 52개국 이상(MERCOSUR, GCC, SADC 7개국 등)

주 : MERCOSUR(남미공동시장): 아르헨티나, 브라질, 파라과이, 우루과이
GCC(Gulf Cooperation Council): 사우디아라비아, UAE, 카타르, 쿠웨이트, 오만, 바레인
CAFTA: 코스타리카, 엘살바도르, 과테말라, 온두라스, 니카라과 5개국
FTAA(Free Trade Area of the Americas): 쿠바를 제외한 미주지역 34개국 참여 예정

2. 한국의 FTA 추진 동향

전세계적으로 지역무역협정 확산에 대처하고 개방을 통해 선진경영시스템(advanced management system)을 도입한다는 목표 하에 정부는 2000년대 들어 FTA 협상을 활발히 추진하고 있다. 한국과 FTA가 정식 발효된 국가(2006년 9월 기준)는 칠레(2004. 4월 발효), 싱가포르(2006. 3월 발효), EFTA(스위스, 노르웨이, 아이슬란드, 리히텐슈타인 4개국, 2006. 9월 발효) 등 6개국이며 현재 미국, 인도, 캐나다, 멕시코 등과 FTA 체결을 위한 협상이 진행 중에 있다. 이밖에 유럽연합(EU), 중국 등 우리의 주요 교역 상대국이 우리와의 FTA 체결에 관심을 보이고 있으며 이에 대비한 민관차원의 예비 연구도 진행 중에 있다.

3. 기체결국(4개국)

칠레 (2004. 4월 발효)	·칠레는 한국 공산품 등 전체의 42% 품목에 대해 관세 즉시 철폐, 한국도 칠레산 수입품 전체의 87% 품목에 대해 관세 즉시 철폐(쌀, 사과 등 초민감품목 제외)
싱가포르 (2006. 3월 발효)	·상품, 서비스, 기술표준 등 포괄적 분야에서 FTA 체결 - 쌀, 사과 등 농산물과 일부 민감한 공산품은 양허대상에서 제외 - 개성공단 생산제품 역내산 인정 ·2005년 양국 교역 127억 달러(수출 74억 달러, 수입 53억 달러) - 컴퓨터·사무기기·통신기기, 반도체 등 중심 확대 전망 - 특히, 싱가포르의 금융, 물류 등 선진 서비스산업 노하우 전수 통한 경쟁력 향상 기대
EFTA (2005. 12월 서명)	* EFTA : 스위스, 노르웨이, 아이슬란드, 리히텐슈타인 4개국 ·농산물과 수산물 중 일부는 민감품목으로 양허대상에서 제외 - 개성공단 생산제품 역내산으로 인정 ·세계 10위권 경제규모로 한국과의 교역규모는 27억 달러. 전기, 전자, 섬유, 자동차 수출 증가 전망
ASEAN (2006. 4월 상품 무역협정 타결)	·쌀 양허 제외에 반발한 태국 불참, ASEAN 9개국만 참여 - 일부 품목은 '초민감 품목'으로 지정해 △개방제외 △2016년까지 일정 수준만 관세 인하 △관세할당제(TRQ) 설정 등의 방법으로 보호 ·개성공단 생산제품은 일정조건(원자재비의 60% 이상, 부가가치 40% 이상) 충족시 역내산으로 인정 ·5대 수출시장과 체결한 최초 FTA로 전자, 철강, 석유화학, 자동차, 자동차 부품 수출 증가 전망

주 : TRQ(Tariff Rate Quota, 관세할당제)는 지정된 쿼터 내 수입에는 저세율, 쿼터 초과시 고세율을 부과하는 일종의 이중관세제도임

4. 체결 추진국

단기추진 대상국 (5개국)	· 미국 : 2007. 1월까지 6차례 협상 · 일본 : 2004. 11월까지 6차례 협상, 일본측 농산물 시장 개방의지 미흡으로 협상 중단 상태 · 캐나다 : 4차협상 완료 · 멕시코 : 2006. 2월 SECA(전략적경제보완협정) 위한 1차 협상 개시 · 인도 : 2006. 3월 CEPA(포괄적경제동반자협정) 위한 1차 협상 개시
장기추진 대상국 (33개국)	· EU, 중국 등 거대경제권 · 한 · 중 · 일 FTA - 공동연구 : 러시아, MERCOSUR 남미공동시장
한국과 FTA 체결 희망국(5개국)	· 이스라엘, 페루, 파나마, 뉴질랜드, 호주

제 2 절 FTA 확산이 기업경영에 미치는 영향

1. 기업에 영향을 미치는 FTA 협정의 주요 내용

FTA의 핵심 내용은 체결국간 상품 · 서비스교역의 원활화를 위해 교역에 있어 관세 및 비관세장벽을 철폐 또는 완화하는 것이다. 이를 통해 체결국간 경제의 동질성(economic homogeneity)이 심화되어 해당국에 소재한 기업은 보다 큰 시장에서 더욱 많은 시장참여자와 경쟁하는 효과를 가지게 된다. 지역무역협정은 이전에 관세장벽 인하에 초점을 두었으나 최근 발효되는 FTA는 상품뿐만 아니라 서비스 분야에서의 관세 및 비관세장벽 철폐로 그 대상 범위가 확대되는 추세를 보이고 있다. 이로 인해 기업의 경영환경에 미치는 복합적 영향도 증대되고 있다.

FTA 협정문은 크게 2분야(① 상품(공산품 · 농산물 · 수산물), ② 서비스(투자 · 금융 포함))로 구분할 수 있으며 대체로 20여개의 장과 부속서로 구성된다.

① 상품분야

상품분야는 상품에 대한 내국민대우 및 시장접근(관세 및 비관세장벽 철폐계획), 원산지규정, 통관절차, 무역구제(긴급수입제한조치, 반덤핑 및 상계관세 사항), 위생 및 검역 조치, 무역에 있어 기술장벽 관련 사항으로 구성된다.

② 서비스분야

서비스 관련 규정은 국경간 서비스무역, 투자, 전기통신, 금융서비스, 기업인의 일시입국 관련 조항들을 포함하게 된다. 이밖에 전자상거래(e-Commerce), 정부조달, 경쟁, 분쟁해결, 지적재산권 관련 조항이 별도의 장으로 구성되기도 하며 상품 및 서비스 분야의 구체적인 양허 및 유보 계획은 부속서에 명기된다.

한·칠레 FTA 협정문은 총 21개 장으로 구성되어 있으며 한·싱가포르 협정문도 한·칠레 협정문과 유사한 구성을 가지고 있다. 다만 한·싱가포르 FTA의 경우 양국 교역의 특성을 살려 무역에 대한 기술장벽 상호인정협정(MRA : Mutual Recognition Agreement)[2), 금융 서비스, 전자상거래 조항을 별도로 두고 있다.

현재 협상 중인 한미 FTA 협상도 17개 분야(농업, 섬유, 무역구제, 위생검역, 상품, 원산지·통관, 투자, 서비스, 금융서비스, 통신·전자상거래, 노동, 환경, 경쟁, 정부조달, 기술표준, 지적재산권, 분쟁해결 및 총칙) 2개 분과(의약품, 자동차)로 분류되어 협상이 진행되고 있어 동 협상 결과가 협정문의 토대를 이룰 것으로 보인다.

상기 FTA 협정 내용 중 중소제조업에 직접적인 영향을 미치는 것은 관세 및 비관세장벽 철폐를 논하는 상품에 대한 시장접근 조항, 원산지 규정, 인증·표준관련 협력 사항인 기술장벽, 투자자 보호 및 투자규제 완화를 논하는 투자협정, 상업적 주재를 두지 않고 온라인(on-line)을 통한 금융서비스 등의 허용과 관련된 국경간 서비스무역 조항 등이다.

2) 상호인정협정은 '상대국의 공인기관에서 발행한 제품관련 인증 또는 테스트결과서를 인정하여 상호 기술장벽을 낮추도록 하는 협정'으로 한국이 최초로 타국과 체결한 상호인정협정이라는 점에서 의의가 있다.

〈표 15-2〉 FTA 협정문의 구성사례(한·칠레 FTA 협정)

제1부 총칙	[제1장] 최초조항
	[제2장] 일반적 정의
제2부 상품무역	[제3장] 상품에 대한 내국민대우 및 시장접근 ·부속서 3.4 관세철폐 - 제1절 칠레를 원산지로 하는 수입에 대한 관세 - 제2절 한국을 원산지로 하는 수입에 대한 관세 - 부록1 칠레의 관세철폐계획 - 부록2 한국의 관세철폐계획
	[제4장] 원산지 규정 - 부속서 4 한·칠레 자유무역협정 원산지 규정
	[제5장] 통관 절차
	[제6장] 긴급수입제한조치
	[제7장] 반덤핑 및 상계관세 사항
	[제8장] 위생 및 식물위생 조치
	[제9장] 표준관련 조치
제3부 투자·서비스 및 관련사항	[제10장] 투자
	[제11장] 국경간 서비스무역
	[제12장] 전기통신
	[제13장] 기업인의 일시입국
	[제14장] 경쟁
제4부 정부조달	[제15장] 정부조달
제5부 지적재산권	[제16장] 지적재산권
제6부 행정 및 조직규정	[제17장] 투명성
	[제18장] 협정의 운영
	[제19장] 분쟁해결
제7부 그 밖의 규정	[제20장] 예외
	[제21장] 최종 조항
부 속 서	[부속서Ⅰ] 현생조치를 위한 유보와 자유화 약속(제10장, 제11장) ·칠레의 유보리스트 ·한국의 유보리스트
	[부속서Ⅱ] 장래 조치를 위한 유보(제10장, 제11장) ·칠레의 유보리스트 ·한국의 유보리스트
	[부속서Ⅲ] 수량규제(제11장) ·칠레의 유보리스트 ·한국의 유보리스트
	[부속서Ⅳ] 기타약속(제11장)

FTA 협정의 내용 이해를 위해 가장 최근 발효된 한·EFTA 개요와 2007년 1월 기준 6차 협상까지 진행되어 온 한미 FTA의 주요 쟁점사항은 다음과 같이 정리할 수 있다.

1.1 한·EFTA FTA

한·EFTA FTA는 본협정, 투자협정, 농업협정(3개)으로 구성되어 있다. 본협정은 상품 및 서비스 관련사항 및 금융 서비스, 정부조달, 지적재산권, 경쟁 관련사항을 포괄하고 있다. 한국측은 EFTA에 대해 9,404개 공산품의 100%를 양허하고 91.1%의 상품은 즉시 관세 철폐, EFTA측은 한국측 공산품 전체에 대해 협정 발효 즉시 관세 철폐를 하였다.

서비스시장 개방과 관련하여 한국측은 DDA 2차 양허안에 3개 분야(빌딩청소, 경영컨설팅, 기술시험분석서비스)를 추가로 개방하였으며 EFTA 측도 DDA 2차 양허안 수준으로 양허하되, 스위스는 우리가 요청한 미용 및 세탁서비스, 전문직 계약서비스 공급자 양허범위 확대, 보안컨설팅서비스 등 추가로 개방하였다.

1.2 한미 FTA 협상 주요 쟁점사항(1~3차 협상 결과 요약, 17개 분과, 2개 작업반별)

동 쟁점사항은 FTA 협정의 주요 내용 및 한미간 쟁점분야에 대한 이해를 위해 기업은행의 보고서는 정부 발표 및 언론 보도 내용을 정리하였다.

〈표 15-3〉 한미 FTA 주요 쟁점 사항

협상분과(작업반)	한국측 주장	미국측 주장
농업	· 농산물세이프가드 도입 · 현행 저율관세할당제(TRQ)제도 유지(다양한 수입쿼터 관리방식) · 쌀, 쇠고기 관세철폐 제외 · 쌀 제외한 기타 민감품목은 5단계로 분류하여 개방, 최장 기간을 상품(10년)보다 긴 15년으로 제안	· 특수조항으로 수용불가 · TRQ 개선 통해 시장접근 확대 · 농수산물유통공사 등 쌀 국영무역 방식 철폐 요구 · 상품과 동일한 개방단계 적용 요구(즉시, 3, 5, 10년, 기타) · 쇠고기, 낙농가공품 개방 강력히 요구
섬유	· 관세 최장 5년 내 조기 철폐 · 미국 섬유원산지 기준 완화(원사 기준을 직물기준으로 완화)	· 민감 섬유품목 기타품목으로 분류, 관세 철폐 제외 또는 10년 내 철폐 · 섬유 세이프가드 도입 · 엄격한 원산지 규정 적용 : 면제품 등 일부 천연섬유에 한해서는 원사 기준(yarn foward) 보다 엄격한 섬유원료 기준(fiber foward)적용 요구(면직물 원산지 섬유원료기준 설정시 면직물 원료인 목화도 역내산이어야 함)
무역구제	· 반덤핑, 상계관세제도, 세이프가드 남용 방지 및 발동요건 강화	· 무역구제는 협상대상이 될 수 없으며, 협정문 명칭도 '세이프가드'로 주장
위생검역(SPS)	· 마찰 해결 위해 연락 창구로 충분	· 검역 마찰 해결 위한 상설협의기구(위원회 형태) 설치 필요
상품전반	· 미국측 물품취급수수료, 항만 유지수수료 면제 · 조정관세 유지 · 개방 요구	· 물품취급수수료 폐지는 긍정적 검토, 다만 항만유지수수료는 면제 불가 · 대미 수출 경우 조정관세(관세환급제) 적용 배제 · 연안해운 자국 선박 허용(존스법), 미국산 원목수출 제한 허용 등 예외요청
자동차(작업반)	· 불가입장 · 관세전면 철폐(승용차, 픽업트럭) · 안전, 환경 표준제정시 업계와 충분히 협의 중으로 협정문에 반영 불필요 · 상설위원회 설치 반대	· 한국 배기량기준 세제, 가격기준으로 개편 · 관세(8%) 철폐 · 안전 및 환경규제 투명성 강화, 국제표준 또는 미국식으로 맞춰줄 것 - 표준 제정시 외제차 수입업체 및 국내 제조사와 사전 협의 강화 및 입법예고 기간 연장 요구 · 환경기준 관련 상설위원회 설치

〈표 15-3〉 이어서

의약품 의료기기 (작업반)	· 약제비 정정화 방안(효능 인정 신약이라도 가격 대비 효과 우수 의약품만 보험적용하는 제도, positive list system) 연내 도입 · 특허소송제로 충분 - 신약자료독점권 탄력적 대응 필요	· 건강보험 약제비적정화 방안(보험적용약 positive list제) 반대후 8월 별도 회의 통해 제도 도입 자체는 수용 - 그러나 의약품 건강보험 선별등재 심사시 미국기업의 이해 반영 통로 마련, 독립적 이의 신청 보장 등 요구 - 기타 약가재심기구 설치, 신약 특허권 보호 강화, 전문의약품 광고 허용, 약값 산정시 물가상승률 적용 16개 세부사항 요구 · 신약 특허권 강화(특허기간 중 복제의약품 금지) : 20년+3~5년(심사 및 임상시험기간) - 신약자료독점권을 유사품목까지 확대 * 신약차별 금지와 신약의 국내 시장 접근성 강화 요구
원산지 통관	· 개성공단 생산제품 한국산 인정(역외가공방식에 의한 개성공단 특혜관세 인정)	· 수용 불가
투자	· 외환위기 등 위기상황시 국경간 자본거래, 송금 일시 제한하는 긴급제한 조치 허용 · 외국인지분제한 철폐 불가 · 분쟁대상을 국내법령에 국한시킬지, 투자 인가내용도 포함시킬지, 분쟁해결 위한 중재재판부 심리를 공개하고 제3자가 의견을 제시할 수 있도록 할 것인지 등 협상 지속할 것	· 입장 유보, 그 동안 FTA에서 전례 없다며 반대 · 기간통신산업 외국인투자지분제(현행 49%) 철폐 · 투자자 - 국가 소송제도 도입
서비스	· 미국의 전문직 비자쿼터 배정 · 전문직 자격 상호인정 추진 · 택배, 법률, 교육, 의료, 공공 부문(전기, 가스, 에너지, 수도, 방송 등), 안경유통, 선원 교육서비스, 테스트 서비스 등 유보안에 포함 · 주정부 조치의 구체적인 기재 요구	· 입장 유보 · 방송, 택배, 통신, 법률, 회계 등 11개 분야 개방 요구 · 온라인교육서비스, SAT 등 테스트 서비스 개방 확대(의무교육, 비영리 의료서비스, 공공시장은 비관심) · 케이블, 위성 TV 외국인지분 확대 요구

〈표 15-3〉 이어서

금융 서비스	·신금융서비스는 금융당국 허가제 유지를 조건으로 개방 허용(각각 상품별로 소비자 보호 등 조건부 허용) ·우체국은 산간벽지 등을 대상으로 업무 수행하는 특별 형태, 설립 근거도 상이한 만큼 수용 불가 ·국책은행 FTA 적용 제외, 다만 공정경쟁부문은 협의 중 ·미국 예금보험공사에 한국은행의 회원가입, 은행 이사 선임시 국적과 거주지 제한 규정 철폐 미국측에 요청	·신금융서비스, 국내법 범위 내에서 허용 ·한국의 우체국 금융(보험 등)업무에 대한 금융 당국 규제 필요 ·국책은행에 대한 지원정책도 지적 공정경쟁 요구 ·시중은행은 방카슈랑스 영업에 제한 있는데 농협은 제약 없으며, 우체국은 규제없이 영업 특혜 누린다고 지적
통신·전자 상거래	·효율성면에서 단일기준 필요 ·인터넷전자상거래 무관세 영구화는 반대	·통신분야 기술표준선택 민간 자율권 보장
노동	·노동, 환경법 집행노력 협정문에 규정	·노동, 환경법집행 실패시 분쟁해결절차 회부 및 벌금 부과 ·공적대화기구(Public Communication) 제도 도입 제안 : 일국 국민이 상대국 노동분쟁 해결에 이의 발생시 자국정부 통해 상대국 이의 제기 제도
환경		
경쟁	·재벌에 이미 엄격한 공정거래법 적용중으로 별도 조항 불필요	·반독점법, 반부패조항의 대기업, 중소기업, 외국기업에 대한 비차별적으로 적용 요구조항 포함 필요
정부조달	·정부조달 입찰참여 조건 완화, 조달정보교환, 조달청간 협력 등 규정 요구 ·중앙정부 양허하한선 13만 SDR에서 10만 SDR로 인하, 지자체는 그대로 유지 ·GPA상 예외조항 포괄적 인정(학교급식, 중소기업보호 등)	·입장 유보 ·인천공항과 부산항만공사 양허 기관에 포함
기술표준 (TBT)	·미국측 민간인증제도로 인한 무역 장애 문제 제기 ·분쟁해결 위해 접촉창구로 충분	·분쟁해결 위해 상설기구 설치해야 함
지적 재산권	·추후 검토	·저작권 보호기간 50년에서 70년으로 연장 ·저작자가 단체 또는 음반제작자일 때 95년으로 각각 연장
총칙 분쟁해결	·법개정 지연 우려로 반대	·한국의 입법예고기간 20일에서 60일로 연장(대처시간 확보목적)

2. FTA 효과

FTA 효과는 산업별로 차이가 있으나 국가 전체적으로는 교역 증가, 국내총생산(GDP) 성장률 증가, 산업구조조정, 선진국과 FTA 체결시 산업구조 고도화를 지적할 수 있다.

기업입장에서는 FTA 체결시 관세 인하를 통해 상대국 시장에서 경쟁국 대비 가격경쟁력이 강화된다. 또한, 기술장벽(technical barriers to trade), 무역구제제도(반덤핑, 상계관세, 긴급수입제한조치), 위생 및 검역 조치의 투명성(transparency) 증대를 통한 비관세장벽 제거효과와 불확실성(uncertainty) 제거를 통한 국가신인도 제고 효과 등이 경영환경에 유리하게 작용할 수 있다.

2.1 한·칠레 FTA

2004년 4월에 발효된 한·칠레 FTA 체결 2년 경과 후 효과를 살펴보면 한국의 대칠레 수출은 발효 1년차, 2년차에 각각 58%, 53% 급증한 것으로 나타났다. 반면에 동 기간 중 수입증가율은 45%, 27%를 기록하였다. 주요 수출 증가품목은 자동차(58%, 42%), 무선통신기기(250%, 9.3%), 합성수지(72%, 51%) 등이다. 냉장고의 경우 칠레측이 민감품목 지정을 요청하여 특혜관세 적용대상에서 제외했음에도 불구하고 칠레시장에서 점유율이 2004년 5.8%에서 2005년 7.7%로 급상승한 것이 특이할 만하다. 이는 FTA에 따른 수출 증대가 단순히 관세인하에 기인하는 것이 아니며 FTA 체결에 따른 비가격경쟁력(non-price competitiveness) 향상 효과도 볼 수 있음을 보여주는 사례이다.

수입증가품목은 포도주(174%, 32%), 돼지고기(65%, 32%), 포도(12%, 55%), 동광(53%, 43%) 등 1차 상품이 주를 이루었다. 당초 농산물 수입급증을 우려하였으나 포도주를 제외한 순수 농산물 수입증가는 전체 수입 증가의 1.6%에 불과하여 광산물, 비철금속의 수입 증가가 상대적으로 큰 것으로 나타났다.

2.2 한미 FTA

현재 진행되고 있는 한미 FTA 협상에서도 계량적으로는 수출증가, GDP 성장률 증가, 단기적인 무역수지 악화 등이 예상되고 있으나 중소제조업체에는 대체적으로 수요 증가를 통한 성과제고에 기여할 것이라는 전망이 우세하다고 할 수 있다. KOTRA가 미국, EU지역 바이어를 대상으로 설문조사를 실시한 결과 조사대상 바이어의 상당수가 FTA 체결시 한국으로부터의 수입확대 또는 신규거래 추진 의사를 표명하였다.

미국 바이어 대상 설문조사 결과 한미 FTA가 체결되면 한국으로부터 수입을 확대하거나 신규로 수입할 의사가 있다고 표명한 바이어가 60%를 나타내었다. 특히, 중국과 거래하고 있는 바이어 중 36%가 'FTA체결시 한국으로 수입선을 전환하거나 한국으로부터 수입비중 확대를 고려하겠다'고 응답해 중국 제품과의 경쟁에서도 유리하게 작용할 것으로 보인다. 품목별로는 직물(71%), 일반기계 및 부품(68%), 의류(55%), IT(53%), 자동차부품(50%) 등 취급 바이어들의 대한수입 확대 의사가 큰 것으로 조사되었다.

2.3 한·EU FTA

한·EU FTA 체결 관련 영향 설문조사에서도 EU 지역 바이어의 64%, EU에 진출해 있는 한국기업의 63%가 FTA 체결시 한국제품 수출증대효과가 있을 것으로 전망했다. 한국의 수출 주력품목인 휴대전화(70%), 반도체(50%) 등은 기존 수입관세가 0%임에도 불구하고 상당수 바이어와 현지진출기업이 수출확대를 전망한 것이 주목할 만한 점이다. 이는 FTA 체결이 관세, 비관세장벽 완화 효과뿐만 아니라 간접적인 제품인지도 향상효과를 발생시킬수 있다는 것을 의미한다.

한편, 'FTA를 체결하더라도 대한수입 확대를 고려하지 않겠다'고 응답한 바이어의 58%는 그 이유로 '제품 판매에 가격 영향이 적어서', 33%는 '이미 관세부담이 없기 때문'으로 응답하여 기업차원에서 FTA 효과를 극대화하기 위해서는 비가격경쟁력의 강화가 수반되어야 함을 시사하고 있다.

국내기업에 대한 설문에서도 2006년 8월 산업연구원이 국내 중소기업을 대상으로 실시한 설문에서 응답기업의 71%가 '한미 FTA 체결이 경영활동 전반에 긍정적으로 작용하거나 영향이 없을 것'으로 응답하였다. 이보다 앞선 2006년 6월 전자산업진흥회의 설문조사에서도 응답기업의 60%가 '한미 FTA에 찬성한다'는 입장을 표명한 바 있다.

산업별로는 섬유, 의류, 가죽, 음식료, 생활용품 등에서 긍정적 효과가 기대되며 광물, 금속, 기계 분야는 수출과 생산이 감소할 것으로 전망되고 있다.

중소기업의 한미 FTA 체결 영향을 긍정적으로 전망하는 이유는 미국산 수입품과의 경합도가 크지 않을 뿐만 아니라 마케팅, 자본, 기술 교류 확대를 통해 경쟁력을 제고시킬 수 있을 것으로 기대하기 때문이다.

3. 해외 사례

타국의 경우에도 멕시코, 호주, 싱가포르 등이 미국과 FTA 체결을 통해 중소기업의 대미수출 증대, 외국인 투자 증대 효과를 본 것으로 조사되었다.

3.1 호주

호주의 경우 미국과 FTA 발효 후 중소기업 전담지원사무소를 설치하고 정부조달 등 신규 분야 진출을 적극적으로 추진한 결과 중소기업의 수출비중이 2004년 19%에서 2005년 25%로 증가하였다.

3.2 칠레

칠레는 미국과 FTA 체결 첫 해(2004)와 다음 해(2005) 각각 32%, 37%의 높은 대미수출증가를 기록하였다. 기존시장 개척뿐만 아니라 정부조달, 농산물, 고부가가치 공산품 분야의 신규 시장 개척을 이룬 것으로 평가되고 있다. 2005년에는 그 동안 수출되지 않던 537개 품목의 신규 수출이 이루어진 것으로 파악되었다.

3.3 NAFTA

NAFTA가 캐나다와 멕시코 경제에 미친 영향에 대해서도 다양한 시각이 존재하나 NAFTA를 통해 회원국 기업들의 미국시장에 대한 접근도가 확대된 것은 주지의 사실이다.

제 3 절 FTA를 활용한 기업경쟁력 제고 방안

FTA 체결로 관세가 인하되고 일부 비관세장벽이 철폐된다고 해서 한국기업의 대체결국 수출이 자연적으로 증대되는 것은 아니다. 다만 FTA 체결은 관세 및 비관세장벽 완화, 국가인지도 제고, 상호투자 접근도 향상을 통해 기업에게 긍정적 경영환경을 제공하게 된다. 결국 FTA 체결이 기존 마케팅 환경에 획기적인 변화를 초래하는 것은 아니며 자사에 유리하게 작용할 수 있는 변화 요인을 파악하여 마케팅에 적극적으로 활용하는 기업만이 경쟁력 향상을 통한 성과 제고 효과를 누릴 수 있다.

한국은 교역을 통한 경제발전구조(economic development structure through trade)로 최근 수년간 무역수지 흑자(trade surplus)를 기록하고 있으나 중국 등 신흥공업국의 성장으로 주요 해외시장에서의 경쟁이 갈수록 격화되고 있어 중소기업의 경영 어려움은 가중되고 있다.

1. 수출 현황

한국의 GDP 규모(2005년 기준)는 7,875억 달러, 교역규모(수출+수입)는 5,457억 달러로 GDP에서 교역이 차지하는 비중이 70%에 이르고 있다. 시기별 GDP 대비 교역 비중도 1996년 50%, 2001년 60%, 2005년 69%로 증가하고 있어 한국경제에서 교역의 중요성은 해가 갈수록 증대되고 있다. 그러나 수년 전부터 중국, 베트남, 인도 등 후발공업국의 기술발전(technological development)과 제품경쟁력이 급격히 상승하고 전세계 교역에서 차지하는 비중이 증가하면서 우리 중소기업들은 기존의 제품 및 마케팅 전략의 변화가 불가피한 실정이다.

한국의 세계시장 점유율(2005년 기준)은 2.8%, 중국은 7.5%에 이르고 있다. 거대시장에서 그 격차는 더욱 커서 미국 수입시장의 경우 한국제품 점유율이 2000년 3.3%에서 2005년 2.6%로 하락한 반면에 동 기간 중 중국의 점유율은 8%에서 15%로 2배 가까이 상승했다. 특히, 우리의 경우 자동차, 휴대폰(cellular phone), 반도체 등 일부 대기업 제품의 수출호조세가 지속되고 있는 점을 고려하면 중소기업의 어려움은 더욱 큰 것을 인식할 수 있다.

실제 중소기업은 우리 GDP의 89%, 고용의 87%로 절대 비중을 차지하면서도 수출에서 차지하는 비중은 32%에 불과한 실정이다.

〈표 15-4〉 경쟁국 대미시장 점유율 변화

(단위 :%)

	2000	2001	2002	2003	2004	2005
일본	12	11	10	9	9	8
중국	8	9	11	12	13	15
한국	3.3	3.1	3.1	2.9	3.1	2.6
인도	0.9	0.9	1.0	1.0	1.1	1.1

자료 : 미국 상무부

2. FTA에 따른 시장환경의 변화

미국, 유럽연합(EU) 등 거대시장에서 부진한 시장점유율을 만회하기 위해서는 제품경쟁력의 제고뿐만 아니라 단순거래 방식의 교역에서 탈피하여 Inward, Outward FDI의 추진, 현지기업과의 기술, 마케팅, 자본제휴(capital alliance) 등을 활용한 입체적 마케팅을 전개할 필요가 있다. 현재 미국 등 선진시장(advanced market)에서는 고객수요를 반영한 맞춤형 제품 개발(tailored product development)과 상품, 서비스의 복합 제공 여부가 성공의 핵심 요인으로 부각되고 있다. 그러나 일부 기업의 해외마케팅은 여전히 시장수요보다는 자체 제품개발 능력 제고와 경쟁기업과의 경쟁에 초점을 두고 있다.

세계시장 점유율 5% 이상 확보는 중소기업의 경쟁력을 견인하는 해외진출 부문의 중요한 척도가 될 수 있는 만큼 FTA를 계기로 현지 수요에 맞춘 진출전략을 수립하여 해당국 내수시장 공략을 본격적으로 추진해야 한다.

미국의 경우 우리 중소기업이 주로 경쟁하는 미국 수입시장 규모는 1조 5,000억 달러 수준인데 비해 GDP 규모는 11조 7,000억 달러로 우리의 경제구조와는 차이가 있다. 즉, 교역(수출+수입)이 GDP에서 차지하는 비중이 20.1%(한국 70%)에 불과하여 우리와는 달리 내수시장에 대한 의존도가 커서 미국시장에 본격적으로 진출하기 위해서는 내수시장 공략이 필수적이다.

실제 미국기업들의 경우 대형 유통기업이나 섬유, 의류 등 일부 전통산업을 제외하면 의외로 전문 수입상의 역할이 전체 유통구조에서 차지하는 비중이 크지 않은 편이다. 중소형 유통기업들은 대부분 국내에서 제품을 조달하기 때문에 수출입에 대한 관심과 이해가 부족한 경우가 많다. 특히 IT, BT 등 신산업분야 기업들의 경우 대부분 하드웨어(hardware) 조달 등 단순 상거래에는 관심이 없으며 자본, 마케팅, 기술제휴 또는 제품과 서비스를 통합 제공할 수 있는 기업과의 거래를 선호하고 있다. 이로 인해 미국 내수시장을 효과적으로 공략하기 위해서는 현지진출 또는 현지기업과의 제휴가 필수적이라고 할 수 있다.

미국 등 선진시장의 경우 제품개발, 경쟁중심의 기존 차별화 전략은 한계에 직면해 있는 것으로 판단된다. 그 동안 우리 중소기업의 해외시장 공략 초점은 제품차별화(product differentiation)에 있었다. 구체적 실행 전략으로 품목 혹은 제품다변화와 고급화를 통한 하드웨어적 접근과 브랜드이미지(brand image) 제고 등 소프트웨어(software)적 접근 전략을 병행하여 구사해 왔다. 특히, 하드웨어적 접근 중에서도 제품다변화에 주력해 왔으나 이는 공급주체에 초점을 맞춘 것으로 이의 실수요처를 찾는데 효과적이지 않았다. 이로 인해 미국 내수시장 진입에는 한계를 보여온 것이 사실이다.

공급자 측면에 초점을 맞춘 해외진출전략은 중국을 비롯한 후발국의 추격 가속화로 어려움에 직면해 있는 한편, 해외시장 수요에 부합하는 제품개발이나 수요 창출면에서는 선진국 기업과의 격차를 축소시키지 못함에 따라 소위 샌드위치 딜레마

(sandwich dilemma) 현상이 심화되고 있다.

- 수출품 다변화 면에서 1990년대 초반 중국에 추월당했으며 고급화면에서도 중국의 1.5배였던 수출단가가 1.2배로 하락한 반면, 일본과의 격차(0.5배 내외)는 축소시키지 못하고 있는 상황임
- 한국의 차별화(수출품간 대체탄력성) 정도는 가장 앞선 독일의 47%에 불과함

선진국 기업과의 경쟁을 통한 미국 내수시장 진입을 위해서는 해외시장 진출 전략의 새로운 패러다임(new paradigm) 변화가 요구된다. 이 같은 측면에서 미국 등 거대 경제권과의 FTA 체결은 양국 경제의 동질성(homogeneity) 심화, 교역장벽 완화를 통해 단순 거래방식(trade)이 아닌 시장통합(market integration)을 활용한 신규 비즈니스 창출에 유리한 환경을 조성할 것으로 기대된다.

한미 FTA 추진에 따라 가속화될 것으로 전망되는 시장환경의 변화 방향은 다음 5가지로 요약할 수 있다.

① 소량단기 반복주문의 확대

경제통합도 제고에 따라 재고 부담을 최소화하기 위한 미국 구매기업의 소량단기 반복 주문 행태가 더욱 가속화될 것으로 보인다.

② 내부거래 · 전략적 제휴의 확대

상대국 기업간 인적 · 물적 교류가 확대되면서 과거 불특정 기업을 상대로 한 단순 거래 패턴에서 양국 기업간 전략적 제휴(strategic alliance)(기술, 자본, 마케팅 등 분야별 협력)를 통한 긴밀 협력 체제로의 이행이 확산되게 된다.

③ 국내 결제수단의 이용 확산

거래빈도 확산, 소량결제 증가추세에 따라 L/C, 추심방식 등 전통적 국제결제 수단보다는 은행간 송금(wire transfer), 현지진출기업을 활용한 Company Check 활용 등 보다 간편한 결제수단 채택이 증가된다.

④ 유통단계의 축소

미국의 경우 제조업체 → 수입업체 → 도매 → 소매 → 최종수요자로 이어지는 전통적 유통단계는 급속히 붕괴되고 있으며 인터넷 확산, 다품종 소량 거래 확산

등에 따라 제품 기획 → 현지 파트너 → 최종소비자 등으로 유통단계가 급속히 단축되는 추세를 보이고 있다.

⑤ 비가격 중심 경쟁 체계

현대는 정보의 유통 향상으로 완전경쟁(perfect competition)시장이 실현되어 가격경쟁(price competition)이 점차 치열해지고 있으나 우리의 경우 중국 등 개발도상국들(developing countries)과 가격경쟁에 한계를 보이고 있다. 따라서 FTA를 통해 비가격 요소를 활용한 미국 내 기업과 경쟁 요인이 확대될 것으로 보인다.

3. 시장환경의 변화에 따른 기업성과 제고 전략

시장환경의 변화에 따른 기업성과 제고전략을 다음 2가지 측면에서 살펴본다.

3.1 신규 전략품목의 개발

FTA 체결은 기존 시장에 대한 적극적 마케팅 전개의 계기가 되는 한편, 신규 유망품목을 발굴하는 기회를 제공하게 된다. 품목면에서는 우선적으로 미국 내 고관세 품목 및 최근 수입수요 증가 품목에 관심을 기울일 필요가 있다.

미국의 평균 관세율은 4.9%이나 섬유·의류(9.2%), 신발(25~48%), 가죽가방(12.6~20%), 경트럭(25%), 유리제품(10.5~38%), 모조장신구(10.5~13.5%) 등 일부 고관세 품목은 관세철폐 효과가 클 것으로 기대된다.

〈표 15-5〉 미국의 산업별 평균 관세율

산업	관세율(%)	산업	관세율(%)
농 산 물	9.8	가죽·고무 신발류	7.0
수 산 물	2.0	금 속	1.9
석 유	2.2	화 학 제 품	3.6
광 물	3.7	수 송 기 계	2.6
목재·펄프	0.9	기 계	1.3
섬유·의류	9.2	전 자	2.0
전체평균	4.9		

자료 : www.apec-iap.org

(1) 대미수출 증가품목

2005년 기준 대미수출 1억 달러 이상 수출품목(52개 품목)을 대상으로 최근 3년간 연평균 대미 수출증가율을 분석한 결과 전자, 기계, 화학 등 한국기업의 강세 분야에서 다양한 제품의 대미수출이 증가한 것으로 나타났다.

〈표 15-6〉 대미수출 증가 상위 20대 품목(2002~2005)

(단위 : 백만 달러, %)

순위	품목명	2002년 수출액	2005년 수출액	3년간 연평균 수출증가율(2002/2005)
1	평판디스플레이및센서	27	284	80.1
2	섬유및화학기계	51	416	69.0
3	기초유분	63	350	53.5
4	냉장고	87	337	40.3
5	석유제품	576	2,172	39.4
6	건설광산기계	215	736	36.0
7	금속공작기계	70	230	34.6
8	합성고무	41	113	28.8
9	합성수지	156	422	28.2
10	자동차부품	809	2,101	26.9
11	반도체제조용장비	53	131	25.4
12	금형	46	107	23.5
13	철강판	372	815	21.7
14	기타가정용전자	47	102	21.4
15	철강관및철강선	308	667	21.3
16	정밀화학원료	98	190	18.0
17	유선통신기기	130	243	16.9
18	건전지및축전지	78	140	15.7
19	무선통신기기	3,810	5,838	15.3
20	기타기계류	101	178	15.2

자료 : KITA

주 : 1) 품목분류 MTI 3단위

2) 분석대상-대미수출 1억 달러 이상 품목(52개 품목)

(2) 미국의 수입증가 품목

한편, 최근 3년간 미국의 수입증가 품목을 보면 의료용품, 건설장비, IT제품 수입이 지속적으로 증가하는 것으로 나타났다.

〈표 15-7〉 미국의 수입증가 상위 품목(2002~2005)

(단위 : 백만 달러)

품목	평균 수입증가율 (2001~2004)	2005년	
		금액	증가율
의 약 품	28.1%	24,134	13.5%
TV수상기	25.8%	17,117	35.5%
의료용품	21.0%	9,987	11.7%
트 랙 터	24.2%	4,807	23.1%
불 도 저	23.7%	4,333	25.5%
연장공구	55.1%	3,223	19.7%
점화장치	28.2%	2,890	25.9%
매체저장장치 (CD-R, DVD-R 등)	52.4%	2,754	108.4%
사무기기	63.5%	2,628	6.0%
진공청소기	21.1%	2,483	12.5%
튜브, 파이프류	23.2%	2,420	31.5%
화학제품(벤젠 등)	20.6%	1,818	35.5%
스 토 브	23.9%	1,692	8.6%
합 금 철	41.6%	1,602	6.6%
침 구 류	24.5%	1,510	30.3%

(3) 한국의 수출주력 제품

한국의 수출주력 제품은 중국 등 여타 경쟁국으로부터 심각한 위협을 받고 있다. 반도체, 통신기기, 자동차 부품의 대미 수출은 이미 중국이 1위를 차지하고 있어서 차세대 전략 품목 개발에 대한 전략 마련이 시급한 실정이다. 의료기기, 자동화기계 등 고부가가치, 고기술 시장에 대한 진출 노력도 요구되고 있다.

최근 대미수출 증가, 현지 수요 증가, KOTRA 미국지역 무역관 전망을 종합하여 기업은행이 작성한 대미 수출 유망 50대 품목은 〈표 15-8〉과 같다.

〈표 15-8〉 대미 수출 유망 50대 품목

품목군	품목	품목군	품목
자동차 운송장비	승용자동차	전기전자 제품	보안기기
	화물자동차		휴대폰
	기타운송장비		오디오 및 주변기기
	자동차 부품		에어컨
IT 제품	위성수신기		냉장고
	컴퓨터 및 주변기기		세탁기
	컴퓨터 SW		네비게이션
	반도체		TV수상기
문화 컨텐츠	모바일 컨텐츠		DVD
	컴퓨터 게임		디지털 카메라
기계장비	건설중장비 및 부품		MP3 플레이어
	공작기계		LED
	섬유기계		축전지 배터리
	플라스틱 금형		광섬유 케이블
	절삭공구류		디지털 도어록
환 경	산업용 환경처리시설	스포츠 레저 미용용품	기능성 화장품
의료건강	의료장비 및 기기		미용용품 기기
	의료용품		레저용품
섬 유	섬유원료		액세서리류
	섬유사	철강제품	형강
	섬유직물		봉강선재철근
	의류제품		철강판
	섬유관련 제품		철강관 및 철강선
석유화학	합성수지	건 축	건축자재
	합성고무	식 품	식품과일 음료

중국 등 경쟁국의 추격으로 경쟁력을 상실하고 있는 품목에 대해서는 조속한 대체품목 개발 등 제품 구조조정도 함께 고려해야 한다.

3.2 내수시장 공략을 위한 마케팅 전략

내수시장 공략을 위한 마케팅 전략을 다음 5가지 측면에서 살펴본다.

(1) 현지 융화 마케팅 전개

미국 내수시장에 본격적으로 진출하기 위해서는 단순 거래방식에서 탈피하여 현지시장에 융화되는 마케팅전략이 필요하다. 이를 위해 현지 베이스 확보 또는 자사의 강·약점 분석을 기반으로 한 현지기업과의 분야별 전략적 제휴(기술, 마케팅, 자본제휴)를 검토해야 한다.

미국 등 선진국 시장의 경우 현지 마케팅 베이스 확보 필요성이 개발도상국 시장에 비해 강조된다. 이는 엄격하고 세분화된 고객니즈(customer needs)에 부응하고 현지 사무소 설치를 통해 기업신뢰도(corporate credibility) 제고, 상품·서비스의 적기 제공 등을 도모할 수 있기 때문이다. 대미 마케팅 초기 단계에서는 위험회피와 비용 절감(risk aversion and cost reduction)을 위해 공공부문의 지사화서비스, 공동물류센터, 사무실 임차 서비스 등을 활용할 필요가 있으며 미국에 정기적 납품과 시장확장을 도모하는 기업의 경우 해외사무소의 운용을 적극적으로 고려해야 한다.

(2) 수요처 중심 시장 개발

시장개발 전략으로 제품개발 등 공급자 위주의 판매전략에서 탈피하여 현지 타겟시장(target market)에 대한 구체적인 수요분석과 소비자 선호도(consumer preference) 파악을 통해 고객지향의 마케팅(customer-oriented marketing)을 설치해야 한다. 타겟시장과 관련해서는 지역, 소득, 연령, 인종 등 다양한 기준에 의한 시장세분화(market segmentation)가 가능하다. 즉, 자사 역량 투입에 적합한 시장을 개발하고 그에 맞춘 특화된 마케팅 활동 전개를 통해 신규 시장진출 확대를 도모할 필요가 있다.

한미 FTA 체결과 관련해서는 이를 계기로 전자상거래(e-Commerce), 정부조달, IT, BT, 문화상품, 패션시장에 대한 신규 수출 확대 효과가 클 것으로 기대되고 있다.

〈참고〉 미국시장 타켓화 예시

① 히스패닉시장(Latinos)
가장 급성장을 보여 2050년까지 미국 인구의 25%를 차지할 것으로 예상된다. 히스패닉은 5대 도시(L.A.-뉴욕-마이애미-시카고-샌프란시스코) 지역에 밀집하여 연간 7,000억 달러의 구매력(purchasing power)을 과시하고 있다. 이들은 TV 시청률이 높고 구매제품에 대해 높은 충성도(loyalty)를 유지하는 경향을 보이고 있다.

② 흑인시장(African-Americans)
흑인들은 1990년대 들어 구매력이 획기적으로 증대하였다(1990년대 초 3,000만 달러 내외에서 2000년 5,000억 달러로 증가). 이들은 의류(어린이용 및 스포츠용 중심)소비가 많은 편이며 신제품에 민감하고 주거지에 인접한 소매점을 통한 구매 성향을 보이고 있다.

③ 실버시장(Seniors)
실버시장은 50세 이상의 노년층을 겨냥한 시장(the 50-Plus Market)을 의미한다. 이들은 사회적 성공(social success)을 기반으로 연간 2조 달러 이상의 구매력을 보유하고 있다. 베이비 붐 세대들(baby-boom generations)이 7초당 50명씩 50대로 진입하고 있다.

④ e-Commerce 시장
미국 인구의 75%가 인터넷을 통해 상품과 서비스를 구매하고 있으며 책(60%), 음악(55%), 소프트웨어(50%) 등을 중심으로 하여 전품목으로 거래가 확산되는 추세를 보이고 있다.

(3) FTA에 따른 인식제고 활용

FTA를 통해 향상된 상대국 바이어의 인지도를 마케팅에 적극적으로 활용할 필요가 있다. 해외전시회에 활발하게 참여할 필요가 있으며 국내에 진출해 있는 미국기업을 대상으로 한 판매활동을 강화하고 미국기업의 아웃소싱 추세도 활용해야 한다. 최근 미국 대기업들은 일본, 독일, 중국 등 제품과 경쟁격화에 따른 생존전략으로 해외부품 아웃소싱을 확대하고 있다. 글로벌 아웃소싱(global outsourcing)이 가장 활발한 자동차 부품산업의 경우 미국 완성차 OEM 부품시장규모가 3,000억 달러에 이르고 있으며 이러한 해외아웃소싱 전략은 IT, 전기전자분야로 확대되는 추세를 보이고 있다.

(4) 기업간 전략적 제휴 확대

국내적으로는 시장확대, 경쟁격화로 인해 시장 참여 기업의 대형화·전문화 요구가 증대되면서 대기업과의 협력, 상호 시너지효과(synergy effect) 창출이 가능한 중소기업간 연대도 모색해야 한다.

(5) 원가절감을 통한 경쟁력 제고

FTA는 관세인하를 통해 상대국 수입제품 하락 효과를 야기시키는 만큼 원가절감을 통한 경쟁력 제고 전략도 수립할 필요가 있다. FTA로 야기될 시장환경의 변화를 주시하고 자사환경에 적합한 대응전략을 시의적절하게 수립하는 기업만이 FTA로 인한 수혜를 볼 수 있다.

제16장

한미 FTA의 산업별 영향 분석

제1절 자동차

1. 교역현황

자동차 대미수출은 2000년 이후 연평균 13.9%(2000~2005)의 높은 신장세를 보여 왔으나 2005년 현대 앨라배마(Alabama) 공장 가동으로 감소세로 반전되었다.[1)]미국차의 국내수입은 매년 지속적으로 증가하고 있으나 국내 수입차 시장에서 차지하는 비중은 11.2%(5.3억 달러)로 낮은 편이다(유럽차 46.6%, 일본차 27.5%).

1) 2005년 앨라배마(Alabama)공장 가동후 대미수출은 5억 달러(14만대) 감소하였다(전국경제인연합회, 한미 FTA 업종별 영향과 대응방안, 2005. 10. 요약·재구성).

〈표 16-1〉 한미 양국간 자동차 교역현황

(단위 : 백만 달러, 천대)

구 분	2000	2003	2004	2005	연평균(2000~2005) 증가율(%)
수 출	5,658(573)	9,305(725)	11,291(853)	10,833(709)	13.9
수 입	253(2.5)	410(4.1)	458(4.0)	529(5.5)	8.4
무역수지	5,305	8,895	10,833	10,304	14.2

주 : 부품포함, ( )안은 완성차 수출입 대수

2. 경쟁력 현황

2.1 소형차는 가격경쟁력(price competitiveness)이 있으나, 중대형차는 환율하락과 원자재가격의 급등에 따른 수출가격 인상으로 경쟁차종 대비 가격경쟁력이 열위(2~3%)임

2.2 전체적인 기술 수준은 선진국의 70~80% 수준, 특허 출원·등록 실적도 일본, 미국 등에 열위임

범용기술 격차는 축소되고 있으나 미래형자동차 등 첨단기술 격차는 확대되고 있나. 특히, 하이브리드(hybrid)차는 일본이 미국시장에 2005년 10만대 이상을 판매한 반면에 한국기업은 아직 개발단계에 있다.

2.3 현대자동차의 브랜드가치(brand value)가 34억 8,000만 달러로 전세계 84위, 자동차기업 중 8위로 이는 도요타 248억 8,000만 달러의 1/7에 불과함(인터브랜드, 2005년)

3. 관세 · 비관세장벽

3.1 승용차 관세율은 미국이 2.5%, 한국이 8%로 미국측이 낮은 반면에 화물차는 미국측 관세율이 25%로 매우 높은 수준임

〈표 16-2〉 한미 양국의 자동차 수입관세 현황

구 분	차 종	미국	한국
8701	트랙터, 트레일러	0~4%	8%
8702	버스	2%	10%
8703	승용차	2.5%	8%
8704.21	5톤이하화물차(D)	25%	10%
8708	자동차부품	0~2.5%	8%

3.2 자국산 부품 사용을 촉진하는 자동차 라벨링제도, 기업평균연비 규제가 미국시장 진출시에 비관세장벽으로 작용하고 있음

미국측은 한국측 비관세장벽(non-tariff barrier)으로 배기량기준 자동차세제, 수입차에 대한 소비자 인식, 안전 · 환경기준 및 인증제도의 개선을 요구하고 있다.

4. 한미 FTA 영향

4.1 한미 FTA 체결시 2008년 기준 28만대, 3억 4,000만 달러의 수출증가 효과가 기대됨

미국의 관세(2.5%) 철폐 효과가 낮고 통상마찰을 회피하기 위해 한국 업체가 현지생산체제를 확대하고 있어 수출 증대 효과는 미미하다고 할 수 있다.

4.2 미국 Big 3(GM, Ford, Daimler-Chrysler)의 경영난 악화로 한국자동차에 대한 미국 의회 및 업계의 경계도 강화되고 있어 공세적인 대미 수출 확대에

장애가 되고 있음

〈표 16-3〉 대미자동차 수출실적 및 전망

(단위 : 천대, 백만 달러)

구 분	2004	2005	2008	2010	2015
수출대수	853	710	738(28)	738	738
수출금액	10,021	8,606	8,950(344)	8,950	11,085

주 : 2015년 수출액 : 브랜드 이미지 제고로 평균단가(15,000달러) 인상반영
( )안은 FTA 체결시 수출증가 효과

4.3 FTA 체결시 미국 Big 3는 국내시장에서 10.5%의 가격경쟁력 향상이 예상됨

관세 8%, 특소세 · 부가세 등 관련세금 2.6% 인하 효과가 발생하게 된다.

4.4 이로 인해 도요타(TOYOTA), 혼다(HONDA), 닛산(NISSAN) 등 일본업체의 미국 현지생산 차량(2005년 330만대)의 수입이 우려됨

〈표 16-4〉 국내 수입차 판매 전망

(단위 : 천대, %)

구 분		2005		2010		2015		연평균증가율	
			비중		비중		비중	2005~2010	2010~2015
합 계		1,181	100.0	1,932	100.0	2,235	100.0	10.3	3.0
한국차		1,143	96.8	1,850	95.8	2,050	91.7	10.1	2.1
수입차		38.2	3.2	81.5	4.2	185	8.3	16.4	17.8
수입차	미국계	4.3	0.37	9.7	0.5	23	1.0	17.5	18.8
	일본계	9.5	0.80	24.5	1.3	62	2.8	20.9	20.4
	유럽계	17.6	1.5	35.5	1.8	50	2.2	15.1	7.0
	기 타	6.8	0.57	11.8	0.6	50	2.2	11.7	33.5

주 : 자동차 수요 중장기 예측모형(2003년 성균관대연구소)

5. 업계 입장

5.1 한미 FTA 체결시 한국 수입관세(8%) 철폐로 미국 자동차의 대한국 수입은 증가하게 되나 미국측 관세(2.5%)가 낮고 한국 기업의 현지 생산체제 확대에 따라 대미 수출 증가 효과는 크지 않을 것으로 예상됨

5.2 한미 FTA 체결은 양국간 통상마찰 및 통상 비용을 감소시키는 등 통상 환경을 개선시켜 안정적인 미국시장 확보가 가능할 것으로 기대됨

대미 자동차부문 무역수지 흑자규모가 100억 달러(70만대)에 이르고 있고 GM, Ford 등 미국 업체가 심한 경영난에 직면해 있어 미국 의회가 한국자동차 시장의 개방과 무역불균형(trade imbalance) 시정을 강력히 요구하고 있다.

5.3 자동차가 한미 FTA의 최대 수혜업종이라는 막연한 평가는 그릇된 것이며 대외신인도 제고, 미국 현지생산 확대 및 대미 통상관계 개선 등을 고려할 경우 한미 FTA 체결은 필요함

제2절 전 자

1. 교역현황

1.1 미국은 수출규모 144억 달러로 제2위, 수입규모 90억 달러로 제3위 국가임

대미 수출은 반도체, 무선통신기기 등 주력 수출품목의 수출 감소와 생산시설 이전으로 인한 우회수출 증가로 2005년 대폭 감소하였다(-19.9%). 2005년 대중 수입

은 31% 급증한 반면에 대미 수입은 소폭 증가한 것으로 나타났다(5.0%).

〈표 16-5〉 국가별 전자산업 수출입 추이

(단위 : 백만 달러, %)

	수 출					수 입			
	2004		2005			2004		2005	
	금액	증가율	금액	증가율		금액	증가율	금액	증가율
중국	16,864	41.5	21,743	28.9	일본	13,560	12.8	12,763	-5.9
미국	18,054	25.8	14,460	-19.9	중국	9,013	42.7	11,815	31.1
홍콩	8,646	19.3	9,517	10.1	미국	9,234	7.8	9,691	5.0
일본	7,416	17.9	7,783	4.9	대만	5,322	33.2	5,667	6.5

1.2 대미 주요 수출품목은 무선전화기, 반도체, 모니터이며 대미 수입품목은 반도체, 계측기, 유선전송장치, 컴퓨터 등임

무선전화기는 고가제품의 교체수요 감소, 중국산 등 저가 공세, 생산공장 이전으로 인한 우회 수출로 2005년 대폭 감소하였다(-29%). 반도체는 미국 PC 업체의 해외 이전, 하이닉스반도체 상계관세 부과, 한국 기업의 미국 현지생산 증가로 크게 위축된 반면에 평판디스플레이(1,166%)와 냉장고(64.2%)는 큰 폭으로 증가하였다.

〈표 16-6〉 전자산업 대미 주요 수출품목

(단위 : 백만 달러, %)

순위	주요 수출품목	2004		2005		주요 수입품목	2004		2005	
		금액	증가율	금액	증가율		금액	증가율	금액	증가율
1	무선전화기	6,830	46.3	4,857	-28.9	집적회로반도체	5,635	11.0	5,377	-4.6
2	집적회로반도체	4,449	33.8	3,449	-22.5	계측기	435	2.1	557	28.1
3	모니터	751	6.7	475	-36.8	유선전송장치	310	-9.3	346	11.8
4	컬러TV	786	36.9	472	-40.0	컴퓨터	252	9.1	287	13.7
5	무선통신기기부품	371	65.9	393	5.8	분석시험기	208	19.6	268	28.9

자료 : 무역협회, KOTIS 무역 DB, MTI 4단위

2. 경쟁력 현황

한국 전자업체는 경쟁 상대국으로 중국, 일본, 대만 미국의 순으로, 기술력이 앞선 국가로는 일본, 미국, 독일, 유럽연합(EU) 순으로 평가하였다. 미국은 특히 산업용 전자제품 분야의 기술력이 높은 것으로 평가되었으며 최대 수요처인 미국시장에서는 중국 업체와의 경쟁이 점차 심화되고 있다.

〈표 16-7〉 전자산업별 기술력이 앞선 국가

(단위 : %)

	일본	미국	독일	EU	이탈리아	영국	중국	프랑스	대만
가정용전자제품	52.3	18.5	13.8	7.7	0.0	1.5	0.0	0.0	0.0
산업용전자제품	38.3	31.3	5.2	10.4	0.9	0.9	1.7	0.9	1.7
전 자 부 품	63.2	21.1	5.3	2.6	0.0	1.3	1.3	1.3	1.3
중전기기/전선	47.1	29.4	11.8	5.9	11.8	0.0	0.0	0.0	5.9

자료 : 무역협회, 2005년도 수출산업실태조사

3. 관세 현황

3.1 가전분야의 미국측 평균 관세는 2% 수준으로 한국측 8%에 비해 낮은 수준이나 디지털 TV 등 일부 생활가전은 상대적으로 높은 관세율(5%)을 적용하고 있음

3.2 산업용 전자분야 및 전자부품분야는 정보기술협정(ITA) 체결로 반도체, 통신기기 등 IT 제품에 대해 무관세가 적용 중이나 TV부품, 일부 LCD 품목 등에 대해서는 최고 5%, 6.6%의 높은 관세를 부과하고 있음

3.3 미국측의 관세 철폐시 컬러TV, 세탁기, 에어컨, 캠코더 등 일본이나 중국과 미국시장에서 치열하게 경쟁 중인 품목의 수출 증가가 기대됨

〈표 16-8〉 가전분야 대미 주요 관심품목

(단위 : 백만 달러, %)

품목명	2004		2005		미국측 관세율	한국측 관세율	경쟁력
	수출	증가율	수출	증가율			
컬 러 T V	888	35.3	524	-41.1	5	8	대등
세 탁 기	30	513.5	120	302.7	1~2.6	8	다소 열위
에 어 컨	208	-18.0	104	-50.2	1~2.2	8	대등
캠 코 더	99	-46.5	68	-30.7	2.1	0	다소 열위
기타조명기기	39	11.9	53	42.7	2.5	8	열위
기타컴포넌트	103	19.4	181	-15.5	4.9	8	열위

자료 : 무역협회, KOTIS 무역 DB(HS 6단위)

4. 비관세장벽 현황

전기전자 업체는 통관문제, 기술장벽, 선적전 검사, 원산지제도를 대미 수출관련 비관세장벽으로 지목하고 있다.

〈표 16-9〉 전기전자관련 비관세장벽 현황

	주요 내용
통 관 절 차	· 세관별 상이한 통관절차, 과다한 확인절차로 인한 통관 지연 · 수입품에만 부과되는 항만관리비, 통관수속비용 · 샘플 확인, 견본표시 요구 등 샘플에 대한 통관 절차
표준 · 인증제도	· 연방정부 기준과 상이한 주정부 등의 표준 · 인증제도 · 전기안전공업규격, KS, MIC 등 국내 규격 불인정
무 역 구 제	· 한국산 전자제품에 대한 과다한 반덤핑, 상계관세 부과 · 사전 분쟁해결절차 제도 미비 · zeroing, 미소마진 판정기준 등 불합리한 무역구제 관련 제도
원 산 지 규 정	· 원산지 증명 발급제도

5. FTA 체결시 영향

5.1 디지털 TV, 프리미엄급 생활가전의 수출확대가 기대되나 주요 기업들의 멕시코 현지공장체제 구축 등으로 규모는 크지 않을 것으로 전망됨

삼성전자 멕시코법인(SAMEX)의 경우 2005년 D-TV 360만대, LCD 모니터 170만대를 생산하였다(1996년 설립).

5.2 휴대폰, 반도체, 컴퓨터 및 관련 부품 등 수출주력 제품은 정보기술협정(ITA) 체결로 이미 무관세 혜택을 보고 있어 FTA 체결 효과는 미미한 편임

5.3 한국측 관세율이 미국보다 높아 FTA 초기에는 무역수지 악화가 전망되나 국산 제품의 경쟁력 제고로 급격한 대미 수입증가는 발생하지 않을 것으로 보임

전자의료기기, 계측기 등 경쟁력이 낮은 일부 산업은 피해가 예상된다.

6. 업계 입장

6.1 FTA는 무역의존도(trade dependence)가 높은 한국이 지향해야 할 방향이며, 특히 미국은 전자산업 제2의 수출시장이라는 점에서 한미 FTA는 필요함

6.2 휴대폰, 반도체, 컴퓨터 등 주요 수출품목은 이미 무관세가 적용되고 있어 큰 수출 증가는 예상하기 힘든 상황임

다만 미국시장에 중국제품과 치열하게 경쟁하고 있는 상황을 고려할 때 미국측 관세 철폐가 낮더라도 한국 기업이 경쟁력 확보에 기여할 것으로 판단된다.

6.3 FTA 협상을 통해 미국의 반덤핑(anti-dumping) 및 상계관세(counterveiling duty) 제소 남발을 방지할 수 있는 제도의 신설과 통관절차의 개선이 필요함

특히, 반덤핑 피해 판정시 제로잉(zeroing) 관행, 반덤핑 조치의 5년 종료 원칙 불이행, 원심과 재심 방식이 상이한 점 등은 개선이 필요하다. 또한, 원산지 증명 발급에 따른 기업 부담 완화를 위해 자율 발급제도가 도입될 필요가 있다.

6.4 부품·소재 및 기초기술분야에 대한 미국측과의 기술협력 및 적극적인 투자 유치 기대

제3절 기계

1. 교역현황

1.1 일반기계 대미 교역은 수출 40억 4,000만 달러, 수입 43억 6,000만 달러로 84억 달러에 이르고 있으며 대미 무역수지는 3억 달러 적자를 기록하였음(2005년 기준)

대미 무역적자 규모는 1996년 40억 달러, 2000년 13억 달러에서 점차 축소되고 있다.

1.2 주요 수출품목(2005년 기준)은 가정용 기구(26.6%), 건설광산기계(14.6%), 섬유기계(9.0%) 등이며, 이들 품목이 대미 수출의 50.2%를 차지하고 있음

대미 주요 수입품목은 반도체제조장비(28.3%), 공작기계(19.9%), 내연기관·터빈(8.5%) 등이며, 이들 품목이 대미 수입의 56.7%를 차지하고 있다.

〈표 16-10〉 대미 일반기계산업 주요 품목별 교역 구조(2005년)

(단위 : 백만 달러, %)

수출품목	금액	비중	수입품목	금액	비중
일반기계	4,038	100.0	일반기계	4,355	100.0
가정용 기구	1,075	26.6	반조체제조장비	1,233	28.3
건설광산기계	588	14.6	공작기계	866	19.9
섬유기계	362	9.0	내연기관 · 터빈	369	8.5
펌프 · 압축기	269	6.7	펌프 · 압축기	302	6.9
공작기계	261	6.5	밸브	176	4.0
냉동공조기계	235	5.8	기체 · 액체여과기	121	2.8
운반하역기계	208	5.1	운반하역기계	113	2.6
농업용기계	152	3.8	기어 · 동력전달장치	79	1.8
밸브	149	3.7	베어링	72	1.6
내연기관 · 터빈	116	2.9	산업용로 · 오븐	67	1.5
금형	69	1.7	소화기 · 분사기	61	1.4
기어 · 동력전달장치	54	1.3	냉동공조기계	53	1.2
기체 · 액체여과기	46	1.1	건설광산기계	44	1.0
반도체제조장비	45	1.1	가정용 기구	38	0.9
베어링	41	1.0	농업용 기계	27	0.6
소화기 · 분사기	30	0.7	섬유기계	14	0.3
산업용로 · 오븐	9	0.2	금형	6	0.1
기타	330	8.2	기타	713	16.4

자료 : 한국기계산업진흥회, 기계산업 무역통계연보, 각년호

2. 경쟁력 비교

한국의 일반기계의 기술, 품질, 기타 비가격경쟁력(non-price competitiveness)은 미국과 일본에 비해 5년 이상 뒤처진 반면에 가격경쟁력은 앞서 있는 상황이다. 5년 후에는 미국과 일본과의 기술, 품질경쟁력(quality competitiveness) 격차는 축소될 것으로 보이나 가격경쟁력도 점차 하락할 것으로 전망된다.

〈표 16-11〉 주요 국가와의 경쟁력 비교

구분	미국 (현재)	일본 (현재)	한국		중국	
			현재	5년후	현재	5년후
가격경쟁력	100.0	94.0	83.0	90.5	62.8	77.5
기술경쟁력	100.0	100.4	81.9	90.6	62.4	80.3
품질경쟁력	100.0	101.0	85.3	94.0	60.0	76.3
기타 비가격경쟁력	100.0	97.3	80.0	89.0	62.0	77.8

주 : 가격경쟁력은 점수(가격수준)가 낮을수록 경쟁력이 높은 것을 의미함
자료 : 한국기계산업진흥회 설문조사, 2006. 6.

3. 관세 · 비관세장벽

3.1 한국과 미국의 일반기계 평균 실행관세율은 각각 6.4%, 1.7%임

(1) 한국

한국은 873개 품목(77.4%)에 대해 8%를 적용 중이며 볼베어링은 가장 높은 13%를 적용하고 있다.

(2) 미국

미국은 베어링 6.64%, 밸브 3.20%, 기어 · 동력 전달장치 2.55% 등이 평균관세율 1.69보다 높은 품목들이다.

3.2 미국은 반덤핑, 상계관세, 통관, 유통규제, 기술 장벽 등 다양한 수단을 통해 수입제한 조치를 시행 중임

덤핑마진 계산시 제로잉(zeroing)제도, UL마크 등의 기술장벽, 자국산 부품을 우대하는 Buy American법 등을 적용하고 있다.

〈표 16-12〉 일반기계의 미국측 비관세장벽

유 형	내 용
반 덤 핑	다이아몬드공구에 대한 덤핑조사 시 제로잉을 관행적으로 사용
규격·인증	전기전자 제품 등에 부착되는 UL마크
정부조달	볼베어링 및 롤러베어링 조달 시 미국산 사용

자료 : 1) 전국경제인연합회, FTA 추진과 산업별 득실분석 2006
2) 일본 경제산업성, 2006년판 불공정무역보고서

4. 한미 FTA 영향

4.1 관세 철폐시 미국 제품의 가격경쟁력 상승으로 일부 품목의 수입 증가가 예상되나 양국간 교역량 증가 등으로 시너지효과(synergy effect)가 기대됨

미국시장 진입장벽(entry barrier) 완화를 통한 대미 진출 원활화 및 원자재·부품의 수입가 하락에 따른 생산원가 절감으로 경쟁력 강화가 기대된다.

4.2 품목별로는 일부 첨단 반도체제조장비, 공작기계, 베어링, 밸브 등의 수입증가가 예상되나 투자활성화(investment vitalization) 및 교역량 증가 등에 따른 시너지 효과가 기대됨

(1) 공작기계

공작기계는 전반적으로 경쟁력 열위를 보이고 있으나 NC선반 등 한국의 주력 품목은 상대적 경쟁우위(competitive advantage)로 경쟁국에 앞서 FTA 체결시 수출 증가가 기대된다.

(2) 건설기계

건설기계는 대부분의 완제품이 이미 무관세로 수출입 증대효과가 미미한 편이나 FTA에 따른 한국산 제품에 대한 긍정적인 시장 분위기 조성 효과가 기대된다.

(3) 반도체제조장비

반도체제조장비는 관세율은 낮은 편이나 80% 이상을 수입에 의존하고 있어 일부 품목의 관세 철폐 효과 및 국내 투자 활성화가 기대된다.

(4) 금형

금형은 미국 관세(0~3.8%) 철폐시 일본, 중국 대비 가격경쟁력이 제고된다.

(5) 베어링

베어링은 관세(8~13%) 철폐시 일본 및 중국산의 시장침투와 더불어 미국산 제품의 가격경쟁력 제고로 국내산업에 심각한 피해가 예상된다.

5. 대응방안

한미 FTA가 기계산업에 미치는 영향에 대한 대응방안은 다음 4가지 측면에서 요약될 수 있다.

5.1 NC기어절삭기, 베어링, 밸브 등 첨단제품은 국내 기업의 기술력 제고 및 경쟁력 확보를 위해 충분한 유예기간이 필요함

5.2 원가절감, 납기단축, 품질제고 및 새로운 기치창출(value creation)을 위해 기업 내외간 기술, 인력, e-Business 환경 등 제조 요소를 재배치, 통합하는 기계산업의 제조혁신을 위한 정부차원의 지원대책이 필요함

5.3 핵심 부품·소재의 독자적인 개발 추진을 통한 자급도 제고를 지속적으로 추진하고 차세대 성장동력산업 생산설비를 집중적으로 육성할 필요가 있음

5.4 한미 FTA 체결로 기대되는 일반기계산업 분야의 대한 투자활성화를 위해서 사전 기획연구 과정을 통한 투자유치 노력이 필요함

제4절 철강

1. 교역 현황

1.1 철강산업은 한미간 상호 보완적 구조(mutullay complementary structure)를 가지고 있음

한국은 상대적으로 비교우위(comparative advantage)에 있는 판재류, 강관 등의 철강제품을 주로 수출하고 있으며 대미 수입은 철스크랩 등 국내 공급이 부족한 원부자재 위주로 이루어지고 있다.

1.2 대미 수출(2004년 기준)은 149만톤으로 전체 수입물량의 4.6%를 차지하고 있음

유럽연합(EU)이 500만톤 이상 수출, NAFTA 회원국인 캐나다와 멕시코가 각각 496만톤과 388만톤을 미국에 수출하고 있다.

2. 경쟁력 비교

2.1 한국기업의 원가 경쟁력은 중국을 제외할 경우 세계 최고 수준으로 미국산 철강재 대비 경쟁력이 우수한 것으로 평가할 수 있음

2.2 비가격부문에서도 조업기술력 및 생산력은 세계 선진수준이나 제품개발력 및 고급강 생산기술, 설비엔지니어링 등은 미국에 비해 다소 열위에 있음

〈표 16-13〉 주요 국가의 냉연 원가

	한국	중국	일본	미국	영국	대만	멕시코
제조원가(U$/톤)	334	314	383	406	425	370	355
톤당 임금(U$)	16.5	1.85	42.0	39.0	37.0	19.0	13.0

자료 : WSD, 2004.

3. 관세 · 비관세장벽 현황

3.1 한미 양국이 2004년 1월 1일부로 철강부문 무세화를 이미 시행하고 있어 관세 관련 예상쟁점사항은 없음

1994년 UR 관세협상시 6개국(한국, 미국, EU, 일본, 캐나다, 스웨덴)은 향후 10년 이내에 철강부문 무세화를 합의한 바 있다.

3.2 반덤핑 등 수입규제가 대미 시장 진출시 심각한 비관세장벽으로 작용하고 있음

대미 철강수출 물량의 40% 정도가 반덤핑, 상계관세 규제 중에 있다.

4. 한미 FTA 영향

4.1 철강업계는 한미간 철강제품에 대한 무세화, 대미 수입물량이 미미한 수준인 점을 고려하여 FTA 체결로 인한 산업 피해 우려는 없는 것으로 판단하고 있음

한미 양국은 2004년 1월 1일부로 철강재 무세화를 실시하고 있어 관세철폐로 인한 직접적인 무역효과는 없으며 가격경쟁력 제고 효과도 없는 것으로 분석된다.

4.2 대미 수출은 미국 철강경기에 따른 영향이 지배적으로 FTA 체결로 인한 직접적인 수출증가 효과는 미미한 편임

5. 대응과제

5.1 미국의 수입규제 요건 강화를 통해 반덤핑 제소 등 무분별한 제소를 억제시킬 필요가 있음

한국 철강제품에 대한 수입규제 24건 중 12건이 미국으로 나타났다(2006년 4월 기준).

〈표 16-14〉 국가별 철강 수입규제 유형 및 건수

	반덤핑	상계관세	반덤핑/상계관세	계	비중
미 국	9	-	3	12	50.0
캐 나 다	2	-	-	2	8.3
중 국	2	-	-	2	8.3
태 국	2	-	-	2	8.3
호 주	2	-	-	2	8.3
아르헨티나	2	-	-	2	8.3
남 아 공	2	-	-	2	8.3
계	21	0	3	24	100.0

5.2 냉간압연 및 도금공정을 실질적 변형으로 인정하도록 원산지 협상이 필요함

NAFTA 원산지안 기준시 미국측은 실질적 변형으로 인정하지 않고 있으나 연간 500만톤 가량의 열연강판을 수입하여 이를 소재로 하는 단압업체가 많은 철강업계 상황을 고려할 경우 실질적 변형으로 인정할 필요가 있다.

5.3 반덤핑 관련 규정의 실질적인 개선이 필요함

Zeroing 금지, Lesser Duty Rule, Sunset Clause 1차 한정 등이 지적될 수 있다.

제5절 섬 유

1. 교역현황

대미 섬유 및 의류 수출(2005년 기준)은 23억 달러, 수입은 2억 달러로 20억 달러의 흑자를 기록하고 있다. 섬유 및 의류산업에 있어서 미국은 중요한 수출시장으로 섬유산업 전체 무역수지 흑자(trade surplus) 중 대미 비중은 29.1%이나 교역규모는 감소 추세를 보이고 있다. 특히, 의류는 2005년 기준 수출물량과 금액이 각각 42.3%, 36.17% 대폭 감소하였다.

〈표 16-15〉 대미 섬유 및 의류 수출입 현황

(단위 : 백만 달러, (%))

	2001	2002	2003	2004	2005
수 출	3,259(20.3)	3,258(20.8)	2,968(19.5)	2,842(18.7)	2,327(16.7)
수 입	201(4.1)	204(3.6)	235(4.0)	230(3.6)	237(3.5)
무역수지	3,058(27.3)	3,054(30.6)	2,733(29.2)	2,612(29.6)	2,090(29.1)

주 : ( )안은 섬유 및 의류 총 수출입 및 무역수지 중 대미 수출입 및 무역수지 비중임

2. 경쟁력 비교

2.1 한국 섬유산업의 대세계 RCA지수(Revealed Comparative Advantage Index)는 감소추세를 보이고 있으며 RCA로 본 경쟁력은 상당히 높은 수준으로 평가되나 중국, 인도 등에 비해서는 경쟁력 열위를 보이고 있음

RCA(현시비교우위지수) : 일국의 품목별 비교우위 정도를 사후적으로 나타난 각 품목의 상대적인 수출 비중을 통하여 산출한 지수임

〈표 16-16〉 주요 국가의 섬유산업 대세계 RCA 지수

	1996~1997	1998~2000	2001~2003	1996~2003
한 국	2.01	1.86	1.58	1.79
미 국	0.96	1.06	1.12	1.06
중 국	3.50	3.74	3.07	3.43
일 본	0.29	0.31	0.29	0.30
이탈리아	1.70	1.73	1.76	1.73
인 도	4.06	4.34	3.87	4.09
멕 시 코	0.98	1.16	1.06	1.08

2.2 미국시장 점유율은 2004년말 섬유쿼터제 폐지로 인해 1995년 4.36%에서 2005년 3.99%로 하락하였음

한국의 미국시장 점유율이 해가 갈수록 하락하고 있는 반면에 중국은 가격경쟁력을 기반으로 미국시장의 32.98%를 점유하고 있다.

〈표 16-17〉 주요 국가의 미국 섬유 및 의류 시장 점유율

국가	1995		2000		2005	
	순위	비중	순위	비중	순위	비중
NAFTA		16.97		24.19		13.56
중 국	1	9.68	3	6.75	1	32.98
멕 시 코	3	8.46	1	14.44	2	7.64
파키스탄	8	4.09	4	6.08	3	6.47
캐 나 다	2	8.51	2	9.75	4	5.92
인 도	7	4.10	7	3.80	5	4.59
한 국	6	4.36	6	3.99	6	3.99

자료 : 미국 IDS(International Development System), 2006. 3.

3. 관세현황

3.1 미국의 섬유류 평균관세율은 8.9%로 다른 산업에 비해 높은 수준임

HS 8단위 기준 섬유 · 의류품목 총 1,493개 중 1,031개 품목에 5% 이상의 관세가 적용 중이다. 이 중 546개 품목은 10%를 초과한 고관세가 적용되고 있으며 메리야쓰 및 뜨개질편류, 인조장섬유, 인조단섬유 등 직물 및 의류 등 84개 품목은 20%를 초과하는 초고관세가 적용되고 있다.

〈표 16-18〉 미국의 섬유 · 의류 관세구조

관세율(%)	0	0<t<5	5=<t<10	10=<t<20	20=<t<50	비종가세	총계
품목수(개)	185	219	485	462	84	58	1,493

주 : HS 8단위 기준, 50~63류

4. 한미 FTA 영향

4.1 상대적으로 높은 미국측 관세가 철폐될 경우 대미 수출증대 효과가 클 것으로 판단되며 섬유쿼터 폐지로 인한 대미 수출 감소분을 어느 정도 상쇄시킬 것으로 기대됨

쿼터철폐 이전인 2004년 대비 2005년 수출감소액은 5억 1,500만 달러에 이르고 있다.

4.2 2005년 대미 섬유류 수출액인 23억 2,700만 달러를 기준으로 단순 관세철폐시 수출증대 효과는 약 2억 달러, Yarn Forward 완화시에는 대미 섬유수출 비중 상승으로 약 4억 달러의 수출증대 효과가 기대됨

2005년 한국의 총 섬유수출에서 대미 수출비중은 17%를 차지하고 있으나 FTA 체결시 동 비중이 약 20%까지 상향될 것으로 추정된다.

4.3 대미 수입은 섬유사와 직물 등 섬유소재 비중이 높고 수입규모가 2억 4,000만 달러로 작아 관세가 철폐되더라도 미미한 수준에 그칠 것으로 예상됨

대미 수입은 섬유사와 화섬원료, 직물 등 섬유소재가 63.2%이며 관세율이 높은 의류는 20.3%에 불과한 실정이다.

5. 업계 입장

5.1 한미 FTA 체결시 무관세 혜택을 얻기 위해 고부가가치 섬유제품을 대상으로 국내 투자가 활성화될 것으로 전망됨

원산지 규정에 따라 무관세 혜택을 받기 어려운 업체를 중심으로 국내 섬유산업의 구조조정이 더욱 가속화될 것으로 보인다.

5.2 FTA는 미국 바이어로 하여금 중국으로의 주문 집중현상을 한국으로 전환할 수 있는 계기로 작용하여 국내 생산 및 수출업계와 미국 바이어 간의 전략적 협력관계(strategic partnership)가 강화될 것으로 기대됨

5.3 장기적으로는 미국 내 산업용섬유 생산기술의 이전으로 국내 섬유업계가 지향하고 있는 섬유산업 고도화를 가속화시킬 것으로 전망됨

6. 협상과제

6.1 업계는 FTA 체결과 동시에 섬유류 관세의 즉시 철폐를 바라고 있음

미국시장에서 최대경쟁국인 중국이 미중 섬유협정으로 2008년까지 수출물량을 제한받고 있어 동 기간을 적극적으로 활용하기 위해서는 조기 철폐가 필수적이다.

6.2 미국의 섬유분야 비관세장벽인 Yarn Forward의 실질적인 완화가 필요함

Yarn Forward 완화시 원부자재의 선택 폭이 확대되어 가격경쟁력을 제고시킬 수 있어 중고가 의류를 중심으로 대미수출이 증가할 것으로 예상된다.

6.3 역내 원사조달이 어려운 품목 및 단기 수요집중으로 원부자재의 공급부족이 발생하는 품목 등은 품목별 특성을 고려하여 단일공정기준, 무역특혜수준(TPLs), 누적기준 등 실질적으로 완화된 원산지 규정을 적용할 필요가 있음

단일공정기준(Single Transformation) : 방직, 제직, 편직, 재단, 봉제 등 세부공정 중 하나의 공정을 수행하는 경우 원산지로 인정함

무역특혜수준(Trade Preference Levels) : 연간 일정물량 한도 내에서 재단 · 봉제기준 등 완화된 원산지 기준을 적용함

누적기준(Cumulation) : 상대국과 FTA를 체결한 국가들을 이용한 부가가치 누적이 허용됨(일례로 미국과 FTA를 체결한 중남미 국가로 수출, 재단 · 봉제공정 수행 후 미국으로 수출시 무관세 혜택 적용)

6.4 일반 세이프가드(safeguard)에 비해 발동요건이 완화된 미국측의 섬유분야 특별세이프가드 도입을 저지할 필요가 있음

6.5 개성공단 생산제품에 대한 역외가공특례 인정

개성공단 내 섬유제품은 원부자재 및 최종 공정이 한국에서 이루어지기 때문에 역내 부가가치기준이 충족될 수 있다고 판단된다.

제6절 석유화학

1. 교역현황

석유화학제품 대세계 무역수지(2005년 기준)는 113억 달러의 흑자를 보이고 있으나 대미 교역은 14억 달러 적자를 기록하고 있다. 대미 수입은 국내 공급이 부족한 기초원자재, 국내 생산이 미미한 고부가가치 제품, 국산화가 안된 특수 규격제품이 중심을 이루고 있다.

〈표 16-19〉 석유화학제품 대미 수출입 현황

(단위 : 백만 달러, %)

		1990	1995	2000	2001	2002	2003	2004	2005
세계	수출	1,291	5,987	9,666	8,394	9,265	11,917	17,015	20,811
	수입	3,686	5,581	5,154	4,514	4,745	5,821	8,015	9,507
미국	수출	109	145	412	417	356	354	618	1,007
	수입	1,087	1,519	1,217	894	1,122	1,489	2,277	2,424

2. 경쟁력 비교

2.1 가격경쟁력

가격경쟁력은 중동 등 산유국에 비해 크게 열위이나 범용 석유화학제품은 대미 가격경쟁력 우위에 있다.

2.2 생산능력

단위설비당 평균 생산능력은 EU, 중국, 인도 등에 비해 높은 편이나 미국, 캐나다 등에 비해서는 열위를 보이고 있다. 시장지배력 기준이 되는 기업당 생산능력은 세계 선두기업과 큰 격차를 보이고 있다.

〈표 16-20〉 주요 국가별 규모 경쟁력 비교

		LDPE	LLDPE	HDPE	PP	PVC	PS	ABS
단위 설비당 생산능력비교 (설비효율성)	한 국	100	100	100	100	100	100	100
	미 국	112	172	132	128	322	88	31
	일 본	80	62	73	83	121	40	34
	대 만	49	93	103	97	152	60	74
	중 국	74	78	87	40	54	38	34
	싱가포르	101	170	202	164	-	56	-
	사 우 디	186	304	248	221	175	35	-
기업당 생산능력비교 (시장지배력)	세계선두	100 (Dow)	100 (Dow)	100 (ExxonMobil)	100 (Basell)	100 (Shinetsu)	100 (Dow)	100 (Chi Mei)
	Top 10 평 균	53	34	63	36	47	44	45
	한국평균	13	6	11	5	19	8	27

자료 : Tecnon, 2004 Edition

2.3 생산기술

범용제품 생산기술은 연구·개발(R&D) 노력의 강화로 선진국 수준에 도달했으나 기초공정기술, 촉매제조, 고부가가치제품 생산기술은 경쟁력 열위에 있다. 특히, 첨단 제품 개발에 필요한 촉매·특화기술은 미국의 40~50% 수준에 불과한 실정이다.

〈표 16-21〉 기술 수준 및 기술경쟁력 비교

	생산기술	응용기술	공정기술	촉매	특화기술
기술수준(미국=100)	90~100	80	60~65	40	40~50

자료 : 중국 산업 및 산업기술경쟁력 - 석유화학 보고서, 2004.

3. 관세 및 비관세장벽

3.1 1995년 UR협상에 따른 화학제품 관세조화협정으로 미국과 한국의 관세율은 비슷한 수준임

기초/중간원료, 합성고무는 무관세, 합성수지 등은 6.5% 수준을 나타내고 있다.

〈표 16-22〉 한미 양국의 주요 석유화학제품 관세현황(2005)

	기초유분	중간원료	합성수지	합섬원료	합성고무	기타제품
한국	1.7	2.5	6.5	6.0	8.0	6.0
미국	0.0	0.0	6.5	6.0	0.0	6.0

자료 : 세계관세기구(WCO)

3.2 미국은 특화제품 발달로 품질 요구수준이 엄격하고 BOX 포장을 선호하는 등 유통부문의 비관세장벽이 있음

3.3 양국간 수입규제는 현재 미국이 한국산 PVA에 대해 반덤핑 규제(2003년 8월 반덤핑 최종판정) 중이며 한국도 2005년 2월 미국산 PVA에 대한 반덤핑 조사를 개시하였음

4. 한미 FTA 영향

4.1 석유화학제품 생산기술의 범용화로 제품품질이 비슷하여 가격이 국제경쟁력(international competitiveness)의 핵심이며 관세가 철폐되더라도 큰 폭의 수출증가는 어려운 실정임

특히, 미국과의 지리적 거리 및 기(旣) 체결국인 인접국과 비교시 운송기간 및 운송비용의 추가 부담으로 수출 경쟁에서 불리한 상황이다.

4.2 수입은 관세 철폐로 인한 수입제품의 경쟁력 제고로 엔지니어링플라스틱(engineering plastic) 등 고부가가치제품을 중심으로 수입이 증가할 것으로 전망됨

특히 고부가가치제품(Specialty), 정밀화학제품, 기초화학소재 제품은 경쟁력 열위로 별도의 보호장치 없이 개방할 경우 국내기업의 시장점유율 축소와 제품 개발 의지의 약화가 우려된다.

5. 대응과제

5.1 양국간 석유화학제품의 경쟁력 차이를 고려한 양허안을 마련해야 함

경쟁력 우위품목과 국내공급 부족품목은 조속히 관세를 철폐하되 경쟁력 열위품목은 관세철폐 대상에서 제외하거나 최대한 유예할 필요가 있다.

5.2 개발 또는 상업화 초기단계에 있는 고부가가치 제품들에 대해서는 정부 차원의 적극적인 보호가 필요함

한국은 범용제품 비중이 높은 편(85%)이고 가격에 매우 민감하므로 관세 폐지 또는 저가 수입제품 유입시 한국 기업에 상당한 위협으로 작용할 수 있다.

5.3 원가절감 및 생산 효율성 제고를 위해 석유화학제품 기초원료에 대해서는 무관세를 적용할 필요가 있음

일본, 대만 등 경쟁국의 대부분은 석유화학제품의 기초원료에 대해 무관세 또는 저관세율을 적용 중에 있다.

〈표 16-23〉 비경쟁 석유화학 기초원자재 관세현황

품목	수입 비중	현행 관세율	외국 관세율				
			일본	미국	유럽	대만	싱가포르
납사	50%	기본 5%, 할당 0%	0.04%	0.02%	0%	0%	0%
NGL	50%	기본 5%, 할당 0%	0.04%	0.02%	0%	0%	0%
프로판	50%	기본 5%, 잠정 1.5%	0%	0%	0%	0%	0%
크실올	50%	기본 5%	0%	0%	0%	1.2%	0%
메탄올	50%	기본 3%	0%	0%	0%	0%	0%
이소노닐알콜	100%	기본 5%	4.7%	3.7%	0%	1%	0%
이소데실알콜	100%	기본 5%	4.7%	3.7%	0%	1%	0%

5.4 석유화학산업의 다운스트림 화학소재산업의 육성이 필요함

첨단산업용 화학소재의 자급도 제고와 수출 주력산업으로 육성하기 위한 화학소재 기술개발 및 인프라 구축을 위한 활성화 방안을 마련할 필요가 있다.

제7절 정밀화학

1. 교역현황

대미 수출(2005년 기준)은 전년 대비 8.5% 증가한 2억 8,000만 달러로 정밀화학제품 전체 수출의 8.8%, 수입은 14억 달러로 전체 수입의 15.8%를 차지하고 있다. 품목별 주요 수출품목은 염료·안료(15.3%), 화장품·향료(12.5%), 의약(9.6%)이며 수입은 의약(17.9%), 화장품·향료(11.9%), 염료·안료(6.3%) 순을 나타내고 있다.

〈표 16-24〉 대미 수출입 현황(2005)

(단위 : 백만 달러, %)

품목명	수출	수입	무역수지	비중
염료·안료	43	89	-46	4.1
도료·잉크	7	45	-38	3.4
의 약	27	251	-224	19.9
농 약	4	24	-20	1.8
화장품·향료	35	167	-132	11.8
계면활성제	2	45	-43	3.8
접 착 제	7	46	-39	3.5
사진용화합물	19	72	-53	4.7
기 타	137	665	-528	47.0
계	281	1,404	-1,123	100.0

2. 경쟁력 비교

염·안료, 도료·잉크 등 범용화학제품 제조기술은 선진국 수준이나 고도의 기술과 막대한 연구비가 투자되는 핵심기술인 원제, 중간제 특히 전자정보용 화학소재는 기술경쟁력(technological competitiveness)이 취약한 실정이다. 정밀화학 업체 83.6%가 50인 미만의 중소기업으로 구성되어 있어 연구·개발 투자가 저조하고 기술수준도 낮아 선진기업과의 경쟁이 어렵다고 할 수 있다.

〈표 16-25〉 신물질 및 신소재 기술경쟁력 비교

구분	범용제품	신물질	신소재
기술경쟁력	90~100	70	60

주 : 선진국 = 100

3. 관세현황

정밀화학분야 미국 관세율은 평균 2.64%로 한국의 6.87%보다 낮다. 특히 의약,

화장품향료, 계면활성제, 접착제 등은 평균관세율 보다 낮은 편이다.

〈표 16-26〉 양국 평균관세율 비교

(단위 : %)

품목	한국	미국
의약	4.62	0.13
농약	6.5	3.82
염료 · 안료	6.9	5.09
도료 · 잉크	6.86	2.96
화장품 · 향료	7.92	1.57
계면활성제	6.70	2.57
접착제	8.89	1.39
사진용화합물	7.06	2.88
기타 화학제품	6.42	3.43
계	6.87	2.64

4. 한미 FTA 영향

4.1 미국의 평균관세율은 낮지만 자국 생산이 가능한 주요 품목은 6.5%의 비교적 높은 관세를 부과하고 있어 염 · 안료, 도료 · 잉크, 계면활성제, 기타 화학제품 등은 소폭의 수출 신장이 기대됨

다만 의약, 화장품 · 향료, 접착제 등은 무관세이거나 이미 관세율이 낮은 편이며 농약은 수출 규모가 미미하여 수출 확대가 어려운 실정이다.

4.2 현재 미국 수입 비중이 높은 염료, 안료 및 사진용화합물 등 기초원료로 사용되는 품목과 수입규모가 큰 의약 및 화장품을 중심으로 관세 철폐시 수입 증가가 예상됨

5. 대응과제

5.1 정밀화학 제품은 기초·생산기술, 규모면에서 미국제품에 비해 경쟁력 열위인 점을 고려하여 국내시장 보호 및 국내 업체의 장기적인 경쟁력 확보가 가능하도록 양허안과 유예기간을 설정할 필요가 있다.

다만 완제품 원료로 사용되는 농약 원제, 자동차 보수용을 제외한 도료, 염료의 경우 국내 피해는 거의 없을 것으로 예상되므로 즉시 철폐해야 한다.

5.2 원산지 기준의 강화 및 부가가치 기준의 도입

중남미산 등 역외제품의 우회수출입을 방지할 수 있는 원산지 기준을 미련할 필요가 있다. 특히 염료, 안료는 반제품 수입, 국내 가공처리후 완제품 수출이라는 국내업체의 생산형태를 고려하여 역내 부가가치기준(RVC) 30%를 적용해야 한다.

5.3 한미간 환경 및 기술개발협력 협정 체결 필요

회학제품 수출 및 신규 생리활성물질 등록시 요구되는 가종 시험분석기관의 안정성 평가 등 각종 시험평가에 대한 양국 상호인정이 필요하다. 또한, 특허기간 연장 및 신물질 허가를 위한 제출자료 독점권 등 지적재산권(intelletual property rights) 강화시 기술개발 위축 및 경쟁력 제고에 장애가 예상되므로 지적재산권제도를 현 수준으로 유지해야 한다.

제8절 신발

1. 교역현황

1.1 미국 신발시장 규모는 20억족, 530억 달러를 초과하고 있으나 한국제품 수출은 지속적으로 감소하여 2005년 기준 4,000만 달러에 불과한 실정임

〈표 16-27〉 대미 교역현황(수출입현황)

(단위 : 천 달러)

	2001	2002	2003	2004	2005
수 입	8,070	8,883	8,606	9,166	11,869
수 출	96,377	64,493	43,070	44,271	40,798

1.2 미국 신발시장은 가격경쟁력을 기반으로 중국이 80%를 장악하고 있으며 가격경쟁력에서 열위인 한국 제품 점유율은 0.3%에 불과한 실정임

〈표 16-28〉 미국의 수입시장 점유율 비교(한국 : 0.3%)

(2005년)

	중국	이탈리아	브라질	베트남	인도네시아
점유율	71.0%	6.3%	5.8%	4.0%	2.9%

2. 경쟁력 비교

가격경쟁력은 중국, 인도네시아, 베트남 등 후발 생산국에 비해 열위이다. 다만 과거 세계 1위의 운동화 생산국 경력과 해외 소비자 만족도가 경쟁국에 비해 높아 가격경쟁력이 아닌 제품의 다양성과 기능성이 중시되는 특화상품(specialized products)과 틈새시장(niche market)은 경쟁력 확보가 가능하다.

〈표 16-29〉 아시아 4개국간 제조원가 비교

	한국	중국	인도네시아	베트남
원자재비	57.4%	69.5%	65.0%	65.0%
인 건 비	27.3%	11.7%	12.8%	13.3%
기타경비	15.3%	18.8%	22.2%	21.7%

3. 대응과제

3.1 농구화, 정구화, 체조화 등 기능성 신발에 대한 관세 조기 철폐 또는 인하가 필요함

양국 신발류 평균관세가 타 공산품에 비해 상대적으로 높은 수준이며 미국 내 신발유통업계는 물론 생산자 단체도 양국간 관세철폐에 적극적인 입장을 표명하고 있다. 미국은 일부 기능성 신발은 20~30%, 일부 품목은 67.5%의 관세를 적용하고 있다.

3.2 신발 완제품 생산시 갑피제조, 창제조, 조립성형의 3가지 공정 중 2가지 공정을 수행한 국가를 원산지로 인정해야 함

미국은 갑피 생산국을 원산지로 규정하자는 입장이나 갑피를 중국 등에서 생산하여 국내에서 조립·수출하는 국내 업체의 생산형태를 고려할 필요가 있다.

3.3 역외가공 특례 형태로 개성공단 제품에 대한 국내산 인정이 필요함

3.4 브랜드 개발 및 해외시장 개척에 대한 체계적인 지원이 수반되어야 함

미국시장의 소비성향을 집중 분석하여 효과적인 마케팅 전략을 수립해야 한다.

제9절 중전기기

1. 교역현황

한국의 전기기계 총수출액(2005년 기준) 37억 8,000만 달러 중 대미 수출은 5억 7,000만 달러이며 미국 수입시장점유율은 1.9%에 불과한 실정이다.

2. 경쟁력 비교

2.1 가격경쟁력은 내수규모, 국산화 추진시기 등에 따라 품목별 편차가 심한 편임

수요가 비교적 안정적이며 국산화 개발이 초기에 이루어진 전동기, 개폐기, 변압기 등은 미국, 일본 등 선진국에 비해 가격경쟁력을 확보하고 있다.

〈표 16-30〉 주요 품목의 가격수준 비교

	한국	미국	대만	중국	비고
변압기	100	124	95	86	인건비, 부품가격 격차
전동기	100	160	100	80	소재가격, 설계기술, 품질
발전기	100	110	90	-	가격경쟁 치열
개폐기	100	145	92	78	인건비 격차
차단기	100	112	89	77	지명도, 인건비 격차
전력변환장치	100	120	80	78	핵심 부품비 및 인건비 격차

2.2 설비운영기술 및 조립·제작기술은 선진국의 90% 수준에 근접한 실정이나 신기술, 환경관련 기술은 격차가 큰 편임

신형 발전설비기술, 대용량 전력변환기술, 계통제어기술 등 신기술은 선진국과의 기술격차가 크며 환경관련 기술은 연구 진행단계에 있다.

〈표 16-31〉 주요 품목의 기술경쟁력 비교

	한국	최고보유국	경쟁국	비 고
변압기	88	100(미국)	79(대만)	절연지·프레스보드, 에폭시수지는 수입
전동기	90	100(미국)	95(일본)	견인 전동기 등은 기술도입
발전기	80	100(미국)	95(일본)	소량다품종 생산, 설계·부품기술력 부족
개폐기	83	100(미국)	89(일본)	자동조작회로, 방안장치 설계능력 부족
차단기	81	100(미국)	89(일본, 독일)	기초설계기술, 관련 소재산업기술 취약
전력 변환장치	85	100(일본)	100(일본)	제어회로 설계능력은 보유 주회로 설계는 외국 제품 모방

3. 관세 및 비관세장벽 현황

미국의 평균관세율은 3%에 불과한 반면에 한국은 8% 수준을 나타내고 있다.

〈표 16-32〉 주요 품목의 평균관세율 현황

(단위 : %)

품목명	미국	한국
발 전 기	0.0~3.0	8
전 동 기	0.0~3.7	8
변 압 기	0.0~2.4	8
차 단 기	2.0~3.5	8
배전 및 제어기	2.7~3.5	8
변환 및 안정기	1.5~3.0	8
원자로 및 전기로	0.0~4.0	8
기타 중전기기	2.6~3.1	8
전 선	2.6~6.7	8

4. 한미 FTA 영향

4.1 FTA 체결시 세계 최대의 내수시장을 보유하고 있는 미국시장 진출을 보다 안정적으로 확보할 수 있는 계기가 마련될 수 있음

범용 전동기, 차단기, 변압기 등의 경우 수출 증가가 예상된다.

4.2 평균 6.7%에 이르는 국내 수입관세의 철폐시 국내제품의 가격경쟁력 약화로 대미 수입은 증가할 것으로 보임

특히, 한국의 기술력이 취약한 대용량 발전기, 초정밀 배정제어장치, 원자로 등의 수입 증가가 예상된다.

4.3 정보화된 전력기기 또는 디지털 전기기계 등은 한국 제품의 성장 가능성이 커서 동 분야에 대한 양국 기술협력의 확대가 기대됨

5. 업계 입장

5.1 중전기기분야는 내수·관납 위주로 전체산업의 1.5%라는 미약한 수준의 비중을 차지하여 한미 FTA관련 수출입의 영향도 미미할 것으로 판단하고 있음

5.2 중전기기 수출 촉진차원에서 한미 FTA에 원칙적으로 찬성하고 있음

다만 기술경쟁력 미비로 수입에 의존하는 분야의 국내 제조업체 보호·육성을 위해 경쟁력 확보가 필요한 유예기간(5~10년) 설정이 필요하다.

6. 대응과제

6.1 대미 수출 증가효과가 클 것으로 예상되는 품목을 중심으로 관세 우선 철폐를 관철하되 기술력 미비로 대미 수입비중이 높은 품목은 관세양허 시기를 최대한 유예할 필요가 있음

이의 예로 전동기, 직류전동기 및 직류발전기, 유입식 변압기, 압축점화식 엔진의 발전세트, 변압기, 발전세트(피스톤식 내연기관) 등을 들 수 있다.

6.2 미국측에 국내 공인시험기관의 시험성적서를 상호 호환·인정을 요구할 필요가 있음

ASEM, UL 등 별도 인증 요구를 폐지하고 국제인증의 상호 인정이 필요하다.

제17장

국내기업의 BRICs 진출 분석

제1절 개 관

BRICs 국가들은 1990년대에 들어 성공적인 시장경제로의 체제전환과 개혁·개방 정책의 성과에 힘입어 급속한 경제성장을 달성하여 세계경제의 성장엔진으로 부상하고 있다. 최근 5년(2001~2005년)간 BRICs 국가들은 세계경제의 연평균 성장률 2.7%를 크게 상회하는 6.2%의 경제성장을 달성하여 세계경제의 성장을 주도하고 있다. 다만 브라질은 여타 국가에 비해 다소 낮은 성장률을 기록하고 있다.

〈표 17-1〉 BRICs 국가의 경제성장 추이

(단위 : %)

	2001	2002	2003	2004	2005	5년 평균
브 라 질	1.3	1.9	0.6	4.9	2.3	2.2
러 시 아	5.1	4.7	7.3	7.2	6.4	6.1
인 도	5.2	4.1	8.6	7.5	8.4	6.8
중 국	8.3	9.1	10.0	10.1	9.9	9.5
세계평균	1.5	1.8	2.7	4.0	3.5	2.7

자료 : Global Insight

급속한 경제성장으로 인해 이미 BRICs 국가들은 전세계 GDP 등 경제규모 면에서 위상을 확고히 하고 있다. BRICs 국가들의 명목GDP(2005년 기준)는 세계 10.3%를 차지하고 있으며 구매력 기준(PPP)으로는 26.5%에 달하여 BRICs 4국 모두 이미 세계 10위 내의 경제규모를 차지하는 등 거대 소비시장으로 부상하고 있다.[1)] 이 같은 BRICs 국가의 잠재력을 반영해 골드만삭스(Goldman Sachs) 등 세계 유수의 경제전망기관들은 2050년에 BRICs 국가들이 미국, 일본과 더불어 세계 6대 경제대국으로 부상할 것으로 전망한 바 있다.

BIRCs 시장의 급성장과 더불어 최근 우리의 대(對)BRICs 진출도 크게 확대되고 있다. 최근 5년(2001~2005년)간 우리의 대BRICs 수출은 연평균 34.6% 증가해 동 기간 우리의 총수출 증가를 2배 이상 상회하였다.

대BRICs 해외직접투자(FDI)도 우리의 총 해외직접투자의 44.5%를 차지할 정도로 BRICs 국가는 우리의 주요 투자처로 부상하고 있다. 그러나 최근 BRICs 시장의 급속한 진출환경 변화에 따라 우리 기업들, 특히 중소기업들의 전반적인 대BRICs 진출전략도 수정이 불가피한 상황이다.

우선 BRICs 국가 중에서도 우리 기업의 최대 진출대상국인 중국에서는 고성장세 지속과 이에 따른 인건비 상승 등 공급부문에서의 비용 상승, 산업부문에서의 급진적인 구조조정 강화 등에 따라 우리 기업의 진출여건이 크게 악화되고 있다. 반면에 나머지 BRICs 경제의 급성장에 따라 우리 중소기업들 사이에서는 인도, 러시아, 브라질을 신흥소비시장이나 유망 투자처로 인식하는 경향이 뚜렷하게 나타나고 있다.

본장에서는 최근 중국시장의 변화, 인도 및 러시아 경제의 급성장 등 BRICs 시장의 급속한 진출환경 변화에 대응하여 우리 중소기업들이 BRICs 시장을 어떻게 인식하고 접근하고 있는지에 대해 수출, 투자, 수출과 투자로 진출방식을 대별해 2006년 9월 21일~10월 20일 기간 동안 국내 100개 중소기업을 대상으로 설문조사를 실시하고 그 결과를 분석한 대외경제정책연구원의 보고서를 중심으로 살펴본다.

---

1) BRICs 국가들은 세계 인구 및 면적의 약 1/2, 1/3을 차지하고 있어 거대소비시장(great consumtion market)으로서의 잠재력을 보유하고 있으며 원유, 천연가스, 석탄, 철광석, 알루미늄, 주석 등 풍부한 부존자원을 보유하고 있다(대외경제정책연구원, KIEP 오늘의 세계경제, 제06-35호, 2006. 11. 6. 요약·재구성).

제2절 진출방식 변화와 진출 애로요인

1. BRICs 진출 현황 및 계획

1.1 조사대상기업 중 58.2%가 현재 BRICs 국가에 진출하고 있으며 향후 94.2%가 진출을 확대하거나 신규 진출을 계획하고 있는 것으로 나타남

BRICs 국가에 진출한 기업의 비중을 국가별로 살펴보면 중국 51.4%, 인도 22.9%, 러시아 14.2%, 브라질 11.5%로 나타나 우리 기업들이 진출을 가장 선호하는 국가는 중국으로 조사되었다. 수출기업의 비중은 중국 23.4%, 인도 14.2%, 러시아 10.1%, 브라질 8.7%이며 투자기업의 비중은 중국 15.6%, 인도 5.0%, 러시아 2.3%, 브라질 1.4%이고, 수출과 투자를 모두 하는 기업의 비중은 중국 12.4%, 인도 3.7%, 러시아 1.8%, 브라질 1.4%로 나타났다.

종합적으로 우리 기업들의 진출방식은 수출 56.4%, 투자 24.3%, 수출과 투자 19.3% 순으로 나타났다. 이는 우리 기업들이 수출을 통한 진출을 가장 선호하고 다음으로 투자진출방식을 선호하며 수출과 투자를 통한 동시진출방식을 상대적으로 덜 선호하는 것으로 해석할 수 있다.

1.2 향후 진출계획을 조사해 본 결과 '수출' 62.3%, '투자' 6.2%, '수출과 투자' 31.5%로 나타남

'수출 고려'는 기존 비중을 유지했으나 '수출과 투자 동시 고려'는 12.3%포인트 증가한 반면에 '투자 고려'는 18.1%포인트가 감소하여 우리 기업들이 '투자를 통한 진출방식' 보다는 '투자와 수출을 동시에 고려하는 진출방식'을 선호하는 등 BRICs 국가에 대한 우리 기업의 진출방식에 커다란 변화가 있을 것으로 판단된다.

1.3 향후 진출계획을 국가별로 분류해서 조사한 결과 그 비중은 브라질 13.1%, 러시아 22.3%, 인도 31.5%, 중국 33.1%로 나타나 중국에 대한 진출은 감소하고 인도와 러시아에 대한 진출은 확대되며 브라질에 대한 진출은 현상유지하는 것으로 나타남

'수출 고려'에서는 중국 23.4%→20.8%, 인도 14.2%→20.2%, 러시아 10.1%→13.1%, 브라질 8.7%→8.5%로 나타난 반면에 '투자 고려'는 중국 15.6%→0.8%, 러시아 2.3%→2.3%, 인도 5.0%→1.5%, 브라질 1.4%→1.5%로, '수출과 투자 고려'는 중국 12.4%→11.5%, 인도 3.7%→10.0%, 러시아 1.8%→6.9%, 브라질 1.4%→3.1%로 나타났다.

국가별로 진출방식을 조사한 결과 브라질의 경우 '수출' 및 '투자'는 현상유지, '수출과 투자 동시 고려'는 약간 증가한 것으로 나타났다. 러시아의 경우 '수출' 및 '수출과 투자 동시 고려'는 약간 상승, '투자 고려'는 현상유지로 조사되었다. 인도의 경우 '수출 고려'는 증가, '투자 고려'는 감소, '수출과 투자 동시 고려'는 증가로 나타났으며, 중국의 경우 '수출 고려' 및 '수출과 투자 동시 고려'는 감소, '투자 고려'는 대폭 감소로 조사되었다.

1.4 향후 진출 예정 연도는 1년 이내 53.1%, 2~3년 이내 39.5%, 5년 이내 6.2%, 5년 이후 1.2%로 나타나 우리 기업들은 이미 대부분 3년 이내에 BRICs 국가에 대한 진출계획을 가지고 있는 것을 조사됨

〈표 17-2〉 BRICs국가 진출 예상연도

	1년 이내	2~3년 이내	5년 이내	5년 이후
업체수	43	32	5	1
비 율	53.1	39.5	6.2	1.2

1.5 상기한 조사내용을 종합해보면 우리 중소기업들은 현재 '수출 위주의 진출'에서 '수출과 투자를 동시에 고려하는 진출'로 진출방식을 다각화하고 있으며 대중 투자를 감소시키는 대신에 대인도 투자를 상대적으로 크게 확대하

고 러시아와 브라질에 대한 투자도 소폭 확대시켜나갈 것으로 예상됨

향후 우리 기업들은 수출의 경우 현 상태를 유지하되 투자 중심의 단순 진출방식보다는 수출과 투자를 동시에 고려하는 방식으로 진출을 전환해나갈 것으로 판단된다.

2. 진출동기 및 진출 장애요인

2.1 우리 중소기업의 BRICs 시장 진출동기로는 '내수시장 진출'과 '저렴한 원자재 및 인건비'가 가장 중요한 요소로 지적되었으며 '바이어 요구'와 '제3국 수출', '한국의 기업환경 악화', '현지투자우대조치' 등도 중요한 진출동기로 지적되었음

〈표 17-3〉 BRICs 국가 진출동기

(단위 : %, 복수응답)

	응답업체	비율
내수시장 진출	46	35.7
저렴한 원자재 및 인건비	27	20.9
제3국 수출	15	11.6
현지투자우대조치	5	3.9
바이어 요구	19	14.7
한국 기업환경 악화	14	10.9
기타	3	2.3

2.2 조사대상 중소기업 중 아직까지 약 40%가 BRICs 국가에 진출(수출 또는 투자)하지 않은 것으로 조사되었는데 이의 가장 큰 이유로는 '유통망 미확보'가 지적되었으며, 다음으로 '협소한 현지시장', '정치적 불안 및 비효율적인 관료제도' 등의 순으로 나타남

국가별로 진출방식을 구분해 진출하지 않은 이유를 조사해 본 결과는 전체

BRICs 국가를 대상으로 한 조사결과와 차이가 없는 것으로 나타났다.

〈표 17-4〉 BRICs 국가에 수출 및 투자를 하지 않는 이유

(단위 : %)

	브라질	러시아	인도	중국	합계
협소한 현지시장- 수요부족	5.1	5.1	4.7	4.7	19.6
정치적 불안, 비효율적인 관료제도	3.4	3.4	3.0	2.1	11.9
생산비 상승	0.0	0.0	0.0	0.0	0.0
대금결제방식의 불안	2.6	2.6	2.1	2.6	9.8
수출시장에서의 경쟁 심화	0.0	0.0	0.0	0.0	0.0
다양하고 복잡한 현지시장구조	1.7	1.7	1.7	1.3	6.4
언어 및 문화적 차이	1.7	1.7	1.3	1.3	6.0
유통망 미확보	8.5	8.5	8.1	7.2	32.3
부족한 인프라 설비	0.9	0.9	0.4	0.4	2.6
미래의 불확실성	0.9	0.9	0.4	0.0	2.1
가격경쟁력	1.7	1.7	0.9	1.7	6.0
기타	0.9	0.9	0.9	0.9	3.4
합계	27.2	27.2	23.4	22.1	100.0

2.3 다음으로 우리 중소기업들이 현지 기업활동에서 직면하는 애로사항은 '정보습득', '현지화', '마케팅', '투자결정', '재정확보', '현지정부와의 관계' 등의 순으로 나타남

〈표 17-5〉 투자기업 중 현지 기업활동에서 가장 어려운 요인

(단위 : %, 복수응답)

	응답업체	비율
투 자 결 정	16	12.4
정 보 습 득	28	21.7
노 동 관 리	12	9.3
현 지 화	26	20.1
재 정 확 보	14	10.8
현지정부와의 관계	14	10.8
마 케 팅	19	14.7
기 타	0	0.0
합 계	129	100.0

2.4 우리 중소기업의 BRICs 진출시 가장 큰 애로사항인 정보습득과 관련 우리 기업의 정보습득채널 및 정보습득능력에 대하여 질문한 결과 우리 기업의 정부수집능력은 매우 낮음이 27.8%를 나타내는 등 우리 기업의 전반적인 정보습득 능력수준은 대체로 낮은 것으로 평가됨

우리 중소기업들의 현지 기업활동과 관련된 정보수집채널은 '인적 네트워크', '외부전문기관', '신문 등 간행물', '현지정부', '주변 한국계 기업' 등의 순으로 나타났다.

〈표 17-6〉 국내 기업의 BRICs 시장진출 정보습득 수준

(단위 : %)

매우 높음	약간 높음	약간 낮음	매우 낮음
5.6	34.7	31.9	27.8

〈표 17-7〉 우리 기업의 BRICs 시장 진출 정보습득채널

(단위 : %)

인적 네트워크	외부 전문기관	신문 등 간행물	현지정부	주변 한국계기업	기타
38.6	22.7	15.9	11.4	10.2	1.1

2.5 향후 BRICs 시장 진출시 우리 중소기업이 가장 필요로 하는 정보는 BRICs 국가에서 모두 '세관 및 통관정책' 20.8%, '각종 산업정보' 19.6%, '무역투자정책' 16.1% 등의 순으로 나타남

국가별로는 필요정보가 약간 상이한 것으로 나타났다. 브라질, 러시아, 중국에 진출하려는 기업들은 향후 추진될 자유무역협정(FTA : Free Trade Agreement)에 대한 정보가 추가적으로 필요하다고 응답하였다. 반면에 인도 진출기업들은 금융시장제도에 대한 정보가 추가적으로 필요하다고 지적하였다.

〈표 17-8〉 진출시 가장 필요한 정보

(단위 : %, 복수응답)

	브라질	러시아	인도	중국	평균
무역투자정책	21.2	18.0	10.6	12.4	16.1
세관 및 통관정책	18.2	18.0	22.4	20.2	20.8
자유무역협정관련	15.2	13.1	8.2	12.4	9.5
경제특구제도	9.1	6.6	8.2	5.6	5.4
사회 · 문화 · 정치 일반	3.0	3.3	7.1	5.6	6.0
금융시장제도	6.1	4.9	14.1	5.6	9.5
각종 산업정보	24.2	26.2	17.6	21.3	19.6
근로 및 노조 등 인력 관리	0.0	3.3	3.5	9.0	6.5
경제 일반 정보	3.0	4.9	5.9	4.5	4.8
기타	0.0	1.6	2.4	3.4	1.8

제3절 시사점

1. 우리 중소기업들은 아직까지 BRICs 국가 중 중국을 가장 투자 매력도(investment attractiveness)가 높은 국가로 인식하고 있으나 이번 조사 결과 이러한 인식에 차츰 변화가 있는 것으로 조사되었으며 다수의 중소기업이 향후 중국에 대한 진출을 감소시키는 대신에 인도 등 나머지 BRICs 국가에 대한 진출을 확대할 계획인 것으로 나타남

아직까지 BRICs 국가 중 우리 중소기업들의 진출은 중국에 편중되어 있으며 나머지 BRICs 국가에 대한 진출수준은 매우 미미한 수준을 보이고 있다. 우리 중소기업들의 진출이 중국에 편중될 수밖에 없는 이유는 보완적 무역구조(complementary trade structure)를 형성하기 용이하고, 풍부하고 저렴한 생산요소를 쉽게 활용할 수 있으며, 부품 등에 대한 수요가 지속적으로 창출되고 지리적으로 인접해 있는 등 장점이 풍부하기 때문으로 분석된다. 반면에 나머지 BRICs 국가는 아직 수출시장으

로서나 투자대상지로서 성숙하지 못한 것으로 인식하고 있다.

2. 진출방식에서도 우리 중소기업들은 순수한 '투자' 방식보다는 '투자와 수출'을 동시에 고려하는 보완적 진출방식으로 전환하고 있어 BRICs 시장에 대한 진출방식도 크게 변하고 있는 것으로 나타남

우리 중소기업들은 중국에 대한 수출과 투자를 대폭 감소시키는 대신에 인도나 러시아에 대해서는 '수출과 투자'를 동시에 증대시키는 계획을 갖고 있는 것으로 조사되었다. 특히, 중국을 제외한 나머지 BRICs 국가에 대해 좀 더 적극적으로 진출하려는 의도가 있는 것으로 조사되었다. 이는 인도, 러시아, 브라질 시장에 대한 우리 중소기업들의 인식 전환을 반영한 것으로 해석할 수 있다. 반면에 우리 중소기업들이 중국 진출에 적극적이지 않은 이유는 중국시장이 이미 경쟁 격화로 더 이상 이윤을 창출하는 데 한계에 이르렀다는 인식을 반영한 것으로도 판단된다.

3. 더욱이 우리 중소기업들의 BRICs 국가 진출은 저렴한 원자재 및 인건비를 활용하고 이를 통해 내수시장을 확보하는 '요소추구형(resource or efficiency seeking)'과 '내수시장추구형(market seeking)'을 동시에 도모하는 형태를 나타내고 있음

이는 상대적으로 열악한 제조업을 가진 반면 잠재력이 큰 내수시장을 공략하기 위해서는 단순투자형 진출보다는 수출과 투자를 동시에 고려하는 진출전략을 선택하고 있는 것으로 판단된다. 즉, 우리 중소기업들은 진출국가의 저렴한 생산요소를 적극적으로 활용하면서 새롭게 부상하고 있는 BRICs 국가의 내수시장을 공략하기 위해 투자를 전개하고 있으나 현지국가의 미약한 제조업 기반으로 인해 부품 및 소재를 현지에서 조달하는 것보다는 한국에서 조달하고 대신에 제품 생산 및 조립은 현지화하는, 즉 수출과 투자의 보완적 관계 구축을 통한 진출 전략을 구사하는 것으로 평가할 수 있다.

따라서 우리 중소기업들은 현지의 풍부하고 우수한 인력과 자원을 충분히 활용하

여 비용을 절감함과 동시에 현지 시장수요에 적합한 신제품 개발 및 제품 개조 등의 차별화된 내수시장 진출전략을 적극적으로 추진할 필요가 있다. 한편, 우리 중소기업의 수출과 투자를 동시에 고려한 대BRICs 진출 전략은 현재 가속화되고 있는 국내의 산업공동화(industrial hollowization) 속도를 점차 감소시킬 가능성도 큰 것으로 해석된다.

4. 우리 중소기업의 BRICs 시장 진출시 가장 중요하게 고려하는 요인은 내수시장 형성 여부로 조사되었으며 현재 BRICs 시장에 진출하지 않는(전체 대상기업의 약 40%) 이유는 각 국가에서의 유통망 미확보로 밝혀졌는데 이 2가지 요인을 동시에 고려할 경우 우리 중소기업의 BRICs 시장 진출의 실질적인 결정요인은 시장접근의 용이성에 있다고 평가할 수 있음

BRICs 국가들은 공통적으로 아직 시장이 성숙되지 못하고 독특한 상관행이 상존하고 있으며 유통 구조 및 시설이 매우 낙후되어 있는 것으로 평가된다. 이는 진출지역의 시장성도 중요하나 실질적으로는 해당 지역에 대한 시장접근 및 관련 네트워크가 우리 중소기업에 매우 중요한 진출요인으로 작용하고 있다는 점을 시사한다고 할 수 있다.

5. 아직까지도 우리 중소기업들은 정보이용채널을 '인적네트워크'에 의존하고 있으며 외부전문기관이나 정부 관련기관 등으로부터는 정보를 활용하지 못하고 있는 실정임

이는 주로 3가지 요인(① BRICs 국가들의 정보에 대한 비체계화, ② BRICs 관련 전문기관 부족 및 기능 미비, ③ 각 기업의 지역전문가 양성 미흡 및 부족)에 의한 것으로 해석할 수 있다.

6. 이에 따라 국가별 특성에 따른 맞춤형 정보(tailored information) 제공 및 관련 정보지원센터 설립이 필요함

우리 중소기업들이 BRICs 국가에 대한 정보 중 가장 필요로 하는 내용은 무역투자정책(trade investment policy), 세관 및 통관 절차, 각종 산업정보(industrial information)로 나타났다. 또한, 일부 국가에 대해서는 자유무역협정(FTA) 등의 정보가 요구되는 것으로 조사되었는데 국가별 수요 및 특징에 맞는 정보를 제공해야 할 것으로 판단된다. 한편, 우리 기업들이 정보수집을 인적 네트워크에 의존한다는 사실은 그만큼 정보 제공 관련 기관들이 효율적으로 운용되고 있지 않거나 이를 지원하는 기관의 부재(不在)에 따른 것으로 평가할 수 있다.

따라서 최근 대외경제정책연구원(KIEP)이 주관이 되어 구축한 'BRICs Information Center(www.bricsinfo.org/bricsinfo)'를 적극적으로 활용하는 한편 이를 가칭 BRICs 지원센터로 확대 개편하는 등 BRICs 국가에 대한 정보 활용을 다각화해 나가야 할 필요가 있다. 대외경제정책연구원의 설문조사에서도 대BRICs 국가에 진출하기 위해서 가장 중요한 것은 'BRICs 지역전문가 상담기구 설립'인 것으로 나타났다.

> 정부지원관련 설문조사 결과 'BRICs 지역전문가 상담기구 설립' 30.3%, '해외투자자금 지원 확대' 21.2%, '전문가 파견', '무역관, 상무관, 기타 정부 관련기관 설치 확대' 각각 9.1%, 이외 '안정적 자금결제방식 마련' 6.1%, '현지 인력 연수 확대' 6.1%, '장기비자발행 및 편리한 영사지원' 6.1%, '현지 공단 건설' 3% 등으로 나타남

7. BRICs 진출을 용이하기 위해서는 금융지원 확대가 필요함

BRICs 국가에 대한 진출은 자원개발(resource development), 플랜트 수출 등 막대한 자금과 장기간의 회수기간이 요구되고 있는데다 현지 금융조달도 어려운 실정이다. 따라서 수출입은행이나 수출보험공사 등 공적 수출신용기관을 중심으로 재원

을 확대하여 진출기업의 금융조달을 원활하게 해줌으로써 우리 기업의 진출을 보다 용이하게 해 주어야 할 필요가 있다.

제18장

3대 주력 수출시장 분석

최근 환율하락, 유가 및 원자재 가격 상승 등 3중고의 어려움 속에서도 수출이 지속적으로 증가하고 있으나 대일 무역적자(trade deficit) 규모의 증가, 대중 무역흑자(trade surplus) 규모의 축소, 대미 수출의 부진 등 3대 수출 주력시장에서 어려움에 직면해 있는 것으로 나타났다.[1] 2006년 수출은 8월까지 전년 대비 14.2% 증가한 2,091.0억 달러를 기록하여 전년도 수출 증가율 11.6%를 상회하는 등 견조한 성장세를 보이고 있다. 수입은 19.8% 증가한 2,010.0억 달러를 기록하여 무역수지 흑자는 81.0억 달러를 나타내고 있다.

제1절 3대 주력 수출시장 현황

1. 일본

일본의 경우 2006년 1~7월간 대일 수출은 전년동기 대비 10.8% 증가한 151억

1) 산업자원부는 2006년 9월 11일 대일 무역적자 규모의 증가, 대중 무역흑자 규모의 감소, 그리고 대미 수출 정체 등 3대 주력시장의 과제가 안정적 무역 흑자기조 정착의 장애요인이 되지 않도록 적극적인 시장진출 전략을 수립·추진하겠다고 밝힌 바 있다(산업자원부 보도자료, 2006. 9. 11. 요약·재구성).

7,000만 달러, 수입은 7.8% 증가한 297억 7,000만 달러를 기록하여 대일 무역적자(trade deficit)는 6억 8,000만 달러 증가한 146억 달러를 나타내었다.

1.1 수출

대일(對日) 수출은 원/엔 환율 하락에도 불구하고 전체적으로는 전년 수준의 증가세를 지속하고 있다. 일반기계, 반도체 등 일부 자본재 품목은 호조를 보이고 있으나 여타 품목들은 수출이 둔화되고 있다.

1.2 수입

대일 수입은 자본재, 부품·소재는 상대적으로 안정된 반면에 엔(Yen)저, 소비고급화 등에 따른 승용차, 노트북, LCD TV 등 내구 소비재와 수산물 등 직접소비재 수입이 증가하고 있다.

1.3 무역수지

대일무역 적자폭 증가는 한국경제의 양적 성장 및 글로벌화(globalization)의 진전과 양국교역 규모의 확대에 따른 것으로 대일 수입의존도 감소 및 일본 부품소재의 투입비중 감소 등 개선되고 있는 긍정적 측면도 있다.

대일 수입의존도(일본수입/총수입) : 1967년 44.5% → 2005년 18.5%

일본 부품·소재의 투입 비중 : 2000년 12.3% → 2004년 8.4%

2. 중국

중국의 경우 2006년 1~7월간 수출은 전년동기 대비 10.9% 증가한 382억 1,000만 달러, 수입은 19.3% 증가한 261억 5,000만 달러를 기록하여 무역흑자(trade surplus)는 전년동기보다 4억 7,000만 달러 감소한 120억 6,000만 달러를 나타내었다.

2.1 수출

중국의 기술경쟁력 향상과 설비투자 증가로 인한 내수 공급 확대로 부품·소재 등 중간재의 중국 내 생산이 크게 증가하여 대중 수출의 80% 이상을 차지하는 우리의 부품·소재 등 중간재 수출증가율이 크게 둔화되고 있다. 경기연착륙(soft landing)을 위한 금리인상, 위안(Yuan)화 평가절상 등 중국정부의 긴축정책으로 전체 대중 수출증가율도 하락한 것으로 나타났다.

대중 수출증가율 변화 : (2005. 상반기) 22.9% → (2006. 상반기) 10.9%

부품·소재 대중 수출증가율 : (2005) 29.0% → (2006. 상반기) 10.6%

중국의 무역구조는 최종재 수출증가율(2005년 27.6%)이 중간재 수입증가율(2005년 17.3%)을 초과하는 구조로 전환되고 있음

이 같은 대중 수출증가율의 하락은 글로벌 산업구조(global industrial structure) 재편에 의한 무역패턴의 변화로 인한 조정 과정으로 간주할 수 있다. 최근 중국정부의 외국인기업에 대한 규제 강화 및 인센티브 축소도 글로벌 스탠더드(global standard)에 입각한 시장경제환경(market economic environment)을 조성하기 위한 노력으로 중국시장의 투자여건 악화로 볼 수 없다는 견해가 우세하다.

중국진출 기업들은 중국의 경제상황 및 투자여건에 대해 낙관적으로 인식하고 있음 (KOTRA 조사 결과, 2006. 5)

2.2 수입

수입증가는 중국에 진출한 우리기업에 의한 역수입 증가와 의류 등 경공업제품 위주에서 중화학제품, IT 제품 등으로 중국산 수입품목이 다변화되는 것이 주요 요인으로 지적되고 있다.

3. 미국

3.1 수출

대미 수출 증가율은 2005년 △3.2%에 이어 2006년 7월까지도 6.1%에 그쳐 우리의 전체수출 증가율(13.3%)과 미국 수입시장 성장률(2006. 상반기, 13.6%)에 미치지 못하고 있다. 이는 미국경제의 성장세에도 불구하고 중국제품과의 경쟁심화, 원화 가치의 상승, 현지생산의 확대 및 멕시코 등을 통한 우회수출 등 경쟁 요소의 악화 때문으로 판단된다.

이에 따라 최근 4년간 우리의 수출에서 미국시장이 차지하는 비중도 지속적으로 감소되고 있다.

대미 수출비중(%) : (2003) 17.7% → (2004) 16.9% → (2005) 14.5% → (2006. 상반기) 13.6%

품목별로는 섬유, 무선통신기기, 반도체, 일반기계 등 주력 수출품목의 수출증가율이 둔화되고 있다.

3.2 수입

대미 수입을 보면 휴대폰(cellular phone), 가전제품, 농산물 등 소비재 수입이 증가하는 추세를 보이고 있다.

〈표 18-1〉 대일·대중·대미 수출입 동향

(단위 : 백만 달러, %)

	대일본			대중국			대미국		
	수출 (증가율)	수입 (증가율)	무역수지 (증감)	수출 (증가율)	수입 (증가율)	무역수지 (증감)	수출 (증가율)	수입 (증가율)	무역수지 (증감)
2005. 1~7월	13,692 (10.3)	27,606 (2.7)	△13,914 (552)	34,440 (22.9)	21,914 (38.0)	12,526 (375)	23,336 (△3.2)	17,808 (10.3)	5,527 (2,433)
2006. 1~7월	15,173 (10.8)	29,770 (7.8)	△14,597 (△683)	38,210 (10.9)	26,149 (19.3)	12,061 (△465)	24,751 (6.1)	19,177 (7.7)	5,574 (47)
수입시장 성장률	(2005. 1~6) 12.2% → (2006. 1~6) 23.1%			(2005. 1~7) 13.9% → (2006. 1~7) 21.1%			(2005. 1~6) 14.0% → (2006. 1~6) 13.5%		

제2절 3대 주력시장 수출부진 및 무역수지 감소 요인

이들 3대 주력시장에서의 수출 부진 및 무역수지 감소의 문제는 4가지 외부적 요인들(① 글로벌 무역환경의 변화, ② 각국의 시장환경 변화, ③ 우리 수출산업의 구조변화, ④ 국제기업의 선택)이 복합적으로 작용한 결과로 판단된다.

1. 글로벌 무역환경의 변화

국제적인 경쟁 여건이 악화되고 있다. 세계화의 진전으로 인한 글로벌 경쟁(global competition)의 격화로 인해 중국, 인도, 동남아 등에서 생산된 저가품이 전세계 시장에 유통되고 가격경쟁력(price competitiveness)에서 불리한 우리제품의 시장 점유율이 위축되고 있다. 또한 원화의 평가절상(appreciation), 유가 및 원자재 가격의 상승은 수출기업의 채산성과 생산비 부담을 가중시킬 뿐만 아니라 세계적인 수요 위축에 따른 수출감소라는 간접효과까지 발생할 수 있다.

〈표 18-2〉 원/달러 환율 변화 추이

(단위 : 원)

2004년 평균	2005년 평균	2006. 1분기 평균	2006. 2분기 평균
1,144.67	1,024.31	976.38	949.89

〈표 18-3〉 분기별 수출채산성 변화

(단위 : 전년동기 대비, %)

	2005				2006
	1분기	2분기	3분기	4분기	1분기
수출채산성	-6.9	-9.4	-8.5	-6.3	-7.1
수출단가	-4.7	-7.4	-7.5	-6.1	-4.3
생산비	2.4	2.2	1.1	0.2	3.1

자료 : 무역협회, 수출채산성 변동추이 조사 결과

2. 각국의 시장환경 변화

각국의 시장환경이 불리하게 변화하고 있다. 미국시장은 중국 및 미국과 FTA를 체결한 멕시코, 칠레 등의 시장점유율이 확대되는 반면에 프랑스, 일본 등 전통 수출 강국의 비중이 축소되는 추세를 보이고 있다. 중국의 경우 부품·소재의 자체생산 능력이 확대되고 금리인상 등 중국정부의 긴축 재정, 선진국으로 수출 증가세 하락 등으로 우리 수출도 정체되고 있는 상황이다. 일본시장의 경우 원/엔 환율의 하락으로 인한 한국상품의 경쟁력 저하와 일본기업의 경쟁력 회복 등이 애로요인으로 지적할 수 있다.

3. 우리 수출산업의 구조변화

우리 수출산업의 구조변화에 따른 문제이다. 우리는 첨단산업분야의 대일 의존도가 높기 때문에 수입유발적 수출증가 구조를 가지고 있다. 반도체(선박) 수출이 증가하면 반도체제조용장비(철강판)의 수입이 증가하여 무역적자가 확대되는 결과가 나타나고 있다. 중국의 산업구조가 고도화되고 기술이 발전되면서 컴퓨터, TV부품, 반도체 등에서 우리와 일본뿐만 아니라 중국과의 수출경합 품목도 증가하는 추세를 보이고 있으며 미국 등 3국 시장에서 경쟁이 심화되어 우리 수출이 중국 수출로 전환되는 문제가 발생하고 있다.

- 100대 수출품 중 한중간 중복 품목수 : (1995) 20개 → (2000) 22개 → (2005) 29개
- 100대 수출품 중 한일간 중복 품목수 : (1995) 29개 → (2000) 29개 → (2005) 45개

(HS 6단위 기준, 무역협회 2006년 6월)

또한, 우리의 대중 수출의 대부분을 차지하는 부품소재 및 기계류 등 중간재는 중국의 수출이 감소하면 우리의 대중국 수출도 감소되는 결과가 초래되고 있다.

- 중국의 수출 증가율 : (2004) 35.4% → (2005) 28.4% → (2006. 7월까지) 24.7%
- 대중 수출증가율(2005 → 2006. 1~7월) : 철강금속제품 21.9% → 16.5%, 기계류 19.2% → 16.0%

4. 국제기업의 선택

글로벌 기업들(global corporations)의 자발적인 선택의 결과이다. 미국, 일본, 유럽연합(EU) 등 선진국 시장에서 경쟁이 격화되면서 기업들의 신흥시장(emerging market) 진출이 확대되고 있다.

한국의 국가별 수출비중 변화(2005 → 2006. 1~8월) : 중남미 5.3% → 6.2%, 동유럽 3.1% → 3.8%, 인도 1.6% → 1.8%, 러시아 1.4% → 1.7%

제3절 3대 주력 시장과 관련한 현안 및 대책

상기한 대내외적인 무역환경의 악화에도 불구하고 수출의존도(export dependence)가 높은 한국경제의 특성상 수출확대 및 안정적 무역흑자 기조의 정착이 매우 중요

한 경제 현안이 되고 있다. 이에 따라 산업자원부는 이러한 현안 과제를 해결하기 위해 3대 시장별 특성에 맞는 대책 수립에 본격적으로 착수한다고 밝힌 바 있다.

1. 일본

일본시장 진출과 관련해서는 이미 2006년 4월 이후 동북아 지역전문가, 학계, 연구기관 및 수출기업인 등으로 T/F팀을 구성 · 운영하여 한 · 중 · 일 3국 간의 무역관계를 심층적으로 분석하고 '글로벌 전략 하의 대일역조 개선대책'을 수립한 바 있다. 이에 따라 2006년 하반기에 추진할 세부 Action Plan을 확정하고 9월부터 본격적으로 추진하기로 하였다.

'글로벌 전략 하의 대일역조 개선대책'을 통해 분석된 일본지역 전문가들의 견해에 따르면 최근 일본시장에서 한국기업의 글로벌 경쟁력이 제고되고 '한류(韓流)' 등으로 인한 국가이미지(country image)가 향상되고 있는 가운데, 10년 장기불황의 여파로 공고한 '채널의존형(생산-유통-영업-소비) 산업구조'가 약화되고 있는 등 변화가 인식되고 있어 지금이 한국기업의 일본 진출에 적기인 것으로 판단되고 있다. 그러나 대일 진출에 대한 자신감 및 기업가정신(entrepreneurship)의 약화가 장애요인이 되고 있는 상황이다.

① 단기적 대책

단기적으로는 한국상품 전시회 개최 및 시장개척단 파견 등 전략적 해외마케팅(strategic overseas marketing) 강화, 수출유망 품목의 발굴 등 수출증대를 통한 무역의 확대균형을 도모할 필요가 있다.

② 중장기적 대책

중장기적으로는 지속적인 기술개발 추진, 부품 · 소재 중핵기업의 육성, 일본 유망기업의 대한 투자유치 등 경쟁력 강화를 통한 산업의 체질개선이 필요할 것으로 판단된다.

한편, 2006년 하반기 중 대일수출 관심 제고 및 기업인 의욕 고취를 위해 '일본진출기업 간담회'를 개최하여 사회전반의 일본진출 분위기를 조성해 나가고 일본시장

진출 확대를 위해 월별로 특성화된 총력 해외마케팅을 전개해 나갈 계획으로 있다.

2. 중국

중국과 관련해서는 중국정부의 정책변화와 산업구조 및 무역패턴 변화 등 시장여건 변화에 대응할 수 있는 '중장기 중국 진출 전략'을 2006년 하반기 중 수립하여 시행할 계획으로 있다. 이를 위해 정부는 각계 전문가들의 의견을 수렴하고 산업구조 및 무역패턴 연구를 강화하는 등 전략 수립의 기반을 공고히 해 나가는 한편 동북아 역내 산업 연관분석을 통해 동북아 분업구조에 적합한 산업구조의 정착 방안을 강구하고 있다.

즉, 유망품목 선정・발굴 및 마케팅 지원을 확대하고 'KOREA Premium'을 활용한 수출품의 고부가가치화 촉진, 중국 관련 정보 수집・제공 기능도 강화할 예정으로 있다.

또한, 중국진출 기업에 대한 적극적 애로 해소와 한중간 지적재산권 보호를 위한 외교협력 강화 등 경영 리스크(business risk) 축소를 위한 정책적 지원 방안도 강구하고 있다.

3. 미국

현재 정체상태를 보이고 있는 대미수출은 '한미 FTA'를 돌파구로 활용하여 한국기업들의 실질적인 수출확대의 계기로 만들어 나갈 예정이다. 이를 위해 미국시장 및 FTA 협상 전문가를 포함하여 학계, 연구기관, 무역지원기관으로 T/F팀을 구성하고 한미 FTA의 협상 진행 상황에 맞춰 'FTA를 활용한 미국시장진출 확대 전략'을 수립하기로 하였다.

한미 FTA는 동북아 3국의 분업구조 형성과정에서 한국이 동북아의 허브(hub)로 도약하는데 중요한 계기가 될 것으로 판단된다. 중국, 일본의 글로벌 기업들(global corporations)은 한미 FTA가 성공하는 경우 한국시장을 미국시장과 동일시하여 대한 진출 노력을 강화할 것으로 전망된다.

제5편

한국경제 및 무역의 과제*

제19장 한국경제의 진단
제20장 인적자본의 육성
제21장 차세대 성장동력의 확보
제22장 글로벌 경쟁력의 강화
제23장 대외개방의 적극적 활용
제24장 물류허브의 구축

* 본편은 국민경제자문회의가 2006년 1월 발간한 동반성장을 위한 새로운 비전과 전략의 관련내용을 요약·재구성하였다(국민경제자문회의, 동반성장을 위한 새로운 비전과 전략, 2006. 1. pp. 13~23, 43~173, 203~230).

제19장

한국경제의 진단

제 1 절 대외환경의 변화

1990년대 후반 이후 대외환경의 변화는 다음 3가지 측면에서 살펴볼 수 있다.

1. 세계화의 진전

세계화(globalization)는 재화와 용역(goods and services) 등 생산품은 물론 자본, 노동 등 생산요소의 국가간 이동을 제한하는 인위적 장벽이 제거되면서 개별 국가경제가 하나의 세계시장(global market)으로 통합하는 과정을 의미한다. 세계화는 정보통신기술(IT)의 발달과 무역자유화(trade liberalization)의 진전 등으로 상품시장의 통합을 더욱 심화시켰으며 국제자본이동성(international capital mobility) 또한 급속히 증대시키고 있다. 다만 노동시장은 상대적으로 완만한 속도로 통합되고 있다.

세계화로 인해 각종 생산요소, 즉 자본, 기술, 시설 등의 국가간 이동이 자유롭게 되면서 경제적 측면에서는 국경의 개념이 점차 제거되고 있는 상황에서 일국의 가장 중요한 자산은 국경 내에 거주하고 있는 '국민'이 보유하고 있는 지식과 기술 등 지적능력(intellectual capability)이다. 또한, 세계화시대에 국가간 경쟁에서 생존하기 위해서는 경제활동의 표준이 되는 글로벌 스탠더드(global standard)를 구축해 나가는 것도 대단히 중요하다. 한국경제는 외환위기(foreign exchange crisis) 이후 국내 자본시장을 완전 개방하고 각종 제도를 국제기준에 부합하는 방향으로 개정함으로써 세계화에 대응하고 있다.

이 같은 세계화의 진전은 국내 기업들이 국내외로부터의 무한경쟁(unlimited competition)에 직면해 있음을 의미한다. 이에 따라 승자와 패자가 공존하던 과거와는 달리 경쟁에 이기지 못하면 살아남지 못하는 승자독식(winner-takes-all)의 시대가 되었으며 이제 국내기업은 글로벌 경쟁력(global competitiveness)을 갖추지 못하면 후발개도국에게도 추월당할 수 있는 상시적 경쟁낙오의 위험에 노출되고 있다.

또한, 세계화가 다양한 형태로 진행되면서 국가간 격차뿐만 아니라 일국 내 계층간의 격차가 확대되고 있다. 세계화가 진전되는 상황에서의 국가의 역할은 개방화에 적합한 지적능력, 사회적 수용능력을 배양하고 사회안전망(social safety net)을 확충해 나가는 것이 매우 중요한 과제가 되고 있다.

2. 지식정보 기반경제로의 전환

산업혁명(industrial revolution)을 계기로 농업사회에서 산업사회로 이행한 것과 같이 21세기에 들어서는 정보통신기술의 급진전으로 산업사회에서 지식기반경제(knowledge-based economy)의 시대로 이행하고 있다. 지식기반경제의 가장 큰 특징은 지식이 많이 축적될수록 새로운 지식의 창출이 더욱 용이해지는 집적효과로 인해 지식 창출에 수확체증의 법칙(law of increasing returns)이 작용한다는 점이다. 또한, 정보통신기술의 발전으로 지식생산의 주기가 단축되고 물적재화 중심에서 지식, 정보 등 비(非)물적재화 위주로 경제가 소프트화됨에 따라 지식과 시장 선점에 대한 중요성이 제고되었다.

이전에 물적자본(physical capital)을 기반으로 한 '소품종 - 대량생산'에서 지식과 정보를 기반으로 하는 '다품종 - 소량생산'으로 이행하면서 시장의 변화에 신속하게 대응하지 못할 경우 경쟁에서 낙오될 수밖에 없다. 지식기반경제로의 이행은 개인 및 국가에게 새로운 기회가 될 수도 있으나 지식의 생산 및 습득 과정에 참여하지 못할 경우 경쟁력(competitiveness)을 상실하고 도태될 수도 있다.

집적효과 및 수확제증의 법칙이 작용하는 지식경제의 특성으로 인해 세계화가 진전되는 상황에서는 지식자원(knowledge resources)의 부존량 및 그 활용성과에 관한 국가간 격차가 더욱 확대될 수 있다. 자본, 노동 등 물적 생산요소에 대한 수확체감의 법칙(law of decreasing returns)이 지배하는 산업사회에서는 경제가 발전하고 자본이 축적될수록 일반적으로 성장률이 둔화된다. 그러나 지식기반경제에서는 지식이 축적되더라도 생산성(productivity)이 저하되지 않고 오히려 지식의 축적과 확산이 새로운 상품과 기술 개발(technological development)을 촉진하기 때문에 선진국과 개도국간 격차가 더욱 확대될 수 있다.

더욱이 세계화가 확산되고 지식기반경제가 도래하면서 계층간 경제적 불평등(economic inequality)도 심화되고 있다. 소득불평등(income inequality)은 이윤극대화(profit maximization)라는 강력한 동기를 통해 효율성(efficiency)을 제고시키는 자본주의(capitalism)의 특성에 기인하기는 하나 지식격차로 인해 저학력근로자와 고학력근로자간, 단순 생산직근로자와 창의적 전문직근로자 간의 소득격차가 더욱 확대되고 있다.

3. 중국경제의 부상

중국은 1978년 개혁 · 개방정책의 추진 이후 연평균 10%에 가까운 고성장을 지속하면서 국제무대에서 경제적 위상이 크게 제고되었다. 중국의 GDP 규모(2004년 기준)는 세계 7위, 교역규모 면에서는 미국, 독일에 이어 세계 3위를 기록하였다.

이 같이 중국경제의 규모가 커지면서 한중 교역이 확대되는 한편 세계시장에서는 양 국가간 경쟁이 심화되고 있다. 섬유, 신발, 완구 등 범용기술제품 분야에서는 이미 중국이 우리의 수출시장을 잠식하였으며 중국의 산업구조가 고도화되면서 IT, 자동차 등 첨단산업(high-tech industry)에서도 우리와의 수출경합관계가 점차 심화되고 있다.

〈표 19-1〉 중국경제의 국제적 위상 변화

(단위 : 억 달러)

	1970~1980년대		2004	
	금액	세계 순위	금액	세계 순위
교역규모	380(1982)	19위	11,546	3위
경상GDP	1,612(1975)	8위	16,493	7위
외환보유고	23(1977)	29위	7,110[1)]	2위

주 : 1) 2005년 6월말 기준
자료 : World Bank, IMF, 한국무역협회

한편, 최근 들어 국내기업들이 임금, 지가 등이 상대적으로 저렴한 중국으로 생산설비를 이전하면서 산업공동화(industrial hollowization) 가능성에 대한 우려가 제기되고 있다. 국내투자는 부진한 상태를 보이고 있는 반면에 대중국 투자는 크게 늘어나 해외직접투자(FDI) 중 40% 정도가 중국에 집중되고 있다. 또한, 중국 현지법인의 역할이 '한국·제3국 조달 → 현지생산 → 한국·제3국 수출'의 형태에서 '현지조달 → 현지생산 → 현지판매' 방식으로 전환되면서 국내산업의 공동화가 급속히 심화되고 있다.

제2절 한국경제의 문제점

한국경제의 문제점은 크게 다음 2가지 측면에서 살펴볼 수 있다.

1. 성장잠재력의 저하

대외환경이 급변하고 국내외 경쟁이 격화되는 가운데 최근 한국경제는 단순한 경기순환상의 문제보다 구조적인 성장동력의 약화에 따른 '저성장 함정'에 직면할 수도 있다는 우려가 제기되고 있다. 한국경제는 1960년대 이후 30년간 고성장을 지속하였으나 1990년대 중반 이후 요소투입 위주의 양적성장(quantitative growth)이라는 한국형 발전모델이 한계를 노출시키면서 성장세가 하락하는 추세를 보이고 있다. 즉, 1970~1980년대 7~8%, 1990년대 6% 내외의 성장세를 유지해 온 한국경제가 2001년 이후에는 성장률이 평균 4%대 중반으로 하락하였다.

또한, 일국의 경제가 보유하고 있는 자본, 노동, 기술과 같은 생산요소를 투입하여 적정 인플레이션 하에서 달성할 수 있는 최대한의 생산 수준인 잠재성장률(potential growth rate) 또한 하락하고 있는 것으로 나타났다. 2001년 이후 한국경제의 잠재성장률은 4.8% 수준으로 나타나 1990년대의 6.1%에 비해 1.3%포인트 하락하였다.

〈표 19-2〉 잠재성장률 및 요인별 성장기여도 추이

(단위 : %)

	1991~2000	(1991~1997)	2001~2004
잠재성장률	6.1	(6.9)	4.8
노 동	1.0	(1.2)	0.9
자 본	3.3	(3.9)	2.3
생 산 성	1.8	(1.8)	1.6

이 같은 성장률의 추세적 하락은 선진국에서처럼 경제의 성숙에 따른 일반적인 현상으로 볼 수도 있으나 투자 부진, 노동공급 둔화 등으로 자본, 노동 등 생산요소의 증가세가 둔화된 데다 기술축적(technological accumulation)과 인적자원(human resources) 개발이 지체되어 생산성 향상이 부진하였기 때문으로 볼 수 있다.

성장잠재력의 저하를 다음 3가지 측면에서 살펴본다.

1.1 투자의 부진

투자는 일국 경제의 중장기적인 성장잠재력(growth potentials) 또는 성장동력을 파악할 수 있는 지표이다. 1960년대 경제개발이 시작된 이후 한국경제를 이끌어 온 강력한 엔진은 수출과 더불어 투자였음은 주지의 사실이다. 투자, 특히 설비투자에 문제가 발생하기 시작한 때는 1995년 이후라고 볼 수 있다. 1995~2004년 사이의 설비투자증가율은 연평균 3.2%로 동 기간의 경제성장률(4.6%)보다 크게 낮은 수준을 보였다. 1995년 이후 투자가 한국경제의 성장엔진에서 밀려나고 그 자리를 수출과 소비가 대신해 왔다고 평가할 수 있다.

〈표 19-3〉 국가간 설비투자 증가율 비교

(단위 : %)

	미국	영국	독일	일본		싱가포르	한국
1만→2만 달러 소요기간	10년 1978→ 1988	9년 1987→ 1996	11년 1979→ 1990	6년 1981→ 1987	장기불황기 1991→ 2000	5년 1989→ 1994	 1995→?
경제성장률	3.2	2.4	2.3	3.4	1.3	9.3	4.6
설비투자증가율	4.8	4.5	4.1	8.8	0.9	10.8	3.2

자료 : 한국은행

미국과 영국 등이 과거 1인당 국민소득 20,000달러 달성시 성장률과 설비투자율을 비교해 보면 설비투자율이 성장률보다 높았을 뿐만 아니라 설비투자율이 높을수록 국민소득이 10,000달러에서 20,000달러로 가는 기간이 단축되었음을 알 수 있다.

이 같은 투자부진은 다음 3가지 측면에서 살펴볼 수 있다.

① 과거에 비해 새로운 수익모델 창출여건이 미흡해지는 등 고수익창출 투자기회(high profit generating investment opportunity)가 감소한 데다 그 동안 내부거래와 금융기관의 암묵적인 지원 등으로 보완되던 투자위험(investment risk)을 이제 기업이 상당 부분 직접 부담하게 되었다.

② 과거 고도성장 과정에서 형성된 높은 수준의 임금, 지가, 물류비용 등 고비용구조가 지속되면서 국내투자 유인이 저하되었다.

③ 외환위기(foreign exchange crisis) 이후 지속된 설비투자 부진에는 장기간의 내수부진과 함께 구조조정 과정에서 위험을 회피하고자 하는 기업의 투자성향과 금융기관의 대출행태 변화도 크게 작용하였다.

1.2 노동공급의 둔화

출산율이 최근 들어 급속히 하락하는 가운데 평균수명은 지속적으로 연장되어 인구의 고령화가 급속히 진행되고 있다. 여성 1인당 가임 기간 중 평균 출생아 수를 나타내는 합계출산율이 2004년 1.16명으로 경제협력개발기구(OECD) 국가 중 가장 낮은 수준을 나타낸 반면 평균 수명은 1980년 66세에서 2004년에는 77세로 크게 높아졌다. 이에 따라 1980년대까지 4%대에 머물렀던 노령인구(65세 이상) 비중이 지난 2000년 7%를 초과하면서 우리도 고령화 사회에 진입하였다.

이 같은 인구구성의 변화는 생산가능인구(15~64세)의 증가세를 둔화시킴으로써 성장잠재력(growth potentials)을 약화시키고 있다. 1980년대까지 2% 중반 정도의 증가율을 유지하던 생산가능인구는 1990년 이후 증가세가 크게 둔화되어 최근에는 0.6% 정도 증가하는 데 그치고 있다. 이는 1970년대 시작된 베이비붐세대(baby-boom generation, 1955~1963년 출생자)의 노동시장 진입이 1980년대 말에 거의 완료된 데 크게 기인하고 있다.

〈표 19-4〉 노동력증가율 추이

(단위 : %)

	1980~1989	1990~1996	1997~2000	2001~2004
인구증가율	1.24	1.00	0.80	0.57
생산가능인구	2.31	1.49	1.05	0.57
취 업 자	2.60	2.46	0.44	1.62

자료 : 통계청

1.3 기술축적과 인적자원 개발의 지체

1990년대 들어 연구·개발(R&D) 지출이 크게 증가하면서 최근에는 GDP 대비 연구·개발 투자 비중이 선진국 수준으로 상승하는 등 외형적으로 보면 생산성 향상을 위한 투자가 확대된 것으로 보인다. 그러나 선진국에 비해 R&D의 절대적 규모가 작고 인력이 취약한 데다 연구·개발 투자의 효율성(efficiency of R&D investment)도 낮아 투자의 질적인 측면은 크게 미흡하다고 평가할 수 있다.

국내총생산(GDP) 대비 R&D 지출 비중(2004년 기준)이 2.9%로 OECD 평균인 2.2%보다 높다. 그러나 한국의 취업자 1,000명당 연구인력(2002년 기준)은 6.4명으로 미국(8.6명), 일본(9.9명) 등 주요 선진국에 비해 크게 낮은 수준을 보이고 있다. 특히, 연구·개발 투자의 성과를 나타내는 기술무역수지가 만성적인 적자를 나타내고 있다. 한국의 기술무역수지(2003년 기준)는 30개 OECD 회원국 중 기술무역통계를 작성하지 않는 3개국을 제외한 27개국 중 26위를 나타내고 있다. 또한, R&D 투자영역이 IT 등 일부업종에 편중되어 있어 축적된 기술이 여타산업으로 확산되는데 한계를 노출시키고 있다.

한편, 한국은 강한 교육열과 세계적으로 높은 수준의 교육비 지출에 힘입어 교육이 양적으로는 크게 확대되었다. 한국의 GDP 대비 교육비 지출(2002년 기준)은 7.1%로 OECD 국가 중 가장 높은 수준을 나타내고 있다. 그러나 질적인 면에서는 고급인력을 중심으로 인적자원의 경쟁력(competitiveness of human resources)이 여전히 취약하다고 할 수 있다.

스위스 국제경영개발원(IMD)의 2003년 국가별 고급인력 경쟁력 순위에 의하면 조사대상 30개국 중 한국은 기술인력 20위, 재무기술인력 22위, 고급경영자의 경쟁력은 22위에 불과하다. 영어학습의 열풍에도 불구하고 TOEFL 점수는 세계 119위(2002년)로 최하위 수준을 보이고 있다. 이 같이 교육수준의 양적 확대에 비해 질적 향상이 부진함에 따라 노동수급의 불균형이 초래되어 인적자원의 활용도가 하락하고 있다.

2. 경제양극화의 심화

최근 한국경제의 성장세가 둔화되는 가운데 여러 부문에서 경제적 성과(economic performance)의 양극화가 동시에 진행되고 있다. 수출은 호조를 보이는 반면에 설비투자와 민간소비 등 내수회복은 미진하여 수출-내수간 양극화가 심화되고 있다. 주요 수출품목을 생산하는 산업·기업(IT부문 등)과 그렇지 못한 내수기업 사이, 대기업과 중소기업간, 제조업과 서비스업간, 우량기업과 비우량기업간 성과도 차이가 확대되고 있다.

특히, 동일 산업 내에서도 양극화가 진행되고 있다. 2004년 기준 국내총생산(GDP)의 55.6%, 고용의 64.4%를 차지하고 있는 서비스업의 경우 기업형 사업 서비스업과 생계형 비생산적 서비스업(음식숙박업, 부동산업 등) 간의 생산성 격차가 확대되어 양극화가 심화되고 있다. 음식·숙박업과 부동산업 등과 같은 비생산적 서비스업의 비중(2004년 기준)이 미국, 캐나다, 영국, 네덜란드 등은 10% 중반 수준에 불과하나 한국은 20%를 상회하고 있다.

이 같은 산업, 업종 및 기업간 양극화는 고용 및 소득의 양극화를 야기시키고 있다. 노동시장에서는 외환위기 이후 비상용근로자의 비중이 증가하는 가운데 상용근로자와 비상용근로자간 임금격차가 확대되는 등 고용구조의 양극화가 심화되었다.

경제구조의 양극화는 우리만의 문제가 아니라 선진국은 물론 중국에서도 발생하고 있는 범세계적 현상이다. 우리의 경우 성장률 하락, 세계화, 지식정보화(knowledge informationization) 및 중국의 부상 등 대내외 환경변화에 대한 대응과정에서 불가피하게 발생하는 측면이 없지 않다. 또한, 이 같은 충격을 효과적으로 조절할 수 있는 장치가 미흡한 데다 이질적 속성(heterogeneous characteristics)을 가진 각 경제주체들이 이에 적절하게 대응하지 못한데도 크게 기인하고 있다.

내수부진이 장기화되는 가운데 여러 부문에서 과도하게 나타나는 경제양극화는 자본축적(capital accumulation)을 저해하는 등 경제의 공급기반을 취약하게 하여 성장잠재력을 근본적으로 약화시킬 수 있다. 특히 수출·내수간, 산업간, 기업간 양극화는 대내외 충격에 대한 경제의 변동성(economic variability)을 증대시키고 경기회복을 지연시킬 수 있다. 또한 고용, 소득의 양극화는 부문간·계층간 갈등을 심화시켜 물적·인적자본의 축적을 저해하여 결국 생산성 제고를 저해하는 동시에 사회·경제적 불안정성(socio-economic instability)을 증대시키게 된다.

제20장

인적자본의 육성

1990년대 이후 우리의 대학진학률은 급속히 증가하여(1990년 33.2% → 2004년 81.4%) 대학 졸업 인력의 공급이 수요에 비해 크게 증가한 반면에 고등학교 졸업 인력의 공급은 감소하는 추세를 보이고 있다. 양적인 측면에서 신규 노동력 공급에 있어 전문대학 및 대학 졸업자 중심으로 과잉공급(oversupply)이 점차 심화되고 있다. 그러나 현재 우리 경제의 고용 흡수력은 상기한 노동공급에 못 미치고 있는 상태이다. 전문대학 및 대학 졸업 인력의 과잉공급은 청년실업(youth unemployment)의 증가를 야기하여 사회불안정(social instability)의 주요 요인이 되고 있다. 한편, 전문대학 및 대학 졸업 인력의 과잉공급과는 달리 특정분야 대학원 졸업 인력에 대한 공급은 수요를 충족시키지 못하고 있다.

전문대학 및 대학 졸업 인력의 질적인 측면에서의 문제도 심각한 상황이 되고 있다. 산업체에서 필요로 하는 지식과 기술이 급속히 변화하고 있음에도 불구하고 공급자 위주의 폐쇄적인 교육체제(closed educational system) 운영으로 노동시장 수요에 부합하는 양질의 인력을 적기에 양성하여 기업에 공급하지 못하고 있다. 신입사원들이 대학에서 습득한 지식과 기술은 기업에서 필요한 수준의 26%에 불과하며(전경련, 2002) 대졸 신입사원의 교육에는 평균 20.3개월의 기간과 6,218만원의 비용이 소요되는 것으로 조사된 바 있다(경총, 2005).

또한, 현재의 교육체제는 과거 산업사회에서 형성된 것으로 지식기반사회

(knowledge-based society)·세계화(globalization) 시대가 요구하는 인재 양성에는 미흡한 실정이다. 지식기반사회·세계화시대의 주요 특징은 정보통신·과학기술의 급속한 발달, 이로 인한 노동수요 및 직업의 급속한 변화와 국가 간의 무한 경쟁이다. 이에 능동적으로 대응하면서 수준 높은 양질의 삶을 영위하기 위해서는 개인의 소질, 능력, 적성에 맞는 학습기회(learning opportunity)가 생애에 걸쳐 지속적으로 제공되어야 한다. 또한, 개인은 스스로 학습할 수 있는 능력을 구비해야 한다. 국가적으로는 국제화 능력을 갖춘 인재, 새로운 지식·기술을 창출하여 활용할 수 있는 고급 두뇌 인력이 필요하다.

제1절 비전의 제시

경제의 소프트화·글로벌화 지식기반경제로의 이행 등에 신속히 대응하기 위하여 사회가 필요로 하는 인력을 효율적으로 양성·공급함으로써 개인의 고용가능성을 제고시키는 동시에 경제의 역동적 발전(dynamic development of economy)에 효과적으로 기여할 수 있는 교육시스템을 구축하는 것이 필요하다. 이러한 교육시스템은 궁극적으로 경제성장뿐만 아니라 고용 및 복지 등의 관점에서 우리의 경제·사회 발전을 구축해 나갈 핵심 정책수단이라 할 수 있다.

사회가 요구하는 양질의 인력을 공급하는 교육시스템을 갖추기 위해서는 수요와 공급의 원리(principle of demand and supply)가 제대로 작동하고, 평생고용이 가능한 교육시장이 구축되어야 한다. 무엇보다도 교육 수요자의 선택권과 교육 공급자 간의 공정한 경쟁(fair competition)이 보장된 교육시장의 구축이 우선시 된다. 경제 및 사회의 환경변화와 개인의 학습욕구에 잘 대응하고 교육의 질적 수준을 보장할 수 있는 교육시스템은 결과적으로 개인의 고용가능성(employability)을 제고시키고, 개개인이 속한 조직의 생산성과 궁긍적으로 국가경쟁력(country competitiveness) 증대에 기여하게 된다.

제2절 현황과 평가

양적인 인력수급 측면에서 평가할 때 고학력 인력의 과잉공급은 향후에도 지속될 것으로 보인다. 한국직업능력개발원(2005)의 학력별 인력 수급 전망에 따르면 2005~2015년까지 전문대졸 이상 대학 졸업자의 경우 548,000명의 초과공급(excess supply)이 발생할 것으로 보인다(연간 49,000명).1) 이 같은 초과공급은 고학력자에 대한 수요 증가에도 불구하고 높은 진학률과 경제활동참가율의 지속적인 상승에 기인한다.

한편, IMD 보고서에 의하면 한국의 대학교육의 경제사회 요구 부합도가 60개국 중 52위(2005)에 불과한 것으로 조사되어 산업현장의 수요와 유리된 우리 대학교육의 문제가 심각한 것으로 나타나고 있다. 4년제 대학을 졸업하고도 전문대학, 기능대학이나 직업훈련기관에서 다시 교육을 받아야 취업이 가능한 현실이 상기 조사결과를 반증한다고 할 수 있다.

〈표 20-1〉 학력별 인력수급차 전망(2005~2015)

(단위 : 천명, %)

구분	신규수요(A)			신규공급(B)			초과공급(B-A)		
	2005~2010	2011~2015	2005~2015	2005~2010	2011~2015	2005~2015	2005~2010	2011~2015	2005~2015
전문대	882	744	1,626	1,120	860	1,980	238(27.0)	116(15.6)	354(21.8)
대 학	1,473	1,234	2,707	1,543	1,354	2,897	70(4.8)	119(9.6)	190(7.0)
대학원	486	423	909	460	453	913	-26(-5.3)	30(7.1)	4(0.4)
계	2,841	2,401	5,242	3,123	2,667	5,790	282(9.9)	266(11.1)	548(10.5)

주 : ( )안은 초과공급비율(%)임

자료 : 한국직업능력개발원

1) 전문대졸은 2010년 이후에는 초과공급규모가 감소하나, 대졸은 2010년 이후에 초과공급규모가 증가하고, 대학원졸은 2010년까지 초과수요를 보이나 2010년 이후에는 초과공급상태로 반전될 것으로 보인다.

실업계 고등학교 졸업 기능 인력에 대한 수요는 여전히 존재하나 실제 인력을 구하기는 용이하지 않은 실정이다. 이는 다수의 학생들이 대학에 진학하기 때문이다. 실업계 고등학교 졸업생의 대학(전문대, 교육대, 대학 등) 진학률은 1990년 8.3%이었으나 1995년 19.2%로 상승하고 그 이후 급속히 증가하여 2004년에는 62.3%를 기록하였다. 이는 실업계 고등학교가 더 이상 기능인력을 양성하는 교육기관이 아님을 시사한다고 할 수 있다. 실업계 고교 졸업생들이 대학에 가는 중요한 이유는 취업한 후 직장생활을 하다가 다시 대학에 진학하기가 거의 불가능하기 때문이다. 이 같은 실업계 고교 졸업생의 대학 진학은 대학 졸업 인력의 과잉공급을 초래하는 하나의 요인으로 작용하게 된다. 한국 성인들의 평생학습 참여율(23.4%)은 선진국(44.0%)의 50% 수준에 불과하고 근로자들의 직무 능력 향상을 위한 평생 교육 참여 비율은 OECD 국가 중 최하위 수준을 보이고 있다(14.1%). 고령화 및 조기퇴직 현상이 심각해지는 현 상황을 고려할 때 이렇게 성인들의 평생교육 참여가 저조한 것은 노동시장의 불안정성(instability of labor market)을 확대시키는 결과를 초래하게 된다.

〈표 20-2〉 성인(25~64세) 평생학습참여율 국제비교

(단위 : %)

한국	핀란드	덴마크	스위스	영국	미국
23.4	64.8	60.1	45.3	53.7	48.1

자료: 통계청, OECD

상기 문제 제기와 현 상황 평가에서 제기된 사항들을 해결하기 위한 정부의 분야별 정책을 다음 2가지 측면에서 살펴본다.

1. 국가경쟁력 강화를 위한 고등교육의 경쟁력 강화정책

대학 졸업 인력의 과잉공급 문제를 해소하고 산업체 노동 수요에 부합하는 인력 양성을 위하여 정부는 다수의 정책(대학구조개혁방안, 지방대학 혁신역량강화사업, BK21 사업, Post BK21 사업, 다원산학협력확산사업 등)을 기획·추진 중에 있다.

1.1 대학 경쟁력 강화 정책의 내용

(1) 대학구조개혁방안

2004년 12월에 발표한 대학구조개혁방안은 고등교육의 질적 수준 제고 및 투자 효율성(investment efficiency) 제고와 사회수요(social demand)에 부응하는 인력양성체제의 구축을 목표로 하고 있다. 사회수요에 적합한 인력양성 구조로 전환하기 위하여 인력수요가 크게 감소한 분야의 정원 감축(2009년까지 국립대학 입학정원의 15% 감축, 사립대학 2004년 대비 2006년도 학부 입학정원 10% 감축), 대학간 및 학부(과) 통폐합, 산업계 수요를 반영한 교육과정 혁신이 동반된 구조개혁(structural reform)을 주요 내용으로 하고 있다.

(2) 지방대학 혁신역량 강화사업

정부의 핵심 정책과제인 국가균형발전을 도모하기 위한 추진 전략의 일환으로 도입한 지방대학 혁신역량 강화사업은 지역발전(regional development)과 연계된 지방대학의 특성화 분야를 집중적으로 육성하여 지역 우수인재를 양성하는 것을 목적으로 한다. 이 사업은 지방대학 정원 감축(10,341명), 교육과정 개편(1,328건), 기업체 현장실습 활성화(3,123개 업체 115,007명 참가), 산업체 인턴십 강화(1,493개 업체 4,242명), 근로자 재교육 실시(3,488개 업체 11,150명) 등의 성과를 보이고 있다.

(3) BK21 및 Post BK21 사업

BK21 사업은 세계 수준의 대학원 연구 중심대학 육성을 통한 고급인력 양성과 지역 소재 대학과 산업의 연계를 통한 지역 우수인력 양성을 목표로 추진되었다. 이 사업은 국내 대학 연구의 양적·질적 성장 및 연구·실험의 연속성을 보장함으로써 SCI 논문 게재수가 1990년 세계 30위에서 2003년에는 13위로 상승하는 등 대학(원) 연구력 제고에 기여하였다. 1단계 사업성과에 대한 엄밀한 평가에 기초하여 현재 2단계 사업(2005~2012)이 추진되고 있다.

(4) 산학협력확산사업

산학협력확산사업은 3개부처(산업자원부, 교육인적자원부, 노동부)가 공동으로 총 862억원의 재원을 확보하여 시행하는 사업으로 2005~2008년까지 총 219,000명의 산업현장밀착형 기술인력 양성을 목표로 하고 있다. 교육단계별 산학협력체제 구축을 통해 실업계 고교에서부터 대학원까지 기술수준단계별로 체계적인 산학협력의 실시를 계획하고 있다(최우수실험실-대학원, 산학협력중심대학-4년제 대학, 산학협력중심·성장동력특성화대학-전문대/기능대, 산학협력우수실업고-실업계 고교, 교육혁신·인력양성센터-산업별인적자원개발협의체 등).

1.2 대학경쟁력 강화정책의 문제점

상기한 대학경쟁력 강화정책들은 다음 4가지 문제점을 발생시키고 있다.

(1) 대학 특성화를 통한 경쟁력 제고를 목적으로 한 정부 재정지원 사업 간의 중복투자나 연계 부족으로 투자 효율성을 극대화하지 못하는 사례가 발생하고 있음

1990년대 이후 교육부 외에 과학기술부, 산업자원부 등의 대학 지원 예산이 급격히 증가하고 있다.[2] 따라서 인력양성, 연구·개발, 산학협력 등의 목적으로 지원되는 여러 부처 재정지원사업 간에 중복 투자를 방지하고 효율성을 제고시키기 위한 연계·조정의 필요성이 지적되고 있다.[3]

2) 교육부 외 타 부처의 대학 지원 예산은 1996년 2,183억원에서 2005년에는 6,000억원으로 증가하여 타 부처 지원예산이 대학지원 예산의 약 30%를 차지하게 되었다.

3) 실제 K대 BT분야의 경우 BK21, SRC, NCRC 등을 통하여, 그리고 Y전문대의 경우 전문대학 특성화 사업, NURI, 산학협력중심대학 사업 등을 통하여 재정 지원이 집중되고 있다. 이는 동일한 특성화 분야에 대한 집중 투자로 간주할 수도 있으나 동일 분야에 대한 중복투자로 투자의 비효율성(investment inefficiency) 문제가 제기되고 있는 실정이다. 또한, 동일 대학에 대한 투자 분야가 상호 연관성이 적어 시너지 효과(synergy effect)를 발생시키지 못하는 경우도 나타나고 있다.

〈표 20-3〉 대학에 대한 각 부처 재정지원사업 사례 예시

구분		BK21 (교육부)	RRC (과기부/산자부)	TIC (산자부)	당해지역의 전략산업
우수사례[1]	K대	정보기술	분자공학연구센터	기계 · 전자부품설계	메카트로닉스 전자정보기기
	P대	메가트로닉스	기계부품소재평가 연구센터	생산자동화, 자동차 부품	자동차 조선해양
부진사례[2]	S대	수송기계	자동차부품 소재	환경친화형 물질개발	생물 신소재조선
	W대	전자정보	의약자원연구센터	귀금속, 보석석재가공	자동차기계 생물

주: 1) 우수사례 : 유관분야에 재정지원 집중되어 특성화에 긍정적 영향을 준 경우
2) 부진사례 : 상이한 분야에 투자되어 시너지 효과를 창출하지 못한 경우
자료 : 교육부, 특성화를 위한 대학혁신방안, 2005. 5.

(2) 대학 특성화 사업은 특성화 분야에 대한 집중 투자를 통한 필요 인력의 양성 · 공급과 더불어 수요가 작은 분야의 정원 감축 및 구조조정을 의도하고 있으나 실제 대학 현장에서 발생하고 있는 현상을 보면 이 같은 정부정책의 의도가 실현되기에는 상당 기간이 소요될 것으로 판단됨

즉, 특성화 사업의 본래 의도대로 수요가 작은 분야의 정원 감축과 구조조정이 가시적으로 나타나지 않고 있다는 점이다. 이것은 대학 내부의 의견 조정, 학과 정원 조정의 어려움에 기인하고 있다. 예를 들면, 지방대학 혁신역량강화사업의 경우 사업단으로 선정되지 않은 수요가 작은 학과의 정원을 감축 조정하는 것이 정책의 도였으나 사업단 지위 유지를 위하여(입학정원 감축 조건을 충족시키기 위하여) 오히려 사업단 참여 학과의 정원을 감소시켜야만 하는 현상이 발생하고 있다. 이는 사업단 소속 학과의 특성화를 통하여 지역발전에 필요한 인력을 양성하자는 누리사업 본래의 목적이 실현되기가 어려워질 수 있음을 의미한다. 이 같은 문제를 해결하기 위해서는 입학정원 축소조정을 포함한 대학구조개혁과 관련된 사안은 대학 특성화 관련 사업 지원 조건에서 제외하고 별도의 정책을 통하여 추진하는 방안을 검토할 필요가 있다.

(3) 대학설립준칙주의의 부작용

대학설립준칙주의 도입의 논리는 대학시장에서 대학간 경쟁을 통하여 전반적으로 대학교육의 질(quality of college education)을 제고시키면서 경쟁력이 없는 대학을 시장에서 퇴출시키는 것이었다. 이 같은 시장 기제가 제대로 작동하기 위해서는 대학에 대한 각종 정보가 과학적 · 체계적으로 수집 · 분석되어 일반에 공개되어야 한다. 즉, 교육 소비자(학생, 기업 등)가 정확한 정보 분석에 근거한 합리적인 의사결정(rational decision-making)을 할 수 있는 조건이 우선적으로 충족되어야 하는 것이다. 그러나 이제까지 우리 고등교육기관에 대한 정보 인프라(informational infrastructure)가 제대로 구축되어 있지 않아 준칙주의에서 의도한 대로 시장 기능이 작동하지 않았다고 할 수 있다.

(4) 대학설립준칙주의 실효성에 대한 점검

대학은 최소 2년 또는 4년 간의 교육과정을 전제한 교육기관으로 일단 신입생을 받으면 그들이 제대로 교육받아 졸업할 수 있도록 하는 책임이 있다. 따라서 경기의 부침에 따라 생존의 여부가 결정되는 일반 시장에서의 기업과는 성격이 다르다고 할 수 있다. 현재 다수의 부실대학에서 많은 학생들이 피해를 보고 있음을 고려할 때 대학 설립 인가는 보다 철저하고도 합리적인 기준에 의한 평가과정을 거쳐야 한다.

2. 직업교육체제 혁신 방안 추진

지식기반 경제사회의 도래와 함께 산업구조가 고도화되면서 전문 기능 · 기술 인력에 대한 수요가 증가하고 노동시장에서 기업의 수시 채용 및 경력직 채용이 증가하고 있다. 이 같은 환경의 변화는 직업교육체제(job educational system)의 개편을 요구하고 있다. 우리의 직업교육은 그 동안 종국교육의 성격이 강하여 노동시장 진입 후 일정기간 일을 하다가 다시 계속교육을 받을 수 있는 개방성이 미약하였다.

일반계 고교와 실업계 고교로 엄격히 분리·운영함으로써 학생들의 다양한 진로선택의 기회도 제한하였다. 또한, 산업사회에 적합한 단순 기능 인력의 대량 양성체제를 아직도 유지하고 있어 지식정보사회의 급변하는 직업세계에 적응하기 위한 직업기초능력과 산업체 수요에 적합한 인력양성을 위한 교육을 제공하지 못하고 있다. 이에 따라 교원 수급의 경직성, 국가 교육과정의 운영 등으로 산업계 수요에 적합한 교육과정 운영이 어려운 실정이다.4)

실업계 고교의 노동시장 수요 변화에 대한 대응성은 교원 수급의 경직성으로 인하여 크게 제한받고 있다. 보통교과 교원과 달리 전문교과 교원의 경우 노동시장에서의 지식·기술 수요가 급속히 변화하기 때문에 교원의 전문성이 직업세계의 변화를 따라가지 못하고 있다. 직업교육에 필요한 인력을 교원으로 임용·활용할 수 있는 융통성 있는 제도의 마련이 필요하다. 또한, 실업계 고교를 일반계 고교나 특성화 고교로 전환하려고 해도 교원수급문제가 주요 장애요인이 되고 있다.

상기한 문제의 해결을 위하여 교육혁신위원회와 교육인적자원부는 공동으로 2005년 5월 '직원교육체제 혁신방안'을 발표한 바 있다. 이 방안은 '학교에서 일터로, 일터에서 학교로'의 원활한 이행을 통해 평생에 걸쳐 직업능력이 개발되도록 직능지향의 개방 직업교육체제 구축을 목표로 하고 있다. 구체적으로 실업계 고교, 전문대학 등 직업교육기관에 각 정부부처, 지자체, 직종별 직능단체 등 산업수요와 밀접히 연관된 기관들이 직접적으로 참여하여 지원하는 시스템을 구축하고 정규 학생 중심의 인력양성과 더불어 산업체 근로자 및 성인 학습자의 지속적인 직업능력개발 기회를 제공하며 학교교육과 직업훈련을 연계하여 교육·훈련의 효과성을 극대화하는 방안을 포함하고 있다.

4) 2005년 한길리서치에 의하면 기업체 인사담당자들의 25%가 '실업고 교육과정이 산업변화를 따라가지 못함'을 실업고 교육의 가장 큰 문제로 지적하고 있다.

제3절 전략 제안

1. 대학교육의 노동시장 수요 대응력 및 질적 수준 제고

1.1 대학 및 노동시장 정보 인프라 구축·운영

대학이 경쟁력을 가지기 위해서는 대학교육시장이 시장원리(market principle)에 근거하여 원활히 작동할 수 있는 기본여건을 조성하고 이 같은 환경에서 개별대학들이 스스로 개혁할 수 있도록 유도하는 것이 필요하다.[5)]

정부는 수요자의 합리적 선택에 의한 대학 구조개혁을 유도한다는 차원에서 '대학정보공시제' 도입을 공포한 바 있다. 이는 각 대학의 신입생 충원율, 졸업생 취업률, 교원 확보율 등 교육여건에 관한 지표와 학교운영 관련 지표를 공시하고 대학 관련 각종 평가 결과를 공개하는 것을 의미한다. 정부는 조속히 관련 법령을 정비하여 대학 정보를 일반에 공개하는 데 필요한 조치를 취할 필요가 있다. 또한, 경제단체나 언론기관 등에 의한 대학평가도 장려하여 수요자들이 다양한 정보에 의한 판단을 할 수 있는 환경을 조성하는 것이 필요하다.

산업 수요 변화에 따른 업종별·직종별·교육훈련유형별 인력 수급 전망 자료는 대학과 학생이 학과 개편, 교육과정 설계, 학교 및 학과 선택 등을 할 때 매우 유용한 정보를 제공하게 된다. 즉, 이 같은 정보는 교육공급자 관점에서는 대학이나 학과가 경쟁력을 유지하면서 대학 시장에서 생존할 수 있는 전략을 마련하는 데, 그리고 교육 소비자 입장에서는 졸업 후 취업에 유리한 학과 및 학교 선택을 하는데 필수 조건이라 할 수 있다. 이러한 업종별·직종별·교육훈련유형별 인력 수급 전망 자료는 중앙정부 차원에서 종합적·체계적 전망 시스템을 구축하여 산출하는 것이 필요하다. 인적자원개발회의(향후 국가인적자원위원회)에서 전망 시스템 구축

5) 여기서 기본여건의 조성이란 대학, 학생, 기업 등이 합리적인 의사결정을 하기 위하여 필요한 각종 정보를 생성·공급하는 것을 의미한다.

사업을 가속화시킬 필요가 있다. 업종별·직종별 인력 수급 전망 시스템을 통하여 산출된 정보는 여러 가지 매체를 통하여 일반에 공개되어야 한다.

1.2 노동시장 수요에 대응하는 특성화 정책의 합리적 운영

대학 특성화를 통한 대학 경쟁력 강화를 위한 정부 재정지원사업 추진시 사업 추진 부처 간에 사업간 연계·조정 및 사업성과 평가 방식에 대한 협의를 거칠 필요가 있다. 이는 부처 간의 중복 투자를 방지하고 한정된 국가 재원의 보다 효율적인 투자를 가능하게 한다. 인적자원개발회의(향후 국가인적자원위원회), 국가과학기술위원회, 국가균형발전위원회 등에서 전문위원회 구성(분야별 전문가, 관련 부처 관계관)을 통하여 이 문제를 심의·조정하는 기능을 수행하는 것이 필요하다. 또한, 정부 각 부처별 대학교육·연구 재정지원사업의 예산 투입 및 집행을 모니터링·평가할 수 있는 정책사업 통합 회계정보 체계를 구축하여 운영할 필요가 있다.[6] 이러한 회계자료 분석 결과에 따른 사업집행 성과 평가결과 등은 정부 재정지원사업의 실질적인 개선안 도출을 위한 필수 조건이라고 할 수 있다.

상기한 유관 사업의 연계·조정을 통한 중복 투자의 방지 및 시너지 효과(synergy effect) 창출은 지원 대상자인 대학의 협력을 전제로 한다. 해당 대학에서 정책사업 제안서를 작성할 때 이 같은 사항을 고려하여 기 수행 중인 정부의 유관 정책사업과 제안사업 간의 관계를 미리 분석하고 양 사업 간의 합리적인 연계방안을 제시하는 것이 중요하다. 이는 해당 대학 내의 연계뿐만 아니라 지역 내 대학간 연계도 포함된다. 이를 유도하기 위해 해당 정부 부처가 이 같은 분석을 포함한 제안서에 대해 높은 평가점을 부여할 필요가 있다.

또한, 수요가 작은 전공분야의 정원 감축 유도를 위한 보다 현실적인 방안을 강구할 필요가 있다. NURI 사업의 경우와 같이 사업단 소속 학과의 정원을 감소시켜야 하는 사태를 방지하고 합리적인 구조조정을 유도하기 위해서는 이러한 구조조정 유도를 위한 별도의 정책사업을 추진하거나 기존 정책사업(대학구조개혁사업)을 보강하여 운영하는 것이 필요하다. 이는 하나의 정책사업을 통하여 대학 정원 감축과

---

6) 현재 국가 인적자원 개발 정책의 경우 HRD 분야 예산을 통합적으로 분석하기 위한 회계체계(accounting system) 개발 연구가 완료되어 정식 실행을 준비 중에 있다.

특성화의 2가지 성과를 거두기에는 한계가 있기 때문이다.

1.3 국립대학과 사립대학간 역할 분담

대학 및 노동시장의 정보 공개, 대학 시장의 활성화, 대학 특성화 정책 등은 대학간 경쟁을 통한 대학 경쟁력 강화를 목표로 하고 있다. 그러나 대학에서 취급하고 있는 학문 분야 중에는 이러한 경쟁원칙이 적용되기 어렵지만 그 자체적으로 또는 국가적으로 중요한 분야가 다수 존재하고 있다. 일국의 전반적인 대학 경쟁력 제고 차원에서 정부는 이에 대한 지원체제를 모색할 필요가 있다. 구체적으로 비인기 학문, 기초과학, 재정 투입이 많은 학문 분야, 국가적으로 필요하나 시장수요가 극히 제한된 분야에 대한 체계적인 정부 지원이 필요하다. 정보통신기술(IT)이나 로봇기술(RT)의 발달은 수학, 물리학 등 기초학문의 발달 없이는 불가능한데 이러한 학문분야에 대한 일반 수요는 자체적으로 이 분야 연구를 유지해 나가기에는 부족한 것이 현실이다. 따라서 이 같은 기초학문 분야 지원을 위하여 정부는 일정 수준 이상의 예산을 확보할 필요가 있다.

이러한 맥락에서 국립대학과 사립대학의 역할 분담을 고려할 수 있다. 시장기제가 작동하는 분야는 사립대학이 담당하고, 시장실패(market failure)가 발생하는 기초학문 분야나 대규모 재정투자가 필요한 분야는 국립대학이 맡아 교육과 연구를 실시하는 것이 바람직하다. 그러나 이를 실현하는 데는 상당한 기간이 소요될 것으로 판단된다. 이는 우리의 대학들이 대부분 국립과 사립의 구분 없이 많은 학과들을 설치·운영하고 있기 때문이다. 기 설치·운영하고 있는 학과들의 조정은 학내 관련 학과의 합의 도출, 기존 교수들의 재교육·재배치 등을 고려하여 단계적으로 접근하는 것이 바람직하다고 판단된다.

2. 선순환적 평생교육체제의 정립

우리의 직업교육체제가 노동시장이 필요로 하는 양질의 인력을 양성하여 공급하는 기능을 제대로 수행하기 위해서는 직업교육 트랙을 선택하는 사람들이 자신의 경력을 생애에 걸쳐 지속적으로 성장시켜 나갈 수 있도록 교육체제가 구조화 되어야 한다. 실업계 고등학교 졸업 후 제조업체에서 3~5년간 근무한 후 대학 교육을 희망할 경우 대학에서 원하는 공부를 할 수 있도록 지원하는 제도가 필요하다. 즉, 고등학교 졸업 후 산업체에서 수년간 현장에서 경험한 후 대학에서 공부하고 다시 산업체에 복귀하여 근무하는 것이 가능한 제도적 환경을 구축할 필요가 있다.

이를 위해서는 우선 실업계 고등학교 졸업 후 산업 현장에서 근무하다가 대학에서 공부하고자 하는 근로자에게 대학 교육기회가 주어져야 하고 이들에 대한 학자금 지원을 제도화시킬 필요가 있다. 기업에서도 이러한 인력을 지원하고 다시 채용하는 체제를 확립할 필요가 있다. 이 같은 선순환적 평생교육체제의 정립은 현재의 직업 교육(job education)에 대한 부정적 인식을 해소하고 학생들이 지금 대학교육을 받지 않더라도 단계적으로 자신의 경력(career)을 개발할 수 있다는 목표를 가지고 직업교육을 선택할 수 있게 된다. 이는 대학교육에 대한 과도한 수요와 이로 인한 대졸 인력의 과잉 공급 문제, 그리고 노동시장에서의 숙련 불일치 문제를 해소하는 데에 기여하게 된다.

선순환적 평생교육체제의 정립은 재직 근로자의 평생 고용가능성(life-long employability) 제고에도 크게 기여할 수 있다. 산업체에서 필요로 하는 지식과 기술의 생명주기가 점차 단축되면서 재직 근로자나 실업자의 지속적인 직업능력개발의 필요성이 증대되고 있다. 고령화 및 조기퇴직에 따른 재교육과 훈련 문제를 해결하기 위한 새로운 평생교육체제가 요구되고 있다. 이를 위해 외국의 Community College 기능과 같이 전문대학이나 대학이 교육대상의 폭을 성인 근로자로 확대하여 이들의 지속적인 직업능력개발이나 평생교육 수요에 부응하는 양질의 프로그램을 개발하여 운영할 필요가 있다. 전문대학과 대학은 다양한 계층의 지역 주민들이 새로운 지식과 기술을 습득할 수 있는 재교육·훈련 센터 기능을 수행하여야 한다.

현실적으로 선순환적 평생교육체제를 정립하고 이를 지속적으로 운영하는 데는 상당한 규모의 예산 투자가 요구된다. 이 방안은 시장실패가 예상되는 정책분야로 중앙 및 지방정부의 재정투자가 수반될 필요가 있다. 특히, 기업체의 협조를 유도하기 위해서는 정부의 행·재정적 지원이 필요하다.

3. 교육시장 대외개방을 통한 교육 서비스 경쟁력 강화

교육을 하나의 서비스산업으로 볼 때 우리의 교육 서비스산업의 경쟁력은 세계시장에서 타 국가와 경쟁할 때 더욱 제고될 수 있다. 교육시장의 대외개방은 국내 교육기관(중등 및 고등)과 국내 진출 외국 교육기관 간의 경쟁뿐만 아니라 국내 교육기관 간의 경쟁을 유도하고 교육 서비스의 국제 기준을 제시하게 되어 국내 교육기관의 경쟁력 제고에 기여할 것으로 기대된다.

교육시장의 대외개방은 외국 교육기관의 설립·운영, 외국인 교사 채용, 외국 교육기관 학력 인정 등이 국내 교육기관 및 교육운영에 미치는 영향을 고려하여 단계적으로 접근할 필요가 있다. 즉, 제한된 지역에서 제한된 범위로 시범 운영하면서 국내 적용 방안을 모색하는 것이 바람직하다.

교육시장의 대외개방은 우선 경제자유구역이나 교육특구 등 제한된 지역을 대상으로 시도할 수 있다. 즉, 이들 지역에 외국 교육기관의 설립·운영을 허용하고 내국인이 입학할 수 있도록 하는 방안을 고려할 수 있다. 이 단계의 외국 교육기관 설립은 비영리법인 학교에 국한하고 국내 진출 교육기관의 질적 수준도 국가가 일정한 기준에 의거하여 제한할 필요가 있다. 이 경우 외국 교육기관에서 수학한 학생의 학력은 국내 학력과 동등하게 인정해야 한다. 중장기적으로는 국내 대학설립 규제완화(영리법인 학교 설립 허용)와 연계하여 영리법인 외국 학교의 설립을 허용하는 방안을 검토할 필요가 있다.

상기한 교육 서비스시장의 개방은 국내 교육기관의 체질 개선을 통한 경쟁력 강화 및 양질의 인력 양성·공급, 그리고 국내 진출 외국 교육기관에서의 수학을 통한 교육수지 적자 완화 등에 크게 기여할 것으로 판단된다.

4. 교육지배구조의 개선

학생의 학교 선택권 및 학교의 학생 선발권 확대, 교원의 전문성 제고 등의 정책 추진이 교육기관, 교사, 그리고 학생의 특성에 맞게 보다 정교하게 이루어지기 위해서는 이 같은 정책추진의 실질적 권한과 책임이 하위기관으로 위임·이양될 필요가 있다.

시·도 단위에서의 교육행정과 일반행정 간의 연계 강화를 통하여 지역 초·중등 교육에 대한 지방자치단체의 책무성을 제고할 수 있다. 현재는 교육행정과 일반행정 간의 연계 미흡으로 행·재정적인 손실이 다수 발생하고 있다. 양자 간의 긴밀한 연계는 불필요한 행정적 낭비를 방지하고 지역 교육투자의 시너지 효과를 제고시키는데 크게 기여할 것으로 판단된다. 이러한 양자 간의 연계는 각 시·도별 특성에 따라 여러 가지 형태로 시도될 수 있다.

제4절 실행계획

1. 정부와 시장의 역할분담

정부는 우리의 교육체제가 교육 수요자의 합리적인 선택에 의해 변화될 수 있도록, 즉 교육시장기제가 작동할 수 있도록 필요한 여건을 조성하는데 정책의 우선순위를 둘 필요가 있다. 예를 들면, 교육 및 노동시장 정보 인프라 구축·운영, 지방대학 혁신역량강화·대학정보공시제 도입 등을 추진할 필요가 있다. 또한, 기초·비인기 학문 분야 육성, 저소득층 자녀의 교육기회 보장과 같이 시장실패 부문에 대해서는 적극적으로 대응할 필요가 있다.

2. 중점 추진과제(2006년)

대학교육의 노동시장 수요 대응력 및 질적 수준 제고를 위한 정책과제 중 대학정보공시제 도입, 업종별·직종별·교육훈련유형별 인력수급 전망 시스템 구축·운영, 대학 구조조정 사업 보완 등은 2006년에 실시하게 된다. 대학 특성화 정책사업 통합회계 정보체제 구축·운영, 국립대학과 사립대학간 역할 분담, 평생교육 촉진을 위한 기업 지원책 강구 및 학자금 지원제도 운영, 교육행정권한의 하위기관으로의 위임·이양 등은 2006년에 기획하여 2007년부터 시범운영 또는 본격적으로 실시할 예정이다.

3. 중장기 추진과제

시·도에서의 교육행정과 일반행정 간의 연계 강화, 교육특구 영리법인 학교 허용 등은 제도 도입의 파급효과를 고려하여 사전준비를 거쳐 중장기 과제로 추진할 필요가 있다.

제21장

차세대 성장동력의 확보

제1절 개 관

산업차원에서 차세대의 성장동력 확보 문제가 최근 들어 부상하고 있는 것은 외환위기(foreign exchange crisis) 이후 진행되고 있는 세계화(globalization), 기술혁신(technological innovation) 등 경제환경의 급격한 변화가 산업차원과 기업수준의 신속한 적응을 요구하고 있는 데에 기인하고 있다. 현재는 자동차, 조선, 반도체 등 주력 제조업이 우리 경제의 성장을 리드하고 있으나 급속한 대외 여건의 변화 속에서 이에 안주할 수는 없다. 따라서 10년 후 한국경제를 이끌고 나갈 주력산업이 무엇인지에 대한 고려가 그 어느 때보다 중요한 시점이라고 할 수 있다.

우선 대외 경제상황을 고려할 때 2~3년 사이 중국경제의 고도성장과 2001년말 세계무역기구(WTO) 가입 이후 세계경제 편입이 가속화되면서 우리의 주력 수출시장인 선진국에서 중국의 시장잠식이 본격적으로 진행되고 있다. 한편, 이전에 국내 고용의 상당부분을 담당하던 가전, 섬유, 컴퓨터 등 노동집약적 산업(labor-intensive industry)의 해외투자를 통한 생산기반 해외이전이 확대되면서 국내 제조업의 공동화에 대한 우려가 제기되는 가운데 조립·완성재 산업의 경우에도 기술집약적 산업(technology-intensive industry)의 투자가 확대되면서 과거 산업화시대 제조업의 고용창출력이 크게 감소하고 소위 선진국형 '고용없는 성장(jobless growth)'이 우리에게도 현실화되고 있다.

이 같은 산업여건의 변화 및 국내 제조업 중심의 성장전략의 한계와 최근 심화되고 있는 우리 경제의 양극화 및 글로벌시장(global market)에서의 경쟁심화 등을 고려할 때 다음 세대로 이어지는 우리 경제의 성장 모멘텀(growth momentum) 확보를 위한 새로운 성장동력의 발굴과 육성이 그 어느 때보다 긴요한 과제로 부상하고 있다. 산업차원의 차세대 성장동력으로는 3가지(① 신기술산업, ② 부품소재산업, ③ 서비스산업 중에서도 지식서비스산업)가 핵심과제라고 할 수 있다.

1. 신기술산업

신기술산업은 기존의 주력산업이 가지고 있는 성장의 한계를 극복할 수 있는 기회를 제공하고 지속적으로 신규시장을 창출한다는 점에서 차세대에 있어 한국경제를 주도해 나갈 성장동력으로서의 역할을 담당할 것으로 판단된다. 또한, 이러한 신기술산업은 단독으로 우리 경제의 성장성을 확대시키는 동시에 기존 주력산업과의 융합을 통하여 기존 주력산업이 성장할 수 있는 새로운 영역을 지속적으로 확대시켜 나갈 수 있을 것으로 전망된다. 특히, 이 같은 신기술산업은 정보통신기술(IT), 생명공학기술(BT), 나노기술(NT) 등 신기술을 기반으로 형성된 산업으로 주력산업과 달리 기술력의 확보와 이의 상업화가 성장의 요체가 된다. 따라서 이러한 신기술산업을 육성하기 위하여 정부가 사용할 수 있는 가장 중요한 정책 수단은 신기술 및 제품개발을 위한 연구·개발(R&D)에 대한 정책적 지원이라고 할 수 있다. 이는 신기술산업의 기술개발의 불확실성과 위험도(uncertainty and risk of technological development)가 기존 주력산업에 비해 매우 크고 신기술산업에 대한 민간 투자의 진입장벽(entry barrier)을 낮추기 위해서도 공공부문의 역할이 매우 중요하기 때문이다.

2. 부품소재산업

21세기는 특정산업의 경쟁력뿐만 아니라 해당 산업과 관련된 부품소재의 생산, 조립, 판매 등 모든 관련업체가 종합적으로 경쟁하는 시스템 경쟁시대(systematic competitive era)라고 할 수 있다. 따라서 우리 산업의 시스템 중 가장 취약부문인 부품·소재부문의 육성은 21세기 산업경쟁력 강화(intensification of industrial competitiveness)의 핵심이자 차세대 성장동력의 주요 후보산업이라고 할 수 있다.

3. 서비스산업

우리의 서비스산업은 사업체 수, 매출액, 고용 등 여러 측면에서 구조적인 변화의 과정에 있다. 최근 급속히 성장하고 있는 사업지원 서비스, 문화오락 관련서비스, 정보통신서비스 등은 기존의 주력산업을 지원하거나 수출을 통해서 시장을 창출할 수 있는 가능성이 큰 신성장 동력분야로 평가할 수 있다. 이들 분야에 대한 지원제도의 정비와 체계적인 관리를 위한 정책대안을 마련하는 것이 시급한 실정이다. 특히, 서비스산업에 대한 포괄적인 지원을 통한 성장촉진대책보다는 종합적인 육성대책과 병행하여 고부가가치, 타 산업에 대한 파급효과가 큰 분야를 선별하여 집중적으로 육성하는 전략이 효과가 클 것으로 판단된다.

제2절 비전의 제시

1. 제조업 발전방향

주요 선진국의 1960년대 이후 경제발전과정(economic development process)에서 제조업은 경제가 고도화될수록 생산과 고용측면에서 제조업의 비중이 점차 하락하는 탈(脫) 제조업화의 발전경로를 보이고 있다. 미국, 영국, 프랑스 등 선진국과는 달리 전후 산업화(industrialization)를 시작한 한국의 경우에는 1960~1990년 기간 중 제조업의 생산과 고용비중이 우상향하는 발전경로를 보였으나 1990년을 기점으로 선진국과 마찬가지로 제조업의 생산과 고용비중이 점진적으로 감소하는 탈 제조업화의 양상을 나타내고 있다.

그러나 현재 우리는 미국, 일본 등의 선진국에 비해 제조업의 생산비중이 상대적으로 클 뿐만 아니라 생산비중에 비해 고용비중이 매우 작은 특징을 보이고 있다. 더욱이 최근에는 생산비중은 25%를 초과하면서도 고용은 20%대를 유지함으로써 여타 선진국에 비해 상대적으로 적은 고용으로 더욱 많은 부가가치(value added)를 생산하고 있는 것으로 분석되고 있다. 이 같이 우리의 제조업이 여타 신진국과는 다른 발전 경로를 보이는 것은 1990년 이후 반도체, 통신기기 등 IT 산업중심의 산업구조 고도화와 자동차, 조선, 일반기계, 철강, 화학 등 주력 제조업 분야에서 노동절약적인 기술채택과 설비투자를 통한 산업구조 고도화를 추진해왔기 때문으로 분석된다. 이러한 우리 제조업의 최근까지의 발전 경로와 우리보다 앞서 선진경제(advanced economy)로 진입한 미국, 일본 등 선진국의 제조업의 발전경로를 고려할 때 향후 우리 제조업의 발전방향이 시사하는 바는 다음 2가지로 집약된다.

1.1 지속가능한 성장의 어려움과 실업증대

현 시점에서 제조업의 생산 기반 약화로 인해 생산과 고용측면에서 제조업의 비중이 크게 감소할 경우 한국경제의 지속성장(sustainable growth)이 어려울 뿐만 아니라 대량실업이 초래될 수 있다.

1.2 제조업의 생산비중 확대 및 생산성 제고

한국경제의 지속성장을 위해서는 더 이상의 고용비중의 하락없이 제조업의 생산비중을 최소한 현재의 수준을 유지하거나 신기술의 적용, 또는 신산업의 창출로 한 단계 업그레이드(upgrade)를 통해 생산비중을 증대시키는 동시에 글로벌 시장에서의 경쟁우위(competitive advantage in global market)를 유지하기 위한 생산성(productivity) 제고가 절대적으로 필요하다. 이를 위해서는 IT, BT, NT 등 소위 첨단신기술의 개발과 이들 개발된 기술의 조기 상업화를 통한 차세대 성장동력 산업의 육성발전이 필수적이라 할 수 있다. 또한 조선, 자동차, 철강, 반도체, 통신기기 등과 같이 글로벌 시장에서 1~5위 생산능력과 경쟁력을 갖춘 전통 주력산업의 제품차별화(product differentiation)와 프리미엄 시장진출, 중국 등 후발개도국의 가격경쟁력(price competitiveness)에 기초한 시장잠식을 저지하기 위한 고도의 기능과 경쟁력을 가진 부품소재의 개발과 육성이 필요하다.

2. 서비스업 발전방향

1990년대 이후 제조업의 주도적인 역할이 상당히 약화되면서 서비스산업의 역할이 상대적으로 증대되고 있다. 이에 따라 국내총생산(GDP)과 고용에서 차지하는 서비스산업의 비중도 지속적으로 커지고 있다. 명목 GDP에서 차지하는 서비스산업의 비중은 1970년 43.5%에서 1979년 40.6%까지 하락하였으나 이후 지속적으로 상승하여 2003년에는 57.3%를 기록하였다. 우리의 경우 서비스산업이 생산과 고용에서 차지하는 비중은 선진국과 마찬가지로 우상향하는 발전경로(GDP 비중이 증대되면서 고용이 증대되는 경로)를 보이고 있다. 이러한 서비스산업의 생산과 고용면에서 차지하는 비중변화는 향후 고용창출과 제조업에서의 생산성 제고에 따라 유휴화되는 인력의 흡수측면에서 서비스산업의 역할이 지대하다는 것을 시사한다고 할 수 있다. 우리의 서비스산업의 현황을 살펴보면 다수의 측면에서 향후 발전가능성과 역할이 크다는 것을 알 수 있다. 우선 우리의 서비스산업의 생산과 고용비중을 중심으로 주요 국가의 서비스산업과 비교해 볼 때 현재 우리의 서비스산업의 비중이 대부분 선진국의 생산과 고용비중에 비해 아직은 낮은 수준이라는 것을 파악할 수 있다.

즉 미국, 영국 등 일부 국가에서는 서비스산업이 생산과 고용에서 차지하는 비중이 70%를 상회하고 있으나 우리의 경우에는 60% 미만으로 우리 경제의 서비스화가 이들 선진국에 비해서는 상당히 낮은 수준을 보이고 있다. 그러나 향후 우리 경제가 발전해 가면서 여타 선진국과 마찬가지로 서비스산업은 생산과 고용측면에서 그 비중이 점차 커지게 되어 향후 생산과 고용 창출능력의 가능성이 크다고 할 수 있다. 다만 현재 우리의 경우 서비스산업의 생산성이 이들 선진국에 비해 크게 낮다는 것이 문제로 지적된다. 우리의 서비스산업분야의 과제는 단순한 고용창출뿐만 아니라 주어진 자원으로 더욱 많은 부가가치(value added)를 생산할 수 있는 생산성 제고가 무엇보다도 시급하다고 할 수 있다. 따라서 향후 우리 경제의 발전에 있어 서비스산업의 역할은 고생산성·고임금의 일자리를 제공하는 동시에 주어진 자원으로 보다 많은 부가가치를 창출하는 서비스를 제공하는 것이라고 할 수 있다. 따라서 이러한 고부가가치의 생산과 일자리 창출을 담당할 수 있는 전략적 서비스산업의 발굴과 육성이 필요하다.

3. 10년 후 한국산업의 발전 비전

3.1 신기술산업군

10년 후 한국의 신기술 산업의 비전은 선택과 집중(selection and concentration)을 통하여 특정 분야에서 글로벌 기술 리더십(global technological leadership)을 확보함으로써 선진국의 추격자(follower)가 아닌 선도주자(front-runner)로서 글로벌 시장을 선점하는 데 있어 주도적인 역할을 할 것으로 기대된다. 또한, 이러한 신기술산업은 주력 제조업분야를 혁신하는 원동력으로서 주력 제조업의 고부가가치화에 결정적으로 기여할 것으로 보인다. 향후 신기술산업과 차세대 성장동력 분야에 대한 전략적인 연구·개발(R&D) 투자와 산업발전 기반조성을 통해 현재 선진국 대비 50~60%에 불과한 신기술산업과 차세대 성장동력산업의 기술수준을 80~90%로 제고시키는 데 있어 결정적인 역할을 수행해야 한다.

특히, 차세대 성장동력 기술 및 제품 개발과 상업화가 계획대로 이루어진다면 이들 분야의 독자적 글로벌 경쟁력(global competitiveness) 확보가 가능해질 뿐만 아니라 이들 제품과 관련된 기존 주력제품의 경쟁력 또한 크게 제고될 것으로 전망된다.

3.2 부품소재산업군

중국, 인도 등 인구대국들의 급속한 경제발전으로 이들 지역이 최종재(final

goods)의 최대 수요국으로 부상하고 있다. 이로 인해 세계 주요 업체들이 이들 지역 최종재 제품의 생산기지화가 되는 동시에 세계의 공장(global factory)이 되고 있다. 특히 의류, 가전 등 비교적 표준화된 생산공정을 저임금노동에 의존할 수 있는 산업들은 생산여건이 양호한 중국, 인도뿐만 아니라 동남아시아, 중남미, 동유럽 등으로 생산기지를 이동하고 있다. 이 같은 현상은 자동차, 기계 등 고숙련 기능이나 기술 및 높은 신뢰성이 요구되는 산업에까지 확산되고 있다.

따라서 최근 이러한 국제분업(international division of labor) 구조의 변화와 새롭게 등장하는 중국과 인도의 세계 공급기지화가 야기시키고 있는 부품소재의 특수효과를 최대한 활용하기 위해서는 결국 우리의 산업구조도 부품·소재산업 중심으로 재편되고 부품·소재 중에서도 고품질·고급제품이나 첨단기술제품 위주의 생산과 연구·개발 및 마케팅기능이 강화되는 형태로 발전할 필요가 있다. 특히, 국내 시장의 한계로 인해 한국 부품·소재산업의 발전은 기존 완제품산업의 발전패턴과 마찬가지로 '핵심부품·소재의 세계적 공급기지'를 추구해야 한다.

우리의 주력산업 생산원가에서 부품·소재의 비중이 최소한 60% 이상을 차지하고 있어서 부품·소재가 최종조립재의 가격 및 품질경쟁력(quality competitiveness) 확보에 가장 중요한 역할을 수행한다고 할 수 있다. 현재 부품·소재산업이 조립산업에 비해 수입의존도가 높고, 수출비중이 낮아 향후 수입대체(import substitution) 및 수출확대를 통해 높은 성장이 가능할 것으로 판단된다.

한편 IT, BT, NT 등 신기술은 부품·소재와 밀접한 관련을 가지고 있다. 전자정보기술의 발달로 전자부품업 내에서 단일칩·다기능 첨단부품이나 각종 첨단 디스플레이(display) 등 첨단전자부품이 부상하게 되고 기계, 자동차 등의 부품분야에서 전자정보기술이 접목된 신개념 제품들이 적극적으로 출시될 것으로 전망된다.

(1) NT

NT는 첨단신소재 개발을 촉진하고, 이를 통해 부품의 경량화가 더욱 확산될 것으로 보인다. 또한, 환경문제와 관련하여 각종 부품의 경량화는 중요한 핵심과제가 되고 있다.

(2) BT

BT도 자체적으로 새로운 소재의 개발이나 IT나 NT와 복합되어 신소재나 새로운 부품의 개발에 영향을 미치게 된다. 환경 및 에너지기술은 부품산업에 간접적으로 영향을 미치게 되며 환경친화적이고 새로운 에너지를 사용하는 기계나 기술은 이전과는 전혀 다른 부품·소재의 개발을 필요로 하게 된다.

(3) IT

향후 IT의 지속적 발전으로 새로운 전자부품의 개발뿐만 아니라 이를 자동차 및 기계부품 등에 적용하는 부품의 전자화가 확산될 것으로 보인다.

(4) 기능융합

IT와 BT가 융합하여 새로운 부품이 개발되고 BT와 NT는 독자적으로, 혹은 기술융합을 통해 신소재 개발이 이루어지게 되며 이러한 신소재를 통해 부품의 경량화 및 신기능화가 촉진될 것으로 보인다.

3.3 지식서비스산업군

서비스산업은 2000~2003년 기간 중 사업체 수 5.2%, 매출 23.4%(경상가격 기준), 고용이 11.9% 증가하고 있으나 업종별로 보면 구조적인 변화의 과정에 있다. 서비스산업의 부가가치 실질성장률을 보면 외환위기 직후인 1998년을 제외하면 1990년대 후반 5~7%이 비교적 높은 성장률을 기록하였다. 서비스업종별 비중을 살펴보면 금융 및 보험과 부동산이 각각 9.1%와 7.5%로 가장 크고 도·소매업이 6.9%로 그 뒤를 잇고 있다. 제조업 활동과 밀접한 관련이 있는 사업서비스의 비중은 5.2%를 기록하였다.

경제의 서비스화가 경제구조의 고도화에 중요하나 질적인 성장이 수반되지 않은 채 서비스의 비중이 증가한다고 해서 경제구조의 고도화를 달성할 수 있는 것은 아니다. 따라서 신성장동력으로서의 발전을 이루기 위한 서비스산업의 발전 비전은 '서비스산업과 함께 성장하는 국민경제' 또는 '국민경제의 성장과 고용을 견인하는 서비스산업'이 되어야 한다. 동시에 이러한 장기적인 목표의 달성과 함께 고부가가치의 서비스를 제공하면서도 고임금의 지식집약적 일자리 창출의 역할을 담당할 수 있어야 한다. 이러한 지식서비스산업의 발전은 제조업의 서비스화에 부응한 서비스 산업 업그레이드(upgrade)의 의미를 내포하고 있다. 따라서 이러한 지식서비스산업의 발전은 자동차, 조선, 통신기기 등 기존의 주력산업들이 글로벌 시장에서 경쟁력을 갖도록 하는 데 크게 기여할 수 있다.

최근 급속히 성장하고 있는 사업지원 서비스, 문화오락 관련 서비스, 정보통신서비스 등은 기존의 주력산업을 지원하거나 수출을 통해서 시장을 창출할 수 있는 가능성이 높은 신성장동력 분야라고 할 수 있다. 차세대 성장동력으로서의 서비스산업 발전을 위해서 선별되어야 할 업종은 다른 분야의 산업, 나아가 국민경제에 활력을 발생시키고 차세대 고용창출을 주도해 나갈 수 있는 분야라고 할 수 있다.

이에 적합한 업종으로서 다음 3가지를 지적할 수 있다.

(1) 사업지원서비스업

이는 다른 사업부문을 지원하는 서비스로서 연구·개발업, 컨설팅, 디자인, 광고, 마케팅, 홍보 등과 같은 업종과 물류와 같은 산업인프라의 기능을 하는 업종의 발전이 필요하다.

(2) 국민들의 삶의 질(quality of life)을 제고시킬 수 있는 분야

여기에는 문화 및 오락 관련 서비스업, 보건복지, 교육 서비스업 등이 포함된다.

(3) 수출가능 서비스업

수출가능 서비스의 경우 기본적으로 비교역재(non-traded goods)의 성격이 강하나 경제의 글로벌화(economic globalization) 진전과 인터넷, 위성방송 등을 통하여 이미 정보의 장벽(informational barrier)이 무너지고 관련 인력의 이동이 자유로워지고 있기 때문에 경쟁력이 있는 특정 부문에서는 수출이 활발해지고 있다.

수출가능 서비스 분야에는 컴퓨터관련 서비스, 컨텐츠, 문화서비스 등 정보재(informational goods) 또는 정보재와 연관된 서비스 등이 포함된다. 전체 산업과 경제를 활성화시킬 수 있는 이들 서비스 분야는 그 동안 지식서비스산업으로 지칭되던 분야들과 대부분 유사하다.

제3절 현황과 평가

1. 신기술산업

우리의 신기술수준은 세계 최고수준에 비해 크게 낮은 것으로 평가된다. 정보기술(IT)은 세계 최고수준의 80%를 상회하는 것으로 평가되고 있으나 생명공학기술(BT)과 나노기술(NT)의 현 수준은 세계 최고수준의 60% 정도인 것으로 평가되고 있다. 많은 부가가치를 창출할 것으로 보이는 신기술간 융합기술수준도 선진국 대비 50~60%대로 평가되고 있다.

〈표 21-1〉 국내 신기술 및 융합신기술 수준(세계수준=100)

(단위 : %)

	IT	NT	BT	INT	IBT	NBT	INBT
현재	83.9	58.1	61.9	63.1	55.0	52.6	48.7
2010	89.2	74.5	75.7	75.7	73.2	70.4	65.0

자료 : 산업연구원 실태조사(2004)

정부가 추진 중인 차세대 성장동력 10대 분야는 시장 및 기술의 성숙도와 국내 보유 경쟁력 수준 등에 따라 3개 군으로 분류될 수 있다.

① 저준위 정책지원 분야

국내의 기술경쟁력이 높고 초기 시장도 이미 형성되어 있는 디지털 TV/방송, 디스플레이, 차세대 반도체, 차세대 이동통신, 지능형 홈네트워크 분야는 시장의 자율경쟁을 촉진하기 위한 '저준위 정책지원'이 필요한 군으로 분류된다.

② 중준위 정책지원 분야

디지털 컨텐츠(digital contents)와 SW 솔루션, 미래형자동차, 자동형 로봇, 차세대 전지 분야는 시장 창출 잠재력이 큼에도 불구하고 국내 경쟁력이 낮아 일정 수준 이상의 정책지원과 산학연관간 긴밀한 협력이 필요한 '중준위 정책지원' 분야로 분류할 수 있다.

③ 고준위 정책지원 분야

바이오신약장기 분야는 시장 성숙도도 매우 낮고 국내 경쟁력도 미약하여 정부의 적극적인 정책지원이 요구되는 '고준위 정책지원' 필요 분야이다.

선진국 대비 국내의 기술경쟁력(technological competitiveness)을 정책지원 수준을 기준으로 분류된 3개 군 별로 살펴보면 I군의 경우 2005년 기준 80~90%로 세계시장 선점 가능성을 보유하고 있다고 평가되고 있으며 2012년 95% 수준까지 경쟁력을 제고시키는 것을 목표로 하고 있다. II군과 III군은 2005년 기준 선진국 대비 60~70% 수준 경쟁력을 보유하고 있는 것으로 평가되고 있으며 2012년까지 80~90% 수준까지 제고시키는 것이 세부 사업단별 목표로 제시되고 있다.

차세대성장 동력사업은 향후 5~10년 후 한국경제의 성장을 주도할 수 있는 기술과 제품을 선정하여 전략적 연구·개발 투자(strategic R&D investment)와 지원, 개발된 기술과 제품의 조기 상용화 및 산업화(수출산업화 포함)를 목적으로 추진되고 있다. 신기술산업은 기술개발의 불확실성과 위험도가 기존 주력산업에 비해 매우 클 뿐만 아니라 민간투자의 진입장벽을 낮추기 위해서도 공공부문의 역할이 매우 중요하다. 이에 따라 정부는 차세대성장 동력사업을 추진함에 있어 연구·개발 사업을 중심으로 하되 이를 지원할 수 있는 중장기 산업발전 인프라의 구축에도 주력하고 있다. 연구·개발 사업의 경우 사업단을 중심으로 출연연구소와 민간기업, 대학에 R&D 자금을 지원하고 있다. 또한, R&D 성과의 조기 사업화를 촉진하기 위해 인력양성, 제도개혁, 초기 시장형성 등 차세대 성장동력을 위한 중장기 산업발전 인프라 구축을 추진하고 있다.

특히, 정부와 민간부문의 역할 분담을 통한 협력체계 구축이 추진되고 있다. 예를 들면, 민간기업이 10대 성장동력 분야의 핵심기술의 실용화와 초기시장 선점에 집중적인 투자를 담당하고 정부는 기초·원천기술개발, 초기 시장창출, 투자효율성(investment efficiency) 제고를 위한 제도개선, 규제완화(deregulation), 인력양성 등 간접적인 지원 중심의 정책을 추진한다는 전략을 수립하고 있다. 이에 따라 정부 R&D 지원사업추진의 결과로 개발된 기술과 제품의 사업화 지원과 이들 기술과

제품개발에 있어 필수적인 R&D인력 및 산업화 과정에 필요한 고기능 인력의 공급체계 확보에 역점을 두고 각종 시책을 추진하고 있다. 현재 상기한 추진전략이 비교적 순조롭게 진행되고 있으나 R&D과제 선정단계에서 기술성이 중심이 되면서 경제성평가가 다소 미흡한 측면이 있고 국가주도 분야와 민간주도 분야간 R&D사업의 전략성이 부족한 점 등이 문제로 지적되고 있다.

2. 부품 · 소재산업

현재 정부의 부품 · 소재산업 육성과 차세대 성장동력화 관련 정책은 '부품 · 소재 전문기업 등의 육성에 관한 특별조치법'을 근거로 '부품 · 소재발전 기본계획'에 의해 추진되고 있다(이러한 특별법은 2011년까지 시행되는 한시법으로 2002~2005년 1단계 사업으로 발전기반 구축을 목표로 하고 있음). 기본계획에서는 '핵심 부품 · 소재의 세계적 공급기지화'를 부품 · 소재 산업의 발전비전으로 설정하고 있다. 이러한 발전비전을 달성하기 위한 정책목표로서 전문 부품 · 소재기업 육성, 독자 기술기반 구축, 세계적 조달네트워크 참여 등을 제시하고 있다.

정부는 조세특례제한법, 법인세법 등의 세제지원과 '부품 · 소재 전문투자조합'의 결성을 통해 부품 · 소재업체의 전문화 및 대형화를 촉진하는 한편 대규모 기업집단에 속하는 기업이라도 자기계열회사에 대한 매출액이 50%를 초과하지 않는 부품 · 소재기업인 경우 전문부품 · 소재기업으로 인정하고 있다. 정부의 기술관련 지원사업은 크게 2가지(① 기술개발지원, ② 현장애로기술지원)로 분류할 수 있다. 기술개발지원은 핵심 부품 · 소재의 원천기술을 개발하기 위해 중점분야에 집중적으로 지원하고 시장 친화적 개발을 유도하기 위해 민간의 투자를 활용하는 방식으로 추진되고 있다.

한편, 부품 · 소재의 세계적 조달네트워크 참여를 위한 정책의 일환으로 신뢰성(credibility) 확보에 중점을 두고 있다. 이를 위해 신뢰성평가기준 제 · 개정 및 분석연구기반 구축, 신뢰성 평가 및 인증사업 실시, 신뢰성 보험제도 도입, 중소기업 신뢰성향상지원사업, 신뢰성 기초분석 연구 및 전문인력 양성사업 등을 추진하고 있다. 한편, 부품 · 소재에 특화된 수출지원정책보다는 KOTRA나 지방정부에서 일반적인 해외시장 개척을 위한 인력 및 정보지원, 해외전시회 참가 및 국내외 전시회 개최 지원 등을 실시하고 있다. 또한, 부품·소재 수출 Leading Company를 선정하여 업종별 대표기업으로서 부품·소재 수출의 모델로 활용하고 있다.

기업들의 노력과 정부의 정책적 지원에 힘입어 부품·소재의 신제품개발 및 생산기술은 정책시행 초기인 2001년에 각각 선진국의 66.4%, 77.8%에 불과했으나 2005년 기준 84.3%, 87.7%로 상승했으며 2010년에는 93.9%, 96.8%까지 제고될 것으로 전망된다. 품질수준도 2001년의 85%에서 2005년 기준 89.7%까지 상승했으며 2010년까지 96.5%까지 제고될 것으로 전망된다.

이 같은 기술 및 품질수준의 획기적인 개선으로 인해 2003년 이후부터는 부품소재의 수출증가율이 수입증가율을 크게 상회하는 양상을 보이고 있다.

〈표 21-2〉 부품·소재의 선진국 대비 수준 변화 추이

(단위 : %)

	초기(2001)	실적(2005)	예상(2010)
신제품개발기술	66.4	84.3	93.9
생 산 기 술	77.8	87.7	96.8
품 질 수 준	85.0	89.7	96.5

자료 : 산업연구원, 부품·소재발전기본계획 수립을 위한 연구(2001. 8), 한일 FTA가 부품·소재산업에 미치는 영향과 대책(2005. 6)

지난 10년간 이미 부품·소재의 수출증가율이 전산업의 수출증가율을 상회하고 있고 무역특화지수도 대폭 개선되는 추세를 보이고 있다. 이에 따라 부품·소재산업은 향후 한국경제의 성장을 주도할 뿐만 아니라 기존 조립산업과는 달리 생산 및 연구·개발(R&D), 경영, 마케팅 등에서 다수의 인력을 요구하므로 실업문제 해결에도 기여하게 될 것으로 전망된다.

〈표 21-3〉 부품·소재산업의 무역 및 경쟁력 변화추이

(단위 : 백만 달러, %)

	1994			2004			연평균증가율 (1997~2004)	
	수출	수입	특화지수	수출	수입	특화지수	수출	수입
전 산 업	96,013	102,348	-0.032	253,845	224,463	0.061	10.2	8.2
부품소재	29,034	33,968	-0.078	107,871	92,664	0.076	14.0	10.6

자료 : 기계공업진흥회, 무역협회 등의 무역통계

그러나 상기한 부품·소재산업의 경쟁력수준 제고와 수출확대 등은 기존 범용부품·소재에 한정되고 있고 핵심 첨단부품·소재는 여전히 선진기업들과의 경쟁력에서 밀리고 있다. 따라서 핵심 첨단부품·소재의 개발 및 경쟁력 제고는 아직 중점과제로 남아 있다. 향후 급속한 기술의 발전 및 융합화, 부품의 모듈화·시스템화 하에서 요구되는 국내 부품·소재기업의 대형화 유도정책 등이 추진될 필요가 있다.

3. 지식서비스산업

정부의 서비스산업육성 추진정책은 '서비스산업 경쟁력 강화 추진방안' 마련을 위한 관계부처 합동회의(2005. 3)를 기점으로 더욱 강화되고 있다.

지식서비스 부문의 성장동력 확보를 위한 육성정책도 비교적 광범위하게 추진되고 있다. 이는 정책적 지원과 성과가 비교적 양호하게 모니터링(monitoring)되고 있는 분야로서 컴퓨터 관련 서비스업, 온라인 게임, 모바일 게임(mobile game) 등은 이미 수출산업화되고 있다. 영화산업은 국내 시장 점유율 50%대를 유지하면서 높은 경쟁력을 기반으로 수출산업으로 성장하고 있다. 1990년대 초반까지만 해도 영화산업의 무역특화지수는 완전수입특화에 가까웠으나 2004년에 들어서는 수출입이 거의 균형상태에 이르고 있다. 향후 성장여하에 따라서는 수출특화산업으로 부상할 수도 있을 것으로 전망된다.

소프트웨어 및 컴퓨터관련 서비스업의 경우 전형적인 수출가능 서비스산업이자 지식기반산업(knowledge-based industry)으로 인식되고 있다. 전체 수출 금액면에

서는 2004년 기준으로 패키지소프트웨어(package software) 부문의 수출이 5억 1,500만 달러로 가장 많다. 이어서 컴퓨터 관련서비스업의 수출이 2억 3,800만 달러, 디지털 컨텐츠 부문이 1억 6,500만 달러를 나타내고 있다. 패키지소프트웨어부문은 지금까지 연간 무역수지 적자규모가 연간 3~4억 달러에 이르고 있으나 디지털컨텐츠와 컴퓨터관련 서비스업은 수출을 통해서 시장을 창출하는 산업분야로 성장하고 있다.

서비스산업 활성화를 위한 대책이 관계부처 합동으로 진행되고 있음에도 불구하고 소관부처가 업종별로 분산되어 있어 준비와 관심부족, 핵심사항에 대한 이견 등의 문제점이 여전히 남아있는 상태이다. 교육 및 의료기관의 영리법인화 허용, 법인약국 허용, 외국계 법률회사의 합작규제 완화 등에 대한 교육계, 의료계, 법조계 등 관련자들의 이해조정이 더 필요할 것으로 판단된다.

또한, 정부의 포괄적인 서비스산업 경쟁력 강화 대책에도 불구하고 지식기반산업으로 분류되고 있는 사업서비스업(디자인, 과학기술 전문 연구개발업, 컨설팅 등)과 삶의 질(quality of life) 향상에 기여하는 교육, 의료 등의 분야는 성장동력 산업화가 현저하게 나타나지 않고 있다. 특히, 사업서비스업의 경우 수요기업의 투자가 활성화됨으로써 동반성장할 수 있는 성격이 강하다고 할 수 있다. 이러한 점에서 공급측면의 자극을 통한 산업활성화에는 한계가 있다고 볼 수 있다.

제4절 전략

차세대 성장동력을 확보하기 위한 전략은 다음 3가지 측면에서 살펴볼 수 있다.

1. 차세대 정부 R&D 사업의 전략성 강화

1.1 R&D 사업추진의 전략성 제고

R&D 사업추진의 전략성 제고는 다음 3가지 측면을 고려할 필요가 있다.

(1) 차세대 성장동력 R&D 지원과제 선정과 연구비 지원에 있어 정부와 민간의 주도적 역할 분담과 전략성 제고

민간과 정부의 역할 분담에 대한 기준을 명확히 하여 정부 R&D 지원이 민간투자를 구축(crowding-out)하지 않도록 한다. 즉, 민간이 자발적으로 연구·개발(R&D)과 혁신(innovation)을 수행할 수 있는 분야에서 정부가 지원함으로써 발생하는 연구·개발 투자의 비효율성이 발생하지 않도록 할 필요가 있다.

(2) 현재 진행되고 있는 과제들에 대한 연동계획을 철저히 수립하여 변화하는 기술 및 산업환경에 적극적으로 대응함

이때 제조업의 서비스화, 고령화 등 최근 산업여건 및 기술변화 추이, 경쟁대상국의 기술전략 등을 충분히 고려할 필요가 있다. 또한, 관련 기술이 적용되는 제품의 개발 및 사업화, 조기 수출화로 인한 핵심 부품 및 소재의 수입유발 효과, 대·중소기업 간의 하도급 구조의 변화 등도 충분히 고려해야 한다.

(3) 동 사업의 전략성을 제고하는 차원에서 10대 차세대 성장동력 분야별 R&D 지원 예산사업 중에서도 외국과의 경쟁가능성을 고려하여 선점할 필요성이 있는 분야를 중심으로 상대적인 우선순위를 부여하여 선택과 집중할 분야를 선정할 필요가 있음

전략적으로 중점 추진할 필요가 있는 원천기술 분야와 핵심기술(core technology)을 선별하고 이들 기술개발 과제에 대해 집중적으로 투자해야 한다.

1.2 민간투자 촉진을 위한 여건 조성

현재 차세대 성장동력사업은 사업단을 중심으로 핵심기술 및 시제품 개발에 중점을 두고 있다. 이 결과를 기반으로 이어지는 사업화는 기업의 적극적인 R&D 프로

젝트 참여와 선행투자, 관련 생산기술 인력의 확보와 초기 시장형성이 중요한 사안이 된다. 최근까지 차세대 성장동력 분야에 대한 민간부문의 선행 설비투자가 당초 예상과는 달리 크게 미흡하여 이들 분야에 대한 기업의 투자재원 조달과 대응투자를 유발할 수 있는 여건을 조성할 필요가 있다. 이를 위해서는 사업화 과정에서 발생하는 불확실성과 위험(uncertainty and risk)을 완화하기 위하여 사업화 지원관련 법, 제도, 규제 등을 개혁하여야 한다. 그 동안 한시적으로 운영되어 온 기업의 R&D와 관련한 조세감면 등 정부의 R&D 조세지원제도가 사전에 특별한 연장조치나 법개정이 이루어지지 않는 한 2006년에 종료될 예정으로 있다. 이는 장기간 R&D 투자를 필요로 하는 차세대 성장동력사업에 대한 투자를 위축시킬 가능성이 크다고 할 수 있다. 기업관련 지원제도를 정비함에 있어서도 차세대 성장동력사업에 대한 투자가 저해되지 않도록 추진할 필요가 있다.

2. 부품 · 소재산업의 차세대 성장동력화 강화

2.1 민간주도의 글로벌 네트워크 참여 본격화

미래 발전의 핵심이 부품 · 소재산업이라는 시각에서 법적 근거를 가지고 이를 지원하는 현 정책방식은 산업발전비전에 기초한 지속적인 지원이라는 측면에서 바람직한 방향이라고 평가할 수 있다. 2005년까지는 부품 · 소재발전기반을 구축하는 단계였으나 2006년 이후는 발전기반을 민간에 이양하여 글로벌 네트워크(global network)에 본격적으로 참여하는 단계라고 할 수 있다. 세부적인 기술개발과제 선정이나 각종 지원기관의 운영 등은 최대한 민간자율로 운영될 수 있도록 하고 정부는 중장기적인 발전방향의 수정 및 보완해야 할 기반구축에 핵심을 두어야 할 것으로 판단된다.

2.2 세계적 부품 · 소재기업의 육성과 부품 · 소재범위의 확대

현재 정부가 추진 중에 있는 중핵기업 육성은 핵심 부품 · 소재기업의 대형화라는 세부 발전목표를 보다 구체화하였다는 데 의미를 부여할 수 있다. 2001년 수립한 부품·소재발전기본계획에서도 '세계적 품질 및 기술보유 부품·소재전문기업 육성'을 발전목표로 설정한 바 있다. 기술개발 및 기술기반구축, 신뢰성 제고, 사업화 및 시장진입 촉진 등의 부품·소재관련 시책이 원활하게 수행되면 결과적으로 중견·중소·부품업체들이 세계적 공급업체로 성장하여 중핵기업이나 세계적 품질 및 기술보유업체로 부상하게 된다.

따라서 중핵기업이라는 개념을 새롭게 구상한 것은 의미가 있으나 실질적인 내용에 있어서는 세계적 품질 및 기술보유 부품·소재전문기업 육성 등과 같은 기존의 발전목표와 큰 차이가 없다.

부품·소재산업에서 대형업체를 육성하기 위해서는 기술개발이나 여타지원을 통해서 단기간에 이루어지기는 힘든 실정이며 조립대기업의 계열기업화나 기존 부품·소재업체간 인수·합병(M&A)을 통한 대기업화를 활성화할 필요가 있다. 일본의 덴소나 아이신은 도요타(TOYOTA)의 계열회사이고, 미국의 델파이나 비스티온 등은 GM과 포드(FORD)에서 독립해 나온 계열회사이며, 일본의 칼소닉칸세이는 자동차부품의 모듈생산을 위해 칼소닉과 칸세이가 합병한 회사이다. 따라서 조립대기업이 부품·소재관련 기업의 설립 및 분사, 지분참여 등을 자유롭게 할 수 있도록 각종 제약을 완화하는 것이 필요하다.

또한, 세제 및 금융상 인센티브를 주어 모듈생산을 위한 부품업체간 인수·합병의 활성화를 유도할 필요가 있다. 자동차부품산업 등에서는 부품의 모듈화가 일반적인 경향이므로 인수·합병을 통한 대형화가 어려울 경우 관련업체간 협업을 통해 모듈을 개발하고 생산하는 시스템을 구축하도록 하는 것이 바람직하다.

특히, 중핵기업 육성을 위한 대형 기술개발 지원이 활성화되어야 하는데 중기거점과제나 차세대성장동력 기술개발사업과 같은 여타 기술개발과제 선정에 있어 중핵 부품소재기업에 대해 우선순위를 높이는 것이 필요하다. 또한, 제조업뿐만 아니라 최근 중요성이 확대되고 있는 상품의 제조에 중간생산물로 사용되는 각종 소프트웨어 등의 생산기업도 부품·소재기업의 범위에 포함될 수 있도록 관련 규정의 개정을 추진할 필요가 있다.

2.3 시장친화적 개발지원 지속과 수요업체와의 연계성 강화

부품・소재업체에 대한 대형기술 개발지원은 이미 중기거점 과제나 차세대 성장동력 기술개발사업 등에서 이루어지고 있다. 따라서 부품・소재발전정책의 기술개발과제는 기존의 정책에서 지원되지 못하고 있는 부분을 대상으로 지원이 이루어져야 한다. 기존 부품・소재발전정책에서 실시되고 있는 시장 친화적 기술개발정책은 부품・소재의 세계적 공급기지화에 부합되는 정책으로 판단되며 이러한 지원정책은 여타 기술개발 정책과 차별화되고 있다.

사업화에 장기간이 소요되어 투자가 활성화되지 못하고 있는 소재 및 자동차부품, 기계부품, 소재 등에 대한 기술개발 지원에 대해서는 보완책을 마련할 필요가 있으나 현재 추진되고 있는 부품・소재기술 개발정책은 지속적으로 추진해야 한다. 향후 지원에 있어 수요업체와의 연계성 강화 및 개발된 제품의 사업화라는 차원에서 수요업체와의 공동개발이나 독자적인 개발과제라 하더라도 수요업체와 사전협의 또는 사전 수요조사 기능을 강화하는 것이 필요하다. 지원의 효율성이라는 관점에서 모듈부품의 경우 전체모듈은 대형모듈업체가 담당하게 하고 세부과제는 모듈업체의 책임 하에 단품업체를 선정하여 개발하도록 하는 방안도 강구할 필요가 있다.

또한, 신뢰성인증제도 등에 대한 수요업체들의 사전 인정협약 체결과 '부품・소재산업 진흥원'을 통한 지원시 수요 대기업과의 지원인프라 연계기능 강화에 초점을 맞추어 안정적 운영을 할 수 있는 방안 등도 적극적으로 모색할 필요가 있다.

2.4 해외 마케팅 및 애로기술 중심의 중소부품・소재기업 지원 강화

모듈단위의 부품은 무게나 부피가 커서 조립업체 주변에 위치하는 것이 운송비용(transportation cost) 등에서 이점이 있으며 수입국의 현지화(localization) 요구 등으로 수출산업화하기가 용이하지 않다. 따라서 향후 2차, 3차 부품업체 등이 수출의 핵심기업으로 부상할 것으로 기대된다. 그러나 중소부품・소재업체들은 규모의 영세성으로 정보, 기술, 마케팅 능력 등 전반적인 인프라가 취약하므로 지역기술혁신센터 등은 이들 기업에 대한 지원에 역점을 두도록 지원기반을 확대하는 것이 필요하다.

특히, 본격적인 부품·소재의 세계적 공급기지화를 위해 해외마케팅 능력이 부족한 중소 부품·소재업체에 대한 수출시장 정보 및 해외전문인력 등의 지원을 강화할 필요가 있다.

또한, 기술지원은 지역기술혁신센터나 공공연구기관 등의 인력 및 장비, 개발기능 등을 충분히 활용할 수 있도록 관련 연계기능을 보다 강화할 필요가 있다. '부품·소재통합연구단'에서 확대 개편된 '부품·소재산업진흥원'에서도 부품·소재업체의 애로기술 해결을 위한 연계사업이 핵심사업이 될 필요가 있다. 16개 공공연구기관뿐만 아니라 지역대학 및 혁신센터 등을 활용하는 방안도 모색될 필요가 있다. 이미 구축된 지역혁신 클러스터(cluster)의 대부분은 부품·소재와 관련되어 있어 이의 기능 확대 및 활용 강화를 통해 현장에서 용이하게 지원기능을 이용할 수 있도록 조치할 필요가 있다.

3. 지식서비스산업의 전략적 육성

3.1 제조업과 서비스업의 상호보완적 역할을 고려한 산업정책 추진

제조업 중심의 사고로부터 탈피하여 제조업과 서비스업의 상호보완적 역할(mutually complementary role)을 충분히 인식하여 균형발전을 유도하는 방향으로 산업정책의 방향이 설정될 필요가 있다. 또한, 한국적인 상황에 적합한 서비스산업 육성 전략을 구축함으로써 구조고도화를 추진해야 한다. 일본의 경우 미국과 같은 서비스화 노선은 비교우위(comparative advantage)가 없다는 인식 하에 자국이 높은 경쟁력을 지닌 하드웨어에 소프트웨어를 결합한 제3의 상품군(Thirdware)을 전략산업으로 육성(정보가전, 고도도로 정보시스템(ITS) 등)하는 전략이 추진되고 있다.

더욱이 제조업과 대비하여 서비스산업을 하나의 산업으로 간주하여 접근하는 기존의 산업정책개발 방식을 탈피하여 제공되는 서비스의 특성을 고려한 중간단계의 정책목표가 필요하다. 일자리창출(단순노동력 혹은 전문인력 등), 제조업경쟁력 보완, 삶의 질 제고 등 정책우선순위에 따라 중점육성 분야가 변화되고 지원수단도

차별화되어야 한다.

3.2 전략적 업종에 대한 선별적 발전전략 추진

전략적인 육성정책이 필요한 분야는 다음과 같은 3가지 중간단계의 정책목표에 부합하는 분야가 될 수 있다.

① 부가가치가 높으면서도 제조업을 보완·지원해 줄 수 있는 제조업 관련 서비스에 유통물류, 금융, 통신, 비즈니스서비스 등이 포함된다.
② 수출을 통하여 제한된 내수시장을 탈피할 수 있는 서비스부문에는 문화서비스(영상물, 컨텐츠 등), 정보통신 관련 서비스(통신서비스 노하우, 소프트웨어 등)가 있다.
③ 지식집약적인 투입의 비중이 높은 서비스부문은 국민들의 삶의 질 제고와 관련된 의료, 보건, 교육, 문화 및 오락 등이 포함된다.

제5절 실행계획

실행계획은 다음 3가지 측면에서 살펴볼 수 있다.

1. 정부와 시장의 역할 분담

차세대 성장동력을 확보하는 데 있어 정부와 민간의 효율적인 역할 분담은 매우 중요하다. 차세대 성장동력이 갖는 미래 불확실성과 위험(future uncertainty and risk), 초기 시장의 미형성 등의 특성을 고려할 경우 정부의 역할이 중요하게 부각된다. 그러나 장기적인 관점에서 차세대 성장동력이 가지고 있는 성장가능성(growth possibility)과 수익성(profitability)을 고려할 경우 이들 성장동력 확보의 주체는 기업가적 마인드 등을 지닌 창의적인 민간기업(creative private company)이 되어야 한다. 다만 현재 우리의 경제발전단계나 시장규모를 고려하여 차세대 성장동력이 민간주도로 시장기능에 의해 형성될 수 있는 여건이 마련되어 있지 않은 분야에 대해서는 정부의 제한적인 개입을 고려할 수 있다. 특히, 우리의 경우 기존 성장동력산업의 성장 및 고용창출 기여도가 점차 감소되는 상황에서 이들 산업의 업그레이드와 새로운 산업의 지속적인 창출을 통해 양호한 일자리를 제공하는 정부의 기본책무를 고려할 때 정부의 적절한 역할이 기대되고 있다.

우선 차세대 성장동력으로 부상하고 있는 신기술산업과 부품소재산업, 지식기반서비스산업의 발전과 관련한 정부와 시장의 상대적 중요성과 역할을 설정할 경우 정부의 역할과 중요성은 그 우선순위가 지식서비스산업, 부품소재산업, 신기술사업(차세대성장 동력사업)의 순서가 되어야 한다.

차세대성장 동력사업의 경우 지능형 로봇, 차세대 전지, 바이오신약 등 국내역량이 부족하고 상용화까지 장기간이 소요되는 분야에 한해 정부 R&D투자를 집중하는 한편 차세대반도체, 차세대이동통신 등 민간역량이 축적되어 있는 분야의 투자는 최대한 민간의 자율적인 판단에 일임할 필요가 있다.

또한, 부품소재산업의 경우 정부의 역할은 세제, 금융상 인센티브를 강화하여 인수·합병(M&A)을 통한 대형업체 육성을 도모하고 소프트웨어 생산기업을 부품소재기업에 포함되도록 하는 등 제도개선 및 기반조성에 집중할 필요가 있다. 한편, 민간기업은 신기술개발을 통한 경쟁력 강화, 글로벌 네트워크(global network) 참여를 통한 생산기지화 추진 등 기술개발과 마케팅 역량을 지속적으로 강화하는 데 있어 주도적 역할을 담당해야 한다.

한편, 지식기반서비스산업(knowledge-based service industry)은 생산과 고용 창출의 가능성이 가장 큰 분야이어서 정부가 적극적인 규제개혁(regulatory reform)과 경쟁촉진, 단계적인 시장개방 등을 통해 경쟁력 강화를 유도하고 서비스통계 정비 및 서비스상품의 표준화 등 관련 인프라 정비에 주력할 필요가 있다. 민간부문은 지식경영(knowledge management)과 혁신을 통한 지속적인 가치창출 모델(vaule-creative model)을 개발하고 제조업 등 타 분야와의 연계발전을 통한 부가가치 제고에 역량을 결집시켜야 한다.

2. 중점 추진과제(2006년)

2.1 정부 R&D과제의 경제성 평가 강화

차세대성장 동력사업은 시작 초기단계에 어떤 연구과제를 지원하는가에 역점을 두어 왔다. 이 같은 상황에도 불구하고 과제 선정단계에서 기술성을 중심으로 과제를 선정했다는 점에서 민간의 참여를 촉진하는 데 한계가 있다. 경제성 평가는 사업화 가능성이 높은 기술을 선정함으로써 민간의 참여를 적극적으로 유도할 수 있으며 정부입장에서는 차세대 성장동력사업의 사업화 목표 달성률을 제고함으로써 정부 연구·개발 투자의 효율성을 제고시킬 수 있다.

경제성 평가가 이루어지지 않을 경우 연구·개발의 결과물이 사업화되어 경제적 성과(economic performance)로 연계되지 못하는 결과를 야기시킬 수 있다. 차세대 성장동력사업에 대한 민간 R&D 투자 참여와 사업화 관련 투자가 부진한 점을 고려하여 현재 추진 중인 과제가 경제성 측면에서 적절하게 선정되었는지 재검토해 볼 필요가 있다.

현재 산업자원부에서는 연구·개발 과제를 지원할 때 경제성 평가를 강화하는 새로운 평가시스템을 구축하고 있다. 연구·개발 과제를 기획하고 선정할 때부터 중간, 최종 단계에 이르는 전 단계에서 경제성 평가를 실시할 예정으로 있어 향후 정부의 연구·개발 사업, 특히 상업화를 목표로 하는 정부 연구·개발 사업으로 이를 확대 실시할 필요가 있다.

2.2 부품·소재관련 지원기반의 민간 독자적 운영체제 강화

대부분의 과제가 단기간에 종료될 수 있는 성격은 아니고 연차적으로 매년 실시하면서 중장기적으로도 지원을 지속해야 한다. 종합기술지원사업이나 핵심기술개발사업, 개발된 부품·소재의 사업화, 해외기술의 도입, 부품·소재기업의 수출기업화 지원 등 대부분의 지원이 2006년에도 계속 사업으로 지속되어야 한다.

2006년에 보다 관심이 두어져야 할 지원과제는 부품·소재관련 지원기반을 민간이 독자적으로 운영하고 부족한 부분을 보완할 수 있는 방안 마련이다. 종합기술지원사업을 실시하는 기관을 보다 확대하고 관련 지원이 중소부품·소재업체에까지 확산될 수 있도록 해야 한다. 또한, 상품의 제조에 중간생산물로 사용되는 각종 소프트웨어 등의 생산기업도 전문부품·소재기업의 범위에 포함될 수 있도록 관련 규정도 개정할 필요가 있다. 부품·소재의 기술개발과제 선정은 수요업체의 의견을 적극적으로 반영하고 신뢰성향상사업을 포함한 수출관련 각종 전시회, 구매사절단 유치 등 수출산업화 관련정책도 더욱 강화된 형태로 지원이 이루어져야 한다.

2.3 지식서비스산업 활성화를 위한 제도적인 지원 강화

지식서비스산업의 중점 육성대상 업종에 대해서는 규제개혁, 지원프로그램의 활성화 등 제도적인 지원책을 강구해야 한다. 이와 관련하여 다음 4가지 사례를 지적할 수 있다.

(1) 서비스산업의 경우 연구·개발 활동이 제조업에 비하여 활성화되지 않는 특징을 고려하여 연구·개발 범위에 대한 인정 범위를 확대하는 방안

문화컨텐츠 업계의 프리프로덕션 단계(preproduction stage)의 투입 중 일정부분이나 소프트웨어 시제품 개발 등을 연구·개발로 인정함으로써 이들 업종의 창의적인 사전기획활동을 활성화시킬 필요가 있다.

(2) 부품소재산업과 관련된 지원정책에서 임베디드 소프트웨어(embedded software) 부문을 포함함으로써 관련 개발업체가 지원을 받을 수 있도록 하는 방안

산업용기기, 디지털가전 등 각종 기계장치에 임베디드 소프트웨어가 소요되는 분야가 크게 증가하고 있는 추세를 보이고 있다. 따라서 정보통신 관련 서비스 등 제조업을 지원하는 부문에 대해 제조업에 대한 지원과 유사한 정책수혜 대상으로 편입시킬 수 있는 분야를 찾아서 적용할 필요가 있다.

(3) 한국의 정책성공 사례의 해외지원과 더불어 관련 서비스업체의 시스템 수출을 지원하는 방안

한국의 앞선 정책사례를 관련 외국정부에 적극적으로 전수해 주고 그 과정에서 국내의 하드웨어뿐만 아니라 컨설팅, 설계용역 등 서비스 관련 업체들의 수출을 지원할 필요가 있다. 예를 들면 이동통신서비스, DMB, WiBro, 통합교통카드시스템 등이 해당된다.

(4) 의료, 교육 등의 지식서비스 부문에 대해서는 규제개혁을 통한 민간의 자발적인 투자활성화(investment vitalization)를 유도하는 방안

특히 정부 부처간, 관련 민간부문간 이해가 대립하는 분야에 대해서는 이해를 조정하는 총괄 기능이 강화되어야 한다.

3. 중장기 추진과제

중장기 추진과제는 다음 3가지로 요약할 수 있다.

3.1 정부 신기술 R&D사업 과제간 연계 강화

차세대 성장동력사업은 상업화를 목적으로 하는 대표적인 개발연구과제로 평가된다. 개발연구의 경쟁력은 기초연구의 경쟁력과 분리되어 육성될 수 없으며 관련 기초연구들과의 연계를 통해 시너지효과(synergy effect)를 창출할 수 있도록 R&D 정책이 기획될 필요가 있다. 즉, 기초연구 과제의 기획시 기술수요자라 할 수 있는 개발연구 부문의 관점이 고려될 필요가 있으며 개발연구 과제에서도 국내에서 수행 완료 혹은 추진되고 있는 기초연구 과제와의 연계성이 확보되어야 한다.

정부 연구·개발 사업 중 21세기 프론티어사업, 중기거점 기술개발사업, 차세대 신기술개발사업 등의 중장기기술개발사업 중에는 차세대 성장동력 과제와 연관관계가 깊은 개발 전 단계의 과제들이 있다. 이들 과제를 서로 연계시켜 지원한다면 부

족한 차세대 성장동력사업의 예산을 확대하는 효과가 있으며 시너지 효과를 제고시킬 수 있고 수요자 중심의 기초연구가 가능하게 된다. 이를 위해서는 동일 부처 내에서의 프로그램간 연계는 물론 부처간 프로그램의 연계도 이루어져야 한다.

또한, 기초연구와 개발연구의 구분은 연구·개발 주체의 구분과도 관련이 있다. 기초연구는 주로 대학에서 수행하고 있으며 개발연구는 기업이 주로 수행하고 있는데 이들 양 연구개발 주체들의 연구·개발 목표 및 이해관계가 상이하여 양 부문간 연계가 제대로 이루어지지 못하고 있다. 따라서 기초연구과제 선정시 개발 및 상업화 과정을 고려하여 대학과 기업의 산학협력을 실질적인 관계로 진전시켜야 한다.

3.2 부품·소재 기술개발 로드맵에 따른 지속적인 R&D과제 추진

부품·소재의 기술개발과제 선정은 수요업체의 의견을 적극적으로 반영하고 신뢰성향상사업을 포함한 수출관련 각종 전시회, 구매사절단 유치 등 수출산업화 관련 정책은 보다 강화된 형태로 지원이 이루어져야 한다. 특히, 기술개발지원은 부품·소재 기술개발 로드맵에 따라 확실한 개발목표를 선정하여 장기적인 계획에 따라 이루어져야 할 필요가 있다.

3.3 지식서비스산업의 생산성 제고를 위한 다양한 프로그램 개발

서비스산업 내부의 구조고도화를 위한 전략적인 선택과 더불어 지식서비스산업의 생산성 제고를 위한 다양한 정책 프로그램의 개발이 필요하다. 우선 서비스 업종의 혁신환경 조성을 위해서는 인적자원(human resources)의 개발 및 교육환경 개선, 규제개혁과 경쟁촉진, IT 활용도의 제고, 단계적이고 지속적인 서비스시장 개방, 서비스통계 정비 등이 단행되어야 한다. 또한, 서비스 상품의 표준화, 품질인증제, 소비자 피해구제제도, 유통구조 개선 등 국가적인 차원의 제도정비도 종합적인 서비스산업 육성 정책으로 추진되어야 한다.

특히, 전략적인 부문의 경쟁력 강화를 위한 근본적인 대책으로서 생산성 제고를 위한 개별 서비스 업종에 대한 지식기반화 촉진 정책이 필요하다. 중소기업들은 대기업들과는 달리 지식경영의 필요성을 인식하면서도 지식경영 도입을 위한 전문적인 컨설팅에 접근하기가 어려운 실정이어서 관련 지식과 방법론의 도입에 한계가 있다. 각 업종별 특성에 적합한 지식경영 방법론과 지식자산 측정을 통한 개별 기업에 적합한 지식경영 컨설팅 등 중소기업을 대상으로 하는 지식경영의 확산은 서비스산업의 경쟁력 제고에 기여하게 된다.

〈참고〉 차세대 성장동력에 대한 2가지 접근 방식

범국가적인 전략적 대응을 필요로 하는 문제의 하나는 향후 10년, 더 나아가 미래에 있어 한국경제의 지속적인 성장과 사회발전(sustainable growth and social development)을 보장해 줄 수 있는 성장동력은 무엇이며 이러한 성장동력을 어떻게 확보할 것인가라고 할 수 있다. 이러한 성장동력에 관한 논의와 정책에 있어서는 성장동력을 어떻게 정의하고 그 범위를 어떻게 설정하느냐에 따라 다양한 접근방법이 있을 수 있다. 또한, 성장동력을 어떻게 인식하느냐에 따라 성장동력 확충의 주체와 정책수요가 크게 상이해질 수 있다. 따라서 정부와 민간부문의 역할도 달라질 수 있다.

① 경제성장의 완화에 근거하여 성장동력을 인식하고 논의하는 방식

경제성장의 원천(sources)에 주목하여 성장동력을 파악하고 논의하는 것은 가장 일반적인 접근방식이라고 할 수 있다. 즉, 일국의 경제발전 초기에는 노동투입, 자본축적이 경제성장에 있어 주요 성장동력의 역할을 하게 된다. 그러나 경제가 점차 성숙단계로 진입하면서는 요소축적(factor accumulation)에 의한 성장의 한계가 노출되면서 전략적 R&D 투자와 장기적 시각의 교육투자에 의한 기술진보(technological progress)와 인적자원 확충, 사회전반의 효율성 제고가 중요한 역할을 담당하게 된다. 따라서 이러한 접근방식에서 국가전략 차원에서 무엇보다 중요한 것은 사회 전반의 생산성이 증가하는 것이다. 결국 이러한 성장동력 확보에 있어서는 생산성 제고에 있어 핵심 역할을 하는 기술과 인적자원의 확충이 무엇보다도 중요하다는 입장을 견지하게 된다.

② 경제성장을 주도하는 특정부문이나 산업을 성장동력으로 인식하는 방식

이 경우에는 대내외 여건 변화, 특히 기술진보와 시장수요 패턴 변화에 따라 시기별로 경제성장을 주도하는 부문이나 산업이 상이할 수 있다는 시각을 가지게 된다. 따라서 정부나 민간부문에서는 시대별 또는 대내외 여건변화에 따라 어떤 산업이 향후 성장과정에 있어 주도적인 역할을 담당할 것인지를 사전적으로 파악하고 이러한 미래의 성장동력 분야에 대해 자원과 역량을 집중하는 방식으로 성장의 모멘텀을 마련하여 이에 부합되는 사회제도의 개혁방향을 설정하여 추진할 필요가 있다. 이 같은 미래 성장동력은 그 자체로도 중요하나 그보다는 새로운 성장동력이 필요로 하는 새로운 인적자원과 사회제도를 체계적으로 준비하는 데 중요한 정보를 제공한다는 데 더욱 큰 의미가 있다고 할 수 있다.

제22장

글로벌 경쟁력의 강화

한국경제가 재도약을 하기 위해서는 기존의 요소투입형 성장에서 탈피하여 혁신에 기반을 둔 발전모델(innovation-based development model)의 구축이 필요하다. 중소기업은 '일자리 창출'과 '성장동력 강화'를 통한 혁신주도형 경제로의 이행에 있어 중요한 역할을 수행할 수 있다.

중소기업은 〈표 22-1〉과 같이 성장성과 수익성 등에서 대기업과 양극화가 확대되는 양상을 보이고 있다. 기업의 성장성 지표인 매출액 증가율과 수익성 지표인 매출액 경상이익률 격차가 2003년 이후 대기업과 중소기업간 확대되는 추세를 보이고 있어 이를 개선하기 위한 정책적 노력이 필요하다.

〈표 22-1〉 중소기업과 대기업간 성장성 · 수익성 지표 변화추이

(단위 : %)

	대 기 업		중 소 기 업	
	매출액경상이익률	매출액증가율	매출액경상이익률	매출액증가율
2003	5.96	6.55	2.49	5.39
2004	10.23	19.85	3.29	12.32

자료 : 한국은행, 기업경영분석, 가 연도

정부는 대 · 중소기업간 양극화를 해소하고 중소기업의 혁신역량 및 경쟁력(competitiveness)을 강화하기 위한 방향으로 정책을 추진하고 있다. 특히, 선택과

집중을 통해 혁신형 중소기업을 선도그룹으로 육성하는 정책을 강화하고 있으며 정책적 보완이 필요한 소상공인 등 취약 분야에 대해서도 별도의 지원을 병행하고 있다.

그러나 향후 10년 내에 1인당 국민소득 30,000달러 시대의 선진경제(advanced economy)를 지향하는데 있어 우리 경제의 성장동력으로 육성하고자 하는 중소기업은 정부의 연구·개발(R&D) 지원자금 부족, 금융기관의 담보위주 대출관행 지속에 따른 만성적인 자금난, 대·중소기업간 상생협력 부진, 창업 관련 규제개혁(regulatory reform) 미흡 등으로 인해 중소제조업의 평균가동률이 70% 수준을 나타내는 등 활성화되지 못하고 있다.

〈표 22-2〉 중소제조업의 평균 가동률 추이

(단위 : %)

	2004				2005						
	6	8	10	12	1	3	5	6	7	8	9
중소제조업	68.2	67.9	69.0	68.5	67.9	70.4	70.3	70.2	69.8	69.7	70.4
중 기 업	73.0	72.9	74.0	73.8	74.2	76.0	76.1	76.0	75.3	74.9	75.7

주 : 가동률은 생산능력 대비 생산실적이며, 정상가동은 가동률 80% 이상을 의미함
자료 : 중소기업협동조합중앙회

본장에서는 정부가 중점을 두고 있는 중소기업 부문의 발전 비전 및 중소기업 정책방향과 주요 전략과제를 분석한 국민경제자문회의의 경제보고서를 중심으로 살펴보고자 한다.

제1절 비전의 제시

한국경제가 직면하고 있는 성장동력 저하 및 성장잠재력(growth potentials) 약화에 대처하기 위해서는 경제환경 변화에 대해 기동성과 유연성, 창조성을 발휘할 수 있는 경제주체의 역할이 매우 중요하다. 중소기업은 시장에서 압도적 다수를 차지하며 시장경쟁(market competition)을 활성화하고 혁신(innovation)을 통해 다양한 재화와 서비스를 제공하며 유연한 분업구조를 형성할 뿐만 아니라 매력적인 고용창

출(attractive job creation) 원동력으로서의 역할을 수행해 오고 있다.

따라서 중소기업은 한국경제에서 혁신적 성장동력을 갖춘 경제활력(econmic vitality)의 원천으로 고용창출의 주체로서의 역할을 수행하여 향후 30,000달러 시대를 가능하게 할 주체가 되어야 한다.

국내 중소기업의 발전모델을 유형화해 보면 크게 2가지(① 협력형 중소기업, ② 독립형 중소기업)로 분류할 수 있다.

① 협력형 중소기업

협력형 중소기업은 대기업 등과 관계를 맺으며 발전하는 유형을 의미한다.

가. 대기업 전속형

대기업 전속형은 수요 대기업에 전속되어 핵심 부품을 공급하며 대기업과 동반성장하는 기업이다.

나. 대기업 준전속형

대기업 준전속형은 특정 대기업에 전속적이지 않으나 다수의 대기업 및 중견기업 등에 부품·소재를 납품하며 성장하는 기업을 의미한다.

② 독립형 중소기업

대기업과 관계를 맺지 않으며 독자적으로 발전하는 독립형 중소기업이 존재한다.

가. 신기술 선도형 중소기업

신기술 선도형 중소기업은 첨단기술력을 기반으로 신시장을 창출하며 글로벌 시장을 선도하는 기업을 의미한다.

나. 특화제품 주도형 중소기업

특화제품 주도형 중소기업은 특정 제품 분야에서 독자적 브랜드로 고부가가치의 틈새시장(niche market)에 집중하여 발전하는 중소기업을 의미한다.

그 동안 중소기업 중 다른 기업의 주문을 받아 제품을 생산·납품하는 수급기업의 비중이 2001년 66.2%에서 2002년 63.9%, 2003년 63.1%, 2004년 61.2%로 지속적으로 하락하는 추세를 보이고 있어 향후 중소기업은 협력형보다는 독립형 중소기업이 더욱 증가할 것으로 전망된다.

정부는 중소기업의 혁신역량 및 글로벌 경쟁력(global competitiveness) 강화를 정책목표로 설정하고 중소·벤처기업의 활력 제고를 위해 다음 4가지 중소기업 정책방향을 설정하고 있다.

① 벤처기업 및 Inno-Biz 등 혁신형 중소기업을 집중 육성하여 일반중소기업의 성장을 견인하는 방향의 정책 추진

이를 위해 벤처기업 활성화, 중소·벤처기업의 기술혁신역량 제고, 중소기업의 경영혁신 촉진에 정책역량을 집중하고 있다.

② 대·중소기업 및 소상공인간 동반성장을 통한 양극화현상 해소를 위해 정책역량 집중

이를 위해 대·중소기업 협력증진, 소기업 및 소상공인의 자생력 강화에 주력하고 있다.

③ 창업 및 퇴출이 원활한 중소기업 생태계 조성 주력

이를 위해 창업활성화와 사업전환 촉진에 매진하고 있다.

④ 수요자 특성별 맞춤형 지원 및 유형별 특화된 정책 추진

중소기업의 금융·인력 등 수요자 특성별 맞춤형 지원 및 유형별(혁신형 - 일반형 - 소상공인)로 특화된 정책을 추진하고 있다.

1. 혁신형 중소기업 육성

정부는 한국경제가 혁신주도형 경제구조로 급속히 전환되어 감에 따라 선택과 집중을 통해 혁신형 중소기업을 육성함으로써 여타 중소기업의 동반성장을 유도하는

정책을 추진하고 있다. 혁신형 중소기업의 범주는 현행 제도상 벤처기업과 기술혁신형 중소기업(Inno-Biz)을 포괄하고 있다.

1.1 벤처기업 활성화

우선 정부는 벤처기업의 건전한 생태계를 구축하기 위해 '벤처기업활성화 대책'을 마련하여 추진하고 있다. 즉, 중소기업투자 모태펀드를 조성(모태펀드(Fund of Fund)는 개별기업에 대한 직접투자를 하지 않고 펀드(조합)에 투자하는 펀드로 중산기금 출자 회수분과 정부의 추가 출연을 통해 2005~2009년 기간 동안 1조원을 조성하여 운영할 계획으로 있음)하여 창업·바이오·지방벤처 등 민간투자가 취약한 분야에 투자를 확대함과 더불어 기존의 직접투자 방식에서 민간 중심의 간접투자 방식으로 전환하여 지원하고 있다. 또한, 코스닥(KOSDAQ)시장을 벤처기업 전용시장으로 운영하기 위해 중견기업 요건을 폐지하고, 벤처기업은 수익요건을 충족하지 못하는 경우에도 코스닥위원회가 기술력·성장성 등을 판단하여 상장이 가능하도록 하였다. 제3시장의 명칭을 프리보드로 개편하고 주식 양도차익에 대한 양도소득세 비과세 등 제도 개선을 통해 비상장 벤처기업의 직접금융 조달을 활성화할 수 있도록 하고 있다. 벤처캐피털(venture capital)에 대한 규제완화(deregulation)와 투명성(transparency) 제고를 위해 창업투자사 설립을 위한 납입자본금을 인하(100억원 → 70억원)하고 전문인력 요건을 완화(3인 → 2인)하였다. 또한, 창업투자 의무출자 비율도 인하(5/100 → 1/100)하고 성과보수 상환은 폐지하여 운영하고 있다.

1.2 중소기업 기술혁신 및 사업화 역량 제고

정부는 중소기업의 기술혁신 및 사업화 역량 제고를 위해 지원하고 있다.

(1) 기술혁신 제고

중소기업청은 2005년에 2,316억원 규모의 중소기업 전용 R&D 자금을 투입하고 있으며, 15개 공공기관 R&D 예산의 일정비율을 중소기업에 지원하도록 하는 KOSBIR 제도를 통해 기술개발자금 지원을 확대하고 있다. 또한, 예비 Inno-Biz 및 신산업 분야의 혁신형 중소기업을 발굴·육성하는 방안을 마련하여 Inno-Biz 기업의 발굴을 확대(2004년 2,646개→2005년 9월 3,166개)하고 있다. 산학협력을 통한 중소기업의 기술혁신 활성화대책으로 산학연기술개발컨소시엄사업에 대한 지원을 확대(2004년 391억원→2005년 421억원)하여 중소기업의 신제품 개발을 촉진함과 더불어 대학 실험실을 산학협력실로 지정·지원(33억원)하고 있다.

(2) 사업화 역량 제고

중소기업 개발기술의 사업화 촉진을 위해 신기술 및 아이디어의 사업화 타당성 평가 및 개발기술에 대한 사업화 지원을 확대(2004년 750억원→2005년 1,000억원)하고, 구매조건부 신제품 개발사업 참여기관 및 지원규모를 확대하고 있다(2004년: 8개 기관, 40억원→2005년: 26개 기관, 100억원).

1.3 금융지원 체계 개편

정부는 상대적으로 민간금융을 이용하기 어려운 혁신형 중소기업에 정책금융을 집중적으로 지원하기 위해 '중소기업 금융지원 체계 개편방안'을 마련하여 추진하고 있다. 이를 위해 기술집약형 기업, 혁신형 창업기업 등에 대한 신용보증지원이나 정책자금 공급을 증대시키는 한편, 자금지원 방식도 고수익·고위험(high profit·high risk)의 혁신형 기업성격에 적합하도록 단순 융자지원 중심에서 투자 또는 투융자복합방식으로 전환하였다

또한, 기술혁신형 기업이 기술력과 사업성에 기초하여 금융을 이용할 수 있도록 기술평가금융을 활성화하고 있다. 특히, 혁신형 중소기업에 대한 보증제도 운영의 효율성 제고를 위해 그 동안 신용보증기관이 중소기업을 대상으로 중복적으로 수행해오던 보증기능을 개편하여 신용보증기금은 일반혁신형 기업, 수출기업 및 영세소기업 지원에 특화하고, 기술신용보증기금은 벤처기업 및 Inno-Biz 등 기술혁신형 기업 보증에 특화하도록 하고 있다.

2. 대·중소기업간 상생협력

정부간, 기업부문간 동반성장을 통한 양극화 해소를 위해 대·중소기업간 상생협력대책을 추진하고 있다. 우선 대기업과 중소기업간 자율적 협력증진을 촉진하기

위한 협력기반 구축작업의 일환으로 '대·중소기업협력재단'을 설립하여 운영하고 있다. 동 재단을 통해 대기업 퇴직인력을 활용한 지도사업, 공동기술개발 및 품질지도, 대기업 판로망을 활용한 중소기업제품 판로지원, 기술교류 및 공동 설비이용 등을 위한 종합 정보 datebase를 설치하여 대·중소기업 협력사업을 지원하고 있다. 대기업과 중소기업간 공정한 거래관행을 조성하기 위해 위·수탁기업간 분쟁조정 및 거래실태조사를 통해 물품대금의 지급방식, 지급기간, 상업어음의 장당금액 등에 관한 자료 제출을 요청할 수 있도록 하고 있다.

한편, 정부는 대·중소기업간 자율적 상생협력(相生協力)을 제도적으로 지원하기 위해 '대·중소기업 상생협력 촉진에 관한 법률' 제정을 추진하고 있다. 동 법의 주요 내용은 대·중소기업간 상생협력 성과의 공정한 배분체계 마련, 대·중소기업간 기술·인력·환경경영 협력촉진, 중소기업에 대한 대기업의 자본참여 촉진, 불공정 거래행위 금지에 대한 특례규정, 공공기관의 중소기업 협력촉진을 포함하고 있다.

3. 창업 촉진을 위한 규제완화

정부는 창업실태조사를 기반으로 '창업 및 공장설립 규제완화 추진계획'을 수립한 후 35건의 규제완화 과제를 발굴하여 추진하고 있다. 특히, 공장설립을 수반하는 창업자에 대한 공장설립 인·허가 사항에 대한 창업사업 계획승인 업무를 일괄의제 처리하여 공장설립이 원활히 이루어질 수 있도록 하고 있다.

제2절 현황과 평가

정부의 중소기업정책은 중소기업의 성장단계별·기업유형별 특성에 부합하고 맞춤형·수요지향적 정책을 추진하고 있다는 점에서 긍정적으로 평가할 수 있다. 그러나 과도한 혁신형 중소기업 육성목표 설정, 지원재원의 확대 없이 혁신형 중소기업 육성만을 강조하는 정책설계, 정부주도로 추진하는 대·중소기업 상생협력 대책, 창업 촉진을 위한 규제개혁 미흡 등은 개선되어야 할 필요가 있다.

1. 과도한 혁신형 중소기업 육성 목표 설정

정부는 혁신형 중소기업 육성을 통한 일자리 창출 및 한국경제의 지속가능한 성장(sustainable growth)을 촉진시키기 위해 2005년 14,000개, 2006년 18,500개, 2007년 24,500개, 2008년까지 30,000개의 혁신형 중소기업 육성 목표를 설정하고 있다. 그러나 정부가 추진하고 있는 혁신형 중소기업은 과거 정부에서 추진하였던 벤처기업, Inno-Biz(기술혁신형 중소기업) 기업을 지원대상으로 설정하고 있기 때문에 새로운 개념의 중소기업을 육성한다고 할 수 없다. 또한, 벤처기업과 Inno-Biz 기업의 70%(2005년 8월말 3,106개 Inno-Biz 기업 중 2,203개가 벤처기업으로 확인)가 중복되고 있다.

〈표 22-3〉 혁신형 중소기업 육성 목표

(단위 : 개)

구 분	2003	2004	2005	2006	2007	2008
벤처기업	7,702	7,967	10,500	12,000	13,500	15,000
Inno-Biz	2,076	2,646	3,500	5,000	7,500	10,000
기 타	-	-	-	1,500	3,500	5,000
합 계	9,778	10,613	14,000	18,500	24,500	30,000

자료 : 중소기업청

혁신형 중소기업 육성 목표 설정(2008년 30,000개)도 과거 벤처기업 육성 목표와 같이 구호만 있고 목표를 달성하지 못할 뿐만 아니라 지원수단의 획기적 확충없는 혁신형 중소기업 육성 목표설정이 관련 정책을 왜곡시킬 가능성을 지니고 있다고 할 수 있다.

2. 혁신형 중소기업 육성정책 추진 미흡

정부의 중소기업정책은 '중소기업 경쟁력강화 종합대책'이 마련된 이후 혁신활동과 성과가 뛰어난 '혁신형 중소기업'을 집중 육성하여 여타 중소기업의 성장을 견인하는 정책을 추진하고 있다. 그러나 혁신형 중소기업 육성정책의 핵심을 이루는 '벤처기업 활성화대책'의 경우 기존 벤처기업정책의 부작용을 보완하여 시장시스템의 개선 등에 그치고 있다. Inno-Biz 사업의 경우에는 2001년 시행된 이후 점진적으로 양적 확대가 이루어지고는 있으나 구체적인 제도적 지원이 수반됨이 없이 운영되고 있다.

중소기업 금융지원 개편방안은 민간금융을 이용하기 어려운 혁신형 중소기업에 정책금융 지원을 확대해 나가는 것을 주요 내용으로 하고 있으나 기존의 정책금융을 확충하지 못한 채 선택과 집중에 의해 혁신형 중소기업에 더 많이 지원하는 방식을 취하고 있다. 특히, 중소기업에 대한 보증제도 운영의 효율성 제고를 위해 신용보증기금은 일반혁신형 기업, 수출기업, 영세소기업 지원에 특화하고 기술신용보증기금은 벤처기업, Inno-Biz 등 기술혁신형 기업지원에 특화하도록 하였다. 이 같이 신용보증기관간 보증대상의 차별화를 제시하고 있음에도 불구하고 신용보증기관에 대한 예산확보권(중소기업청)과 지도·감독권(재정경제부)은 여전히 이원화되어 있어 효율적인 신용보증제도 운용이 이루어지지 못하고 있다.

결국 정부가 추진하고 있는 중소기업정책은 정부가 '혁신'을 강조함에 따라 지원재원의 확충없이 기존의 정책을 혁신형 중소기업 육성에 집중하도록 관련 정책을 보완하여 추진하고 있다고 평가할 수 있다.

3. 대·중소기업 상생협력대책의 이행력 확보 문제

대·중소기업간 상생협력대책이 기업부문간 양극화 해소를 통해 동반성장을 달성하는 데 목적을 두고 있다면 무엇보다 대기업의 협력사업에 대한 인식 전환 및 중소기업과의 협력대책에 대한 이행력이 확보될 필요가 있다.

1990년대 초반의 '대기업사업의 중소기업이양사업' 추진 때나 1990년대 말 대·중소기업 협력의 필요성이 제기되었을 때 대기업들은 중소기업과의 협력확대 의지를 적극적으로 표명한 바 있다. 그러나 당시 대기업들이 스스로 공언하였던 협력프로그램들은 제대로 이행되지 못하였다. 이는 정부가 주도하는 대·중소기업협력 요구에 대기업들이 비자발적으로 협력 추진 의사를 표명했기 때문으로 해석할 수 있다.

최근 국회에서 '대 · 중소기업 상생협력촉진에 관한 법률' 제정이 추진되고 있다. 이와 함께 대기업들도 현금성 결제 확대 발표 등 중소기업과의 자발적인 상생협력을 확대하고 있다. 그러나 대기업 최고경영자(CEO)의 상생협력 의지가 아직은 중소기업과 거래하는 현장 부서 및 대기업 전체로 확산되지 못하고 있다.

향후 정부가 추진하는 대 · 중소기업협력사업이 대 · 중소기업간 양극화 해소에 기여하는 정도는 대기업들의 자발적이고 지속적인 협력 유도여부에 좌우된다고 할 수 있다.

4. 창업 촉진적 규제개혁 미흡

정부는 창업기업의 공장설립과 관련하여 지속적인 규제완화를 통해 기업들의 애로사항을 해소하고 있다. 그러나 창업기업의 공장설립 이전 단계인 법인설립 과정에서는 구비서류 과다 및 비용과다 등이 여전히 개선해야 할 문제점으로 지적되고 있다. 산업연구원의 실태조사에 따르면 주식회사 설립에 따른 구비서류수는 모집설립의 경우 정관, 이사회의사록 등 37종류 58개 서류가 필요한 것으로 나타났으며 자본금 5,000만원인 주식회사 설립에 소요되는 실제 비용은 평균 100만 5,000원으로 조사되었다.

세계은행(World Bank)이 2005년 9월에 발표한 '기업활동보고서(Doing Business)'에 따르면 창업하기 좋은 국가 순위에서 한국은 조사대상 155개 국가 중 97위를 기록한 것으로 나타났다. 이는 창업 초기 기업을 위한 규제개혁이 상대적으로 미흡한 것으로 평가할 수 있다.

〈표 22-4〉 창업하기 좋은 국가 순위 및 창업단계, 창업 소요기간

	창업 용이도 순위	창업단계 수	창업 소요기간(일)
캐나다	1위	3단계	3일
호 주	2위	2단계	2일
독 일	47위	9단계	24일
일 본	81위	11단계	31일
한 국	97위	12단계	22일

자료 : World Bank, Doing Business, 2005.

제3절 전략

향후 혁신형 중소기업을 효과적으로 육성하여 10년 후 30,000달러 시대를 열어갈 활력있고 창조적인 중소기업 생태계를 조성하기 위해서는 중소기업의 기술력을 획기적으로 제고시키기 위한 기술개발 지원에 주력해야 한다.

그 동안 중소기업 문제는 대부분 금융측면에서 발생했다고 할 수 있다. 향후 중소기업 금융문제를 해소하기 위해서는 선진 금융기법의 도입 및 중소·벤처기업에 적합한 금융상품을 개발해야 하며 중소기업금융을 활성화하기 위한 신용보증기능이 원활하게 작동되어야 한다.

중소기업이 국내의 협소한 시장을 탈피하기 위해서는 해외시장을 적극적으로 개척할 필요가 있다. 정부는 맞춤형 지원을 통해 중소기업의 글로벌 네트워킹(global networking)을 적극적으로 지원하고 해외진출 중소기업에 대한 현지 지원을 강화할 필요가 있다.

또한, 그 동안 마련해온 중소기업정책의 이행사항을 점검하고 평가하여 정책의 실효성(policy effectiveness)을 제고해 나가는 것도 중요하다. 특히, 2005년 5월 이후 정책화되어 추진되고 있는 대·중소기업간 상생협력사업의 이행력 제고 등이 필요하다고 할 수 있다. 중소기업의 경쟁력 제고를 위해서는 정책자금 및 조세 지원 못지않게 규제개혁(regulatory reform)이 필요하며 지원대상을 합리적으로 설정할 필요가 있다.

정부는 향후 창업 등 기업활동에 따른 규제를 획기적으로 개선해 나가야 하며 중소기업의 범위를 합리적으로 조정할 필요가 있다.

중소기업의 혁신역량 및 글로벌 경쟁력을 강화시키기 위한 전략을 다음 5가지 측면에서 살펴본다.

1. 중소기업 R&D 지원사업 강화

1.1 혁신형 중소기업 기술개발 지원자금 확충

혁신형 중소기업이 한국경제의 동력으로서 역할을 수행하도록 하기 위해서는 무엇보다 기술경쟁력(technological competitiveness) 확보를 위한 신제품·신기술 개발(사업화 직전 단계의 기술개발)을 적극적으로 지원해야 한다. 혁신형 중소기업에 대한 기술개발자금의 중심 축을 이루는 중소기업청의 기술혁신개발자금, 산학연공동기술개발자금, 상용화기술개발자금 등의 지원규모는 2004년 2,120억 6,200만원에서 2005년에는 2,316억 6,000만원으로 195억 9,800만원 증가한 것으로 나타나고 있다.

〈표 22-5〉 중소기업청의 중소기업 기술경쟁력 강화 예산 규모

(단위 : 백만원, %)

	2003	2004	2005
기술혁신개발사업	110,100	130,550	142,200
산학연공동기술개발(균특)	34,120	39,120	42,100
협동형기술개발	2,000	2,500	2,500
상용화기술개발	9,952	9,902	15,900
직무기피요인해소사업	17,400	29,730	28,700
대학기술이전센터지원	450	260	260
합계(A)	174,022	212,062	231,660
한국의 R&D 예산규모(B)	5,576,800	6,099,500	6,736,800
A/B(%)	3.12	3.48	3.44

자료 : 중소기업청, 과학기술부

이 같은 혁신형 중소기업의 기술경쟁력 제고를 위한 기술개발 자금의 규모(2005년 기준)는 R&D 예산 대비 3.44%에 불과하여 혁신형 중소기업을 집중 육성하여 여타 중소기업의 동반 성장을 유도하는 데 한계를 노출시키고 있다. 특히, 2004년도 중소기업청의 기술개발자금 중 가장 큰 규모를 차지하는 기술혁신개발사업의 경우 지원율(지원/신청)이 업체 수 기준 44.2%, 금액기준으로는 35.98%에 불과하여 중소기업들의 수요에 비해 지원금액이 크게 부족한 실정이다.

〈표 22-6〉 중소기업 기술혁신·개발자금 수요 대비 지원비율

(단위 : 개, 억원, %)

	2003			2004		
	신청(A)	지원(B)	비율(B/A)	신청(A)	지원(B)	비율(B/A)
〈업체수 기준〉						
기술혁신개발사업	3,861	1,654	42.8	4,260	1,883	44.2
산학연공동기술개발	3,257	2,757	84.6	3,748	2,876	76.7
기업협동형기술개발	98	34	34.7	-	-	-
기업상용화기술개발	472	150	31.8	328	143	43.6
직무기피요인해소	117	57	48.7	378	159	42.1
합계	7,805	4,652	59.6	8,714	5,061	58.1
〈금액 기준〉						
기술혁신개발사업	3,330	1,101	33.1	3,630	1,306	36.0
산학연공동기술개발	550	341	62.0	606	391	64.5
기업협동형기술개발	183	45	24.6	-	-	-
기업상용화기술개발	416	99	23.8	348	99	28.5
직무기피요인해소	442	174	39.4	844	297	35.2
합계	4,921	1,760	35.8	5,428	2,093	38.6

자료 : 중소기업청

향후 중소기업의 기술개발을 촉진하고 원천 및 응용기술을 개발한 중소기업의 사업화 성공률을 제고시키기 위해서는 중소기업청의 기술경쟁력 강화 예산의 규모를 2005년 연구·개발(R&D) 예산 대비 3.44%에서 2006년 4.0%, 2007년 4.5%, 2008년에는 5.0% 수준까지 확대한다는 목표를 설정하고 단계적으로 증대시킬 필요가 있다.

이와 함께 향후 중소기업청의 기술개발자금은 사업화 직전단계 지원에 특화하여 여타 부처의 R&D 자금과 차별화되도록 하되, 여타 부처의 R&D 자금 운용실태를 점검하여 정부의 중소기업 기술개발자금이 효율적으로 집행되도록 해야 한다.

1.2 공공기관의 중소기업기술개발지원(KOSBIR) 사업 강화

KOSBIR 사업은 범정부적인 중소기업 기술개발 지원체계를 구축하기 위해 1998년부터 연간 300억원 이상의 연구·개발 예산을 운영하는 15개 정부부처 및 정부투

자기관에 대해 중소기업청이 예산의 5%를 권장비율로 정하여 중소기업 기술개발에 지원하도록 하는 제도이다.

2004년의 경우 KOSBIR 사업에 참여하는 15개 기관의 R&D 예산 4조 2,006억원 중 15.8%인 6,624억원이 중소기업에 지원되었다.

그러나 KOSBIR 사업에 의한 기관별 중소기업 지원비율(5.0%)은 권장사항일 뿐이며 그 비율 또한 모든 기관에 일률적으로 적용되고 있기 때문에 기관별로 중소기업에 대한 기술개발지원자금이 실질적으로 집행되고 있는지 확인하기 어려우며 중소기업에 대한 기술개발자금 지원을 확대하는 데에도 한계가 있는 실정이다.

〈표 22-7〉 기관별 KOSBIR 사업 지원실적 및 2005년도 계획

(단위 : 억원, %)

	2004			2005 지원계획		
	R&D예산 (A)	지원액 (B)	지원비율 (B/A)	R&D예산 (A)	지원액 (B)	지원비율 (B/A)
국 방 부	6,684	637	9.6	7,885	804	10.2
과학기술부	9,912	1,098	11.1	4,273	427	10.0
농 림 부	430	34	7.9	450	34	7.6
산업자원부	9,581	3,190	33.3	13,862	4,260	30.8
정보통신부	6,330	569	9.0	6,982	581	8.4
보건복지부	1,537	294	19.2	1,657	316	19.1
환 경 부	1,264	322	25.5	1,349	340	25.2
건설교통부	453	172	38.0	657	193	29.4
해양수산부	1,200	38	3.2	1,406	24	1.7
소 계	37,391	6,354	17.0	38,521	6,979	18.2
전력공사	2,608	180	6.9	2,658	208	7.9
주택공사	355	21	6.0	893	46	5.2
수자원공사	809	30	3.7	1,075	55	5.2
도로공사	318	20	6.3	466	28	6.0
토지공사	255	3	1.2	388	9	2.4
가스공사	270	16	6.0	337	17	5.1
소 계	4,615	270	5.9	5,817	363	5.0
총 계	42,006	6,624	15.8	44,338	7,342	16.6

자료 : 중소기업청

정부는 2005년도 중소기업청의 중소기업 기술경쟁력 지원예산 2,317억원만으로는 혁신형 중소기업의 기술개발자금 지원수요에 부응하기 어렵다는 점을 고려하여 KOSBIR 사업 참여기관을 점진적으로 확대하는 방안을 강구해야 한다. 또한, KOSBIR 사업에 참여하는 해당 기관에 대한 실태조사를 통해 부처별·기관별 실정에 부합한 중소기업 R&D 지원 목표비율을 설정해야 하며 해당 기관별 중소기업 R&D 지원 목표비율 준수 의무화를 실시할 필요가 있다.

1.3 중소기업 기술 인프라 지원 확대

우리 중소기업의 전반적인 기술수준은 선진국의 73% 수준을 나타내고 있다. 이는 주로 중소기업의 기술인력 및 연구설비가 부족하고 연구·개발 투자역량 등이 미흡하기 때문으로 분석된다. 현실적으로 다수의 중소기업이 R&D 능력이 미흡하여 R&D 활동을 제대로 하지 못하고 있는 실정을 고려하여 중소기업들이 필요로 하는 보다 상업화 지향적이고 현장의 문제 해결형 연구·개발 기능을 수행해주는 방식의 지원이 필요하다. 현재 이 같은 지원기능이 이미 생산기술연구원, 중소기업진흥공단, 산학연 공동연구개발 컨소시엄사업 등을 통해 수행되고 있어 향후 이런 지원기능을 보다 강화해야 한다.

대만의 경우 중소기업의 연구·개발 능력 부족을 공공연구기관인 ITRI(공업기술연구원)가 지원하고 있는데 한국과 상이한 점은 동 연구원이 단순히 R&D 수행을 넘어 담당 연구원은 참여시켜 직접 회사를 창설하는 분사화(spin-off) 기능까지 하고 있다는 점이다.

향후 중소기업이 기술혁신을 촉진시키기 위해서는 대학 및 연구기관의 기술인력 및 연구설비에 대한 database 구축을 통해 중소기업의 공동활용을 지원할 필요가 있다. 또한, 주요 거점별 디자인 혁신센터를 통해 디자인산업 등의 창의개발(C&D : Creation & Development) 지원도 확대해야 한다.

2. 중소기업 금융(자금조달) 인프라 구축·정비

정부는 약 5조원 규모의 정책자금(융자)을 지원하고 있으나 정책적 차별성보다는 저금리 지원에 중점을 두고 있다. 특히, 기술혁신형 중소기업의 경우 기술평가의 전문성과 객관성 부족으로 기술력은 있으나 물적 담보 및 영업실적이 없어 자금을 조달하는데 있어서 큰 어려움에 직면해 있다. 또한, 중소기업이 기술평가를 받았다고 하더라도 기관간 공동활용이 미흡하여 기술신용보증기금을 통한 보증지원을 제외한 기술거래 등에는 활용이 미미한 실정이다.

정부는 향후 중소기업 기술평가의 전문성을 강화하고 기술평가정보의 공동활용 체제 구축 및 기술평가 표준모델 개발 등을 통해 원활한 기술거래 및 인수·합병(M&A)이 이루어지게 함으로써 기술기반 기업의 자금조달 인프라를 구축해야 한다. 한편, 그 동안 중소기업에 대한 신용정보 및 신용평가자료가 부족하여 은행의 담보위주 대출관행을 지속시키는 요인으로 작용해 왔다고 할 수 있다. 이 같은 문제점을 해소하기 위해 정부는 중소기업에 대한 신용정보 인프라가 조기에 정착할 수 있도록 4대 보험 정보 등 공공정보를 2005년 3월에 설립된 중소기업 전문 신용정보회사인 한국기업 데이터주식회사에 집중하는 방안을 추진하고 중소기업정책자금 지원시 (주)한국기업데이터의 평가보고서를 활용하는 방안을 수립하여 중소기업에 대한 신용대출과 투자활성화(investment vitalization)를 도모해야 한다.

벤처기업에 대한 투자는 2000년 코스닥 버블(bubble)이 붕괴되면서 투자가 위축되고 2004~2005년 기간에 만기가 도래하여 해산하는 창업투자조합이 많아 벤처기업에 대한 투자규모의 감소 가능성이 제기되고 있다. 향후 벤처기업에 대한 투자를 확대시키기 위해서는 정부의 모태펀드(2005~2008년까지 1조원 규모)에 의한 창투조합 투자 확대와 함께 연기금의 창투조합 출자 확대, 산업은행 및 기업은행의 중소벤처기업 전문펀드 조성, 민간투자를 촉진하기 위한 세제 등의 투자유인 강화를 통해 벤처캐피털의 안정적 재원을 확보해야 한다. 한편, 정부는 중소기업의 부족한 담보력을 보완하여 금융기관을 통한 자금융통을 원활하게 하기 위해 신용보증기금과 기술신용보증기금을 설립하여 운영하고 있다.

그러나 중소기업금융의 보완기능을 수행하는 신용보증기관(신용보증기금, 기술신용보증기금)의 예산편성권은 중소기업청, 지도·감독권은 재정경제부로 이원화되어 운영되고 있다. 이는 신용보증기관의 예산 확보 및 중소기업 금융보완 기능을 원활하게 수행하게 하는 긍정적 측면이 있으나 예산편성 및 지도·감독기능의 이원화로 인해 해당 기관들이 정책목적에 맞게 중소기업에 대한 신용보증기능을 수행하고 있는지에 대한 확인을 어렵게 하는 문제점이 있다.

최근 신용보증기금과 기술신용보증기금의 중복보증 현상이 심해 대위변제율이 제고되는 결과가 초래되고 있다. 실제로 2004년도 신용보증기금의 보증지원 중 기술신용보증기금과 중복되는 비율은 27.8%(8조 5,221억원), 기술신용보증기금은 전체의 53.9%(7조 2,042억원)로 나타났다. 이는 신용보증기관에 대한 예산편성권과 지도감독권이 이원화됨으로 인해 발생한 측면도 크다고 할 수 있다. 일본의 경우 중소기업사업단과 신용보험공고가 통합・운영되고 있으며 중소기업청이 예산 편성 및 관리・감독기능을 수행함에 따라 중소기업에 대한 보증기능이 효과적으로 이루어지고 있다.

향후 신용보증기관에 대한 예산편성권과 지도・감독권은 중소기업에 대한 신용보증 지원기능의 원활한 수행이라는 측면에서 단일 부처로 일원화하는 방안이 추진되어야 한다. 특히, 기술신용보증기금의 경우는 혁신형 중소기업 육성을 위한 보증지원으로 그 기능이 특화되었기 때문에 이에 부합할 수 있도록 해당 기관의 예산 편성권 및 지도감독권을 중소기업청으로 일원화하여 운영하는 것이 바람직하다.

3. 중소기업의 글로벌 네트워킹 지원 강화

중소기업의 수출은 우리 전체 수출의 약 40%를 차지하고 있으나 수출 중소기업의 수는 아직 30,000개 수준으로 수출잠재력(수출가능업체 10만개로 추산)에 비해 작은 편이라고 할 수 있다. 향후 중소기업의 글로벌화를 지원하기 위해 정부는 다음 5가지 측면을 고려해야 한다.

3.1 수출능력별 맞춤 지원을 통한 중소기업의 해외진출 확대

이를 위해 수출 초보 중소기업에 대해서는 KOTRA 등 전문기관을 활용하여 초기 단계부터 해외시장조사 및 무역실무교육 등을 밀착 지원하고, 수출 경험이 풍부한 중소기업에 대해서는 해외전시회 파견 등 다양한 해외마케팅 기회를 제공할 필요가 있다.

3.2 해외 거점 진출기업에 대한 현지 지원 강화

이를 위해 수출인큐베이터(export incubator) 및 민간해외지원센터를 활용하여 현지 마케팅 및 법인설립 등 중소기업의 해외 현지 조기 정착을 지원하고 중소기업진흥공단·KOTRA 등 해외 현지 수출지원기관과의 협력네트워크 구축을 통해 중소기업의 글로벌화(globalization)를 촉진시킬 필요가 있다.

3.3 비관세 수출장벽의 해소 지원

수출 중소기업의 디자인·브랜드 개발 및 글로벌 아웃소싱(global outsourcing) 참여를 위해 필요한 해외 유명규격인증(CE, UL 등) 획득을 지원하여 환경·안전 등에 대한 비관세 수출장벽(non-tariff export barrier) 해소를 적극적으로 지원해야 한다.

3.4 해외시장에 대한 정보제공 및 컨설팅 강화

최근에는 수출시장 중 해외 소매유통망과 국제조달시장이 유망한 시장으로 급부상하고 있다. 정부는 향후 수출 중소기업을 대상으로 해외유통시장, 국제조달시장 등에 대한 정보제공 및 컨설팅을 강화해야 한다.

3.5 해외현지 지원시스템 강화

주요 거점별로 공동물류센터 및 A/S센터 설치 등을 통해 해외 현지 지원시스템을 강화할 필요가 있다.

4. 대·중소기업 상생협력의 이행력 제고

대·중소기업간 상생협력사업이 실효성있게 추진되도록 하기 위해서는 정부 주도의 사업추진이 아닌 당사자간 자발적 협력분위기를 조성해야 하며 상시적인 대·중소기업간 상생협력체제가 구축되도록 하는 것이 중요하다. 정부는 해당 업계와 공동으로 대·중소기업 협력지표를 개발하고 대기업이 발표한 중소기업과 협력사업의 이행력을 제고할 수 있어야 한다.

이를 위해 대·중소기업 협력평가센터 설치를 통해 대·중소기업간 협력의 정도와 의지를 평가할 필요가 있다. 대·중소기업 협력평가센터는 산업에 대한 이해도가 높고 대·중소기업협력과 관련하여 객관적이고 중립적인 평가업무를 수행할 정부출연연구기관에 설치하여 운영하는 것이 바람직하다.

대·중소기업 상생협력사업에 대한 평가결과 우수 협력사례가 발굴되면 이를 널리 홍보하고 이러한 성공사례가 확산될 수 있도록 해야 하며 세무조사, 공공구매사업 참여 등에서 강력한 인센티브 부여 방안을 마련하여 추진할 필요가 있다. 한편, 대·중소기업 상생협력사업은 기업의 사회적 책임(CSR : Corporate Social Responsibility) 논의와 연계하여 추진하는 방안도 강구해야 한다. 대·중소기업 협력의 경우 기본적으로는 기업의 경제적 이해(economic interest)에 기반을 두고 추진되어야 하나 한국경제의 지속가능한 발전(sustainable development)의 잠재력과 관련이 있다는 점에서 대·중소기업 협력을 사회적 책임 논의의 틀에서 포함시킬 필요가 있다. 기업의 사회적 책임은 최근 들어 단순 논의의 차원을 넘어 규범화되는 추세를 보이고 있다. 국제표준화기구(ISO)는 품질경영(ISO 9000)과 환경경영(ISO 14000)에 이어 2008년에는 사회적 책임경영도 ISO 26000으로 표준화할 계획으로 있다.

5. 중소기업 관련 규제 및 제도 개선

한국경제가 활력을 찾고 지속적으로 성장해 나가기 위해서는 중소기업의 활발한 창업이 이루어져야 하며 지원대상 중소기업의 범위를 합리적으로 설정하여 운용할 필요가 있다. 창업을 촉진하기 위해서는 최저자본금제도의 폐지, 법인설립 서류 및 절차의 간소화가 필요하다. 또한, 한정된 재원으로 혁신형 중소기업을 효율적으로 지원하기 위해서는 중소기업 범위를 합리적으로 축소시킬 필요가 있다.

5.1 창업 촉진적인 규제개혁 추진

창업기업의 주식회사 설립에 따른 최저자본금제도는 주식회사의 남설·부실로 인한 채권자 보호, 소액주주 보호 및 주식회사의 신뢰성 확보에 있다고 할 수 있다.

그러나 상법에서 규정하고 있는 최저자본금제도(5,000만원 이상)는 위장 납입에 의해 운영되고 있다는 현실을 고려해 볼 때 실효성 없는 제도로 평가할 수 있다. 최저자본금제도 운영과 관련하여 프랑스의 경우는 2004년도에 최저자본금(7,500유로)을 폐지하여 1유로의 회사 설립이 가능하도록 하였으며 일본도 2005년도에 회사법 개정을 통해 최저자본금 관련 규정을 폐지한 바 있다.

우리의 경우 최저자본금제도가 실효성을 가지지 못하고 있으며 주식회사 설립에 따른 선진국의 최저자본금제도가 폐지되는 추세를 고려할 때 우리도 창업에 따른 최저자본금제도의 폐지를 추진해야 한다. 이는 최저자본금제도의 폐지는 주식회사 설립에 따른 구비서류 과다 및 절차 복잡화의 문제뿐만 아니라 창업기업의 비용절감에도 기여하게 되어 창업을 촉진할 수 있기 때문이다.

한편, 창업기업이 주식회사 설립등기시 제출해야 하는 관련 서류는 대부분 정형화되어 있다. 따라서 창업자가 법인설립 서류를 직접 작성하여 등기절차를 이행할 수 있도록 정관, 이사회의사록 등 관련 서류를 표준화할 필요가 있다. 또한, 법인설립 관련 서류의 견본 및 작성방법 등을 제시하여 창업자들이 용이하게 활용할 수 있도록 해야 한다. 법인설립 서류의 표준화가 이루어지면 단기적으로는 중소기업청의 '창업넷' 또는 시·군·구의 '창업민원정보망'(향후 구축) 등에 표준화된 법인설립 관련 서류양식 등을 등록함으로써 창업자들의 편의를 도모해야 하며 중장기적으로는 온라인 법인설립 등기제도를 도입함으로써 법인설립 절차를 간소화할 필요가 있다.

현재 주식회사 설립등기를 위해 정관, 창립총회의사록과 이사회의사록에 대한 공증인의 인증이 필요하다. 그러나 향후에는 일본과 같이 정관만 공증하여 활용할 수 있도록 개선할 필요가 있다.

또한, 주식회사 설립등기를 수행하는 과정에서 공증인에게 관련서류를 인증받기 위해 법무사 등이 중간자적 역할을 수행함에 따라 발생하는 비용부담의 문제점도 개선할 필요가 있다. 이를 위해서는 우선 법률구조공단(전국 57개소 지부 및 출장소)과 같은 기관에서도 주식회사 설립과 관련한 공증업무를 수행할 수 있도록 해야 하며 중장기적으로는 법무부가 전자공증제도 도입방안을 추진하는데 있어 공증 주체로 전자공증시스템에 참여하는 변호사, 법무사, 법률구조공단 등에서도 공증업무를 수행할 수 있도록 제도를 개선할 필요가 있다.

5.2 중소기업 범위의 합리적 축소 조정

중소기업 범위는 중소기업정책의 적용대상을 정하는 가장 기본적인 사항이기 때문에 경제여건의 변화, 지원의 실효성 등을 고려하여 합리적으로 설정되어야 한다. 우리의 경우 중소기업의 범위는 그 동안 지원재원 등 정책수단이 한정되어 왔음에도 불구하고 전반적으로 그 범위를 확대(1983년 500인 → 1986년 700인 → 1987~현재 1,000인)해 옴으로써 지원대상 기업들의 수요를 충족시키지 못해 정책의 실효성(policy effectiveness)을 저하시키는 요인으로 작용하였다. 이에 비해 광공업 부문의 업체당 평균 근로자 수는 1983년 56명에서 1993년 32명, 2003년 24명으로 지속적으로 감소 추세를 보이고 있다.

이 같이 광공업 부문의 업체당 평균 근로자 수가 1970년대 중반 이후 지속적으로 감소하는 추세를 보이고 있음에도 불구하고 상시 근로자 수 기준에 의한 중소기업 범위는 1983년 이후 상향 조정되어 왔다는 문제점이 지적되고 있다. 이는 중소기업 지원재원이 제약되어 있음에도 불구하고 신중한 판단없이 업계의 중소기업 범위 확대 요구를 정부와 정치권이 수용해왔기 때문으로 해석할 수 있다. 한편, 우리의 중소기업 범위는 일본, 대만, 유럽연합(EU) 등에 비해 높게 설정되어 있을 뿐만 아니라 중소기업 범위 한도를 제조업의 경우 상시 근로자 수 1,000인, 매출액 1,000억원까지로 규정하고 있다. 향후 중소기업의 범위는 한정된 재원의 효율적 활용이라는 차원에서 중소기업 지원에 따른 실효성을 제고할 수 있도록 합리적으로 축소 조정하는 방안이 수립되어야 한다. 이는 중소기업 지원재원이 제한되어 있는 상태에서 중소기업 범위만을 확대하면 상당수의 중견기업이 정책자금 등의 수혜대상이 되어 정부가 중점을 두고 있는 혁신형 중소기업 육성에 제약이 발생하게 된다.

〈표 22-8〉 상시 근로자 수 기준에 의한 중소기업 범위의 변화 과정

구분	1966	1976	1983	1986	1987~현재
광업 · 제조업	200	300	500	700	1,000

주 : 1982년까지는 '중소기업기본법' 상의 일반적 기준에 의한 범위이며 1983년부터는 특례업종의 상한 범위이고 현재는 업종별 중소기업 상한 범위임

〈표 22-9〉 중소기업 범위의 국제 비교(제조업 기준)

	중소기업 범위	중소기업 범위 한도
한 국	상시 근로자 수 300인 미만 또는 자본금 80억원 이하	근로자 수 1,000인 매출액 1,000억원
일 본	상시 근로자 수 300인 이하 또는 자본금 3억엔(30억원 수준) 이하	
대 만	상시 근로자 수 200인 또는 자본금 8,000萬元(25억원 수준) 이하	
E U	상시 근로자 수 250인 미만 연간 매출액 5,000만 유로(600억원 수준) 이하	

주 : 우리나라 중소기업기본법에 의한 중소기업은 제조업의 경우 상시 근로자 수 300인 미만 또는 자본금 80억원 이하로 규정되고 있으며 양 기준 중 하나를 충족하면 중소기업으로 인정하는 택일주의 방식을 적용하고 있음. 따라서 상시 근로자 수 1,000인, 매출액 1,000억원까지의 기업이 중소기업으로 인정되고 있음

제 4 절 실행계획

1. 정부와 시장의 역할분담

정부는 2004년 7월 '중소기업 경쟁력 강화 종합대책(7.7 대책)'을 발표한 이후 '벤처기업 활성화 대책', '중소기업 금융지원체계 개편 방안' 등 6차례에 걸쳐 중소·벤처기업 대책을 마련한 바 있다.

이 같은 중소기업정책은 세부 추진과제 등이 구체적으로 제시되어 현재 이행과정에 있다. 향후 중소기업정책의 이행력 및 실효성 제고 차원에서 정부의 역할을 재검토해 보면 다음과 같다. 우선 정부는 '선택과 집중'에 의해 혁신형 중소기업 육성정책을 추진하고 있으나 그 과정에서 과다한 양적 목표(2008년까지 30,000개의 혁신형 중소기업)를 설정하고 있다. 또한, 중소기업 지원의 실효성을 제고시키기 위해서는 지원대상 중소기업의 범위를 적정하게 설정할 필요가 있다. 중소기업 지원재원이 한정되어 있는 상태에서 중소기업 범위만을 확대할 경우 혁신형 중소기업 육성정책이 제약을 받게 되기 때문에 정부는 일부 서비스업을 제외한 중소기업 범위

확대를 지양해야 한다.

중소기업들도 내수시장에만 의존하지 말고 지속적인 경영 및 기술혁신을 통해 글로벌시장에 적극적으로 진출하여야 한다. 수요감소, 원가상승, 기술변화 등으로 더 이상 경쟁력을 확보하기 어려운 한계 기업들은 해외투자, 업종전환 등 과감한 전략을 모색할 필요가 있다. 또한, 은행들도 담보위주의 대출관행에서 탈피하여 기술력 있고 창의적인 중소기업들에게 자금이 원활하게 유입될 수 있도록 보다 적극적인 경영활동을 전개할 필요가 있다.

2. 중점 추진과제(2006년)

정부가 추진하는 중소기업정책 중 그 우선 순위는 다음과 같다. 우선 혁신형 중소기업 육성을 통한 중소기업의 경쟁력 제고에 있어 중요한 원천은 기술력이다. 따라서 중소기업의 R&D 예산이 확대되어야 한다. 다음으로 창업과 성장단계에서의 원활한 자금조달을 위한 벤처캐피털(venture capital), 금융(자금조달) 인프라 확충 및 정비가 시급하다. 중소기업의 글로벌 네트워킹 지원, 대·중소기업 상생협력 등의 분야에서는 정부의 직접적 지원보다는 정보 제공, 공통 애로사항 해소, 유인수단 제공 등을 통해 간접적 지원자 또는 전략적 설계자의 역할을 수행할 필요가 있다.

정부가 중소·벤처기업의 활력을 제고시키기 위해 추진해야 할 중점과제(2006년)는 다음 5가지로 정리될 수 있다.

2.1 중소기업 R&D 지원사업을 강화하기 위해 중소기업청의 기술경쟁력 강화 예산을 2005년도 R&D 예산 대비 3.44%에서 2006년도에는 4.0%(2005년도 대비 400억원 확충)로 확대

이와 함께 KOSBIR 사업에 참여하는 부처별·기관별 중소기업 R&D 지원 목표 비율을 설정할 필요가 있으며 해당 기관별 중소기업 R&D 지원 목표비율 준수의 의무화를 검토할 필요가 있다.

2.2 중소기업에 대한 신용정보 및 기술평가 인프라 구축, 벤처캐피털의 투자재원 확충을 통해 중소기업의 금융(자금조달) 원활화 도모

기술신용보증기금의 경우 혁신형 중소기업 육성을 위한 보증지원으로 그 기능이 특화되었기 때문에 이에 부합할 수 있도록 해당 기관에 대한 지도감독권을 중소기업청으로 이관하여 운영해야 한다.

2.3 대·중소기업 상생협력 사업의 이행력 제고를 위해 대·중소기업 협력지표 개발

이와 함께 대기업이 발표한 중소기업과 협력사업의 이행력을 제고할 수 있도록 대·중소기업 협력평가센터를 설치하여 운영할 필요가 있다.

2.4 창업 촉진을 위한 규제완화(deregulation) 대책으로 최저자본금제도(5,000만원)의 폐지, 법인설립 서류의 표준화 및 절차간소화 추진

이와 함께 중소기업 범위의 합리적 축소 조정 방안도 검토할 필요가 있다.

2.5 기타 중소기업의 글로벌 네트워킹 지원, 대·중소기업 협력유도

이 같은 정책은 기존 중소기업정책의 실행상태를 점검하여 중소기업의 활력 제고 차원에서 지속적으로 추진해야 한다.

제23장

대외개방의 적극적 활용

제1절 개방의 필요성

대외개방의 필요성을 다음 3가지 측면에서 살펴본다.

1. 높은 대외의존도

한국이 지속가능한 경제성장(sustainable economic growth)을 하기 위해서는 대외 지향적 또는 무역 의존적 경제정책(trade-dependent economic policy)을 추진해야 함은 재론의 여지가 없다. 1960년대 이후 한국은 수출지향적인 경제성장정책(export-oriented economic growth policy)을 추진하여 괄목할만한 성장을 이룩하였다. 이는 동일한 시기 수입대체정책(import substitution policy)을 추진하였던 중남미 국가와는 커다란 대조를 보였다. 한국은 수출이 급속히 성장하여 2004년 약 2,538억 달러의 수출을 기록함으로써 세계 12위의 수출대국으로 성장하였다.

한국의 대외의존도는 지속적으로 증가하여 서비스무역까지 포함하여 2004년 83.8%를 기록하였다. 네덜란드, 아일랜드 등 국가규모는 작으나 적극적인 개방을 통하여 높은 성장을 이룩한 국가들은 물론 한국과 같이 강한 제조업 경쟁력을 보유하고 있는 독일도 무역의존도가 매우 높다. 반면 내수시장 규모가 큰 미국이나 일본은 상대적으로 무역의존도(trade dependence)가 낮은 편이다.

〈표 23-1〉 주요 국가의 대외의존도[1)]

(단위 : %)

연도	한국	아일랜드	네덜란드	독일	중국	일본	미국
1980	73.3	112.6	104.2	55.1	15.5	27.9	20.6
1985	65.0	117.6	119.8	63.8	24.1	25.0	17.0
1990	59.4	109.3	105.3	61.6	31.8	19.9	20.4
1995	58.7	141.6	109.0	47.4	45.7	16.8	23.2
2000	78.5	182.2	129.7	66.4	49.1	20.2	25.1
2004	83.8	144.9	125.5	71.1	66.1[2)]	24.3	24.1

주) 1) : 상품 및 서비스 무역액/GDP
2) : 2003년 수치임
자료 : IMF, World Bank

2. 개방이 불가피한 대외적 환경

대외적 환경의 변화로 다음 2가지 측면을 지적할 수 있다.

2.1 글로벌화의 진전

대외적 환경 역시 글로벌화(globalization)가 급속히 진전되는 등 급변하고 있다. 세계무역기구(WTO)를 중심으로 한 다자차원에서의 경제통합(economic integration)과 자유무역협정(FTA)을 중심으로 한 지역차원에서의 경제통합 모두 급속히 진전되고 있다. 그 동안 폐쇄적 발전전략에 따라 경제성장이 지체되었던 BRICs(브라질, 러시아, 인도, 중국)가 개방을 통해 세계경제에 편입되면서 세계경제 지형도 커다란 변화를 보이고 있다. 또한, 글로벌화의 진전에 따라 상품은 물론 자본·기술·노동 등 생산요소의 자유로운 이동이 확산되고 있다. 이에 대응하여 기업들은 판매활동뿐만 아니라 모든 생산 관련 활동까지 글로벌화를 진행하는 글로벌 네트워킹(global networking)이 심화되고 있다. 이러한 글로벌화를 능동적으로 활용하면 경쟁의 촉진을 통해 기업경쟁력(corporate competitiveness) 제고, 공정한 시장질서(fair market order) 확립, 경제 투명성(economic transparency) 강화 등 경제선진화에도 기여하게 된다.

2.2 지식기반경제로의 이행

또 다른 세계경제의 흐름은 지식기반경제(knowledge-based economy)로의 이행이다. 정보통신기술(IT)의 발전과 더불어 상품 제조공정 위주의 경제구조가 '정보'와 '지식'이 가치창조(value creation)의 주요 원천이 되는 지식기반경제로 전환되고 있다. 또한, 지식기반산업은 막대한 자금이 소요되는 연구·개발(R&D)이 기초가 되기 때문에 글로벌화에 의해 통합된 세계시장이 지식기반산업의 존립기반이 되고 있다.

한국의 경제구조와 전세계적인 글로벌화 및 지식기반경제로의 이행 등을 고려할 때 현재의 글로벌 경제환경(global economic environment)에서 한국이 보다 높은 수준의 개방을 이루지 못할 경우 지속적인 수출 증대가 어려운 상황에 직면해 있다. 즉, 글로벌화가 급진전되는 환경 하에서 보다 적극적으로 개방을 추진하지 않을 경우 산업경쟁력(industrial competitiveness)이 약화되고 이에 따라 수출이 감소됨으로써 수출이 주도하고 있는 한국경제는 큰 타격을 입게 된다. 또한, 개방을 통해 글로벌 경쟁에 노출될수록 비교열위(comparative disadvantage)의 산업에서 비교우위(comparative advantage)산업으로 자원의 효율적 배분(efficient distribution of resources)이 전개되어 경제 전체의 효율성이 제고될 수 있다. 따라서 개방은 글로벌 시장에서의 생존을 위하여 한국이 선택해야 할 필수적인 조건이라고 할 수 있다.

3. 개방의 부작용 최소화를 위한 정책대응 필요

개방으로부터 발생하는 사회적 비용(social cost)도 무시할 수는 없다. 시장개방(market opening)이 심화되거나 급속도로 진행될 경우 경쟁력을 상실한 부문에서는 고용이 감소하고 심지어 기업이 도산할 가능성도 증대된다. 한국의 경우 농업분야는 물론이고 섬유, 신발, 가전제품 등을 생산하는 제조업체나 요식업, 숙박업 등 경쟁력이 약한 일부 서비스 분야 등 노동집약적 산업(labor-intensive industry)에서는 이 같은 현상이 발생할 가능성이 큰 편이다. 특히, 비용이나 인적구조가 취약한 중소기업의 경우에는 더욱 큰 타격을 입을 수도 있다. 즉, 개방화는 구조조정에 따른 고통과 갈등, 양극화 현상 등 다수의 어려움을 야기시킬 수 있다. 따라서 개방화를 추진하기 위해서는 개방으로 인한 구조조정과 그에 따른 고통, 양극화 확대 등의 문제에 대하여 적절한 대책의 수립도 함께 이루어져야 한다.

제2절 비전의 제시

1. 개방의 새로운 패러다임

국제사회에서 한국의 위상이 제고되면서 이전과 같이 개도국 지위에 편승해서 자유무역질서(free trade order)라는 국제적 공공재(international public goods)에 무임승차(free riding) 하는 것은 더 이상 가능하지 않다. 최근 진행되는 양자간 협상(bilateral negotiations)에서 엄격한 상호개방이 요구되고 있으며 다자간 협상(multilateral negotiations)에서도 선진개도국으로서의 적극적 역할을 요구받고 있다. 이전에 한국의 통상관은 일종의 개도국형 중상주의로 수출확대를 위해서는 시장개방이 불가피하다는 '개방불가피론'으로 간주할 수 있다. 개방불가피론은 개방의 긍정적 효과를 적극적으로 인식하기보다는 개방하지 않았을 경우의 피해를 강조하는 수동적인 통상관으로서 선진국 진입을 위해서는 과감히 탈피해야 하는 시각이다.

대외개방과 대내개혁이 밀접히 연계되어 있는 세계화 시대의 현실에서 국내에는 아직 대외개방을 대외정책으로 인식하는 시각이 존재하고 있다. 그러나 대외개방과 대내개혁이 연계되어 추진되지 않을 경우 개방의 긍정적 효과를 충분히 활용하기 힘들게 되며 최악의 경우 국내경제의 위기까지 발생할 수 있다. 우리는 외환위기(foreign exchange crisis) 이후 개방을 적극적으로 추진하였으나 대내제도의 동반개혁과 인식전환이 미흡하여 최근에는 국수주의적인 반개방 정서가 표출되는 경향도 나타나고 있다.

한국은 수출지향형 경제발전을 통해 선진개도국을 달성한 국가로서 향후 세계화가 주는 충격을 어떻게 경제발전과 시스템 개선의 동력으로 활용하느냐에 따라서 선진국 진입이 결정된다고 할 수 있다. 세계화 추세를 능동적으로 활용하기 위해서도 대외개방을 통한 경제선진화가 선진국 진입의 동력이 되어야 한다. 개방은 외부 압력 때문에 수동적으로 추진하는 것이 아니라 선진화 과정에서 능동적으로 추진해야 한다. 이를 위해서는 대외개방과 대내개혁을 연계하는 종합적 패러다임이 필요하다. 이는 대외개방이 이루어지면 대내개혁(domestic reform)이 촉진되고, 대내개혁이 되어야 대외개방의 긍정적 효과가 배가되는 시너지효과(synergy effect)가 발생하기 때문이다. 대내개혁과 대외개방의 추진은 불기피하게 사회갈등(social conflict)을 초래하기 때문에 사회적 합의(social consensus)를 도출하기 위한 시스템 구축이 필요하다.

이 같은 맥락에서 최근에 국민경제자문회의가 발표한 '선진통상국가의 개념 및 추진과제'는 새로운 패러다임의 필요성을 충분히 반영하고 있으며 향후 한국경제가 대외부문에서 지향하여야 할 비전을 적절히 제시하고 있는 것으로 평가할 수 있다. 한국이 대내외 도전을 극복하고 선진국에 진입하기 위해서 지향하여야 할 선진통상국가는 '노동·금융·경쟁 등 각 부문에서 글로벌 스탠더드(global standard)를 구축하고 적극적인 해외투자와 외국인투자 유치를 통하여 글로벌 네트워킹을 구축하는 한편 경쟁력있는 서비스산업과 부품·소재 산업을 육성하고 IT 등 미래성장산업에 집중투자하면서 시장 친화적 인프라스트럭처(market-friendly infrastructure)가 형성된 국가'를 의미한다.

2. 대외개방의 지향점

글로벌 시장(global market)이란 세계의 모든 국가가 재화, 용역 및 생산요소를 완전히 자유화하여 무역에 아무런 장애요소가 없는 하나의 통합된 시장을 의미한다. 이 같은 측면에서 볼 때 국가마다 경제규모는 물론이고 경제여건 및 발전단계, 그리고 산업구조(industrial structure) 등에 있어서 현격한 차이를 보이고 있는 현실에서 완벽한 글로벌 시장을 형성하는 데에는 상당한 시간이 소요되게 된다. 이 같은 대외여건 하에서 향후 글로벌 시장에서 비교우위(comparative advantage)를 확보하기 위해서는 이미 급속도로 진행되고 있는 세계화 현상에 신속히 적응할 수 있는 경제체제를 구축해야 한다. 이를 위해서는 대외개방을 보다 능동적이고 효과적으로 활용할 필요가 있다. 비록 우리 경제의 대외개방에 획일적 목표수치를 부여할 수는 없으나 우리의 경제여건, 산업구조, 분야별 특성, 이해관계자 등 다양한 상황을 고려하여 확고한 지향점을 수립할 필요가 있다.

우리의 대외개방에 있어서 가장 어렵고 민감한 부분은 농업분야로 평가할 수 있다. 특히, 농업소득의 51.6%, 전체 농가소득의 20.3%를 쌀에 의존하고 있는 우리의 농업구조상 쌀 시장 개방은 농가소득에 지대한 영향을 미치게 된다. 그러나 2014년 이후 추가적으로 쌀 관세화 유예를 받을 수 있느냐에 대해서는 여러 상황을 고려할 때 현실적으로 불가능하다. 따라서 쌀 협상에서 확보한 향후 9년(이미 1년 경과)의 관세화 유예기간을 농업분야 전반의 확고한 구조조정기간으로 설정하고 우리 농가 역시 개방이 불가피하다는 인식 하에 경쟁력을 강화시키기 위한 노력을 충실하게 진행시켜야 한다. 도하개발아젠다(DDA) 농업협상에서도 이 같은 현실과 정책목표를 연계하여 향후 농촌을 개방으로부터 연착륙(soft landing)시킬 수 있도록 보다 구체적인 개방안을 농민에게 제시할 필요가 있다.

공산품의 경우 분야별 또는 기업규모(중소기업 포함)에 따라 차이는 있으나 농업이나 일부 서비스분야에 비해 개방의 부담은 작을 수 있다. 그럼에도 불구하고 원천기술을 보유하지 못한 중소기업의 경우 세계화의 진전에 따라 대기업과의 격차가 더욱 확대될 수 있다. 따라서 충분한 경쟁력을 확보할 시간적 여유가 필요한 극히 일부 민감품목을 제외하고 현재의 중심관세율 수준(8%)을 선진국 평균 관세율 수준에 근접하도록 단계적으로 인하시키는 방안을 고려해 볼 수 있다.

한편, 세계경제가 지식기반경제(knowledge-based economy)로 이행함에 따라 선진국의 경우 제조업 위주의 산업발전에서 탈피하여 지식을 기반으로 하는 산업, 특히 서비스산업이 미래의 성장동력으로 부상하고 있다. 서비스산업은 고부가가치 산업으로서 그 자체로도 중요하나 생산을 위한 중간재(intermediate goods)로서 제조업 경쟁력 강화와 직결된다. 이전에는 제조업이 입지한 곳에 회계, 법무 등 서비스업이 진출하였으나 지금은 서비스산업이 발달된 곳에 제조업이 입지하는 현상이 나타나고 있다.

관세인하 등을 의미하는 상품시장 개방과는 달리 서비스시장 개방은 외국인 서비스 공급자의 국내진입을 용이하게 하고 내외국인 차별폐지 등 시장접근을 제한하는 규제완화(deregulation)를 의미한다. 서비스시장 개방이 서로의 시장을 개방하는 것이라는 관점에서 볼 때 국내 서비스시장 개방의 원칙은 명확하다. 국내의 모든 규제를 철폐하지는 않더라도 최소한 정당한 근거를 확보하지 못해 우리가 해외 서비스시장 개방을 요구할 때 장애가 될 수 있는 규제는 모두 철폐되어야 한다. 물론 정당한 근거에는 공익성(publicity)이나 국가안보(national security) 등 각 서비스의 특성을 반영할 수 있는 다양성이 수반되어야 한다.

대외개방은 우리의 경쟁력 강화 및 경제의 효율성(economic efficiency) 제고를 위해 자율적으로 추진해 나가되 우리 경제가 외국에 대해 시장을 개방하는 것뿐만 아니라 적극적으로 해외에 진출하는 것을 포함하는 양 방향 개방이어야 한다.

〈표 23-2〉 주요 국가의 서비스산업 현황

ⓐ GDP 대비 서비스업 비중(2003, %)

미국	네덜란드	영국	독일	일본	한국
75	72	72	69	68	65

자료 : WTO

ⓑ 총수출 대비 서비스 수출 비중(2004, %)

전세계	아일랜드	영국	미국	네덜란드	한국
19.1	32.2	33.0	28.2	19.5	13.4

자료 : World Bank

한편, 한류(韓流)의 확산으로 나타나는 문화산업의 해외진출과 중국 등지의 유통산업 진출의 경우와 같이 일부 서비스산업은 해외에서도 경쟁력을 인정받아 해외진출을 확대하고 있다. 이 같은 여건의 변화 속에서 이제는 서비스시장을 외국서비스의 국내 진출이라는 수동적 개념뿐만 아니라 국내서비스의 해외진출이라는 능동적 개념으로 인식하는 사고의 전환이 필요하다.

글로벌 시장의 특징 중 하나는 1등은 무한한 시장(unlimited market)을 확보할 수 있는 반면에 2등과 그 이하가 차지할 수 있는 시장은 과거에 비하여 현저히 감소하고 있다는 것이다. 즉, 세계화가 급진전되면서 세계의 소비자들은 지역에 관계없이 동일한 소비행태를 보이는 경향이 나타나고 있다. 따라서 1등 제품은 더욱 많이 소비되는 반면에 과거 특정 지역에서 잘 소비되던 제품은 글로벌 판매망을 구축한 1등 제품에 뒤처질 경우 시장에서의 입지는 크게 위축되는 현상이 나타나고 있다.

우리는 세계시장 1위 품목 수가 77개로서 독일, 일본, 네덜란드 등에 비하여 낮은 수준이며, 국가별 총 기업가치 역시 네덜란드에 못 미치는 것으로 조사되고 있다. 적극적인 개방정책을 통하여 글로벌 시장에서 생존경쟁을 전개하지 않는다면 우리의 산업경쟁력(industrial competitiveness)은 급속히 약화될 가능성이 증대되고 있다.

〈표 23-3〉 국내 기업의 세계경쟁력

ⓐ 세계시장 1위 품목 수(2002, 개)

미국	독일	일본	네덜란드	한국	아일랜드
884	808	321	115	77	28

자료 : 한국무역협회(2004)

ⓑ 국가별 총 기업가치(2003, 10억 달러)

일본	영국	독일	네덜란드	한국	싱가포르
2,039	1,861	720	379	156	64

자료 : Business Week(세계 1,000대 기업대상)

제3절 대외개방 현황과 평가

1. 대외개방 현황

한국의 전반적인 개방수준은 아직 선진국 수준에는 못 미치고 있으나 농산물 분야를 제외하고는 대체로 선진국 수준에 근접해 가고 있는 것으로 평가된다. 공산품

관세는 현재 진행 중인 DDA 협상에서 추가 인하율이 결정된다. 최근 들어 관세인하는 이루어지지 않고 있으나 우루과이라운드(UR) 이후 평균관세율은 8%의 기준관세율 이하로까지 하락하였다. 다만 국제경쟁력(international competitiveness)이 취약한 농산물의 경우에는 선진국뿐만 아니라 일부 개도국에 비해서도 관세율이 상당히 높게 유지되고 있다. 특히, 옥수수 등 일부 농산물의 경우에는 수입할당량을 설정하고 있으며 부가가치 가공품의 수입을 제한하는 비관세장벽(non-traiff barriers)도 상당 부분 존재하고 있다.

서비스시장의 개방에 있어서도 모드 1(국경간 공급, 일례로 통신 및 전자상거래를 통한 외국 금융서비스), 모드 3(상업적 주재, 일례로 외국인직접투자를 통한 외국 서비스업체의 진출), 모드 4(인력 이동, 일례로 필리핀 치과의사의 한국 신출) 등 대부분의 분야에서 선진국보다 낮은 수준을 보이고 있으나 개방 수준이 크게 뒤처지지는 않은 것으로 평가할 수 있다.

〈표 23-4〉 농산물 및 공산물 시장개방의 속도 및 수준

ⓐ 국내시장의 개방속도(단위 : %)

	1996	2000	2004
농산물	44.4	42.9	38.9
공산품	7.2	7.5	6.9
전 체	16.5	16.4	14.9

주 : MFN 단순평균실행관세, HS 2단위 기준
자료 : World Intergrated Trade Solution, UNCTAD TRAINS

ⓑ 주요 국가의 관세 수준(단위 : %)

	미국	EU	일본	한국	대만	브라질	멕시코
농산물	12.32	7.75	7.85	38.9	17.1	12.2	24.7
공산물	3.21	3.71	2.86	6.89	4.92	13.82	17.32

주 : MFN 단순평균실행관세, HS 2단위 기준
자료 : World Intergrated Trade Solution, UNCTAD TRAINS

그러나 법률, 교육, 보건·의료, 우편·송달, 문화·오락·스포츠, 에너지 서비스 분야 등이 경쟁력 또는 정책적 민감성을 이유로 아직 개방이 미흡한 수준으로 평가

된다. 궁극적으로 실질적인 서비스시장 개방은 결국 국내제도 및 규제와 밀접하게 관련되어 있다는 점에서 이미 개방이 이루어진 분야에서도 향후 개선의 가능성은 큰 것으로 보인다.

외국인직접투자(FDI)는 1990년대 후반 경제협력개발기구(OECD) 가입과 외환위기(foreign exchange crisis)를 계기로 급격히 증가하였다. 특히, 외환위기 이후 구조조정으로 다수의 기업을 외국자본에 매각하면서 1999년과 2000년에는 150억 달러를 초과하였다. 이후 구조조정 과정이 어느 정도 마무리되면서 외국인직접투자는 상당히 감소하였으나 외환위기 이전에 비하면 크게 증가한 상태이다. 이 같은 양적 성장에도 불구하고 UNCTAD가 평가한 우리의 투자유치 잠재력 대비 FDI 유치실적은 아직 부진한 것으로 인식되고 있다.

〈표 23-5〉 각국의 FDI 유치성과의 잠재력지수

	한국	영국	네덜란드	싱가포르	아일랜드
투자유치성과지수	0.3	1.5	4.0	4.8	6.3
투자유치잠재력지수	3.9	4.7	4.2	4.7	4.3

한국은 1992년 주식시장 개방에 이어 1998년 5월 채권시장이 자유화됨으로써 최소한 명목상으로는 자본시장(capital market)이 완전 자유화되었다. 그러나 외국인의 국내 자본유입은 대부분 주식시장(stock market)을 중심으로 이루어지고 있다(2004년도 전체 자본유입 중 90.2%가 주식투자로 직접투자는 7.6%에 불과하며, 그 밖에 채권투자와 장기차입이 각기 1.8%, 0.5%로 나타나는 등 우리의 금융국제화지수는 주요 선진국 및 OECD 평균보다 낮은 것으로 평가할 수 있음).

2. 현 개방정책의 방향

한국의 개방정책은 주로 OECD 가입 및 외환위기를 계기로 자발적 구조조정을 통해 이루어진 자본시장 개방을 제외하면 대체로 세계무역기구(WTO)와 자유무역협정(FTA)을 중심으로 실시되어 왔다. 1980년대 말부터 외환위기 이전까지는 주요 현안을 중심으로 미국 등 선진국과의 양자협상을 통해 개방을 허용한 사례도 다수 존재하였으나 2000년대에 들어서는 최소한 선진국에 의한 양자간 개방 압력은 거의 없는 실정이다.

정부는 현재 진행 중인 WTO/DDA 협상에서 공산품, 반덤핑(anti-dumping) 및 일부 서비스 분야 등에서는 적극적인 자세로 협상을 추진하되 경쟁력이 취약한 농·어업 및 일부 서비스 분야에서는 점진적 개방을 추진한다는 기본전략으로 대응해 오고 있다. DDA 협상과 직접적 연관성이 있지는 않으나 쌀 협상에서는 관세화 10년간 유예를 관철하는 대신 2014년까지 쌀 수입량을 국내 쌀 소비량의 7.96%까지 확대하기로 했다. DDA 농업협상은 현재 높은 관세를 지닌 품목에 대해 대폭 관세를 감축하여야 하는 방향으로 진행되고 있어 우리에게는 다소 부담이 될 것으로 판단된다. 그러나 정부는 농업부문의 민감성을 감안하여 적절한 수의 민감품목 또는 특별품목을 지정하여 시장개방에 신축성을 부여받기 위해 노력하고 있다.

〈표 23-6〉 한국의 주요 고관세 품목 현황

	실품목 (누계)	관세항목수 (HS 10단위, 누계)	비 고
300% 이상	25개	94개(6.5%)	마늘(360%), 참깨(630%) 쌀보리(300%), 겉보리(324%)
250% 이상	31개	108개(7.4%)	고추(270%)
200% 이상	39개	124개(8.5%)	수삼(223%), 밤(219%)
100% 이상	47개	142개(9.8%)	분유(176%), 감귤(144%)

자료 : 외교통상부, FTA 및 DDA 협상추진전략, 2004.

공산품분야에 있어서 정부의 입장은 전반적으로 관세 및 비관세장벽의 감축 또는 철폐를 지지하며 협상대상 상품의 범위도 포괄적이어야 하고 사전적 예외가 있어서는 안 된다는 것이다. 현재 DDA 협상에서는 높은 관세를 더 많이 감축하는 한편 무역원활화 협상 출범이 회원국 간에 합의된 상태여서 우리 상품의 해외 수출증대에 기여할 것으로 보인다.

한편, 서비스분야가 국민경제에서 차지하는 중요도 및 그 동안 취해온 자유화 정책(liberalization policy)을 고려하여 정부는 서비스 협상에 적극적인 자세를 보이고 있다. 즉 통신, 유통, 해운 등 우리가 경쟁력있는 분야에서는 해외진출 기반을 확보하기 위해 적극적으로 해외시장 개방을 요구하고 있다. 그러나 법률, 교육 등 분야에서는 개방에 소극적 입장을 보이고 있으며 시청각(영화상영, 라디오・TV방송 등), 보건・의료, 뉴스 제공업 등 분야는 양허하지 않은 상태이다.

DDA 협상이 별 진전을 보이지 않고 있는 가운데 정부의 자유무역협정(FTA) 체결 의지는 매우 확고한 편이다. 정부는 세계적인 FTA 확산에 따른 피해를 최소화하고 안정적인 해외시장을 확보하면서 거대경제권 시장을 선점한다는 계획 하에 동시다발적 FTA를 추진하고 있다. 즉, FTA 현상을 신속하게 추진하여 우리 기업들의 기회비용(opportunity cost)을 최소화하고, 각각의 FTA별로 나타나는 상이한 효과를 상쇄・보완한다는 전략을 추진하고 있다. 따라서 2004년 4월 한・칠레 FTA를 발효시킨 이후 싱가포르 및 유럽자유무역연합(EFTA)과의 협상을 성공적으로 종결하였으며 2005년 12월 6일에는 ASEAN과의 FTA(상품분야)가 사실상 타결된 바 있다. 반면에 2005년까지 협상을 종결하기로 예정되었던 한일 FTA는 일본 측이 농산물 분야에서 지나치게 낮은 양허 수준(무역량 기준 50%)을 제시함에 따라 협상이 교착상태를 보이고 있으며 캐나다 및 미국과의 FTA는 현재 협상이 진행되고 있다. 또한, 우리 정부는 인도, 남미공동시장(MERCOSUR) 등과 공동연구를 실시하고 있으며 여건이 조성되는 대로 중국, 유럽연합(EU) 등 거대경제권과의 FTA 가능성을 검토하는 등 FTA 추진에 적극성을 보이고 있다.

〈참고 1〉 한・칠레 FTA의 경제적 효과

한・칠레 FTA 발효 이후 11개월간(2004. 4~2005. 2) 양국간 교역량은 55.5% 증가하여 동 기간 대세계 교역증가율(25.0%)보다 2배 이상 높은 수준을 달성하였다. 수출의 경우 한국 전자제품에 대한 수요가 급증하면서 전체 수출은 58.6% 증가하였다. 주요 품목은 휴대용전화기(↑225.7%), 컬러TV(↑110.3%), 캠코더(↑100.9%), 자동차(↑59.3%) 등이다. 이에 반해 동 기간 동안 칠레산 농산물 수입은 2,540만 달러로 전년동기 대비 570만 달러 증가하는데 그쳤다. 특히, 국민 생활수준의 향상으로 소비가 급증하고 있는 포도주를 제외할 경우 상기 기간 동안 칠레산 농산물 수입은 1,660만 달러로 전년동기 대비 43만 2,000달러 증가에 불과하다. 그러나 이와 같이 농산물 수입증가가 미미한 이유는 협상에서 쌀, 사과, 배를 자유화 대상에서 완전 제외하는 등 민감품목을 고려하였기 때문이며 대신 우리는 세탁기, 냉장고를 자유화의 예외로 설정할 수밖에 없었다. 또한, 동 FTA 추진과정에서의 가장 큰 문제점은 이를 추진하기 위해 농업 지원대책으로 과도한 비용(119조원)을 지불하여야 했다는 점인데 이는 추후 다른 FTA 추진과정에서도 악영향을 미칠 수 있다.

이미 FTA협정이 발효된 한・칠레 FTA를 협정 발효 후 1년 시점에서 평가해

보면 우려했던 농산물 피해는 거의 나타나지 않은 반면에 자동차, 휴대전화, 컬러 TV 등 우리가 수출증가를 기대했던 공산품의 수출증가 현상이 뚜렷하게 나타나고 있다. 아직 그 효과를 단정하기에 이른 한·싱가포르, 한·EFTA FTA의 경우에도 그 효과는 차치하고라도 개성공단 등 북한 경제특구 생산제품에 대한 FTA상의 특혜관세 부여 규정을 마련했다는 점에서 큰 성과를 거둔 것으로 평가할 수 있다.

3. 추진상의 문제점

DDA 및 FTA 등을 통한 정부의 개방의지에도 불구하고 개방이 효과적으로 확대되지 못하는 이유에 대해 살펴볼 필요가 있다. 일반적으로 대외개방의 속도와 수준은 대외통상환경의 변화와 정부의 대외통상정책에 의해 결정된다. 즉, WTO/DDA 협상의 다자주의(multilateralism) 및 FTA 중심의 지역주의(regionalism) 확산과 같은 대외통상환경의 변화와 국내 반발여론 등에 대응하여 정부가 어떠한 대외통상정책 및 대내 이해조정 정책을 수행하느냐에 따라 대외개방의 속도와 수준이 결정된다고 할 수 있다. 따라서 우리의 개방이 국제적으로 경제력에 비해 미진한 것으로 평가되는 가장 큰 원인은 무엇보다도 경제주체간 또는 정부 부처간 이해관계 등 내부적 정치역학에 따라 대외개방의 속도와 수준을 결정하는 수동적인 입장을 견지해왔기 때문인 것으로 평가된다.

대외개방 추진상의 문제점으로 다음 4가지 측면을 지적할 수 있다.

3.1 대외개방관련 협상전략이 지나치게 피해부문, 예를 들면 농업부문 중심으로 수립되어 협상의 목표가 이익극대화(benefit maximization)보다는 피해최소화(loss minimization)에 초점을 두는 경향이 있음

피해최소화에 초점을 둔 협상전략은 결과적으로 소극적이며 근시안적인 대외개방으로 귀결되게 된다. 협상목표가 불분명할 경우 우선순위 선정이 왜곡되어 우리가 지향하는 정책목표를 달성할 수 없다. FTA 정책의 경우 구체적인 국가선별, 우선순위 등 전반적인 로드맵을 작성하고도 피해부문이 상이하게 나타나는 개별 FTA

협상에서는 부문 간의 형평성을 고려한 나머지 정교한 추진전략을 마련하기가 어렵게 된다.

3.2 통상정책 결정과정의 비효율성

통상정책을 결정하기 위해서는 우선적으로 정책목표를 명확하게 정립하고 개별 추진과제가 전체적인 틀에서 어떤 의미를 지니며 무엇을 기대하는지, 정책목표와 부합하는지, 추진과제 상호 간에 어떠한 영향을 미치는지, 서로 양립할 수 없는 추진과제는 없는지에 대한 충분한 검토가 이루어져야 한다. 대외경제장관회의 규정에 따르면 동 회의의 심의를 효율적으로 지원하기 위해 대외경제장관회의 아래 통상교섭본부장을 의장으로 한 대외경제 실무조정회의(차관급)가 있으나 국장급 및 과장급의 실무자급 회의는 명시하지 않고 있다. 따라서 부처별 또는 개별 추진과제 등의 상호 연관성 및 중복성에 대한 세세한 검토가 미흡한 실정이다.

3.3 정부부처간 이해갈등 조정 기능이 취약하여 실질적 조정이 이루어지기 어렵게 됨

부처간 이해갈등은 일반적으로 부처간 소관업무의 영역이 불분명하거나 또는 각 부처가 소관업무에만 지나치게 집착하는 데에서 야기된다. 주요 국정과제를 수행하기 위한 각종 위원회와 관련 업무 소관 부처 또는 부처 간의 역할분담이 분명치 않을 경우 업무가 중복되는 분야가 많아 갈등관계가 발생하게 되면서 부처별 이해가 조정되기 보다는 오히려 증대되는 경우가 흔히 나타나게 된다. 대외경제장관회의에서도 민감하고 중요한 사안에 대해서는 부처별 이견을 재확인하는 선에서 회의가 운영되어 실질적인 조정이 어려운 경우가 발생하고 있다.

〈참고 2〉 미국의 통상정책 수립과정

미국의 통상정책은 주로 실무급 협의에서 결정되는 것이 특징인데 미국의 통상정책은 크게 4단계 협의과정을 통해 수립된다.

과장급 협의 → 국장급 협의 → 차관보급 협의 → 장관급 협의

대부분의 사안은 미국 무역대표부(USTR) 주관의 관계 부처 과장급회의에서 논의가 시작되는데 과장급회의를 위해 USTR과 각 부처의 실무자들은 정기적 또는 수시로 회동한다. 과장급회의에서 미해결된 사안은 국장급협의에서 취급되는데 이때 상정된 안건의 75% 이상이 해결된다. 이는 통상현안이 주로 실무급(과장급 및 국장급) 회의에서 해결되고 있음을 의미한다. 실제로 미국에서는 통상정책 부처간 조정을 위해 장관급회의가 개최되는 경우는 극히 드물다.

3.4 대외개방관련 이해갈등을 해소하기 위한 개방친화적 사회 인프라가 취약함

세계화의 진전과 FTA 등을 통한 시장개방의 확대로 피해부문이 발생하면서 사회갈등이 심화되고 있음에도 불구하고 대외개방에 따른 피해를 지원하는 제도나 개방관련 이슈의 대국민 홍보체계는 아직도 미흡한 실정이다. 현재 '무역조정지원법안'이 국회에 상정되어 있으나 동 법안은 지원기준(피해판정 포함) 및 지원대상의 형평성 측면에서 피해계층을 효과적·체계적으로 지원하는 데에 한계가 있다. 또한, 최근의 한 설문조사에서는 아직도 다수의 중소기업이 FTA가 정확히 무엇인지 이해하지 못하고 있는 것으로 나타났다. 이는 대외개방 관련 이해 갈등은 개방에 대한 오해나 그릇된 인식에서 비롯되는 경우가 많다. 최근 외교통상부를 중심으로 정부의 대국민 홍보활동이 강화되기는 했으나 홍보매체의 다양성이 부족하며 홍보효과도 매우 미약한 것으로 평가되고 있다.

〈참고 3〉 정치적 상징성으로서의 미국 TAA

미국 TAA제도는 무역 피해 대상자에게 실질적인 도움이 되기보다는 정치적 상징성이 강한 제도로 평가할 수 있다. 이러한 상징성은 TAA예산이 미국 GDP에서 차지하는 비중에서 확인될 수 있다. TAA의 전체 예산규모는 노동자(2억 달러), 농민(9,000만 달러), 기업(1,600만 달러) 모두 포함하여 연간 3억 600만 달러로 미국 GDP의 0.0026%에 불과하다. 그러므로 TAA가 무역자유화(trade liberalization)에 따른 이익 분배의 형평을 가져왔다고 평가하기는 어렵다. 그러나 TAA는 피해 산업의 무역자유화에 대한 반대를 사전적으로 약화시켜 미 행정부가 무역자유화를 강력히 추진하는 데 매우 중요한 역할을 해 온 것으로 평가된다. 현재 미국의 TAA는 한시적(5년)으로 운영되기 때문에 2007년 6월말까지 그 연장여부가 결정되어야 한다.

제4절 전략

대외개방을 효과적으로 추진하기 위한 전략을 5가지 측면에서 살펴본다.

1. 선진통상국가 비전의 구현

전술한 선진통상국가를 실현하기 위해서는 다음 3가지 과제를 중점적으로 추진해야 한다.

1.1 글로벌 스탠더드를 정착시켜 공정한 경쟁질서(fair competitive order)를 확립하고 능동적으로 세계시장에 참여하기 위한 '제도 및 관행의 국제 표준화'

금융·경쟁·노동·외환 부문 등의 국내제도와 관행을 글로벌 스탠더드(global standard)에 맞게 개선할 필요가 있다. 이는 외국인투자 유치를 질적으로 보다 고도화하고, 우리 기업의 글로벌 경쟁력(global competitiveness)을 갖추기 위해서 기초가 된다.

1.2 세계일류산업을 육성하여 산업 및 무역구조를 고도화하고 글로벌 생산요소를 효율적으로 활용하기 위한 '글로벌 네트워킹 촉진'

기업의 해외투자 관련 잔존규제와 절차적 제한을 완화하는 등 국적기업의 다국적기업화를 지원하는 동시에 국내기업과 해외진출기업간 협력네트워크를 구축해야 한다. 이를 위해서는 자본도피 가능성에도 유의하여 기업지배구조(corporate governance)를 개선하고 회계제도의 투명성(transparency of accounting system) 제고와 함께 불법자본이동에 대한 감시역량도 강화할 필요가 있다.

1.3 경제개방 및 개혁(economic opening and reform)을 동시에 추진할 수 있는 사회적 여건을 조성하기 위한 개방친화적인 사회인프라의 구축

개방정책을 추진하는 과정에서 사회적 갈등과 비용(social conflict and cost)이 크므로 개방정책에 대한 절차적 정당성과 이해관계자의 참여를 기반으로 사전에 사회적 합의(social consensus)를 형성하는 체제를 구축해야 한다. 이를 위해서는 협상과정에서 이해관계자의 참여와 의견수렴을 확대하고 국회 및 지방자치단체와의 대화나 타협을 위한 채널을 형성할 필요가 있다.

2. FTA 및 DDA 정책 방향

현재 진행 중이거나 계획된 우리의 FTA 추진에 가시적인 성과가 없는 경우 국내적으로나 대외적으로 실기할 가능성이 크다. 대내적으로는 2007년 12월 대통령 선거 등 국내 정치일정 등으로 인해 FTA 추진의 모멘텀(momentum)이 약화될 수 있다. 대외적으로도 도하개발아젠다(DDA) 협상이 타결될 경우 상대방 국가가 우리와 FTA 협상을 하는 데에 있어 점차 동기를 상실하게 된다. 따라서 현재의 동시다발적 FTA를 지속적으로 추진하면서 거대·선진경제권과의 FTA에 보다 적극적으로 나설 필요가 있다. 거대·선진경제권은 우리에게 거대한 시장 확대의 가능성을 제공할 뿐만 아니라 우리 경제구조의 선진화에도 크게 기여할 것으로 기대된다. 이미 거대경제권 주변 국가를 통한 교두보는 어느 정도 구축되었고 미국, 일본, 캐나다 등 일부 선진경제권과의 FTA 추진기반도 마련된 것으로 평가할 수 있다.

따라서 이제는 중국, 유럽연합(EU) 등 거대경제권과의 FTA를 본격적으로 추진할 필요가 있다. 중국, 일본, EU 등 3개 국가군이 우리 전체 교역의 약 60%에 이르고 있는 상황을 고려할 때 이들 국가와의 FTA는 우리 경제의 미래를 결정하는 핵심 사안이다. 이러한 측면에서 지나치게 '높은 수준의 FTA'를 추진하는 것보다는 '중간 수준의 FTA'를 추진방향으로 설정하는 것을 고려해 볼만 하다. 이 경우 성사 가능성도 커질 뿐만 아니라 FTA 추진에 따른 국내갈등을 완화시키는 장점도 존재하여 실익이 오히려 클 것으로 평가된다.

또한, FTA 체결 결과와 연계된 DDA 협상전략을 추진해야 한다. DDA 협상이 타결될 것으로 예상되는 시점에서는 FTA 추진결과로 우리의 개방수준이 높아지고 개방에 대한 공감대도 상당히 증대될 것으로 기대되므로 일부 민감 부문을 제외하고는 DDA 협상에 보다 전향적인 자세로 임할 필요가 있다. 향후 DDA 협상에서 우리의 제한된 협상력을 철저히 평가하여 선택과 집중 전략을 통해 우리의 국익을 최대한 확보해 나가야 한다. 현재 우리가 협상전략으로 구사하고 있는 우리와 동일한 입장에 있는 동조국가(like-minded countries)와의 공조를 강화하여 우리의 협상력을 더욱 강화시킬 필요도 있다. 그리고 FTA 및 DDA 협상 등을 통해 대외개방을 추진하는 것은 경제적 요인 외에도 정치적 요인에 좌우되는 경우도 많으므로 관련 이슈에 대한 정치경제학적 인식 하에 정치권의 과감한 결단이 필요하다.

따라서 정치권이 개방정책에 대한 보다 높은 이해도와 문제해결의지를 가지고 실질적인 문제에 대한 충분한 검토 하에 대외개방에 대한 리더십을 적극적으로 발휘해야 한다.

3. 산업발전전략

향후 산업별 발전전략은 선진통상국가 비전의 달성이라는 목표 하에 설정될 필요가 있다. 이에 따라 산업별 발전전략은 세계화 추세에 능동적으로 대처하고 지식기반경제로의 이행을 촉진하는 방향으로 수립되어야 한다. '정보'와 '지식'이 가치창조의 중요한 원천이 되는 지식기반경제로 이행하기 위해서는 서비스부문의 종합적인 시장개방전략(market opening strategy)이 수립되어야 하며 핵심 분야는 교육, 의료 등에 초점을 두어야 한다. 또한, 대외개방에 취약한 농업부문에 대한 발전전략없이 대외개방정책을 추진하기는 어려운 현실이어서 종합적인 농업·농촌 발전전략을 마련할 필요가 있다. 대외개방과 연계된 또 다른 취약부문은 중소기업인데 지속적인 일자리 창출 및 산업발전의 기반이 되는 중소기업의 세계화를 통해 국제분업(international division of labor)체제로 편입시키려는 전략도 마련해야 한다.

3.1 종합적인 서비스시장 개방 및 경쟁력 제고 전략

서비스 업종별로 진행 중인 경쟁력 강화정책을 대외개방과 연계하여 전체적인 시각에서 접근하는 '종합적인 서비스시장 개방계획'이 수립되어야 한다. 또한, WTO/DDA 서비스 협상에서 타 국가가 관심을 표명한 분야를 우선 점검하되 해당 업종의 규제 및 경쟁력 현황을 점검하고 우리 경제에 긍정적인 파급효과가 큰 분야를 우선적으로 고려하여 개방수준을 결정할 필요가 있다.

서비스산업의 업종별 경쟁력 강화정책은 우리 경제 전체에 미치는 파급효과를 고려해 볼 때 교육, 의료 등 지식기반 서비스업종에 특화하는 것이 바람직하다. 그러나 기본적으로 국민의 기본적인 수요 충족 등 공익적 부분만을 정부가 보장하고 나머지 부분은 과감히 개방하여 경쟁력을 제고시키는 것이 바람직하다. 예를 들면, 통신서비스 등 국가보안(national security)과 관련된 서비스는 다른 서비스와 달리 외국인 접근에 제한을 두어야 하나 법률·회계·컨설팅서비스 등 경제가 선진화되면서 성장하는 서비스의 경우 급격한 개방으로 인해 기업화되어 가는 국내업체의 시장을 잠식시키지 않도록 점진적 개방을 통해 국내업체의 경쟁력을 제고시켜야 한다. 물론 이 경우 시장개방일정을 명확히 하여 국내업체의 도덕적 해이(moral hazard)를 방지해야 한다. 또한, 관광·레저분야는 해외에서 소비되는 여가수요를 국내에서 흡수하기 위해 동 업종의 비전을 수립하고 아시아 지역의 '한류' 열풍과 연계하여 발전시킬 필요가 있다.

〈표 23-7〉 주요 검토대상 및 부문별 쟁점사항

미개방 분야(상업적 서비스)	
법률·회계·세무	외국 법무법인의 국내변호사·회계사·세무사 동업 및 고용 허용
방송광고	한국방송광고공사의 방송광고 판매 독점 폐지
영화·음반	수입추천제 폐지
서비스 질 제고를 위한 개방 검토 분야(사회 서비스)	
교육 및 보건의료	영리법인의 사립학교·의료기관 설립 허용
외국의 개방요구가 존재하는 분야	
영화상영	스크린쿼터 감축 또는 폐지
통신	기간통신사업자 외국인 지분제한(49% 이하) 완화
뉴스 제공	외국 통신사의 직배 허용

3.2 교육서비스의 시장개방 및 경쟁력 제고 전략

한국은 경제협력개발기구(OECD) 국가에 유학하는 학생 수가 중국에 이어 세계 2위이고 인구 대비 해외유학생 비율은 세계 최고수준이며 이들 유학생의 63%가 교육비를 사적으로 부담하여 경상수지 적자(current account deficit)의 주요 요인이 되고 있다. 또한, 수혜대상이 부유층 자제 중심으로 국한되어 교육기회의 균등성을 저해하고 있는 실정이다. 이에 따라 세계적 수준의 해외 교육기관 유치가 필요하며 이는 비단 글로벌 인재양성에서의 경쟁력 확보에 그치지 않고 사회적 통합(social integration)을 제고시키는 데에도 상당부분 기여할 수 있다.

따라서 교육서비스 시장개방의 기본적인 방향은 초·중등 교육은 사회계층간 원활한 이동을 위해 접근성에 중점을 두고 공공성(publicity)을 유지하되 대학, 전문대학원 등의 고등교육은 개방을 통한 발전을 적극적으로 고려해야 하며 이를 위해서 고등교육기관의 영리법인 허용 등이 필요하다.

외국 대학원의 설립 및 유치 계획은 교육부가 2001년에 2002년 9월부터 시범운영하기로 발표한 바 있으나 추진이 보류되었다. 최근 '제주 국제자유도시'나 '경제자유구역' 등에서 외국인투자유치의 촉진수단으로서 외국인 자녀교육을 목적으로 하는 외국 교육기관의 유치를 특례로 인정하는 특별법이 2005년 5월 제정된 바 있다. 그러나 현재까지 교육부장관의 인가를 받은 외국대학의 국내분교는 아직 없으며 주로

MBA를 중심으로 국내대학과 공동교육프로그램을 운영하는 경우가 약 30여 개에 이르고 있다. 외국 대학원의 유치는 국내대학과의 공동프로그램 활성화부터 우선적으로 추진하되 교육제도에 관한 규제완화(deregulation)를 통해 점차 분교유치로 확대할 필요가 있다. 교육내용으로 보아 산업계 수요와 직결된 전문대학원부터 우선적으로 유치하고 일반대학원, 학부의 순서로 점차 확대해 가야 한다.

교육개방에 대한 국내 교육기관의 적응력을 제고시키고 파급효과도 극대화될 수 있도록 국내 교육기관과 외국기관간 공동출자 형태의 추진이 바람직하다. 외국 교육기관의 국내유치가 활성화되기 위해서는 학교법인의 설립 및 운용 요건에 관한 규정들의 대폭적인 완화가 필요하다. 현재 국내 교육법제 중 학교 설립주체가 학교 시설물을 소유해야 하는 의무규정이 완화되어 임대도 가능해야 하며 학교법인의 내국인 이사선임 의무규정도 완화될 필요가 있다. 교직원의 임무 및 교원자격에 관해서 고등교육법 관계규정을 준수하게 되어 있으나 학교 정관만으로 운영될 수 있어야 한다. 향후 우리 경제의 성장동력으로 발전하게 될 산업의 지역클러스터화가 추진되고 있어서 지역산업의 인력수요가 교육내용에 신속히 반영될 수 있도록 외국 교육기관의 유치에 지방정부의 역할도 제고될 필요가 있다.

3.3 보건의료서비스의 시장개방 및 경쟁력 제고 전략

보건의료서비스와 관련된 시장개방이슈는 핵심이 영리법인의 병원설립 허용 여부(모드 3과 관련), 의료 인력의 국가간 자격인정 여부 등이다. 기본적으로 개방을 통해 보건의료서비스의 경쟁력을 제고시킬 필요가 있으나 의료서비스의 공공성 차원에서 정부의 역할을 제고하는 방향으로 전략이 수립될 필요가 있다. 현재 국내 의사자격이 있는 외국인은 영리 개인병원을 설립할 수 있으나 내·외국인 모두 영리법인병원의 설립은 허용되지 않고 있다. 그러나 법적 소유형태보다는 시장에서의 경쟁 양상이 병원 운영 형태에 더욱 직접적인 영향을 주고 영리 법인병원의 도입이 경영효율성 및 경쟁력 제고, 의료서비스 차별화, 자본조달의 용이 등 긍정적인 효과가 클 것으로 전망되어 영리 법인병원의 도입을 적극적으로 검토해야 한다.

그러나 의료 인력의 국가간 자격인정 문제는 보다 신중한 접근방법이 요구되나 면허 관리체제를 정비할 필요는 있다. 보건의료서비스의 공공성 측면에서 외국 의료 인력에 대한 자격인정은 일부 수준 미달의 의료 인력의 유입으로 인해 국민건강에 직접적인 영향을 미칠 수 있으므로 보다 신중한 접근이 요구된다. 그러나 의료 인력의 자격평가절차를 보다 체계화하는 차원에서 종신면허제도 폐지, 면허의 다양화, 면허관리 전문기관의 설립 등 면허의 사후 관리를 강화할 필요가 있다. 또한, 보건의료서비스산업의 경쟁력을 제고시키기 위해서 의료공급자로 하여금 강제적으로 의료보험환자를 진료하게 하는 현행 요양기관 강제지정 제도를 재검토할 필요가 있으며 규모의 경제(economies of scale)를 위해 의료기관간 전략적 제휴(strategic alliance)와 네트워크를 보다 활성화해야 한다.

3.4 농산물시장 개방 및 농업·농촌의 종합적 발전전략

우루과이라운드(UR) 이후 그 동안 농산물시장개방(쌀 재협상 포함)의 일정이 예견되었음에도 불구하고 장기적인 관점에서의 구체적인 대책은 미흡한 실정이다. WTO/DDA 협상 및 각종 FTA 협상이 진행되고 있는 상황에서 개방화 시대에 적합한 새로운 농정 패러다임이 마련되어야 한다. 이러한 맥락에서 농업·농촌의 종합적 발전전략은 다음 2가지 측면에서 살펴볼 수 있다.

(1) 시장기능의 강화

현재의 농업 및 농촌문제는 농업분야에 있어 취약한 시장기능에 기인하므로 시장기능을 보다 강화하는 대신 정부의 역할은 시장탈락자에 대한 지원에 초점을 두어야 한다. 이를 위해서는 우선적으로 농업의 구조개혁(structural reform of agriculture) 및 이행적응에 대한 추진계획이 마련되어야 한다. 시장기능을 강화한다는 정책기조 하에 혁신능력을 갖춘 농업경영업체를 지원하여 수요자의 요구에 호응할 수 있는 지속가능한 농업생산체계(sustainable agricultural production system)를 형성하여야 한다.

즉, 개방화라는 도전으로부터 우리 농촌을 연착륙시키기 위해 농업·농촌 전체의 이행적응을 적극적으로 지원해야 한다. 농가 역시 자구노력이 필요한데 식가공 기업 운영, 해외투자 등 소득원천을 개척하는 농업 기업가로 변신할 필요가 있으며 정부는 이러한 활동에 대한 재정지원대책을 마련하여야 한다.

(2) 식품안전 확보 추진계획 수립

먹거리로부터의 안전에 대한 소비자 인식도 점차 제고되고 있어 식품안전 확보 추진계획이 수립되어야 한다. 최근 식품산업 역시 '트렌드(유행, 예를 들면 웰빙)' 중심의 급변하는 산업이고 경쟁 역시 치열하여 식품의 안전이 위협받을 가능성이 큰 편이다. 따라서 정부는 산업육성 중심의 정책에서 탈피하여 소비자의 안전 중심으로 정책의 초점을 두어야 한다.

3.5 산업발전전략(글로벌 네트워킹을 통한 중소기업의 글로벌화)

중소기업은 지속적인 고용창출과 산업발전의 기반이므로 중소기업 역시 세계시장 진출을 통해 자생력을 보다 강화시킬 필요가 있다. 중소기업은 국제분업체제 내에서 경쟁력을 발휘할 수 있는 위치를 적극적으로 발굴하여 글로벌 시대의 생존기반을 구축해야 한다. 중소기업의 세계화는 산업경쟁력의 기초인 부품·소재산업의 발전뿐만 아니라 국내 대기업과 중소기업간 양극화 해소에도 기여할 것으로 기대된다.

특히, 대일의존도가 심한 우리의 부품·소재산업은 향후 중국과의 경쟁도 불가피할 것으로 보인다. 이러한 상황 하에서 우리의 부품·소재산업이 생존하기 위해서는 규모의 경제를 유발할 수 있도록 보다 체계적인 부품·소재산업의 집적화가 구축되어야 한다. 또한, 이를 통한 제품의 고부가가치화에 정책적 지원과 기업의 노력이 필요하며 산업연관구조상 생산파급효과가 가장 큰 전기전자 및 기계부문의 집적화 및 고부가가치화가 최우선적으로 추진되어야 한다. 이들 부품·소재 생산업체의 전문화 및 대형화를 유도하여 최종재 생산업체와 부품·소재 생산업체 간의 공동연구 및 공동투자를 통해 기업의 특성에 적합한 다양한 기술이 개발되어야 한다. 특히, 원천기술(source technology) 및 설계기술 확보에 주력할 필요가 있다.

국내에서도 부품·소재 전문기업의 육성 등을 위한 특별조치법이 2001년에 시행되었으나 원천기술보다는 시장성에 주력하여 소규모 살포식 지원에 그치고 있다. 선진국들의 중소기업 및 부품·소재산업 육성정책을 벤치마킹(benchmarking)하되 우리의 경제발전 단계 및 국가적 특성, 그리고 기업과 제품의 특성 등을 고려하여 차별화된 정책을 추진할 필요가 있다.

〈표 23-8〉 주요 경쟁국가와의 기술수준 비교

	한 국	일 본	미 국	중 국
원 천 기 술	100	130	140	70
응 용 기 술	100	110	100	80
설 계 기 술	100	110	105	80
제 조 기 술	100	100	100	90
디 자 인	100	110	105	70
브랜드인지도	100	120	120	70

자료 : 대외경제정책연구원(2004)

4. 개방관련 범국민적 공감대 형성

개방에 대한 국민의 공감대를 형성하기 위해서는 피해예상부문에 대한 구체적인 대안제시 및 사회안전망(social safety net) 구축, 개방 관련 이슈에 대한 국민홍보 등이 효과적으로 추진되어야 한다. 개방으로 인한 피해예상부문의 반발을 최소화하기 위해 사안별로 접근하는 방법보다는 체계적이고 종합적인 지원제도가 마련될 필요가 있다. 무분별한 지원은 도덕적 해이현상을 야기하여 경제 전체의 효율성을 저해할 수 있기 때문에 체계적인 접근방법이 요구된다.

이러한 측면에서 동 지원제도는 피해보상보다는 영세 중소기업에 대한 구조조정에 운용되어야 한다. 즉, 비효율적인 기업의 회생보다는 기업의 퇴출을 적극적으로 지원해야 한다. 경쟁력이 약한 기업이 폐업하려고 해도 생산설비 폐기 비용, 환경부담금 등 폐업에 소요되는 비용이 크기 때문에 용이하게 퇴출되지 못하고 있다. 따라서 기업의 원활하고 신속한 퇴출을 위해 제도적으로 폐업소요 비용을 지원할 필요가 있다.

〈표 23-9〉 OECD 주요 국가의 GDP 대비 사회복지지출(2001년 기준)

(단위 : %)

이탈리아	일본	미국	멕시코	한국
24.4	16.9	14.8	11.8	6.1

자료 : OECD, Social Expenditure Database, 2004.

또한, 체계적이고 종합적인 지원제도를 근본적으로 해결하기 위해서는 사회안전망을 전반적으로 확대시킬 필요가 있다. 구체적으로 미국의 TAA 역시 실질적인 도움이 된다고 평가되기보다는 대외개방 관련 정책의 수행과정에서 부수적으로 사용되는 정책이기 때문에 이를 우리에게 적용하여 운용하는 과정에서도 장기적으로 동 제도를 사회안전망과 통합하는 방안을 고려할 필요가 있다. 그리고 기본적으로 우리 정부의 사회복지지출(social welfare expenditure) 수준이 OECD 주요 국가에 비해 미흡하기 때문에 이를 늘려서 사회안전망을 확대해나가야 한다.

개방 관련 이슈의 대국민 홍보를 위해서 TV, 라디오, 신문 등 대중 매체를 적극적으로 활용하는 것도 필요하다. 최근 외교통상부를 중심으로 정부의 대국민 홍보 활동이 강화되고는 있으나 아직은 미약한 편이다.[1] 따라서 중앙정부 뿐만 아니라 지방자치단체 주관설명회 및 토론회 등을 활성화하고 통상전문가 및 통상 담당 공무원들의 순회 홍보 등도 고려할 필요가 있다.

5. 정부부처간 이해조정기능 강화

현재의 대외경제장관회의를 보다 실질적으로 운영함으로써 '대외개방 및 통상교섭에 관한 정책의 조정'이라는 동 회의의 설립취지를 고려하여 조정기능을 강화시킬 필요가 있다. 즉, 결론이 필요한 안건에 대해 동 회의 결과 합의가 도출되지 않았을 경우 표결을 통해서라도 결론을 내리는 방안이 적극적으로 모색되어야 한다. 이를 통해 형식적인 이해갈등 조정을 지양하고 보다 실질적인 이해조정체계를 구축할 필요가 있다.

대외경제장관회의의 효율성을 제고시키기 위해서는 대외경제실무조정회의를 강화해야 한다. 통상교섭본부장이 의장인 실무조정회의가 효과적으로 활용되지 못하는 이유는 통상교섭본부장이 실무조정회의에서 가지는 조정권이 약하기 때문인 것

1) 외교통상부는 주로 홈페이지를 통해 대외개방의 홍보 활동을 강화하였으나 그보다는 다수의 국민에게 보다 용이하게 다가갈 수 있도록 대중매체를 통해 개방에 대한 공익광고를 이용할 필요가 있다. 예를 들면, 국정홍보처가 행정복합도시, APEC 정상회의 개최 등을 대중매체를 통해 홍보하듯이 한·칠레 FTA 이후 국내 기업의 휴대폰 및 전자제품의 수출이 급증하였다는 점을 부각하면서 FTA 체결이 우리 기업의 경쟁력 향상 및 수출에 기여하고 있다는 점을 TV에 공익광고하는 방안을 고려할 수 있다.

으로 평가된다. 따라서 현재의 조직체계에서 대외경제위원회(실무기획단)와 통상관련 정부 부처간 역할 및 기능의 분담도 명확히 하고 대외통상장관회의에 국장급 및 과장급의 실무급 회의를 신설하는 것을 신중히 검토할 필요가 있다.

또한, 대외개방 이슈와 관련하여 여론 수렴기관이자 국민의 대표인 국회와의 협력을 보다 강화할 필요가 있다. 각 이해그룹과의 의사소통을 위한 대화채널을 국회를 통해 상시적으로 운용하고 가급적 정보를 공개하여 정보의 비대칭성(informational asymmetry)을 개선하고 상호불신을 제거해야 한다. 그리고 대외개방과 관련된 이해갈등의 표출을 내부화하여 '합법적인 틀'에서 논의되도록 하고 도출된 합의를 상호 존중하는 풍토를 마련하기 위해 국회와 협력할 필요가 있다.

제5절 실행계획

1. 정부와 민간의 역할분담

선진통상국가의 비전을 달성하고 산업별 발전전략을 수행하기 위해서는 정부와 민간부문의 역할 분담을 명확히 할 필요가 있다.

1.1 정부의 역할

정부는 우리 경제의 지향점과 개별 산업이 가지는 특수성에 대한 이해를 기반으로 개방관련 정책의 기본방향을 수립하여 이를 일반에 공개하여야 한다. 또한, 정부는 우리 산업이 세계화 추세에 능동적으로 대처하여 발전할 수 있도록 경쟁력을 제고시키는 산업정책을 수립하여 시행하고 개방정책의 시행에 따라 야기될 수 있는 각종 문제를 해결하는 데 정책의 초점을 두어야 한다.

1.2 민간의 역할

민간부문은 정부가 발표한 개방의 일정과 변화된 시장환경에 따라 전문화(specialization) 및 제품의 고부가가치화를 통해 경쟁력 및 효율성을 제고시키기 위해 역량을 결집시켜야 한다.

2. 중점 추진과제(2006년)

추진 전략별 세부 추진계획으로 FTA 및 DDA 정책방향 및 세부분야별 협상전략, 종합적인 서비스시장개방계획, 정부부처간 이해조정체계 구축방안 등이 실시될 예정으로 있다. 그러나 사회안전망 확대, 체계적 종합지원제도, 농업 관련 지원제도 등 예상부문에 대한 고려가 수반되어야 하는 과제의 경우 가급적 조속한 시일 내에 충분히 검토하여 추진할 필요가 있다.

〈표 23-10〉 추진전략별 정부 및 민간의 역할분담

세부추진전략	민간의 역할	정부의 역할
선진통상국가 실현과제 추진	· 글로벌 네트워킹 추진	· 제도 및 관행의 국제표준화 · 글로벌 네트워킹 촉진 · 개방친화적 사회 인프라 구축
FTA 및 DDA 정책방향	-	· 정책방향 제시 · 세부분야별 협상전략 수립
시장개방을 통한 산업발전전략 수립	· 경쟁력 제고 노력 · 법률회계컨설팅 : 규모의 경제를 위한 기업확대전략 · 관광레저 : 한류와 연계전략	· 종합적인 서비스시장 개방계획 수립 · 업종별 경쟁력 강화정책 수립
교 육	· 고등교육 : 수요자 중심 교육	· 고등교육 중심의 시장개방 전략 수립 · 학교법인 설립 및 운용 관련 규제완화
보건의료	· 영리법인화 전환 준비 · 의료기관간 전략적 제휴 및 네트워크 활성화	· 영리 법인병원의 도입 검토 · 의료인력 자격평가절차의 체계화
농 산 물	· 시장기능에 대한 이해 제고 · 혁신 경영업체 형성 · 수요자 중심의 농업경영 · 보다 개척적인 정신 함양 · 식품산업의 현황 · 미래에 대한 연구 · 소비자 안전에 대한 인식 제고	· 농업농촌 종합적 발전전략 수립 · 시장기능 강화정책 수립 · 혁신 농업경영업체 지원 · 농업농촌 이행적응 지원 · 식품안전 확보 추진계획 수립
중소기업	· 제품의 고부가가치화 지향 · 전문화 및 대형화 추구 · 공동연구 및 공동투자 지향 · 원천기술 확보 노력	· 체계적인 부품소재산업의 집적화 · 정책 수립 · 원천기술 개발을 위한 지원

〈표 23-10〉 이어서

개방관련 범국민적 공감대 형성	· 무분별한 개방저항 지양 · 개방 이슈에 대한 이해 제고 · '울면 떡 하나 더 준다'는 인식 타파	· 체계적 종합적 지원제도 구비 · 사회안전망 확충 · 개방 관련 이슈의 대국민 홍보 강화
정부부처간 이해조정기능 강화	· 공청회 및 국회 여론수렴 등에 적극 참여	· 대외경제장관회의의 실질적 운영 · 대외경제실무조정회의 강화 · 국회와의 협력 강화

〈표 23-11〉 세부추진전략

세부추진전략	소과제	2006	2007	2008	2009	2010
1. 선진통상국가 비전의 구현	① 제도 및 관행의 국제표준화	기획	실시			
	② 글로벌 네트워킹 촉진	기획	실시			
	③ 개방친화적 사회 인프라 구축	기획	실시			
2. FTA 및 DDA 정책방향	① 정책방향 제시	기획	실시			
	② 세부분야별 협상전략 수립	기획	실시			
3. 서비스시장 개방	① 종합적인 서비스시장 개방계획 수립	기획	실시			
	② 업종별 경쟁력 강화정책 수립	기획	실시			
4. 농산물시장 개방	① 농업농촌 종합적 발전전략 수립	기획	실시			
	② 시장기능 강화정책 수립	기획	실시			
	③ 혁신 농업경영업체 지원	기획	실시			
	④ 농업농촌 이행적응 지원	기획	실시			
	⑤ 식품안전 확보 추진계획 수립	기획	실시			
5. 글로벌 네트워킹을 통한 중소기업의 글로벌화	① 중소기업의 글로벌화	기획	실시			
	② 체계적인 부품소재산업의 집적화 정책 수립	기획	실시			
	③ 원천기술개발을 위한 지원	기획		실시		
6. 개방관련 범국민적 공감대 형성	① 체계적 종합적 지원제도 구비	기획		실시		
	② 사회안전망 확충	기획		실시		
	③ 개방 관련 이슈의 대국민 홍보 강화	기획	실시			
7. 정부부처간 이해조정기능 강화	① 대외경제장관회의의 실질적 운영	기획			실시	
	② 대외경제실무조정회의의 강화	기획			실시	
	③ 국회와의 협력 강화	기획			실시	

제24장

물류허브의 구축

제 1 절 대외환경의 변화

1. 동북아 물류허브전략을 국가발전전략의 일환으로 추진

1990년대 중반 이후 항만에서의 환적화물이 급격히 증가하면서 화물운송센터에서 출발한 개념이 지역물류센터로 발전하였고 기존의 성장동력이었던 제조업이 지속적으로 성장하는데 한계를 노출시키게 되면서 동북아에서 물류허브로 발전하는 것이 미래의 국가발전전략 차원에서 추진해야 할 중요한 과제라는데 대한 공감대가 형성되었다.

이에 따라 정부는 '동북아물류허브전략'을 주요 국정과제로 선정하고 동북아물류허브 추진로드맵을 수립(2003. 8)하여 인천공항, 부산항, 광양항을 동북아의 허브로 육성하는 전략을 추진하고 있다. 상기한 물류허브전략은 동북아에서 생산과 유통활동을 지원할 효율적인 물류시스템을 구축하여 국부(national wealth)를 창출하겠다는 전략의 일환으로 추진되고 있으나 단기적인 성과가 나타나지 않으면서 일부에서는 회의적인 시각도 제기하고 있다.

2. 동북아물류허브 달성 가능성에 대한 의문 제기

최근 들어 제기되는 회의적인 시각은 대체로 중국이 물동량이 급증하면서 대규모 항만들을 신속히 건설하고 세계적인 선사들의 대형모선이 중국으로 직기항하고 세계 유수의 제조기업과 물류기업들이 경쟁적으로 중국시장에 진출하는 데 비해 상대적으로 우리 항만의 물동량 처리순위가 하락하고 국내기업들의 중국 이전이 가속화되는 상황에 기인하고 있다.

즉, 상해항이 2004년 1,456만TEU(전년 대비 29% 증가, 세계 3위)를, 심천(深圳)항은 1,365만TEU(28.6% 증가, 세계 4위)를 처리하여 부산항 1,149만TEU, 광양항 132만TEU를 훨씬 초과하였으며 조만간 홍콩과 싱가포르의 물동량도 추월할 것으로 전망된다. 중국은 2005년 12월 양산항에 처리용량 300만TEU의 신항을 완공하고 중국 동북부의 환적화물까지 처리할 계획을 추진 중에 있다.

중국은 항공에 있어서도 3대 허브공항(상해, 북경, 광주)을 육성하고 있으며 국영항공사들을 통합하여 3대 항공사 집단으로 육성하고 있다. 세계 4대 특송업체들도 모두 중국시장 공략을 적극적으로 추진하고 있다. FedEx는 필리핀 수빅베이에 입지한 아시아·태평양 지역 허브를 광저우로 이전할 계획을 추진 중에 있다. UPS도 상해 푸동 공항에 허브를 건설할 계획으로 있다. 또한, 부족한 항공서비스의 개선을 위해, 특히 미국항공사들을 대상으로 대규모의 시장개방계획(market opening plan)을 추진(2010년까지 주당 54편에서 249편으로 증편 예정)하고 있다.

이러한 가운데 부산항의 컨테이너 처리실적이 세계 3위를 기록(2002년)하고 세계 최고의 시설을 자랑하는 인천공항을 개장(2001년)하여 우수한 실적을 보이고 있으나 광양항은 여전히 시설이 제대로 활용되지 못하고 있고 공항과 항만의 배후단지는 아직 구축되지 않아 외국기업 유치와 부가가치 물류서비스의 실현이 당장은 불가능한 실정이다. 또한, 국내의 물류전문기업은 영세하여 국내외 화주기업들에 고급의 물류서비스를 제공하는 데 한계가 노출되고 있으며 높은 물류비의 지속과 화물연대 파업위기의 반복으로 경쟁력을 상실하고 있다.

3. 추진방향 및 전략에 대한 재점검 필요

중국경제의 급성장은 우리에게 위협과 기회의 요인을 동시에 제공하고 있다. 그러나 중국 물류산업의 급성장과 항만물동량의 급증은 일반적으로 우리의 동북아물류허브전략에 위기요인으로 작용하는 것으로 인식되고 있다. 이에 따라 우리는 적절한 전략을 수립하였는지, 수립된 전략을 제대로 추진하고 있는지, 그 동안의 환경변화에 따라 전략을 수정해야 하는지를 심각하게 재점검할 필요가 있다.

제 2 절 비전의 제시

정부는 2003년 8월 인천공항・부산항・광양항 및 배후단지를 '세계의 화물과 정보, 그리고 사람이 모이는 동북아의 관문'으로 육성시킨다는 비전을 설정하고 그 동안 각 부처에서 개별적으로 추진된 관련 계획을 체계적으로 종합하여 '동북아 물류허브추진로드맵'을 확정한 바 있다.

1. 부가가치 물류서비스 제공 거점 육성

물류허브라고 함은 세계적인 간선항로에 위치한 다수의 거점 중 하나로 주변지역의 화물이 모이고 다시 배분되며 나아가 공・항만의 배후지역에서 조립・가공・라벨링・포장 등 물류활동을 통해 물류비용뿐만 아니라 제품원가까지 하락시킬 수 있는 고부가가치 물류서비스를 역내기업에 제공하는 지역을 의미한다.

즉 인천공항, 부산항, 광양항을 동북아경제권을 연결하는 국제물류 네트워크 상에서 주변지역에 고부가가치 물류서비스를 제공하는 거점으로 육성하는 것을 의미한다. 우리의 인천공항, 부산항, 광양항은 세계적인 간선항로상에 위치해 있어 이미 어느 정도는 허브(hub)항의 역할을 하고 있다. 신설항만인 광양항을 제외하고 부산항은 환적물량이 40%에 이르고 있으며 인천공항은 46%가 역내의 화물을 전세계와 연결해 주는 역할을 수행하고 있다.

동북아 물류허브는 상기한 환적기지 역할에서 진일보하는 것을 추구하게 된다. 예를 들면, 일본에서 수입하는 제품을 우리의 부산·광양항 배후 물류단지에서 집하하여 일본의 주요 지역별로 재분류·포장한 다음 피더선으로 일본의 소항만으로 배송함으로써 일본의 비싼 내륙수송비용을 절감할 수 있는 고부가가치물류서비스를 주변국에 제공하여 유럽지역의 로테르담·함부르크, 동남아지역의 홍콩·싱가포르와 같은 지역물류 거점으로 육성해 나가는 것을 목표로 한다.

2. 배후물류단지 개발, 전문기업 및 인력 양성

이 같은 고부가가치 물류허브를 구축하기 위해서는 우선 하드웨어 측면에서 세계적인 공·항만시설을 구축하고 물류배후단지를 개발하는 한편 고부가가치 물류활동을 수행할 수 있는 물류기업과 물류 전문인력을 육성해야 한다.

우리의 물류산업 현황에 대해 살펴보면 아직도 제조기업 등은 물류를 전문영역으로 인식하지 못하고 자가 물류에 의존하고 있거나 특정관계에 있는 물류기업에 자기화물만 취급하도록 하고 이면거래가 이루어지고 있으며 운송·보관·하역 등 물류과정별로 세분화되어 있는 등 전근대성과 낙후성을 보이고 있는 실정이다. 이 같은 상황에서 공·항만과 배후단지를 세계에서 일류로 구축해도 EXEL, DHL 같은 외국물류기업이 장악할 가능성이 크다. 따라서 우리도 조속히 제조업체들이 물류를 물류전문기업에게 아웃소싱(outsourcing)하여 물류시장을 육성하고 물류기업들이 선진물류기업들의 노하우(know-how)를 습득하여 국내 화주기업은 물론 역내 외국기업들에게도 고부가가치 물류서비스를 제공할 수 있도록 해야 한다. 물류전문기업 육성은 상기한 우리의 전근대적 국내물류체계를 선진화하는 한편 동북아 물류허브 시대의 주역을 육성하기 위한 중요한 과제가 되고 있다.

제3절 추진 현황과 평가

1. 주요 추진 현황

1.1 고부가가치 물류활동을 위한 핵심인프라 구축

인천공항은 국제항공화물물동량(2004년 210만톤, 환적비율 46%) 세계 3위, 공항서비스평가 1위를 달성(IATA)하였으며 2008년까지 2단계 확장사업을 추진 중에 있다. 배후에는 자유무역지역(30만평)이 조성되었으며 2020년까지 30만평이 추가로 개발될 계획으로 있다.

부산항과 광양항의 경우 상해항과 청도항의 시설확충과 물동량 증가로 당초 기대한 환적화물의 증가폭이 다소 둔화되고 있으나 부족한 항만시설의 지속적인 확충과 고부가가치를 창출할 수 있는 배후단지 개발을 지속적으로 진행하고 있다. 우선 부산항은 2011년까지 총 30선석 규모의 부산신항을 개발(2006년 1월 3선석, 2008년 17선석 개장예정)하고 있으며 배후부지는 2013년까지 93만평(2008년까지 37만평)의 배후단지를 개발할 계획으로 있다. 광양항은 현재 12선석을 운영 중에 있으며 물동량이 당초 예상보다 저조하여 선석 건설의 시기조정이 필요하나 총 33선석까지는 확충할 계획으로 있다. 또한, 항만배후부지의 개발을 위해 2008년까지 37만평(2006년까지 12만평)을 조성할 예정이다.

1.2 부가가치물류 활성화를 위한 물류 및 통관제도 개선

고부가가치 물류를 촉진할 수 있는 기반으로 보관·포장 등 기본적인 물류활동 외에 조립·가공 활동 등을 자유무역지역(free trade area)으로 지정된 공·항만 배후물류단지에서 수행할 수 있도록 관세자유지역과 자유무역지역을 통합·일원화(2004. 3)하였으며, 국제물류지원단 설립(2005. 4)을 통해 글로벌 물류기업 유치지원 활동 및 국내 물류기업의 해외진출에 필요한 지원체계를 확립한 바 있다.

또한, 한 번의 서류제출로 화물에 대한 통관업무가 일괄 처리되는 통관단일창구(Single Window)의 구축 및 인터넷을 통한 수출입신고 시스템 도입(2005. 10) 등으로 통관서비스를 세계적 수준으로 혁신하였으며 환적화물 유치를 위한 국내 항만간 외국적선사의 연안운송 허용(2004. 1) 및 보세운송절차 간소화(2004. 4) 조치 등으로 물류흐름에 맞도록 통관제도를 지속적으로 개선하고 있다.

1.3 글로벌 물류시장을 주도할 수 있는 물류전문기업 및 전문인력 양성

동북아 물류허브의 추진주체로서 우리의 세계적인 공·항만시설을 기반으로 동북아 물류시장을 주도할 수 있도록 물류전문기업과 전문인력 양성도 주요 과제가 되고 있다.

우선 국내물류기업 육성을 위해 물류전문기업 육성방안을 수립한 바 있다(2004. 8). 운송·보관·하역 등 단순 물류서비스 제공에 치중한 국내 물류기업이 글로벌 물류기업과 경쟁할 수 있도록 종합물류기업 인증제의 도입을 추진하고 있으며 자가물류에 치중하는 화주기업으로 하여금 물류업무를 물류전문기업에 대폭 아웃소싱하도록 유도하기 위해 세제혜택 부여를 추진하고 있어 물류기업의 성장기반인 국내 물류시장 규모를 확대할 계획으로 있다.

또한, 이러한 물류전문기업과 최고의 물류인프라 시설에서 필요로 하는 양질의 인재를 적기에 공급하기 위해 물류전문대학원 설립 지원 등을 추진하고 있으며 학사수준의 물류인력을 위해 일부대학(인천대, 인하대, 한국해양대) 등에 물류특성화를 유도하여 우수한 인재양성의 기반을 확보한 바 있다.

2. 물류허브정책에 대한 평가

2.1 물동량 위주의 물류허브개념

동북아물류허브 로드맵에는 물동량과 같은 외형적 지표가 부각되어 있고 과도한 환적률 목표치를 설정하여 이러한 지표의 비교에 의하여 목표달성 여부를 판단하는 오류를 유발하고 있다. 이에 따라 우리 항만의 물동량 증가 추세에 비하여 중국의 수출입화물과 항만의 물동량이 급증하게 되어서 우리의 허브전략에 대한 회의가 발생하게 되었다. 또한, 광양항이 1998년 개장된 이후 물동량 증가속도가 시설확충 속도를 따라가지 못해 활성화되지 않고 있는 점은 물류허브정책 전체를 부정적으로 인식하게 하고 있다.

물류허브는 물동량 그 자체보다는 수준 높은 물류서비스를 주변지역에 제공하여 다수의 부가가치(value added)를 창출하는 지역을 의미한다. 또한, 하나의 거점이 권역 내 모든 지역을 서비스하기보다는 복수의 거점이 상호 연계하고 경쟁하면서 발전하는 것이 일반적인 현상이라고 할 수 있다. 일례로 로테르담, 앤트워프, 함부르크 등을 지적할 수 있다. 정부가 추구하는 물류허브가 물량 위주의 물류허브가 아니라 이러한 부가가치형 물류허브라면 물류허브를 형성하는 지표는 물동량 같은 외형적 수치가 아니라 고부가가치 서비스 제공정도를 나타낼 수 있는 성과지표를 발굴하여 제시할 필요가 있다.

2.2 분산되고 실기한 물류거점 개발과 유연성 결핍

공항과 항만 등 물류기반시설을 건설하기 위해서는 장기간이 소요되므로 수요를 사전에 예측하여 적기에 투자하여야 하나 부산항의 시설 부족에 따른 광양항 건설의 추진, 그리고 다시 부산신항의 건설 등으로 시설의 적기 건설에 차질이 발생하였다. 또한, 부산항의 물동량이 과도하고 시설이 부족하여도 물동량이 광양항으로 분산되지 않아 항만개발과 운영에 문제점을 노출시키고 있다.

따라서 고부가가치 물류기능을 수행하기 위해서는 공항과 항만의 배후물류단지가 필요하나 공항을 완공하고 나서야 배후물류단지를 개발하고 있으며 부산항에는 배후물류단지가 전무하여 신항의 배후단지가 개발되기를 기다려야 하는 상황에서는 물류 로드맵에서 지향한 '선점과 차별화'가 불가능한 실정이다. 인천공항배후 자유무역지역의 경우 국내물류기업의 유치에는 성과를 거두었으나 제조기업이나 외국계 물류기업의 유치는 저조한 편이다. 또한, 고부가가치 물류기능을 수행하기 위해 단순물류기능뿐만 아니라 조립, 가공 등 제조기능을 허용하였으나 수도권규제에 의한 제한으로 기업들의 입주가 용이하지 않은 상황이다.

인천공항과 부산신항, 광양항의 배후에는 각각 경제자유구역이 지정되어 '공항과 항만-자유무역지역-경제자유구역-전국의 산업단지'를 연계하는 구도로 되어 있으나 부산진해와 광양만권의 경우 당장 이용 가능한 산업용지가 부족하여 현실적으로 항만을 연계한 물류산업클러스터의 형성이 어려운 실정이다. 따라서 각 경제자유구역에서는 지구개발계획을 수립하여 추진하고 있으나 외자유치 전략 등 구체적인 비즈니스 모델(business model)이 부재하여 개발사업의 사업성을 고려한 대규모 주거단지 개발의 양상을 보이고 있다.

각 권역에 설치된 경제자유구역청의 경우에도 기존 지자체의 행정조직과 유사한 형태로 운영되고 있어 효율적인 경제자유구역의 개발이나 전략적 외자유치의 효과를 거두지 못하고 있다.

2.3 미흡한 물류기업 육성정책

공항과 항만을 통한 수출입 및 환적물동량의 처리뿐만 아니라 배후에서 포장, 라벨링, 조립, 가공 등 부가가치 물류서비스를 국내외 기업에 제공할 수 있어야 진정한 물류허브로 평가할 수 있다. 그리고 이러한 고부가가치물류서비스는 물류전문기업에 의해서 제공된다. 그러나 우리의 물류기업은 대부분 운송위주의 부문별 물류서비스를 제공하는데 그치고 있으며 글로벌 물류기업과 비교할 때 규모도 매우 영세한 실정이다. 정부에서는 이렇게 우리 물류기업이 성장하지 못한 요인으로 다음 2가지를 지적하고 있다.

① 화주들의 자가물류 선호로 인해 물류시장이 성장하지 못했음
② 종합물류서비스 제공기업을 육성하기 위한 정부전략이 미흡했음

따라서 이러한 문제점을 극복하고 종합물류기업을 육성하기 위한 방안을 수립(2004. 8)하여 추진 중에 있다. 즉, 물류시장의 확대를 위해서 자가물류를 지원하는 각종 제도를 단계적으로 폐지하고 종합물류업 인증제도를 도입하여 화주기업이 종합물류기업을 이용할 경우 세제혜택을 부여하여 조속한 시일 내에 세계적인 물류기업으로 육성하고자 하고 있다. 2005년 1월 종합물류기업에 대한 인증기준의 법적 근거를 화물유통촉진법에 마련하였으며 인증기준에 대한 수차례의 전문가회의 및

공청회를 거쳐 2005년 10월 '인증기준 공동부령'을 확정한 바 있다.

2.4 강력한 물류허브정책 추진주체의 부재

동북아물류허브정책은 과거 각 부처에서 산발적으로 추진되어 오다가 대통령 직속으로 '동북아경제중심추진위원회'가 2003년 5월에 발족되고 동북아물류허브 추진 로드맵이 작성되면서 본격화되었다. 로드맵에 따라 각 부처에서 담당하고 있는 관련 업무를 동북아위원장 및 동북아비서관을 통해 대통령이 직접 보고받고 추진상황을 점검하고 지시할 수 있는 체계가 구축되었다. 위원회 산하에는 민간의 각계 전문가들로 물류전문위원회가 구성되어 정부당국자들과 함께 각종 물류관련 정책을 논의하고 개선안을 도출하는 체계가 마련되었다.

그러나 동북아위원회의 경우 당초에는 물류허브, 금융허브, 외자유치 등 경제중심 관련 업무를 담당하였으나 2004년 '동북아시대위원회'로 개편되면서 전략기획, 경제협력, 평화, 사회문화 협력 등 7개의 분야로 확대되어 업무의 범위가 광범위해졌고 따라서 물류허브관련 정책은 그 중요도가 저하되었다.

제4절 전략

1. 동북아물류허브전략의 개념 획립

동북아 물류허브 로드맵에서는 단순 환적중심이 아닌 고부가가치 물류서비스를 지향하였으나 물동량·환적률 등 외형적 수치 위주의 목표를 제시하고 '선점과 차별화' 전략을 추진하여 패권적인 허브를 추구한다는 인식을 야기시켰다. 그러나 물류허브의 진정한 개념은 물동량의 상대적인 많고 적음보다는 높은 운송 빈도와 밀도로 신속하고 효율적인 다양한 물류서비스를 제공하고 주변지역을 연계하여 많은 부가가치를 창출하는 지역을 의미하는 것으로 해석할 수 있다.

동북아는 하나의 균일한 시장이 아니라 국가별, 성(省)별로 세분화된 시장으로서 하나의 허브에서 전체지역을 담당하기는 불가능하여 복수의 물류허브가 필요한 실정이다. 부산항, 광양항, 인천공항을 중심으로 한 국내물류거점들이 홍콩, 상해, 청도, 고베 등의 국외물류거점들과 연계되어 동북아물류 네트워크상에서 일정 역할을 하면서 경쟁과 협력을 하는 것이다. 즉, 물류허브의 개념은 이러한 범위에서의 한계성을 지니고 있음을 인식하고 바람직한 추진방향을 정립해야 할 필요가 있다.

따라서 동북아물류허브의 개념을 물동량, 선석수와 같은 외형적 지표 위주의 개념보다는 생산성(productivity) · 효율성(efficiency)과 같은 물류성과지표와 (500대 기업의)물류부문 FDI 유치실적 · 재가공수출실적 등과 같이 보다 실질적인 내용으로 정립하고 이러한 측면에서 경쟁력(competitiveness)이 있는 부분을 적극적으로 발굴하여 추진해야 한다.

〈표 24-1〉 동북아 물류허브화 정책의 패러다임 변화

구 패러다임	신 패러다임
외형적 지표(물동량 등)	부가가치 물류
선점 · 쟁취	기 능 분 담
경 쟁	경쟁과 협력
폐쇄적 접근	개방적 접근

2. 비즈니스모델 개발과 공 · 항만 배후단지의 활성화

블루오션전략(blue ocean strategy)은 기존 시장에서 경쟁이 없는 새로운 시장의 개척이라고 할 수 있으나 첨단산업도 아닌 물류분야에서 우리만의 새로운 고유영역을 발견하는 것은 어려운 일이며 우리가 경쟁력이 있는 부문을 더욱 발전시키는 것이 결국 물류허브전략에서의 블루오션이라고 할 수 있다. 단순 환적뿐만 아니라 실질적인 부가가치 물류서비스를 활성화하기 위해서는 공항과 항만의 배후단지의 개발뿐만 아니라 이러한 기반시설을 활용하는 비즈니스모델을 개발하고 국내외 기업에 적극적으로 홍보하여 기업을 유치할 필요가 있다.

2.1 항공물류부문의 경쟁력 강화와 비즈니스모델 개발

향후 동북아물류허브전략의 추진은 항공물류허브의 육성에 중점을 둘 필요가 있다. 우리 수출입화물의 99.7%는 해운을 통해 수송되고 있으나 고부가가치의 첨단화물은 항공으로 수송되고 있다. 즉, 항공화물은 중량기준 0.3%에 불과하나 화물가치를 기준으로 할 때는 30~40%에 이르고 있다. 기업활동의 세계화와 적기생산-적기수송활동이 보편화되어 글로벌 기업들(global corporations)의 항공의존도가 제고되고 있으므로 항공물류허브의 역할이 더욱 중요하게 부각되고 있다. 인천공항은 국제항공화물 처리실적에 있어서 세계 3위로서 높은 경쟁력을 유지하고 있으며 부가가치 물류기능을 수행할 배후자유무역지역(총 60만평)을 개발 중에 있다.[1)]

중국의 경우 상대적으로 공항시설이 부족하고 항공운송서비스가 미흡하여 산동성, 동북3성 지역으로부터 인천항과 인천공항을 경유하는 해공복합운송이 발전하여 왔다. 그러므로 중국 동북부지역에서 생산되는 리드타임 단축이 필요한 계절성·적시성 상품을 신속히 서비스할 수 있는 산업별·업종별 비즈니스모델을 개발하여 적극적으로 홍보할 필요가 있다.

특히, 경쟁력이 있는 대한항공과 아시아나항공의 중국-한국-일본간 항공네트워크를 적극적으로 활용하고 인천공항에 건설 예정인 DHL과 TNT의 특송 네트워크도 활용하는 비즈니스모델(business model)을 개발해야 한다. DHL과 TNT의 화물터미널 신축이 지연되지 않도록 지원해야 하며 이러한 시설에 단순한 화물터미널 기능뿐만 아니라 동북아의 허브 기능을 유치하여야 한다.

상기한 시설과 네트워크를 기반으로 국내의 발달된 첨단산업(전자, 통신 등)과 더불어 인천공항과 배후 자유무역지역을 활용한 고부가가치 첨단물류클러스터의 형성을 위해 주력해야 한다. 특히, 전략적 유치대상으로 전기·전자부품, 의료·광학정밀기기, 의약 및 화학제품, 기계부품(컴퓨터부품), 물류업(운수, 보관, 종합물류서비스업 등)을 중심으로 첨단물류클러스터를 형성할 필요가 있다.

1) 대한항공은 최근에 국제항공화물 처리실적 세계 1위를 달성한 바 있다. 특히, 중국을 포함한 다수의 도시를 신속히 연계하는 네트워크를 구축하여 환적화물을 많이 유치하고 있다.

※ 상기 업종은 중국진출 다국적기업(MNCs)이 항공으로 수출입하는 화물 중에서 한국에서 제조·가공·조립 등의 부가가치물류활동을 하는 것이 경쟁력 확보에 도움이 되는 업종임

이를 위해서는 인천공항 자유무역지역 2단계사업(30만평)과 인천시에서 영종지구에 조성계획 중인 첨단산업 및 물류단지(88만평)를 적극적으로 활용할 필요가 있다. 국내기업의 중국 이전이 가속화되고 있는 상황에서 외국기업을 배후단지에 유치하는 작업은 현실적으로 어려운 문제여서 해외이전을 고려하고 있는 국내기업을 우선적으로 유치하여 성공사례를 만들고 이를 확산시키는 것이 필요하다. 그러므로 배후단지의 개발주체가 재량권을 갖고 우수 국내기업을 대상으로 유치하여 성공사례를 만들고 확산시켜야 하며 획기적인 규제완화(deregulation)와 지원이 필요하다.

※ 신규 공업지역 조성면적과 공장 신증축 허가 연면적 총량제한(수도권 정비계획법)과 대기업 공장신설 금지(산업집적활성화 및 공장설립에 관한 법률)와 같은 규제의 해결이 필요함

2.2 항만배후단지 활성화를 위한 비즈니스모델 개발

중국에서 생산된 제품들은 중국 디스카운트(China Discount)와 기피현상으로 고가, 대량 수출이 어려운 측면을 고려하여 중국생산 반제품을 인지도가 높은 우리의 항만배후단지에서 가공 조립한 후 우리 브랜드로 수출할 수 있는 점을 활용할 수 있다.

또한, 한·중·일 간의 교역에서 중국 현지에서 생산하고 현지의 물류센터를 통해 한국과 일본에 배송할 경우에 비하여 우리 항만배후단지를 활용하는 경우 물류비용을 절감하고 시장 인접지역에서 신속한 물류서비스를 제공할 수 있다는 점을 활용할 필요가 있다.

항만배후단지의 경우에도 해외이전을 고려하고 있는 국내기업들을 우선적으로 배후단지에 유치하여 성공사례를 만들고 이를 확산시키는 전략이 필요하다. 특히, 한국이 인접 국가에 비해 비교우위(comparative advantage)가 있는 부문을 적극적으로 개발하여 이러한 업종의 부가가치 물류활동을 국내 항만배후단지에 유치해야 한다. 우리의 조립생산 경쟁력지수가 높은 부문으로는 전기기계 및 장치, 측정·검

사・분석・통제 기구 및 장치, 열전자관・냉음극관, 광학기구 및 장치 등인 것으로 지적되고 있다.

또한, 조만간 활성화될 개성공단과 인천항 및 인천공항을 연계하는 물류축을 개발하고 우리의 우수한 IT 인프라를 물류정보화와 결합하여 첨단의 물류서비스를 제공해야 한다. 중국의 산동성과 동북3성 등에 많이 진출한 한국기업이 물류를 어떻게 처리하고 있는지 시급히 파악하여 이들 기업과 국내물류 기업 및 국내물류거점을 연계하는 비즈니스 모델도 신속히 개발할 필요가 있다.

3. 물류산업의 선진화 및 경제자유구역 활성화

3.1 물류전문기업 육성정책의 차질없는 추진

물류인프라를 활용하여 물류허브를 활용하는 주체는 바로 물류전문기업이다. 정부에서는 국내의 낙후된 물류체계를 개선하고 영세한 물류기업을 육성하기 위한 지원정책을 추진 중에 있으나 정부 내에서의 부처간 협조부족으로 당초의 추진의지가 퇴색되고 있다. 따라서 관계부처에서는 낙후된 물류체계의 개선과 물류허브를 실현하기 위해서는 물류전문기업의 육성이 시급함을 인식하여 2004년 8월 발표된 '물류전문기업육성방안'을 차질없이 추진해야 한다.

3.2 물류인력양성

물류산업발전을 위해 필수적인 물류전문 인력의 양성도 시급한 과제이므로 현재 정부에서 추진하고 있는 물류전문대학원의 설립 문제도 조속히 실현될 수 있도록 하여야 한다. 특히, 전문대학원은 단기간에 내실있는 교육체계를 갖추기가 어려우므로 기존의 교육여건과 수요지와의 인접성 등을 고려하여 적합한 학교를 신속히 선정하여 우수한 인력이 배출되어 물류전문기업이나 물류거점시설에서 활동할 수 있게 해야 한다.

3.3 첨단물류서비스의 제공

인접국가들에 비해서 신속하고도 저렴하며 다양한 물류서비스를 제공하여 물류부문에서 우리만의 경쟁력을 유지할 수 있도록 해야 한다. 우리의 공항·항만은 이미 중국과 일본의 다수의 공항·항만을 높은 빈도와 밀도로 연계하고 있으므로 통관, 검역 등에서의 유연성을 더욱 강화하고 첨단물류정보시스템을 개발하여 물류정보의 허브로 육성해야 경쟁력을 강화시킬 수 있다. 특히, 우리의 첨단 IT기술을 물류와 결합할 수 있는 무선인식(RFID) 사업을 적극적으로 추진하여 차원 높은 물류서비스를 제공해야 한다.

또한, 해운·항만뿐만 아니라 항공·공항 및 내륙물류체계를 포함하는 국가물류 database를 구축하고 동북아 주요 지역의 정보를 포함하는 '동북아물류DB'를 구축하여 기업들의 입지선정 및 물류경로 선택 등을 지원하는 의사결정지원시스템(Decision Support System)을 구축하여야 한다. 궁극적으로는 수출입물류체계와 내륙물류체계를 통합하는 '국가 SCM 모델'을 구축하여 국내 생산지와 물류거점, 그리고 공항과 항만의 물류정보를 통합하는 시스템을 구축할 필요가 있다.

3.4 경제자유구역 활성화와 외자유치활동

3대 물류거점을 지원하는 역할을 하는 경제자유구역의 경우 수익성(profitability)을 고려한 주거단지 위주의 개발사업보다는 전략적 외자유치를 위한 비즈니스 모델을 신속히 개발하여 물류거점과 시너지효과(synergy effect)를 발휘할 수 있도록 해야 한다. 부산항과 광양항의 배후에 지정된 경제자유구역의 경우 단기간에 이용 가능한 토지도 부족하고 실질적인 투자유치도 용이하지 않은 상황이어서 획기적인 지원과 대책이 필요하다. 이를 위해서는 기존의 행정조직에서 분리하여 자율성을 강화하고 성공사례를 만들 수 있도록 각종 지원을 강화할 필요가 있다.

경제자유구역이 성공하기 위해서는 구체적인 상품(비즈니스모델과 이용 가능한 용지 등)을 시급히 개발하여 관련주체들이 유치대상을 전략적으로 선정하여 체계적이고 유기적인 유치활동을 전개할 필요가 있다. 네덜란드의 HIDC를 벤치마킹(benchmarking)하여 동북아에 진출하는 외국기업의 물류활동을 지원하여 국내투자를 촉진하기 위해 설치된 국제물류지원단은 국내물류개선을 위한 노력보다는 동북아의 물류현황에 대한 database를 구축하여 외국기업들의 국내물류활동을 지원하는 본연의 업무에 주력해야 한다.

4. 동북아 국가간 협력과제의 추진

동북아지역에서 효율적인 지역운송체계가 구축되어야 시설의 과잉투자(overinvestment)를 방지하고 공동번영(common prosperity)을 추구할 수 있다.

4.1 항공부문

항공부문의 경우 이미 자유화 및 통합시장을 향한 시장여건이 성숙되어 가고 있다. 즉, 동북아 3국은 항공운송시장의 점진적인 자유화 실시를 고려해야 되는 시점에 이르렀다. 따라서 우선적으로 한·중·일의 책임있는 당국자들이 정기적인 모임을 통해 공동의 관심사를 논의할 필요가 있다. FTA의 한 부문인 항공시장 협상은 역내 자유화를 향한 우선적인 의제이며 따라서 최우선적으로 다루어져야 한다. 예를 들면, 점진적 항공자유화와 시장통합(market integration)을 위해서 조속한 시일안에 항공화물분야부터 자유화를 시작할 것과 지방공항의 자유화방안도 고려할 수 있다.

4.2 해운부문

해운부문의 경우에도 연안해운 허용문제, 분쟁조정체계 구축, 정보시스템, 컨테이니, 파렛드 등 장비와 시설의 표준화 추진 및 포장규격표준의 제정, 물류기술의 공동개발, 공통된 물류통계작성과 표준화, 공동의 물류데이터베이스, 그리고 통관체계의 개선 등과 같은 의제들에 대해서 3국이 심도있게 논의할 필요가 있다.

상기한 의제들은 유럽교통장관회의(ECMT)를 참고하여 한·중·일 3국 간에 '동북아물류장관회의(NACML:Northeast Asian Conference of Ministers of Logistics)'를 개최하여 논의할 수 있다.

※ 한국의 건설교통부, 해양수산부, 산업자원부 및 관세청이 참여하고, 중국에서는 교통부, 철도부, 민용항공총국, 상무부 및 해관총서가, 일본의 경우 국토교통성, 경제산업성 등이 참여할 수 있음

상기한 협력이 가능해지면 3국 간에 과도한 시설확보경쟁이 지양됨으로써 시설과잉을 예방하는 효과가 발생됨과 동시에 제한된 자원의 효율적 배분(efficient distribution of limited resources)이 가능해지게 된다. 즉, 최적의 동북아 물류체계 구축을 위한 기능분담이 이루어짐으로써 역내 물류비 절감과 동북아경제의 대외경쟁력 확보에 기여하게 되고 각국 물류산업의 기능적 배분을 통한 비교우위부문(comparative advantage sector)의 발굴과 대외경쟁력 확보로 역내물류산업의 발전을 도모할 수 있다. 장기적으로는 상호 개방적·협력적 분위기를 조성함으로써 한·중·일 FTA 결성 등 동북아 경제협력(Northeast Asian Economic Cooperation)에 기여할 수 있다.

5. 강력한 추진체계의 확립

동북아위원회가 2003년에 출범하고 물류허브 로드맵을 발표하면서 정부는 물류허브의 실현에 대한 확고한 의지를 천명한 바 있다. 그러나 이후 관심도가 크게 하락하고 관련정책의 추진력도 저하되었다. 이 같은 배경에는 중국물류의 급성장에 비해 단기적인 성과가 나타나지 않았을 뿐만 아니라 강력한 추진력이 부재했다는 점 등도 지적할 수 있다. 주요 국정과제로는 선정되었으나 위원회에서는 광범위한 업무의 담당 및 정책입안만 하고, 실천은 부처에서 하는 이원적인 체제로는 한계를 지닐 수밖에 없었다. 더욱이 물류의 주무부처인 건설교통부의 경우 물류분야의 조직과 인력이 부족하여 물류부문 조직과 인력을 대폭 확충하여 물류정책기능을 획기적으로 강화할 필요가 있다.

현재 해운항만부문은 해양수산부에서, 물류산업부문은 산업자원부에서 담당하고 있어 체계적이고 종합적인 물류정책의 추진이 불가능한 실정이다. 따라서 정부 각 부처에 산재한 물류정책기능을 일원화하여 강력하고 체계적인 물류정책을 추진할 필요가 있다. 이를 위해서는 하드웨어(hardware) 측면에서 도로, 철도, 공항, 항만에 대한 정책이 동일 부처에서 종합적으로 수행되도록 하고 소프트웨어(software) 측면에서의 물류산업, 물류인력에 관한 제도도 동시에 수행되도록 하는 획기적인 전환이 필요하다. 지자체의 연장선상에 있는 경제자유구역청의 경우에도 재량을 갖고 실질적인 비즈니스모델을 개발하고 실효성 있는 지역개발(effective regional development) 및 외자유치활동을 할 수 있도록 기존의 지자체에서 분리하여 특별 지자체화하거나 중앙정부에서 직접 관할하는 방안을 검토할 필요가 있다.

제 5 절 실행계획

1. 정부와 민간의 역할 분담

물류는 기본적으로 화물의 흐름으로 이해할 수 있다. 기업들은 물류비용을 낮출 수 있고 고부가가치 물류서비스를 제공하는 곳을 찾게 된다. 물류허브전략은 화물, 사람, 정보가 모여들 수 있도록 시장을 조성하는데 핵심이 있다. 따라서 정부는 기업들이 한국을 활용하여 물류활동을 하는 것이 유리하도록 여건을 조성해 주는 데 주력해야 한다. 즉, 정부는 물류의 흐름이 원활할 수 있도록 부족한 물류인프라를 구축하고 물류제도를 합리적으로 개선하며 경쟁력이 취약한 민간 물류주체를 육성하는 등 물류허브를 달성할 수 있는 시의적절한 전략을 수립하고 물적·제도적 기반을 조성하는 데 역량을 결집시켜야 한다. 한편, 물류기업은 정부의 물류시장 지원이 최대한 효과를 발휘할 수 있도록 자체 경쟁력을 제고시키는데 주력해야 한다. 예를 들면, 세계적인 물류네트워크를 형성한다든지, 중국·인도 등 거대시장에 진출하는 등 진취적인 기업가정신(entrepreneurship)을 발휘하여 국내 및 해외시장에서의 화물처리실적을 제고해야 한다.

전술한 사항을 기반으로 정부가 추진해야 할 주요 과제는 다음 9가지로 정리할 수 있다.

① 성과지표에 의한 물류허브개념의 설정 및 홍보
② 배후물류단지에 DHL 동북아허브 및 우수 국내기업 유치
③ 첨단산업물류클러스터 형성
④ 공항·항만·경제자유구역의 비즈니스 모델 개발 및 홍보

⑤ 동북아물류DB 및 물류 의사결정 지원시스템 구축
⑥ 실질적인 물류전문기업육성정책의 추진
⑦ 물류전문인력 양성방안의 신속한 추진
⑧ 국가간 협력과제의 추진
⑨ 강력한 추진체계의 확립

2. 중점추진과제(2006년)

물류허브정책을 강력하고 효율적으로 추진할 수 있는 추진체계를 정비하고 물류전문기업 육성을 위한 화주기업 세제지원도 관계부처간 협의를 완료하여 정부의 의지를 명확히 인식시킬 필요가 있다. 또한, 현재 검토 중인 공·항만 배후단지를 활용한 각종 비즈니스모델 개발을 완료하고 DHL/TNT의 동북아허브를 인천공항에 유치하여 특송 네트워크를 활용한 비즈니스모델도 새롭게 개발할 필요가 있다.

3. 중장기 추진과제

수출입물류체계와 내륙물류체계를 통합하는 범국가적 SCM모델 구축, 전문성 있는 물류인력의 적정수준 양성, 한·중·일간 물류협력기반 등 다소 중장기적으로 추진할 필요가 있는 과제들도 그 기반을 확고히 할 필요가 있다.

부 록*

Ⅰ. 경제활동별 국내총생산(A)
Ⅱ. 경제활동별 국내총생산(B)
Ⅲ. 국내총생산에 대한 지출(A)
Ⅳ. 국내총생산에 대한 지출(B)
Ⅴ. 국제수지(A)
Ⅵ. 국제수지(B)
Ⅶ. 주요 지역별 수출입
Ⅷ. 미국의 주요 경제지표
Ⅸ. 일본의 주요 경제지표
Ⅹ. 유로지역의 주요 경제지표
Ⅺ. 중국의 주요 경제지표

* 국민경제자문회의, 동반성장을 위한 새로운 비전과 전략, 2006. 1. 관련자료 참조

Ⅰ. 경제활동별 국내총생산(A) (2000년 불변가격)

(단위 : %)

연도	국내총생산(GDP)	총부가가치	농림어업	광공업	제조업	전기가스 및 수도	건설업	국민총소득(GNI)
1975	5.9	6.1	4.3	13.4	13.4	15.2	6.5	4.1
1976	10.6	10.0	9.5	20.1	25.1	22.6	9.3	12.4
1977	10.0	9.4	2.3	14.3	14.4	7.2	29.6	10.8
1978	9.3	8.5	-10.7	18.7	21.1	31.7	29.4	10.4
1979	6.8	6.7	10.6	7.9	9.6	9.1	4.4	6.1
1980	-1.5	-1.4	-19.4	-1.3	-1.2	23.2	-3.6	-4.2
1981	6.2	6.4	18.4	9.5	10.8	15.8	-6.4	5.2
1982	7.3	7.2	5.3	4.7	6.4	6.3	17.5	8.0
1983	10.8	10.5	6.0	14.5	15.7	26.9	22.1	11.2
1984	8.1	8.0	-2.1	16.1	17.2	21.9	5.2	8.2
1985	6.8	6.9	4.5	6.4	6.5	11.1	4.3	6.3
1986	10.6	10.4	4.8	19.1	20.3	25.4	2.7	12.5
1987	11.1	10.7	-4.4	17.7	19.2	10.5	12.8	13.1
1988	10.6	10.3	8.2	11.2	11.9	10.2	9.7	12.1
1989	6.7	6.2	-1.0	2.8	3.4	11.6	14.5	8.4
1990	9.2	8.7	-6.5	8.3	9.1	17.0	25.5	8.9
1991	9.4	8.7	2.0	8.5	9.1	10.1	14.0	9.8
1992	5.9	5.5	9.3	3.5	4.1	8.6	-0.1	5.8
1993	6.1	5.8	-6.0	4.8	5.1	12.4	9.5	6.3
1994	8.5	7.9	0.4	11.1	11.4	13.2	5.7	9.2
1995	9.2	8.6	5.3	11.2	11.7	6.1	7.7	9.5
1996	7.0	6.4	2.3	6.2	6.4	10.3	8.9	5.6
1997	4.7	4.8	4.6	4.7	4.9	10.0	2.8	2.7
1998	-6.9	-5.7	-6.4	-8.0	-7.9	-0.3	-10.0	-8.3
1999	9.5	8.7	5.9	21.5	21.8	9.0	-7.9	9.4
2000	8.5	8.1	1.2	16.7	17.0	12.8	-3.4	5.5
2001	3.8	4.0	1.1	2.1	2.2	7.2	5.5	2.8
2002	7.0	6.7	-3.5	7.4	7.6	7.7	2.8	7.0
2003	3.1	3.1	-5.3	5.5	5.5	4.7	8.6	1.9
2004	4.6	4.7	7.4	11.3	11.4	6.2	1.7	3.8

자료 : 한국은행

Ⅱ. 경제활동별 국내총생산(B) (2000년 불변가격)

(단위 : %)

연도	국내 총생산 (GDP)	총부가가치		순생산 물세	국내 총소득 (GDI)	국민 총소득 (GNI)	1인당 국민총소득 (원화)
			서비스업				
1975	5.9	6.1	4.6	4.0	5.1	4.1	31.8
1976	10.6	10.0	7.4	21.2	12.1	12.4	37.9
1977	10.0	9.4	7.7	19.6	10.8	10.8	25.0
1978	9.3	8.5	7.6	21.7	10	10.4	34.0
1979	6.8	6.7	5.7	8.0	6.5	6.1	25.4
1980	-1.5	-1.4	3.4	-2.2	-3.3	-4.2	19.0
1981	6.2	6.4	4.8	3.5	6	5.2	23.0
1982	7.3	7.2	7.0	9.2	7.9	8.0	12.2
1983	10.8	10.5	7.8	15.1	10.9	11.2	16.7
1984	8.1	8.0	7.4	9.6	8.5	8.2	13.0
1985	6.8	6.9	7.9	5.7	6.6	6.3	10.4
1986	10.6	10.4	9.0	13.8	12.2	12.5	15.9
1987	11.1	10.7	10.1	16.8	12.1	13.1	17.2
1988	10.6	10.3	10.3	15.1	11.4	12.1	18.7
1989	6.7	6.2	7.5	12.7	7.8	8.4	12.3
1990	9.2	8.7	7.8	14.5	8.8	8.9	19.5
1991	9.4	8.7	8.6	16.3	9.9	9.8	19.8
1992	5.9	5.5	7.1	9.5	5.8	5.8	12.9
1993	6.1	5.8	6.8	9.1	6.3	6.3	11.6
1994	8.5	7.9	7.7	14.3	9.2	9.2	15.9
1995	9.2	8.6	8.1	14.1	9.6	9.5	15.9
1996	7.0	6.4	6.2	12.0	5.7	5.6	11.5
1997	4.7	4.8	5.1	3.5	2.9	2.7	8.2
1998	-6.9	-5.7	-3.9	-15.8	-7.2	-8.3	-3.2
1999	9.5	8.7	6.6	16.7	8.9	9.4	9.1
2000	8.5	8.1	6.1	11.8	4.7	5.5	9.2
2001	3.8	4.0	4.8	2.8	2.6	2.8	6.9
2002	7.0	6.7	7.8	8.8	6.7	7.0	9.8
2003	3.1	3.1	1.6	3.3	1.9	1.9	5.4
2004	4.6	4.7	1.3	4.1	3.7	3.8	6.9

자료 : 한국은행

Ⅲ. 국내총생산에 대한 지출(A) (2000년 불변가격)

(단위 : %)

연도	국내총생산	총소비			총고정자본형성		
			민간소비	정부소비		설비투자	건설투자
1975	5.9	5.6	5.2	7.1	8.9	11.9	8.0
1976	10.6	7.1	8.0	3.8	20.7	38.1	13.5
1977	10.0	5.5	5.1	6.7	30.2	37.3	26.9
1978	9.3	7.5	7.8	6.0	34.4	51.0	26.1
1979	6.8	7.0	7.8	4.1	10.0	18.0	4.9
1980	-1.5	1.7	-0.2	8.8	-10.7	-19.8	-4.5
1981	6.2	5.1	5.1	5.2	-3.1	1.1	-5.7
1982	7.3	5.9	6.9	2.5	11.1	0.9	17.8
1983	10.8	7.8	9.0	3.4	17.4	8.2	22.7
1984	8.1	6.8	7.8	3.2	10.9	17.8	7.2
1985	6.8	6.3	7.0	3.7	5.3	5.1	4.5
1986	10.6	8.3	8.6	6.9	11.5	25.1	3.9
1987	11.1	7.6	7.8	7.0	18.1	19.7	16.8
1988	10.6	8.6	8.4	9.5	13.6	12.9	14.1
1989	6.7	9.9	10.1	9.2	16.0	14.3	16.8
1990	9.2	9.6	9.2	11.3	25.4	18.3	30.5
1991	9.4	8.3	8.7	6.5	14.4	15.3	13.6
1992	5.9	6.3	6.0	7.4	0.6	0.3	0.1
1993	6.1	5.9	6.0	5.6	7.7	0.8	11.5
1994	8.5	7.6	8.4	4.1	12.5	24.5	5.6
1995	9.2	9.0	9.9	5.0	13.1	18.3	9.5
1996	7.0	7.0	6.7	8.0	8.4	9.2	7.5
1997	4.7	3.2	3.3	2.6	-2.3	-9.6	2.3
1998	-6.9	-10.6	-13.4	2.3	-22.9	-42.3	-12.4
1999	9.5	9.7	11.5	2.9	8.3	36.8	-3.7
2000	8.5	7.1	8.4	1.6	12.2	33.6	-0.7
2001	3.8	4.9	4.9	4.9	-0.2	-9.0	6.0
2002	7.0	7.6	7.9	6.0	6.6	7.5	5.3
2003	3.1	-0.3	-1.2	3.8	4.0	-1.2	7.9
2004	4.6	0.2	-0.5	3.0	1.9	3.8	1.1

자료 : 한국은행

Ⅳ. 국내총생산에 대한 지출(B) (2000년 불변가격)

(단위 : %)

연도	국내총생산	총수출	상품수출	총수입	상품수입	국민총소득
1975	5.9	18.7	21.2	2.1	-0.6	4.1
1976	10.6	39.5	38.1	25.0	25.2	12.4
1977	10.0	21.6	18.4	20.8	19.8	10.8
1978	9.3	14.2	13.4	27.8	26.9	10.4
1979	6.8	2.0	-0.6	12.0	11.4	6.1
1980	-1.5	8.2	10.8	-5.0	-7.5	-4.2
1981	6.2	16.0	15.8	6.3	4.7	5.2
1982	7.3	8.2	4.6	3.9	4.8	8.0
1983	10.8	14.3	15.4	10.2	10.4	11.2
1984	8.1	8.2	9.9	7.9	9.1	8.2
1985	6.8	4.2	4.6	0.6	0.2	6.3
1986	10.6	26.8	25.7	18.4	18.9	12.5
1987	11.1	21.8	23.7	19.6	21.0	13.1
1988	10.6	11.7	13.7	13.7	12.2	12.1
1989	6.7	-4.0	-4.9	17.5	14.6	8.4
1990	9.2	4.5	3.7	13.8	12.9	8.9
1991	9.4	11.1	12.9	18.6	18.9	9.8
1992	5.9	12.2	10.9	5.4	3.9	5.8
1993	6.1	12.2	9.7	6.0	5.4	6.3
1994	8.5	16.3	14.5	21.3	21.4	9.2
1995	9.2	24.4	25.3	23.0	21.7	9.5
1996	7.0	12.2	10.5	14.3	13.8	5.6
1997	4.7	21.6	21.6	3.5	3.2	2.7
1998	-6.9	12.7	15.9	-21.8	-24.8	-8.3
1999	9.5	14.6	18.8	27.8	32.8	9.4
2000	8.5	19.1	23.0	20.1	21.1	5.5
2001	3.8	-2.7	-4.4	-4.2	-5.9	2.8
2002	7.0	13.3	16.5	15.2	15.6	7.0
2003	3.1	15.6	18.5	10.1	11.4	1.9
2004	4.6	19.7	21.0	13.8	13.8	3.8

자료 : 한국은행

V. 국제수지(A)

(단위 : 100만 달러, Millions of U.S. Dollars)

연도	경상수지	상품수지			서비스수지	소득수지	경상이전수지
			수출	수입			
1980	-5,312.2	-4,613.2	17,245.3	21,858.5	-723.0	-511.5	535.5
1981	-4,606.6	-3,848.8	20,747.3	24,596.1	-486.1	-886.8	615.1
1982	-2,550.5	-2,827.2	20,934.4	23,761.6	264.8	-644.3	656.2
1983	-1,524.1	-1,848.5	23,271.6	25,120.1	393.5	-792.8	723.7
1984	-1,293.1	-1,089.1	26,486.1	27,575.2	373.4	-1,263.7	686.3
1985	-795.1	-20.2	26,632.6	26,652.8	458.6	-2,085.6	852.1
1986	4,709.4	4,299.1	34,128.3	29,829.2	1,351.9	-2,310.2	1,368.6
1987	10,058.4	7,529.4	46,559.9	39,030.5	2,276.5	-1,586.5	1,839.0
1988	14,505.4	11,283.3	59,973.0	38,689.7	2,257.0	-1,327.6	2,292.7
1989	5,344.2	4,345.3	61,832.0	57,486.7	444.0	-577.5	1,132.4
1990	-2,014.4	-2,461.3	63,659.7	66,121.0	-614.9	-87.7	1,149.5
1991	-8,417.4	-6,903.6	70,546.4	77,450.0	-2,152.7	-163.8	802.7
1992	-4,095.2	-1,907.0	76,209.5	78,116.5	-2,883.8	-395.7	1,091.3
1993	821.1	2,150.1	82,097.8	79,947.7	-2,126.2	-391.2	1,188.4
1994	-4,024.2	-3,017.2	94,982.5	97,999.7	-1,800.6	-486.8	1,280.4
1995	-8,665.1	-4,364.6	124,933.6	129,298.2	-2,978.8	-1,302.8	-18.9
1996	-23,120.2	-15,077.1	130,037.6	145,114.7	-6,179.4	-1,814.5	-49.2
1997	-8,287.4	-3,255.7	138,730.7	141,986.4	-3,200.3	-2,454.3	622.9
1998	40,371.2	41,665.0	132,251.2	90,586.2	1,024.1	-5,638.3	3,320.4
1999	24,521.9	28,463.0	145,375.4	116,912.4	-651.0	-5,159.0	1,868.9
2000	12,250.8	16,953.6	176,220.5	159,266.9	-2,847.8	-2,421.3	566.3
2001	8,032.6	13,488.0	151,478.3	137,990.3	-3,872.1	-1,198.1	-385.2
2002	5,393.9	14,777.4	163,414.0	148,636.6	-8,197.5	432.3	-1,618.3
2003	11,949.5	21,952.0	197,289.2	175,337.2	-7,424.2	326.3	-2,904.6
2004	28,173.5	37,568.8	257,710.1	220,141.3	-8,046.1	1,082.8	-2,432.0

Ⅵ. 국제수지(B)

(단위 : 100만 달러, Millions of U.S. Dollars)

연도	자본수지	투자수지	기타자본수지	외환보유고	외채	단기	장기
1980	6,522	6,518	4	6,571	-	-	-
1981	5,313	5,348	-35	6,891	-	-	-
1982	3,935	4,032	-97	6,984	-	-	-
1983	2,391	2,471	-80	6,910	-	-	-
1984	3,059	3,141	-82	7,650	-	-	-
1985	1,633	1,725	-93	7,749	-	-	-
1986	-4,217	-4,120	-96	7,955	-	-	-
1987	-10,369	-10,160	-209	9,193	-	-	-
1988	-5,068	-4,714	-353	12,378	-	-	-
1989	-2,886	-2,568	-318	15,245	-	-	-
1990	2,564	2,896	-331	14,822	-	-	-
1991	6,412	6,741	-330	13,733	-	-	-
1992	6,587	6,994	-407	17,154	-	-	-
1993	2,741	3,216	-475	20,262	-	-	-
1994	10,295	10,732	-437	25,673	89,830	38,451	51,380
1995	16,786	17,273	-488	32,712	119,799	54,856	64,944
1996	23,327	23,924	-598	33,237	157,363	75,886	81,477
1997	1,314	1,922	-608	20,405	174,231	63,757	110,473
1998	-3,197	-3,368	171	52,041	163,807	39,580	124,227
1999	2,040	2,430	-389	74,055	152,936	43,058	109,879
2000	12,110	12,725	-615	96,198	148,454	49,992	98,462
2001	-3,391	-2,660	-731	102,821	130,417	42,023	88,394
2002	6,252	7,338	-1,087	121,413	143,013	49,722	93,291
2003	13,909	15,308	-1,398	155,352	161,581	54,835	106,747
2004	7,599	9,352	-1,753	199,066	177,976	59,980	117,995

자료 : 한국은행, KDI

Ⅶ. 주요 지역별 수출입

(단위 : 100만 달러)

연도	미국		일본		유럽연합		동남아국가연합		중국	
	수출	수입	수출	수입	수출	수입	수출	수입	수출	수입
1980	5.3	6.3	-9.4	-12.0	-	-	61.4	12.1	-	-
1981	20.7	23.7	13.3	8.8	-	-	0.8	11.9	-69.9	173.6
1982	10.0	-1.6	-3.8	-16.8	-	-	17.1	14.9	36.4	30.7
1983	32.8	5.3	1.3	17.6	-	-	6.4	9.2	-23.5	-24.2
1984	28.9	9.6	37.1	22.5	-	-	0.9	18.9	250.1	195.9
1985	2.6	-5.6	-1.3	-1.0	-	-	7.6	9.8	138.0	133.2
1986	29.1	0.9	19.4	43.8	-	-	-11.8	-22.9	206.2	29.8
1987	31.9	33.8	55.5	25.6	-	-	47.3	37.6	70.9	39.5
1988	16.9	45.7	42.3	16.6	-	-	55.0	19.5	76.4	60.1
1989	-3.6	24.7	12.1	9.5	-	-	28.9	21.7	17.5	22.9
1990	-6.2	6.5	-6.1	6.4	-	-	29.2	22.2	33.7	33.1
1991	-4.1	11.5	-2.2	13.7	-	-	40.5	20.3	71.4	51.7
1992	-2.5	-3.2	-6.1	-7.9	-	-	23.4	15.5	164.7	8.3
1993	0.3	-2.0	-0.3	2.9	-	-	11.8	2.7	94.1	5.5
1994	13.3	20.4	16.9	26.9	-	-	23.5	7.4	20.4	39.0
1995	17.4	40.9	26.1	28.4	-	-	44.0	29.2	47.4	35.5
1996	-10.2	9.5	-7.5	-3.6	-	-	13.0	19.1	24.4	15.4
1997	-0.2	-9.6	-6.3	-11.3	-	-	0.3	3.9	19.3	18.5
1998	5.5	-32.3	-17.2	-39.7	-	-	-24.7	-27.2	-12.0	-35.9
1999	29.2	22.1	29.6	43.4	-	-	15.5	34.1	14.6	36.7
2000	27.6	17.3	29.0	31.8	15.7	25.0	13.7	48.4	34.9	44.3
2001	-17.0	-23.5	-19.4	-16.3	-16.2	-5.5	-18.3	-12.4	-1.4	3.9
2002	5.0	2.8	-8.3	12.1	10.5	14.6	11.8	5.3	30.6	30.8
2003	4.4	7.8	14.1	21.6	14.7	13.3	10.1	10.2	47.8	25.9
2004	25.2	16.0	25.6	27.1	52.01)	24.8	18.6	21.3	41.7	35.0
2005[2)]	-4.2	5.8	11.8	5.0	17.1	12.6	14.9	15.1	24.8	33.3

자료 : 1) EU는 2004년 5월 가입국이 15개국에서 25개국으로 확대되었음. 따라서 2004년 증가율 수치는 해석에 주의를 요함

2) 2005년은 1~10월 기준

Ⅷ. 미국의 주요 경제지표

연도	경제성장률	1인당 GDP	소비자물가	실업률 (계절조정)	경상수지	연방기금 금리	다우존스 주가
	전기비연율	달러	전기비	연율	10억달러	기말	기말
2000	3.7	34,759	3.4	4.0	-416.0	6.50	10,786.9
2001	0.8	35,491	2.8	4.8	-389.5	1.75	10,021.5
2002	1.6	36,323	1.6	5.8	-475.2	1.25	8,341.6
2003	2.7	37,691	2.3	6.0	-519.7	1.00	10,453.9
2004	4.2	39,919	2.7	5.5	-668.1	2.25	10,763.0
10			0.6	5.5		1.75	10,027.5
11	3.3(Ⅳ)	40,651	0.3	5.4	-188.4(Ⅳ)	2.00	10,428.0
12			0.0	5.4		2.25	10,783.0
2005 1			0.1	5.2		2.25	10,489.9
2	3.8(Ⅰ)	41,251	0.4	5.4	-198.7(Ⅰ)	2.50	10,766.2
3			0.6	5.2		2.75	10,503.8
4			0.5	5.2		2.75	10,192.5
5	3.3(Ⅱ)	41,757	0.1	5.1	-195.7(Ⅱ)	3.00	10,467.5
6			0.0	5.0		3.25	10,275.0
7			0.5	5.0		3.25	10,640.9
8	4.3(Ⅲ)	-	0.5	4.9	-	3.50	10,481.6
9			1.2	5.1		3.75	10,568.7
10			-	5.0		3.75	10,440.1
11	-	-	-	5.0	-	4.00	10,805.9

자료 : FRB, BEA, BLS

Ⅸ. 일본의 주요 경제지표

연도	경제 성장률	1인당 GDP	소비자물가	실업률 (계절조정)	경상수지	공정 할인율	일경주가
	전기대비	달러	전년동기비	연율	10억엔	기말, %	기말
2000	2.4	37,448	-0.7	4.7	12,875	0.50	13,786
2001	0.2	32,786	-0.7	5.0	10,652	0.10	10,543
2002	-0.3	31,252	-0.9	5.4	14,140	0.10	8,579
2003	1.8	33,705	-0.3	5.2	15,767	0.10	10,677
2004	2.3	36,569	0.0	4.7	18,591	0.10	11,489
10			0.5	4.6	1,337	0.10	10,771
11	-0.1(Ⅳ)	-	0.8	4.6	1,204	0.10	10,899
12			0.2	4.5	1,616	0.10	11,489
2005. 1			-0.1	4.5	775	0.10	11,388
2	1.4(Ⅰ)	-	-0.3	4.7	2,117	0.10	11,741
3			-0.2	4.5	1,851	0.10	11,669
4			0.2	4.4	1,627	0.10	11,009
5	1.2(Ⅱ)	-	0.2	4.4	1,378	0.10	11,277
6			-0.5	4.2	1,087	0.10	11,584
7			-0.3	4.4	1,650	0.10	11,900
8	0.2(Ⅲ)	-	-0.3	4.3	1,218	0.10	12,414
9			-0.3	4.2	1,858	0.10	13,574
10			-0.7	4.5	-	0.10	13,607
11	-	-	-	-	-	0.10	14,872

자료 : 일본은행, 총무성 통계국, 재무성, 내각부

Ⅹ. 유로지역의 주요 경제지표

연도	경제성장률	1인당 GDP	소비자물가 CPI	실업률 (계절조정)	경상수지	공개시장 조작금리	DJ-유로 STOXX 50
	전기대비	달러	전년동기비	연율	10억유로	기말	기말
2000	3.7	26,283	2.1	8.1	-97.6	4.75	4,772.4
2001	1.9	26,697	2.3	7.9	-19.8	3.25	3,806.1
2002	0.9	29,205	2.3	8.3	57.5	2.75	2,386.4
2003	0.7	36,088	2.1	8.7	33.8	2.00	2,760.7
2004	2.1	41,385	2.1	8.9	45.7	2.00	2,951.2
10			2.4	8.9	3.4	2.00	2,811.7
11	0.2(Ⅳ)	-	2.2	8.8	4.7	2.00	2,876.4
12			2.4	8.8	7.7	2.00	2,951.2
2005. 1			1.9	8.8	-5.8	2.00	2,984.6
2	0.3(Ⅰ)	-	2.1	8.8	5.9	2.00	3,058.3
3			2.1	8.8	3.5	2.00	3,055.7
4			2.1	8.7	-10.7	2.00	2,930.1
5	0.4(Ⅱ)	-	2.0	8.6	-2.8	2.00	3,076.7
6			2.1	8.6	0.2	2.00	3,181.5
7			2.2	8.5	1.3	2.00	3,326.5
8	0.6(Ⅲ)	-	2.2	8.4	-1.7	2.00	3,263.8
9			2.6	8.3	-4.8	2.00	3,428.5
10			2.5	8.3	-	2.00	3,320.2
11	-	-	2.4	-	-	2.00	3,447.1

자료 : 유로중앙은행, 유로통계국

XI. 중국의 주요 경제지표

연도	경제성장률	1인당 GDP	소비자물가	실업률 (계절조정)	무역수지	재할인율	상해B 주가 (외국인전용)
	전년동기비	달러	전년동기비	연율	10억달러	기말	기말
2000	8.0	853	0.4		24.2	2.97	89.6
2001	7.5	921	0.9		23.1	2.97	171.5
2002	8.3	989	-0.8		30.3	2.97	113.5
2003	9.3	1,098	1.2		25.5	2.97	104.9
2004	9.5	1,272	3.9		32.1	3.24	75.7
10			4.3		7.1	3.24	85.1
11	9.5(Ⅳ)	-	2.8		9.9	3.24	82.4
12			2.4		11.1	3.24	75.7
2005. 1			1.9		6.4	3.24	74.2
2	9.4(Ⅰ)	-	3.9		4.4	3.24	81.5
3			2.7		5.7	3.24	77.2
4			1.8		4.4	3.24	75.3
5	9.5(Ⅱ)	-	1.8		9.0	3.24	67.2
6			1.6		9.7	3.24	65.3
7			1.8		10.5	3.24	58.7
8	9.4(Ⅲ)	-	1.3		10.6	3.24	65.1
9			0.9		7.6	3.24	67.7
10			1.2		12.0	3.24	59.8
11	-	-	-		-	3.24	60.9

자료 : 중국 국가통계국, 중국인민은행

찾아보기

[ㄱ]

가격경쟁력(price competitiveness) 181
가치창출(value creation) 291
가치창출 모델(vaule-creative model) 383
거시경제 리스크(macroeconomic risk) 249
걸프전(Gulf War) 81
경기종합지수 28
경기침체(recession) 169
경영리스크(business risk) 233
경쟁 리스크 238
경쟁열위(competitive disadvantage) 191
경쟁우위(competitive advantage) 191
경제 투명성(economic transparency) 415
경제교란(economic disturbance) 78
경제의 동질성(economic homogeneity) 257
경제의 변동성(economic variability) 345
경제적 불평등(economic inequality) 339
경제협력개발기구(OECD) 153
경제후생(economic welfare) 194
경착륙(hard landing) 233
경착륙 리스크(hard landing risk) 237
계량경제모형(econometric model) 217
고객니즈(customer needs) 275
고객지향의 마케팅(customer-oriented marketing) 275
고수익 · 고위험(high profit · high risk) 394
고용가능성(employability) 347
고용없는 성장(jobless growth) 363
공동시장(Common Market) 149
공익성(publicity) 419
공적분 관계(cointegrated relationship) 203
공정한 경쟁(fair competition) 347
관세동맹(Customs Union) 149
교역조건 48
구매력평가(PPP : Purchasing Power Parity) 172
구조학파(structuralist school) 199
국가 SCM 모델 454
국가안보(national security) 419
국가이미지(country image) 333
국가후생(national welfare) 91
국고채 수익률 65
국민 1인당 무역액 96
국부(national wealth) 441
국제분업체제(international division of labor system) 231
국제자본시장(international capital market) 162
국제자본이동성(international capital mobility) 337
국제적 공공재(international public goods) 416
국제채권시장(international bond market) 162
국제통화질서 119
국제표준화기구(ISO) 407
규모의 경제(economies of scale) 91, 434
규제개혁(regulatory reform) 399
규제완화(deregulation) 190
균부론(均富論) 249
근원물가지수 62
글로벌 경쟁(global competition) 182
글로벌 기술 리더십(global technological leadership) 367
글로벌 네트워크(global network) 378
글로벌 무역자유화(global trade liberalization)

175
글로벌 스탠더드(global standard) 328
글로벌 아웃소싱(global outsourcing) 406
금융개혁(financial reform) 234
금융시장 안정화 계획(stabilization plan of financial market) 87
금융시장의 불확실성(uncertainty of financial market) 80
금융제재(financial sanctions) 82
기반시설부담금제도 42
기술이전(technology transfer) 240
기술장벽(technical barriers to trade) 264
기술진보(technological progress) 388
기술집약적 산업(technology-intensive industry) 178
기술혁신(technological innovation) 362
기술혁신형 중소기업(Inno-Biz) 393
기업가정신(entrepreneurship) 333
기업경기실사지수 30
기업경쟁력(corporate competitiveness) 414
기업신뢰도(corporate credibility) 275
기업의 사회적 책임(CSR:Corporate Social Responsibility) 407
기업지배구조(corporate governance) 429
기업활동보고서(Doing Business) 398
기회비용(opportunity cost) 424

[ㄴ]

내구재(durable goods) 31
내국민 대우(national treatment) 148
내수시장추구형(market seeking) 322
노동시장의 경직성(rigidity of labor market) 141
노동시장의 유연성(flexibility of labor market) 146
노동의존도(labor dependence) 138
노동집약적 산업(labor-intensive industry) 144
누적기준(Cumulation) 299
눈에 보이는 상품들(visible commodities) 91
눈에 보이지 않는 상품들(invisible commodities) 91
닉슨독트린 119

[ㄷ]

다국적기업들(MNCs : Multinational Corporations) 134
다자간 협상(multilateral negotiations) 147, 416
다자적 접근(multilateral approach) 193
다자주의(multilateralism) 425
다자체제(multilateral system) 149
다중회귀분석(Multiple Regression Analysis) 166
다품종-소량생산 338
단순회귀모형(simple regression model) 212
단일공정기준(Single Transformation) 299
대북 제재 87
대외 금융유동성(external financial liquidity) 170
대외채권 53
도덕적 해이(moral hazard) 431
도쿄라운드(Tokyo Round) 156
도하개발아젠다(DDA) 418
독립형 중소기업 391
동남아시아국가연합(ASEAN) 221
동북아 경제협력(Northeast Asian Economic Cooperation) 456
동북아 물류허브추진로드맵 443
동북아물류DB 454
동북아물류장관회의(NACML : Northeast Asian Conference of Ministers of Logistics) 455
동북아물류허브전략 441
동조국가(like-minded countries) 430
동태적 경쟁력(dynamic competitiveness) 186
동행지수 순환변동치 28
디지털 컨텐츠(digital contents) 371
디폴트(default) 165

[ㅁ]

만장일치제(consensus) 151
맞춤형 정보(tailored information) 324
맞춤형 제품 개발(tailored product development) 268
모드 1 421
모드 3 421
모드 4 421
무선인식(RFID) 사업 454
무역 의존적 경제정책(trade-dependent economic policy) 413
무역구제제도(반덤핑, 상계관세, 긴급수입제한조치) 264
무역불균형(trade imbalance) 282
무역의존도(trade dependence) 92
무역자유화(trade liberalization) 147
무역전환(trade diversion) 193
무역정책보고서(Trade Policy Review) 160
무역특혜수준(Trade Preference Levels) 299
무차별원칙(non-discrimination principle) 148
문화적 유사성(cultural similarity) 193
물적자본(physical capital) 338

[ㅂ]

반덤핑(anti-dumping) 147
법률 및 관리통제 리스크 238
법치사회(法治社會) 252
벤처캐피털(venture capital) 393
변동환율제(flexible exchange rate system) 169
복수협정(plural agreement) 155
복합무역전략 114
부분균형분석(partial equilibrium analysis) 185
북미자유무역협정(NAFTA) 185
북핵사태 76
분산분해(Variance Decomposition) 분석 217
분쟁해결기구(DSB : Dispute Settlement Body) 151
브랜드 이미지(brand image) 146
브레튼우즈체제 119
블루오션전략(blue ocean strategy) 450
비가격경쟁력(non-price competitiveness) 264
비관세무역장벽(non-tariff trade barriers) 147
비교열위산업(comparative disadvantage industry) 177
비교우위(comparative advantage) 135
비교우위산업(comparative advantage industry) 177
비내구재(nondurable goods) 31
비열거목록(negative list)식 양허방식 192
비용상승 리스크 238
비정부기구(NGO : Non-Governmental Organization) 153

[ㅅ]

사회·경제적 불안정성(socio-economic instability) 345
사회복지지출(social welfare expenditure) 437
사회불안정(social instability) 346
사회안전망(social safety net) 338
사회적 합의(social consensus) 417
사회주의(socialism) 124
산업경쟁력(industrial competitiveness) 171
산업공동화(industrial hollowization) 145
산업구조(energy-dependent industrial structure) 172
산업내무역(intra-industry trade) 145
산업연관효과 92
산업혁명(industrial revolution) 338
삶의 질(quality of life) 91
상계관세(countervailing duty) 152
상생협력(相生協力) 395
상호경쟁적인 경제관계(mutually competitive economic relationship) 235
상호보완적인 경제관계(mutually complementary economic relationship) 235

서비스업 활동지수 33
서비스활동지수 26
선도주자(front-runner) 367
선부론(先富論) 249
선점과 차별화 447
선진경영시스템(advanced management system) 255
선진경제(advanced economy) 365
선진통상국가 428
선택과 집중(selection and concentration) 367
선형관계(linear relationship) 212
설명력(explanatory power) 166
설비투자 선행지표 39
성장 모멘텀(growth momentum) 363
성장잠재력(growth potentials) 124
세계 투자포트폴리오(global investment portfolio) 127
세계무역기구(WTO : World Trade Organization) 147
세계의 공장(global factory) 368
세이프가드(safeguard) 147
소득불평등(income inequality) 339
소득안전망(income safety net) 188
소비자 선호도(consumer preference) 275
소비자기대지수 36
소비자판매액지수 32
소품종-대량생산 338
소프트경쟁력(soft competitiveness) 182
수요와 공급의 원리(principle of demand and supply) 347
수입단가 48
수입대체(import substitution) 124
수입특화구조(import-specialized structure) 180
수출경쟁력(export competitiveness) 114
수출단가 48
수출인큐베이터(export incubator) 406
수출특화(export specialization) 209
수출특화산업(export-specialized industry) 181
수확체감의 법칙(law of decreasing returns) 339
수확체증의 법칙(law of increasing returns) 338
스파게티 볼(Spaghetti Bowl) 149
승자독식(winner-takes-all) 338
시장 친화적 인프라스트럭처(market-friendly infrastructure) 417
시장개방(market opening) 415
시장개방전략(market opening strategy) 431
시장세분화(market segmentation) 275
시장실패(market failure) 357
시장통합(market integration) 270
신고전학파(neoclassical school) 199
신흥시장(emerging market) 132
실버시장(Seniors) 276
실질실효환율 71

[ㅇ]

아밍턴효과 184
아웃소싱(outsourcing) 251
양자간 협상(bilateral negotiations) 416
역만장일치제(reverse consensus) 151
예기치 못한 외부 충격(unexpected external shock) 127
오일머니(oil money) 167
완전경쟁(perfect competition) 271
외환보유고(foreign exchange reserves) 53
외환위기(foreign exchange crisis) 78
요소추구형(resource or efficiency seeking) 322
요소축적(factor accumulation) 388
우루과이라운드(Uruguay Round) 156
원천기술(source technology) 182
유럽연합(EU) 221
유럽협정(Europe Agreement) 141
유의성(significance) 166
유효수요(effective demand) 173
이윤극대화(profit maximization) 339
이익극대화(benefit maximization) 425

인적자본(human capital) 206
인적자원관리시스템(human resources management system) 250
인치사회(人治社會) 252
인플레이션 압력(inflationary pressure) 164
인플레이션 타깃팅(inflation targeting) 169
일반특혜관세제도(GSP) 141
임베디드 소프트웨어(embedded software) 385

[ㅈ]

자본수지 51
자본스톡(capital stock) 201
자본유출(capital outflow) 80, 142
자본재(capital goods) 104
자본제휴(capital alliance) 268
자본주의(capitalism) 339
자본축적(capital accumulation) 183
자본축적모형 182
자연실업률(natural rate of unemployment) 201
자원의 재배분(redistribution of resources) 145
자유무역지대(free trade area) 142
자유무역협정(FTA) 114
자유시장경제(free market economy) 124
재정적자(fiscal deficit) 167
전략적 제휴(strategic alliance) 251
전략적 해외마케팅(strategic overseas marketing) 333
전문화(specialization) 438
전염효과(contagion effect) 78
정보기술협정(ITA) 284
정보의 비대칭성(informational asymmetry) 438
정보의 장벽(informational barrier) 370
정보재(informational goods) 370
정책변동 리스크 238
정책의 실효성(policy effectiveness) 399
정치적 불안정(political instability) 76
제11차 5개년 규획 239
제3의 상품군(Thirdware) 381
제로잉(zeroing) 관행 287
제조기지(manufacturing base) 144
제조업재고지수 25
제조업출하지수 25
제품차별화(product differentiation) 231
조기정보시스템 87
조약의 수호자(Guardian of the Treaties) 157
종합주가지수 66
준내구재 31
중간재(intermediate goods) 102
증권투자수지 51
지리적 이점(geographical advantage) 144
지속가능한 발전(sustainable development) 189
지속적인 성장과 사회발전(sustainable growth and social development) 388
지식경영(knowledge management) 383
지식기반사회(knowledge-based society) 347
지식기반서비스(knowledge-based service) 196
지식자원(knowledge resources) 339
지식정보화(knowledge informationization) 345
지역경제협력협정(agreement on regional economic cooperation) 111
지역다변화 전략(regional diversification strategy) 249
지역적 접근(regional approach) 193
지역주의(regionalism) 253
지적재산권(intellectual property rights) 91
지정학적 리스크(geopolitical risk) 66
직업교육체제(job educational system) 353
직접투자수지 51
진입규제(entry regulation) 206

[ㅊ]

차이나 경영리스크 238
차이나 리스크(China Risk) 233
창업넷 408
첨단산업(high-tech industry) 339
청년실업(youth unemployment) 346

최소혜택국대우(least-favored-nation treatment) 149
최저자본금제도 408
최혜국대우(most-favored-nation treatment) 148
추격자(follower) 367
충격반응분석(Impulse Response Analysis) 217

[ㅋ]

컨트리 리스크(country risk) 249
코리아 디스카운트(Korea Discount) 80
코스닥(KOSDAQ) 시장 67
코스닥지수 67
킹스턴체제 119

[ㅌ]

타겟시장(target market) 275
투자 매력도(investment attractiveness) 321
투자국(Host Country) 225
투자대상국(Recipient Country) 225
투자위험(investment risk) 342
투자활성화(investment vitalization) 290
특혜무역협정(PTA : Preferential Trade Agreement) 149

[ㅍ]

폐쇄적인 교육체제(closed educational system) 346
품질경영(ISO 9000) 407
품질경쟁력(quality competitiveness) 288
프리프로덕션 단계(preproduction stage) 385
피해최소화(loss minimization) 425

[ㅎ]

하이퍼인플레이션(hyperinflation, 초인플레이션) 169
학습기회(learning opportunity) 347
한 · EU FTA 265
한 · 칠레 FTA 264
한류(韓流) 333
한미 FTA 265
해외직접투자(FDI : Foreign Direct Investment) 224
핵심기술(core technology) 182
혁신능력(innovative capability) 189
혁신에 기반을 둔 발전모델(innovation-based development model) 389
현지화(localization) 380
협력형 중소기업 391
환경경영(ISO 14000) 407
황금의 60년대 119
회사채 수익률 65
흑인시장(African-Americans) 276
히스패닉시장(Latinos) 276

〈기타〉

1인당 국민소득 92
9 · 11 테러 77
ADF(Augmented Dickey-Fuller) 방식 203
Big 3(GM, Ford, Daimler-Chrysler) 280
BK21 350
BRICs Information Center(www.bricsinfo.org/bricsinfo) 324
BRICs와 함께 꿈을 : 2050년으로 가는 길(Dreaming With BRICs: The Path to 2050) 123
Buy American법 289
CAFTA 255
CGE 정태모형 182
Company Check 270
DMB 386
Dutch Disease 171
e-Business 196
e-Commerce 시장 276
EFTA 255
External Relations Division 154

FTAA(Free Trade Area of the Americas) 255
G-7(Group of Seven, 미국 · 일본 · 독일 · 영국 · 프랑스 · 이탈리아 · 캐나다를 지칭함) 97
GATS(General Agreement on Trade in Services) 156
GCC(Gulf Cooperation Council) 255
ISO 26000 407
KOREA Premium 334
KOSBIR 사업 401
Leading Company 374
MERCOSUR(남미공동시장) 255
NURI 사업 356
OLS(Ordinary Least Squares) 166
Post BK21 350
Ratings Methodology 164
RCA지수(Revealed Comparative Advantage Index) 295
RRC 352
TAA 428
TIC 352
VECM(Vector Error Correction Model) 217
WiBro 386
Yarn Forward 297

〈주요 저서〉

현대통상의 이해(공저), 경문사, 2001.
남북한경제의 이해, 굿북스 코리아, 2001.
국제지역학의 이해, 도서출판 두남, 2002.
국제투자의 이해(공저), 경문사, 2002.
현대무역의 이해(공저), 연암사, 2002.
유럽지역연구, 도서출판 두남, 2003.
미주지역연구, 시그마 프레스, 2003.
현대투자론(공저), 시그마 프레스, 2003.
세계지역연구, 한올출판사, 2004.
국제기업의 이해(공저), 도서출판 두남, 2003.
국제무역론, 한올출판사, 2004.
현대중국경제론, 청목출판사, 2005.
21세기 글로벌 금융의 이해, 청목출판사, 2006.
21세기 글로벌 기업론, 청목출판사, 2006.
21세기 글로벌 무역의 이해, 청목출판사, 2006.
21세기 글로벌 통상의 이해, 청목출판사, 2007.
21세기 글로벌 투자의 이해, 청목출판사, 2007.
외 다수

〈주요 논문〉

- "미국과 일본의 거시경제적 충격이 한국경제에 미치는 상대적 영향", 경제학연구, 제43집 제3호, 한국경제학회, 1995.
- "Empirical Test of The Market-oriented CAPM and January Effect", LSU Working Paper, 1997.
- "Money Demand Model of Inflation : Reexamined", LSU Working Paper, 1997.
- "Cointegration Test of Purchasing Power Parity", Western Social Science Association, 40th Annal Conference Proceeding, 1998.
- "A VAR Analysis of the Influence of the U.S. Economic Disturbances on the Korean Economy", Journal of Korea Trade, Vol. 3, 1999.
- "Economic Interdependence between Korea and Japan : Empirical Inquiry", Journal of Korea Trade, Vol. 4, No. 2, 2000.
- "교육용 유사주문형 비디오에 대한 지불의사액 분석", 경제학연구, 제48집 제13호, 한국경제학회, 2000.
- "산업연관 분석을 이용한 전파통신산업의 산업파급효과 분석", 중소기업연구, 제22권·제2호, 한국중소기업학회, 2000.
- "남북경협과 중소기업의 대북한 진출방안", 무역학회지, 제26권 제1호, 한국무역학회, 2001.
- "Modeling Zero Response Data from Willingness to Pay Surveys", Economics Letters, Vol. 71, No. 2, 2001.
- "Real Exchange Rate-Interest Rate Differentials : Empirical Inquiry", Journal of Korea Trade, Vol. 5, No. 1, 2001.
- "International Transmission of Economic Disturbances : Reexamined", 국제통상연구, 제7권 제1호, 한국국제통상학회, 2002.
- "An Empirical Analysis of Economic Linkages between Korea and U.S.", 산업경제연구, 제16권 제5호, 2003.
- "남북한 금융협력에 관한 연구", 국제통상연구, 제8권 제3호, 한국국제통상학회, 2003.
- "동북아허브 발전전략에 대한 고찰", 한국항만경제학회지, 제19집 제2호, 한국항만경제학회, 2003.
- "An Empirical Analysis of Economic Linkages between Korea and Germany", 유럽연구, 제21권(2005년 여름), 한국유럽학회, 2005.
- "동북아 금융허브 발전전략에 관한 연구", 국제지역연구, 제10권 제3호, 국제지역학회, 2006.

외 다수

현대한국무역론

2008년 3월 10일 중판인쇄
2008년 3월 15일 중판발행

저 자 이 재 기
발행인 유 성 렬
발행처 **청 목 출 판 사**

150-845
서울특별시 영등포구 신길4동 233-96
전화 (02) 849-6157(代) · 2820
FAX (02) 849-0817
· 등록 제 318-1994-000090/1994.2.2

·파본은 바꾸어 드립니다. 값 23,000원

http : //www.chongmok.co.kr

ISBN 978-89-5565-188-1